董朴垞著作集

瑞安市文史资料第六十辑
瑞安市政协文化文史和学习委员会

俞樾年谱
王国维著述系年
中国正史编纂法

董朴垞　纂述

钱茂伟　等　点校

长江出版传媒｜崇文书局

俞樾年谱　王国维著述系年　中国正史编纂法
编委会

总目录

俞樾年谱 ………………………………………… 1

王国维著述系年 ………………………………… 239

中国正史编纂法 ………………………………… 297

俞樾年谱

自 序

　　年谱者，一人之史也。其体制盖肇宋时，薛执谊之于六一居士，洪兴祖之于韩昌黎，鲁訔之于杜甫，吴斗南之于陶潜，各有专著，记其言论行事。自明以来，作者继踵，入清而更炽。有自撰者，如孙夏峰、王士禛、李恕谷、汪龙庄、王益吾辈；有子弟门人为父兄师友撰者，若此类虽极夥，然可称佳构殊寥寥。例如，《刘蕺山年谱》为门人董玚著，《顾亭林年谱》为子衍生著，《申涵光年谱》为弟涵盼著。又有全谢山、汪绂、戴东原、孙渊如、洪北江、李兆洛、曾文正、丁宝桢诸年谱，皆由其门人著。是于学者可以观一时之思想，于事功家可以观一代之事变。但亦有后人敬慕谱主而为之者，如近时所刊《朱舜水年谱》为梁启超著，《章实斋年谱》为胡适著，《徐霞客年谱》为丁文江著，《玉谿生年谱》为张孟劬著。不惟留意其人之身世品格及学术真相，并详时代思潮，所谓知人论世，感发兴起，年谱之功用大矣哉！德清俞荫甫樾，清季一经学大师也。余生才弱冠，慕其学行，即欲为作年谱，大纲粗具，而恨无资料，遂辍。逮于前岁壬午，执教省立温州中学，以余闲坐籀园图书馆楼上，校书自娱。于庋阁偶见俞氏《春在堂全集》，喜无残缺，因动旧念，取而检录有关诗文杂记，依年排比，费时二载，始稍稍藏事。草稿藏诸行箧，去秋携至杭州，客中无聊，重为理董。以本书材料已饶，毋庸旁稽他籍，然于俞氏一生经历，了然可睹矣。盖俞氏性颇聪明，虽早岁以人言罢官，而归辄杜门著述，至老不倦，成书都五百余卷。尝自言著书之所以特多，实得力于三无，曰无钱、无官、无能也。按俞氏擅长经学，以高邮王氏为宗，由研经而治小学、金石学。故曰："欲读古书，当识古字，而非博考古金石文字及石砖古瓦之类，未免少见而多怪云。"诗学白居易，一写性灵，故平直易晓。词则非所长，但遇好词，仍喜诵之。幼为骈俪文，中年以后，研求经义，旁及周秦诸子，不暇治文事。历主苏紫阳、沪求志、德清清溪、归安龙溪等书院。而主诂经精舍至三十一年，为最久。弟子成就，有徐琪、丁丙、章炳麟、宋恕、王舟瑶、章梫、尤莹之徒，皆能继志，称名海内。所著书悉由友人醵资刻之。晚年，弟子并为筑楼西湖以居。俞氏善养生，终身布衣蔬食，当长宵不寝，常行枕上三字诀。又不赞医药，因作《废医论》，谓不服药，可保天年，卒以此获长寿。惟好稗官野史，作《耳邮》《隐书》。粗知方伎之说，作《游艺录》，论卜筮、推命、堪舆等。故炳麟讥其为学不纯也。日本学者多来请业，为订其国词人作品成集。至于俞氏年谱，本有尤莹之作，未见。尤又欲作全书目录。近人周云青所编甚略，载《民铎》杂志注中。闻尚有陈乃乾作谱。余书纂辑，采用纲目体，先简缀事迹为本文，再注以原书材料作注，复录其琐事及考证如疏。若此俞氏一生行事撰述记载无遗，以之当文集读可，当笔记阅亦可。呜呼！清学盛于乾嘉二朝，至俞氏时，已将衰落，仅有吾乡哲孙仲容征君承其绪。今征君殁又久，士皆争骛外学，弃国故如弃髦。余编此谱竣，不禁感慨系之。昔太史公曰："周公卒，五百岁而有孔子，孔子至于今五百岁，有能绍而明之"，"意在斯乎？意在斯乎？小子何敢让焉？"然则，心志相同，自可效法，余于俞氏亦云然。作此谱，即所谓先明其梗概耳。是为序。

三六.六.四[①]

---

①原稿作"三六.六.四"，陈哈清抄本直接作"1936年6月4日"，《董朴垞先生年谱》沿此，误。据朴垞自订年谱1945年条："此次在杭，教书余暇，即坐寓室内抄拙著《俞曲园年谱》，至夜深方睡。日日如此。并曾独访俞曲园先生坟墓于右台山麓，一老僧指引我去的。《俞曲园年谱》草稿成，誊正。"又《自序》正文称"逮于前岁壬午，执教省立温州中学，以余闲坐籀园图书馆楼上，校书自娱。于庋阁偶见俞氏《春在堂全集》，喜无残缺，因动旧念，取而检录有关诗文杂记，依年排比，费时二载，始稍稍藏事。草稿藏诸行箧，去秋携至杭州，客中无聊，重为理董"。可见，此书初稿成于1943年。考1945年秋在杭州新群中学任教，故此"三六"，当为民国三十六年，也即1947年。

先生姓俞氏,浙江湖州德清县人。其先世居东门外之南埭（在乌巾山之阳）,多隐于农,故谱牒不著。

《随笔》三:"吾家德清东门外之南埭,数百年矣,莫知所自始。相传元提举希贤公,实始居此。先朝议君诗云:'我家巾山阳,溯源自元末;堂堂希贤公,孙谋善贻厥。'注云:'见明沈御史松族谱序中。'然希贤公,名讳无闻焉。先世多隐于农,故谱牒不著。"

《诗编》七:"潘少梅以小印一方见赠,文曰'西湖长'。赋诗谢之:南埭荒圩三硬芦（余旧居德清东门外,地名南埭。官府文书则曰三硬芦圩）,卅年抛却旧菰蒲。而今新署西湖长,还是烟波一钓徒。"

《宾萌集》五《先府君行述》云:"府君姓俞氏,浙江德清人。……世居东门外之南埭,潜德不耀。"

按俞之为姓,始见《列子》书,有俞氏之医。先生说俞云:"《列子·力命篇》'其子勿晓,终谒三医,一曰矫氏,二曰俞氏,三曰卢氏'。据此,则战国之时已有俞氏矣。"汉有司徒掾俞连,但音读丑救切,与《广韵·十虞》羊朱切稍异。三国吴宗室韶,字公礼,伯父河,字伯海,本姓俞氏,孙策爱之,赐姓为孙,是俞又别为孙氏,后又别为喻氏,见《芸阁姓苑》所考。先生疑俞氏为郑公子俞弥之后,容或可信。此后不知何故,又别为瑜氏、喻氏? 详《曲园杂纂》二十七喻氏姓。（《随笔》五亦云:尝赋《永嘉砖歌》,博考吾宗之著名前代者。）盖谱牒家欲实其姓所自出,往往妄有所改窜也。

自祖南庄府君始砥学励行,中乾隆五十九年乡试副榜,时年已七十余老。

《宾萌集》五《先府君行述》云:"先祖南庄府君砥学励行,乾隆五十九年应乡试,中式矣,将写榜,监临某公见其年已七十,曰是可邀恩赐,言于主考,以它卷易之。及循例入奏,而年七十以上者止得副榜贡生,某公悔焉,人皆以为惜。南庄府君笑曰:'留此以贻子孙,不更优乎!'事具家传。"

生平好抄书,不下十余种。五十无子,祖妣戴恭人祷于蔺村,而生父羽。

《诗编》二《果然奇》云:"先祖南庄府君,耄而好学。手抄书不下十余种。所用笔曰'果然奇',其值止青蚨七,而可书二万字。既坏则付工人治之,又可万余字。今问之邑人,不复知此笔矣,敬识以诗:果然奇,笔一枝,一枝入手云烟驰。世间智巧日日出,谁能奇更如此笔。功高欲敌兔毫千,价贱止须鹅眼七。先祖手治南村庐,桐帽棕鞋坐读书。一日手钞五十纸,至今字字琳琅如。乌呼至今字字琳与琅,一枝笔有千丈光。何必丰狐与虎仆,斑竹为管珊为床。所惜笔公竟无冢,只留一砚九鼎重。请看石面顦欲穿,后人敢负读书种。家有一砚,亦先祖旧物,磨久几成穴矣。"

《宾萌集》五《先府君行述》云:"南庄府君年五十无子,先大母戴恭人祷于蔺村百子堂,而府君以生。"

一名鸿渐,字仪伯,晚号涧花。幼颖悟,叔祖筠岩公授唐人诗百余首,辄成诵。年六岁,随祖南庄府君读书徐氏馆。

又《先府君行述》云:"幼颖悟,先叔祖筠岩公开塾于家,授唐人诗百余首,辄成诵。年六岁,南庄府君馆城南徐氏,遂携以俱。徐故巨族,亭沼之胜甲一邑。府君读书其中十年,今集中,有《苕云草堂歌》。"苕云草堂即其读书处也。

于学无不通，而皆南庄府君所口授，无他师。嘉庆二年春，南庄府君病，秋八月病甚。以戴恭人命，与蔡恭人仓猝成礼；而南庄府君捐馆舍。

又《先府君行述》云："府君于学无所不通，而皆南庄府君所口授，无它师。嘉庆二年春，南庄府君病。秋八月，病甚。府君时已聘蔡恭人，婚有日矣。至是，以戴恭人之命仓猝成礼。礼成，而南庄府君捐馆舍。"

《杂文》三之三《蔡子瑾瑶田遗诗序》："先通奉公初娶于蔡，蔡为吾邑大姓。"

自是家益落，薄田数亩，不足具饘粥。乃馆于新市李氏，藉修脯，供甘旨；蔡恭人佐以针黹，仅乃足焉。

《宾萌集》五《先府君行述》云："自是家益落……不足具饘粥。乃馆于新市李氏，藉修脯，供甘旨。蔡恭人佐以针黹，仅乃足焉。"

六年，蔡恭人卒。七年，受知学使者文远皋先生，补博士弟子员。

《宾萌集》又云："六年，蔡恭人卒。七年，府君受知学使者文远皋先生，补博士弟子员。"

十年，稽恭人来归，十一年卒。是岁戴恭人亦卒，哀毁几不起。于是家中事，悉委之金氏姑。

《宾萌集》又云："十年，稽恭人来归，十一年卒。是岁戴恭人亦卒，府君哀毁几不起，于是家中事悉委之金氏姑。金氏姑者，南庄府君之季女，适金氏，数月而寡。家贫，恒居母氏。戴恭人之殁也，以府君托姑，亦以姑托府君，故内事皆姑主之……而金氏姑卒依府君以终。"

至十八年,先生生母姚太恭人始来归。

《宾萌集》又云:"至十八年,吾母姚太恭人始来归。"

二十一年,又举于乡。是科主浙试者,直隶顾筼岩先生德庆,安徽李枞亭先生振庸,一时号得士焉。

《宾萌集》又云:"二十一年,举于乡。是科主浙试者,直隶顾筼岩先生德庆,安徽李枞亭先生振庸,一时号得士焉。"

游京师,赵竹泉少司寇,延课其子于家;筼岩举主,亦命其子执弟子礼。

《宾萌集》又云:"府君游京师,所交皆知名士。赵竹泉少司寇方为部曹,延府君于家,其三子皆以挚见。筼岩先生于府君为举主,亦命其子执弟子礼焉。"

七年,出都,同年吴姓郊明府留之丹徒署中,遂遍探京口诸胜。
八年冬,又赴公车。九年,自京师南下,客吴松。

《宾萌集》又云:"八年冬,又赴公车。九年,自京师南下,客吴松。十年,又自京师客河南,应康兰皋中丞之招。河南居天下中,花事特盛,牡丹备五色,大或如斗。中丞侨寓豫之怀庆府,所居曰緱山村,茂林修竹,与南中无异。故府君集中《覃怀游草》二卷,皆言其地山水之美、花木之饶,而无幽愁憔悴之音,亦可见府君所养也。"

十一年,又自豫入晋。十五年,南还,客于毗陵主人海阳汪樵邻明经,嗜酒好客,每宴,父必与焉。

《宾萌集》又云:"十五年,南还,客于毗陵主人海阳汪樵邻明经,嗜酒好客,有兰陵菊社诗行于时。每夜张灯宴客,或漏三下犹未休。府君雅不善饮,而与宴未尝不欢,其和易近人类如此。"

二十三年，兄林举于乡。明年，与俱北上，盖试礼部者十一次矣。报罢南归，而父年已六十有四，遂不复远游。是岁先生举于乡，父色甚喜。

《宾萌集》又云："二十三年，兄林举于乡。明年，府君与俱北上，盖试礼部者十一次矣。报罢南归，而府君年已六十有四，遂不复远游。是岁樾举于乡，府君色甚喜，以樾未习鞍马，手为治装，一襆一囊必躬视之。时府君精力固未衰也。"

二十六年春，父大病卒。时先生在新安，闻赴驰归，已距殁十日矣。

《宾萌集》又云："二十六年，春大寒，病益甚，然起居犹如故。病中删定诗集为十六卷，及门诸君以文就正者，涂窜如常时。易箦前两日，晨起坐牖下，时四方以书问疾者积寸许，皆发视，授林作覆函，又为手书寄樾于新安。命移枕就正寝，甫就枕而神散，遂不复有言。比樾自新安驰归，距府君之殁十日矣。"

按《先府君行述》云："府君性纯穆，寡言笑，重然诺，虽寒士，而能急人之急。……生平无嗜好，惟以图籍自娱。所著有《印雪轩文集》二卷，诗集十六卷，随笔四卷，读《三国志》随笔一卷。为文章，稿成于腹，而后书之，不易一字。其门下士顾君骏、吴君斑，皆成进士。叶君世圻、赵君景贤、郑君训成、汪君丙照，皆举孝廉。……道光四年，自德清迁居仁和之临平，为林、樾读书计也。然府君尝曰：'吾家自元末提举希贤公，始居乌巾山下，至今四百余年，枕山临流，绣塍交错，每新谷既入，盂饭壶酒，互相招延，犹见古人乡邻风俗之美。吾虽奔走风尘，终不忘此乐也。'以故林、樾遵府君遗意，归葬于德清南门外金鹅山之原。府君生于乾隆四十六年闰五月六日巳时，殁于道光二十六年四月八日寅时，年六十有六。子二人，林、樾；孙五人，祖寿、祖福、祖绥、绍莱、绍瀛。"

道光元年(一八二一年),先生一岁。

是岁十二月初二日,先生生。其父时在京师。生三日,母姚太恭人得病甚危,积二十余日,始愈。先生初名森,字立甫;旋更名樾,字荫甫,曲园其后自号也。

《湖楼笔谈》五:"余之生也,先大夫初名之曰'森',字之曰'立甫';后更命之曰'樾',字之曰'荫甫'。及中岁治经,或谓樾字《说文》所无,宜易之。余谓已孤,不更名,名字受之先人,不可易也。或又谓宜去木旁作越,然自先高祖以来,皆以五行偏旁命名,去木作越,失其序矣。是亦未为可也。"

《自述诗》云:"宣庙龙飞岁在庚,元年辛巳月嘉平。小寒未届犹非腊,还是玄枵月内生。余生于道光元年十二月二日,距小寒尚两日,故星命家仍作子月论也。其一①。乌巾山下旧居家,鹊喜楼头静不哗。一夜春风吹喜气,迢迢千里到京华。余旧居在德清东门外乌巾山之阳,地名南埭,有小楼曰'鹊喜'……余生于是楼,先大夫时在京师。其二。儒门淡泊候严寒,最是劬劳母氏难。见说当时扶病起,拥衾手自制儿冠。余生三日,太夫人大病几危,至二十余日未离床褥,乃曰:'儿将满月矣,不可无帽。'拥衾而坐,为余制帽。其三。"

按:先生于同治十二年,买地苏州马医巷西头,辟曲园,因以为号,并署曲园居士。时年已五十有三矣。有《曲园记》。

马新贻、应宝时生。

二年壬午(一八二二年),先生二岁。

任筱沅(道镕)生。

---

① 《俞樾全集》原书无"其一""其二"等字,后文类似情况不再一一注明。

三年癸未（一八二三年），先生三岁。

李鸿章、王凯泰（补帆）生。

四年甲申（一八二四年），先生四岁。

是岁先生家从德清南埭迁仁和临平镇，赁史家埭戴氏之屋以居。距外家姚氏赭山港不一里，先生时往与群儿戏嬉。

《诗编》二："余家自甲申岁迁居临平之史家埭，余甫四龄耳。后又佗徙，至今二十二年，复迁居史埭旧屋，则寅儿亦四龄矣。漫书四十字。故是童时地，重来觉有情。儿年同我小，门户似前清。暂作鹅笼寄，终输燕垒成。一椽犹未定，何况此浮生。"按：在道光乙巳。

《自述诗》云："四龄迁徙到东湖，为苦乡居闻见无。从此尘封南埭屋，至今先业总荒芜。道光甲申，余止四龄，而先兄壬甫则十一岁矣。以乡居不能从师读书，乃迁居仁和之临平镇，盖太夫人临平人，依外家以居也。其四。年年史埭度元宵，笑倚楼头兴最饶。青白两龙才过去，滚球灯又到潘桥。初迁临平，所居曰史家埭，有楼临街，元夕张灯，辄登楼观之。其五。生小深蒙外氏怜，每随慈母去流连。玉台已聘年皆幼，不碍堂前共簸钱。外家姚氏，居赭山港，距史家埭不一里。每侍太夫人往居焉。内子姚夫人，即余外姊，早已聘定，两小无嫌，仍共嬉戏。其六。"

按潘家桥在史家埭之西，史埭以史翰林得名，史名尚节，康熙丙戌翰林。潘桥则不知所始矣。见《随笔》十。并可参看戊子年《临平杂诗》，亦皆记童时事也。

五年乙酉（一八二五年），先生五岁。

六年丙戌（一八二六年），先生六岁。

是岁姚太恭人口授先生《论语》《孟子》，及《礼记》中《大学》《中庸》

二篇。

《群经平议序》云："生六岁，而母氏姚太恭人授之《论语》《孟子》及《礼记》大学、中庸二篇。"

《自述诗》云："阿母操劳井臼余，晨窗课读不教虚。儿时驽钝真惭愧，九岁才能毕四书。余读四子书，皆太夫人口授。其七。"

七年丁亥（一八二七年），先生七岁。

是岁先生方治举子业，为八股文字。其父为求婚平泉舅氏第四女，甚为平泉之母舅黄公所称许；又为其兄壬甫之外舅孙公所奖借，谓他日当为传人。时先生方读书其家。

《随笔》一："余生平谬以文字受海内名公巨卿之知，虽云过当，然或者尚有以致之也。乃童稚之年，芒无知识，而一二老辈，殷殷期许，殊不可解。迄今老大无成，有负其意，为之汗颜。每拟仿随园老人，作感知己诗，因循未果，偶记二事于此。一为处士黄公，公忘其名，但记其行伍耳。余七岁时，先君子为求昏平泉舅氏第四女，舅氏已许之，妗氏犹豫。黄公乃妗氏之弟也，偶省其姊，知此事，诧曰：'此佳婿也，今失此婿，他日虽列万炬以求之，岂可得耶！'议遂决。是时，余一童子耳，读书鲁钝，不异常儿，不知公何所见而云然也。一为孙公，公名家球，字竹孙，娶于戴氏，乃先君子中表妹。而吾兄壬甫，又公之婿也，故余少时，即读书公家。一日，公与余共饭，誉之不啻口出。时公有兄子在旁和之曰：'两俞难兄难弟，他日显达，可操券也。'公正色曰：'尔勿草草，若小俞者，岂独簪缨中人邪？乃当代之传人也。'余时方治举子业，为八股文字，惧不中绳墨，了不知可传者为何物。"

按姚平泉有先生为作《家传》及《寿序》，载《宾萌集》五，及《外集》四。其《家传》曰："姚公，初名琨，字仲瑜，更名庆寅，又更名光晋。杭州仁和人，所居临平镇有泉曰安平，故自号平泉。幼颖悟，与兄东石公齐名。应童子试，皆以句股算术受知学使者仪征阮文达公，补博士弟子员。……道光五年，……始举于乡。八应礼部试，卒不第，充国史馆誊录。二十六年，《一统志》告成，部议以知县用公。不乐吏职，改授教谕。南归时年已六十有八矣，遂不复远游，主石门、长兴两邑讲席者数年。至咸丰三年冬，始选授上虞县学教谕。……公卒，时咸丰十年三月二十六日，年八十一。"其《寿序》曰："（上略）我舅氏遁奇于野，抱璞而居，苟效丁宏之挨张，何解枚乘之骹骸。请登酒座，听我卮言。公生即端凝，幼而孤露。磨祖贻之砚，读母授之经。虽在童年，便敦至性。痛大椿之早萎，喜荆树之不孤。无何而听雨床虚，吹埙声罢。公力营大事，手抚遗孤。伏波敬嫂，非衣冠而不见；伯玉爱侄，虽祍席而必兴。课以父书，诏其家学，必使羽毛丰满，头角峥嵘，而后以桐孙之秀，上慰高堂；鞠子之成，下告泉壤。其天性有如此者。读史之士，问撑犁而不知；穷经之儒，遇枦犁而莫识。载籍极博，淹贯为难。公入则熊胆一丸，出则牛腰三尺。披青藜老人之牒，本本元元；受黄盖童子之图，奇奇怪怪。故能目空千古，手定百家。分小学、大学之书，而朱子之传不必补；续新唐、旧唐之史，而梁氏之统不必存。当其上下古今，出入神鬼，可使长头之贾奉作经师，秃鬓之苏避其史席。其学问有如此者。"云云。又《随笔》三："余舅氏平泉姚公，尝著《畴经》……《十一国志》……未成。……今年校其遗书，属先生门下士陈子庄大令付之剞劂，有《琐谈》二卷。"

又按孙家球疾笃之时，执先生之手曰："我死后，子为我作小传或铭诔，但见名字于集中，九原无恨矣。"故今《宾萌外集》中有《孙竹孙先生诔》一篇，其词曰："石鼓山下，灵光岿然，一朝星殒，哲人萎焉。祝嗑不效，餐霞而仙，算随腊尽，逝在春先。呜呼哀哉！惟公家世，累叶清华。天上黄钺，门前绿车，宜显于世，以昌其家。如何黉舍老此兰芽？呜呼哀哉！惟公内行，孝友诜诜，伯霜仲雪，合为阳春。醝沟劝学，糠市怜贫。善人无禄，鬼伯不仁。呜呼哀哉！公隐于市，交无贤愚。晋国大駔，鲁中诸儒，苟入其室，谁非吾徒？而今已矣，寂寞黄垆。呜呼哀哉！公隐于酒，无虑无思。提壶挈榼，铺糟啜醨。公真醉矣，臣复中之。金伶墓上，谁酹此卮？呜呼哀哉！嗟予小子，曾从公游。总角之岁，许我千秋。蹉跎老大，将贻公羞。愧无巨笔，书此旗旐。呜呼哀哉！"

李黼堂（桓）生。

八年戊子（一八二八年），先生八岁。

黄元同（以周）生。

九年己丑（一八二九年），先生九岁。

是岁先生剪纸为书册之形，自为书而自注之。以后著述等身，笃老不倦，实兆于此。

《全书录要序》云："余自儿戏之时，即有著述之志。九岁时翦纸为书册之形，自为书而自注之，然则余之不知妄作，盖天性然矣。"

谭序初（钧培）生。

十年庚寅（一八三〇年），先生十岁。

是岁起，五载读书临平孙氏谦六堂砚贻楼。

《诗编》十五《寄题临平孙氏谦六堂》："余家与孙氏有连，余自十岁至十五岁，读书其家之谦六堂。有楼曰砚贻，乃余辈挟册呷唔地也。楼毁于兵乱，后重建，抚今思昔，为赋此诗：谦六堂前桂已摧，砚贻楼下首重回。吴三汪六皆黄土，剩有白头俞二来。吴、汪，皆往时同学少年也。"

从中表戴贻仲先生，始习为时文。

《群经平议序》云："十岁，受业于戴贻仲先生，始习为时文。"

按戴贻仲名福谦，号琴庄，为先生之中表。《宾萌外集》一有《表兄戴琴庄先生传》："（琴庄先生）世居湖州德清县，迁居郡城。……其时先生馆临平孙氏，樾亦袪衣受业焉。……丁酉岁，先生举于乡。……道光二十年某月日，卒于京师，年三十有三。……樾之祖母，乃先生之祖姑也。故当垂髫之岁，即已执贽而从。丁酉省试，樾亦幸中副车。先生喜小子之有造，指远道以为期。歧路屏营，抗手而别。"云云。

《自述诗》云："东湖望族相公家，辰往申还半里赊。五载砚贻楼上读，儿童三五共呀哑。临平孙氏，乃乾隆间大学士文靖公之近族，先嫂母家也。余十岁读书于其家书室，即听事之楼，额曰'砚贻楼'。其八。束发从师戴次君，本来中表谊殷殷。当时脩脯殊堪笑，斗酒难供一月醺。余读书孙氏，所从师为戴贻仲先生，先祖母戴太夫人侄孙也。每岁馈洋钱三枚以代脩脯。余从之五年，止馈洋钱十有五而已。其九。"

潘伯寅（祖荫）、冯竹儒（焌光）、翁叔平（同龢）生。

十一年辛卯（一八三一年），先生十一岁。

李眉生（鸿裔）生。

十二年壬辰（一八三二年），先生十二岁。

黄体芳、丁丙生，王念孙卒。

十三年癸巳（一八三三年），先生十三岁。

是岁与徐诚庵大令本立，同补博士弟子员。

《随笔》一："（上略）及还苏广，偶以语徐诚庵大令本立，……徐君为余三十六年前同补博士弟子员之老友，精于音律，以一字而遍检群籍,求其本音,亦可谓留心小学者矣。闻其著《词律拾遗》,颇足为万红友功臣,未知能卒业否?"

按徐君为先生旧友,上引之事,系在同治九年,时寓苏州,与相值谈词学,并为作《荔园词序》,详述填词源流及律令。其文曰:"古人之诗无不可歌者。《三百篇》以至汉魏无论矣,至唐人而'永丰杨柳'之篇,禁中奏御;'黄河远上'之章,旗亭传唱,盖诗与乐犹未分也。其后以五言七言限于字句,不能畅达其意,乃为长短之句,抑扬顿挫,以寄流连往复之思,而词兴焉。词兴而诗,于是不尽可歌矣。词之初兴,小令而已。椎轮大辂,踵事而增,柴桑归去之辞,东坡衍之而成《哨遍》;屈子《东皇太一》之歌,高疏寮采其意,而成《莺啼序》,一唱三叹,大放厥词,实开元人北曲之权舆焉。曲兴而词,于是不尽可歌矣。嗟乎! 声音之道,与世升降,诗而流为词,词而变为曲,至于曲而声音之道卑矣。于是十二律、八十四调,及自宋以来相传之十六字谱,悉举而委之伶工,而士大夫以为非吾事,其何以解于知声而不知音,知音而不知乐之识哉? 少陵云:'晚节渐于诗律细。'夫诗之律,诚有难言。至词之律,则宋元矩矱,犹有可寻,承学之士所宜遵守。……"

又《随笔》五载:诚庵《词律拾遗》成,亦以示先生。先生为指示数条,亦论词者所宜知。曰:"辛弃疾《哨遍词》有云'东游入海,此计值以命为嬉'二句,当于'海'字绝句,文义甚明。今必以'计'字为韵,则两句遂不可读,不特'计'字韵复而已。此误以非韵为韵而失之者也。赵以夫《薄媚摘遍》上段云:'先生底事,有赋飘然,刚道为田园,独醒何为,持杯自劝,未能免。'下段云:'欢娱终日,富贵何时,一笑醉乡宽。倒载归来,回廊又月满。'皆隔六句而后得韵,殊太疏阔。疑'园'字'宽'字亦韵,乃平仄通叶体也。此误以韵为非韵而失之者也。赵孟頫《长寿仙》上段云:'翠光飞禁苑,正淑景芳妍,彩仗和风细转。'下段云:'八音奏舜《韶》,庆玉烛调元,岁岁龙舆凤辇。'数语字句俱同,乃上段'苑'字叶,而下段'韶'字不叶,疑是'弦'字之误,盖平仄通叶也。又元绛《映山红慢》上段云:'罗帏护日金泥皱,映霞腮动檀痕溜。'下段云:'佳人再拜抬娇面,敛红巾捧金杯酒。'两语字句俱同,乃上段'皱'字叶,而下段'面'字不叶,疑是'手'字之误,亦韵也。此皆以一字之误,而失其韵者也。夫叶韵乃词中最要之处,而以流传失真,并是韵非韵,尚莫能辨,况其他乎? 宜乎协律之难矣!"盖先生亦尝从事于此,故诚庵数求序其所著书也。"诚庵又手录一事见示云:己亥岁,与同县沈闲亭先生夜话,纵论邑中诸人。先生皆摇首闭目,不置一词。问:'吾邑竟无人一乎?'先生睥睨良久,忽曰:'若知有俞荫甫乎?'曰:'固识之,乃与同补博士弟子员者。'曰:'是吾邑之传人也。吾衰日老,可息肩矣。诸君欲与并驱中原,恐终为虮虱公耳。'其推重如是。嗟乎! 余与先生行辈较后,未尝携文章谒后尘也。先生何所见,而以传人许我乎? 此与第一卷所载黄、孙二公事相类,皆事理之不可解者。今老大无成,深负诸老辈期望之意,为之恶然。先生名云,甲辰进士,终广西县令。……闻所著有水利舆地书数种。"亦见《随笔》五。

又按《杂文》续二《重刻词律序》云:"同治中,吾乡徐诚庵大令又撰《词律拾遗》……恩竹樵方伯……乃与筱舫观察重校刻之。"《词律拾遗序》云:"吾友徐君诚庵,固词人也。广搜博采,涉书猎史,成《词律拾遗》八卷,……书成,出以示余,且属为之序。"

十四年甲午(一八三四年),先生十四岁。
康绍镛、王引之卒。

十五年乙未(一八三五年),先生十五岁。
是岁先生从父读书常州南兰陵汪氏家,粗通群经大义。
《群经平议序》云:"十五岁,从先朝议君读书常州,粗通群经大义。"

《杂文》一《薛慰农观察烟云过眼图记》云："余年十五，即侍先君子读书南兰陵，虽顽钝无似，而至今粗通经训者，先君子之教也。"

与汪莲府同学。

《杂文》二《汪莲府兵部六十寿序》云："余年十五，侍先大夫读书南兰陵即主君家。君长余九岁，善属文，每一篇成，先大夫深赏之。余时初学为举子业，惴惴惧不中绳墨，视君之文，若砥砆之与美玉，然君颇不余鄙，相得甚欢。"

《诗编》一《兰陵菊花歌》叙云："道光乙未岁，予年十有五，即侍大人读书于南兰陵。主人海阳汪君樵邻，喜酒好客，每至菊花时，与客分题选韵，有《兰陵菊社诗》行于世。予时亦有所作，然皆不足存。姑存此，以志当时裙屐之乐云尔。"诗云："秋风秋雨兰陵城，绕城菊花如云平。花农担花入城卖，万家秋色肩头轻。殷勤折花向我道，此花不如城外好。士人朱门颜色低，女藏金屋年华老。东门城外竹篱笆，竹篱笆内老夫家。诸君无事试过我，与君遍看城东花。书生各有看花癖，一枝短筇几两屐。花农一见迎花间，笑拣好花指向客。城中爱花不惜花，苦将新样年年夸。根被铁丝盘屈曲，枝从瓷斗插横斜。几人解看花真面，今来城外真花见。一丛月下舞霓裳，一丛风里摇金线。独怜零落满天星，篱边瘦影偓伶仃。硕人黄裳岂不贵，妖冶不如尹与邢。霓裳、金线及满天星，并菊名。万顷黄花看未足，花农招我坐茆屋。自言抱瓮作生涯，了却春兰又秋菊。兰陵城中年少郎，争选花枝侑客筋。谁料老夫看已厌，落英岁岁春为粮。话久斜阳上城堞，拗花赠我连枝叶。归去不知满袖香，但惊飞满黄蝴蝶。"

又按《宾萌集》五《汪君樵邻传》云："汪君名翔麟，字东垣，樵邻其自号也。安徽休宁人。……因所居僻远，子弟无以广交游、通声气，乃移家侨寓常州。是时海内承平，江南尤为繁华渊数。君累世富厚，独恂恂无声伎之好，厚脩脯，丰挚币，延浙中知名士如丁庶常士元、马孝廉晋蕃辈课其子若弟。而予舅氏姚平泉广文及先君子，先后主其家尤久。予从先君子读书，因得识君。君豪饮喜客，取陶诗'闻多素心人，乐与数晨夕'之义，名其所居曰乐数轩，每至秋日，庋菊花数百盆，张镫置酒，召宾客觞咏其中，或漏三下犹未休。有《秋兴分咏》《销寒偶吟》诸集行于世，皆其时所作也。会母吴恭人卒，君以遗命归新安旧里，自是兴亦稍衰矣。君回徽后，复延予至家教其子，凡六年。君每日晨起，必至予室，谈数语始去，风雨寒暑无间。……寿至六十，婚嫁皆毕，考终于家。"又按《杂文三编》一有《兵部候补主事汪君行述》，其云：君姓汪氏，讳丙照，字莲府，樵邻第四弟也。与余共学时文，君之文出，先君子每欣赏之，余虽与俱学，弗如也。道光十六年，以浙江商籍入杭州府学。咸丰元年，应浙江乡试，中式举人。广西大盗起，君旧居休宁，屡经兵燹，诸亲故流离失所。君中夜思维，辗转达旦，乃出都寄孥南昌，而自赴安庆，谒曾文正公于行辕。遇合肥李公，为荐之皖南之叶观察，管茶局事，以老终。

冬随归，迁居马家同孙氏屋，青田端木国瑚为题曰印雪轩。

《自述诗》云："生来从未识离愁，突作江南境内游。小小醉经书屋里，新添桂树一枝秋。余十五岁时，先大夫馆新安汪氏。汪寓常州，先大夫挈余，俱往其寓。小屋三楹，曰醉经书屋。其十。兰陵城外屡经过，为爱黄华绕郭多。自是生来秋气重，编诗先录菊花歌。常州东门外有老圃，以艺菊为业，如种菜然。花时极可观，尝侍先大夫往游焉。其十一。马家长巷巷中央，旧有吾家薜荔墙。墙内小轩题印雪，雪泥踪迹在青箱。乙未冬，余从先大夫自常州还，始由史埭迁马家同，赁孙氏屋以居。青田端木先生国瑚，题曰印雪轩。故先大夫诗文集，皆以印雪名。其十二。"

按是岁在毗陵，又与张楼竹相识，遂以《楼竹图》索题，先生披视之，觉清气逼乎须眉，爽籁流乎烟墨。其人宛然在，合封潇洒之侯；小住此中,不减篑笤之谷。时方十五岁,出头未得,医俗无从,正共群儿为骑竹之嬉,谬承长者有折枝之命。乃为作长歌一章云。详《宾萌外集》三《棲竹图序》。

吴大澂生。

十六年丙申(一八三六年),先生十六岁。
是岁补县学生,学使为史芗塘先生。初至杭州,遍游西湖诸胜。

《群经平议序》云:"其明年,入县学。"

《自述诗》云:"髫年采得泮池芹,初踏名场望已殷。记得黄昏灯下坐,报船惊听过纷纷。丙申岁,余年十六,初应小试。学使史芗塘先生取入县学时,余寓戴氏,即先祖母家也。其家后门临河,学院既发圆榜,闻报喜之船纷纷从后河而过,皆谓曰:'事不谐矣。'余亦嗒然。未几,报者从前门而入。其十三。"

十七年丁酉(一八三七年),先生十七岁。
是岁应乡试,中副榜贡生。

《群经平议序》云:"又明年,应乡试,厕名副榜,于是娴力为科举之文。"

《杂文三编》三《吴牧驹小匏庵诗序》云:"余自道光十七年应丁酉科乡试,厕名副榜。"又《谢琴山寿花室诗序》云:"道光丁酉之岁,余年十有七,初应省试,厕名副榜。"

同邑中式有五人:归君真,字璞人;车君玉阶,字墨林;江君毓荃,字巽斋;戴君福谦,字贻仲;蔡君笃培,字补辰。

《随笔》五:"余登丁酉乡试副榜。是科,同邑中式者五人:归君真,字璞人;车君玉阶,字墨林;江君毓荃,字巽斋;戴先生福谦,字贻仲;蔡君笃培,字补辰。迄今不过三十五年,而五人者,墓草宿矣,独余尚在耳。"作诗纪事。

《诗编》一《丁酉乡试，厕名副榜，漫书数语》："嫦娥爱惜月中桂，乃烦玉斧分吴刚。嗟我不才更年少，得此已觉非所望。食鸡弃肋亦可惜，捉虎持头何敢当。画工爱作不了树，美人喜为半面妆。独念男儿耻迟暮，青云努力争先路。他日终当傲沈崧，我亦月宫游两度。"

《自述诗》云："乡闱逐队到杭州，分得天香一半秋。莫被嫦娥笑唐突，沈崧初次月宫游。丁酉应乡试，中式副榜第十二名。其十四。"

按清时副榜，即宋人所谓小榜也。《随笔》五："余于道光丁酉岁应乡试，曾中式副榜。因考宋时解试，有所谓待补小榜者，其今副榜之权舆乎！宋赵升《朝野类要》云：'待补者，三场内只第一场合格，及补试内只大场合格，盖恐黜落之可惜，故以此勉其学者。'……余中副榜时，年才十七，故先大夫勉以诗曰：'其说终军才弱冠，已成庞统半英雄。'又曰：'闭户曾穷皓首经，先人晚谢一青衿。不图世泽延孙舍，早有清芬接祖庭。'盖谓先祖南庄府君，曾副乾隆甲寅贤书也。又曰：'只怜燕市人如旧，未见鹍鹏化北溟。'谓是岁，壬甫兄应京兆北试未售也，及癸卯岁，兄举于乡，至甲辰岁，余继之。或曰：祖孙副榜，兄弟联科，是亦君家佳话矣。"

戴望、张之洞生，石韫玉、端木国瑚卒。

十八年戊戌（一八三八年），先生十八岁。

十九年己亥（一八三九年），先生十九岁。
是岁春，至湖州应科试，秋闱在病中，始读《日知录》，作《小笺》一卷。

《自述诗》云："白蜡明经亦足荣，何除名籍鲁诸生。区区一试真堪哂，重唱宏文馆外名。余既中副车，不隶学官矣。己亥春，仍至湖州应科试，以是年有恩科乡试。其十五。催妆诗赋小春天，莫怅秋风未著鞭。但使登堂得佳妇，何妨攀桂缓今年。己亥秋试未售，十一月，姚夫人来归。其十六。

秋风一病太郎当,孤负槐花此度黄。病榻惟看《日知录》,零星笺注不成行。庚子秋闱,余以病不应试,病中惟以《日知录》自遣。今《曲园杂纂》中有《日知录小笺》一卷,始于是时也。其十七。"

按读《日知录》作《小笺》,一说在十九岁时,当为己亥;一说谓庚子秋闱不售,病中看《日知录》自遣,并作《小笺》。《全书录要》:"《日知录小笺》一卷,《曲园杂纂》之三十四。顾氏《日知录》,体大物博,余未能涉其藩篱也。然自十九岁时始读此书,即妄有笺识,积有数十条,补苴罅漏,不能成书,姑钞撮为一编云。"

冬十一月,姚夫人来归。

《俞楼杂纂》四十一《百哀篇序》:"己卯四月,内子姚夫人一病不起,……内子之殁亦已百日,乃取胸中所欲言者,为七言绝句一百首。元微之云'贫贱夫妻百事哀',因以'百哀'名篇。"诗曰:"蛩蠮相依四十秋,今年六十正平头。算来生日无多日,竟不人间两月留。内人于二十岁归,余今年六十矣,时距生辰不及两月,竟不能待也。"

曾劼刚(纪泽)、汪柳门(鸣銮)生。

二十年庚子(一八四○年),先生二十岁。

二十一年辛丑(一八四一年),先生二十一岁。

是岁先生与兄壬甫在临平寓屋(即印雪轩),分灯读书,有沈子二人来从学。

《杂文》一《薛慰农观察烟云过眼图记》云:"而余在临平湖寓庐,与家兄壬甫分灯读书者,前后六七年。"

秋八月,英夷犯定海,陷之。浙东西皆匈匈,先生为诗志慨,且暂避德清南埭旧居。

《诗编》一《闻戒篇》云:"辛丑八月,海氛甚恶。余侨寓仁和之临平，其地距尖山海口百里而近，议者以为危。"闻见所及，为诗四章，题曰闻戒。"诗云："冲飚海外起，宿鸟林中飞。吾家环堵室，无事不启扉。昨闻海氛恶，出门问是非。是时天戒寒，雨后日色微。传呼县官来，父老迎旌旗。官言寇甚急，一方如病痱。止可守乡里，去此将何依。尔曹各努力，学著短后衣。呜呼三镇兵，甲胄老生虮。一朝尽败没，火伴归者稀。吾民素悾怯，岂足张兵威。其一。不闻春尔粮，不见治尔装。老幼一船载，不知往何方。皆云寇且至，安问梓与桑。复有多田翁，欲去忧田荒。姑且营菟裘，一橡租山乡。那知山中地，狐狸而豺狼。有朝伏莽起，空尔囊与橐。客自杭州来，亦言如蜩螗。十室九则空，存者心傍徨。顿令数日内，价高黄头郎。噫嘻此何象，平日真羲黄。其二。军门下一檄，尔民其偕来。遂令草莽臣，竞拜御史台。周生何魋魋，云笈孝廉，大吏曰尔才。畀尔银一流，聊治酒一杯。为我酌乡里，毋或生疑猜。人各自为守，寇来何有哉。长揖谢大吏，敢弗竭驽骀。退而谋之众，众皆癫如雷。小市铸剑戟，健儿集舆儓。聚㸑夜数辈，磨盾日几回。一笑语诸公，公等皆将才。其三。我家乌山下，尚有屋数间。此邦既喧哄，不如归故山。舣舟柴门外，迎者双白鹇。室中旧木榻，门上新铜镮。奴樵山之麓，婢钓溪之湾。东家刈稻去，西家采菱还。是时新谷入，农务方就闲。家家招食新，新酒盛花蛮。颇怪避地客，日日未叩关。已闻命召虎，未见朝侯姗。太息勿复道，吾其田间跧。其四。"

《自述诗》云："初拥皋比不自珍，村书几卷课清晨。沈犹行氏来从学，著籍门生第一人。辛丑岁，余在印雪轩读书，有沈氏子二人来从余学，其兄名灿，字兰舫。后以校官充诂经精舍监院者十年。其十八。甬上烽烟达浙西，倏然数月住清溪。家家招致尝新稻，不晓江干有鼓鼙。辛丑秋，海上有警，余家在临平，距尖山日百里而近，因暂还德清南埭旧居。其十九。"

陆凤石（润庠）生。

二十二年壬寅（一八四二年），先生二十二岁。

是岁先生馆于武林蔡氏；尝赴崇文书院之课，憩于西泠桥下，即后俞楼所在处也。长子绍莱生。

《诗编》二有《余家自甲申岁迁居临平之史家埭，余甫四龄耳。后又佗徙。至今二十二年，复迁居史埭旧屋，则寅儿亦四龄矣。漫书四十字》。

按寅儿即绍莱乳名，此谓二十二年，即在乙巳。由此上推，当于今岁生长子。

《自述诗》云："小斋虚度武林秋，明月清风何所求。曾向西泠桥下坐，安知他日有俞楼。壬寅岁，余馆于武林蔡氏，脩脯所入，不足四万钱。……尝徒步赴崇文书院之课，于西泠桥下小憩，其地盖即今之俞楼矣。其二十。"

二十三年癸卯（一八四三年），先生二十三岁。

是岁先生馆荻港吴氏，八月秋，长兄壬甫举于乡。

《杂文三编》三《吴牧骀小匏庵诗序》云："中间先兄壬甫太守，又于癸卯科领乡荐。"

仲冬，将有江右之行，亲串饯别。

《诗编》一《癸卯仲冬将有江右之行，亲串置酒为别，赋此奉酬》："自从罢作兰陵游，伏处已阅三春秋。贫贱依人不自主，匆匆催上西江舟。诸君饯我酒一杯，贱子自惭非酒魁。眼底且喜故人对，眉头聊博今朝开。噫嘻人生离别镇常有，百年岂便一株守。健者当为黄鹄飞，鄙人合署马牛走。听唱阳关第四声，酒杯到手莫逡巡。酒阑人散一分手，从此东西南北人。"

苕上章紫伯以永嘉砖赠，为赋长歌。

《随笔》四："余癸卯岁将之江西，苕上章君紫伯，以永嘉砖赠。砖长尺，广半之，四面有字。其文曰：'吴兴乌程俞道由、俞道初兄弟治作之，永嘉元年八月十日立功。'余为赋长歌……颇费搜辑之功。后以遗漏尚多，故编诗仍从芟薙。"

客玉山县署，代兄馆课。交结汪春生、调生兄弟，而尤与调生相契。

《随笔》四："癸卯岁，余客春生玉山县署，适调生亦至，与其晨夕者数月。调生负才自喜，而与余极相得，每夕纵谈，至漏三下始休。"

《自述诗》云："芦荻花中小港宽，又携书剑此盘桓。平生自问无仙骨，不拜纯阳吕祖坛。癸卯岁，馆荻港吴氏。其地有吕祖坛，扶箕请仙，远近云集。余雅不信扶箕之术。其二十一。八月秋风蕊榜开，吾兄夺得锦标回。玉山冰水曾游处，秀老不来清老来。癸卯乡试，壬兄甫登贤书。其年，兄馆玉山汪春生大令署中。榜后，乃荐余自代。其二十二。江山如画好吟诗，正是橙黄橘绿时。一路寻幽兼吊古，子陵台与偃王祠。是年十月初，余赴玉山。于钱唐江干，趁义乌船而去。沿途吟咏，得诗颇多。其二十三。寂寞谁怜客里身，颇欣佳伴得汪伦。一灯觅句过除夕，九等论才到古人。既至玉山，适春生大令之从弟苕生调鼎至，一见颇相得，除夕两人联句，遂至达旦。其二十四。"

按章紫伯与先生相识在荻港吴家。紫伯有砖癖，收藏颇富。既以永嘉砖赠，并以沈吉斋《题榴庵诗集》乞序。故有《吴康甫慕陶轩古砖图录》及《沈吉斋题榴庵诗集》二序之作。载《宾萌集》及《杂文续二》。汪调生名道鼎，乃春生之从弟，浙湖人。曾约先生共补《汉书今人表》，未成。调生自署有《生花志果》八卷，皆记三十年来耳目闻见之事，惟下世甚早耳。《佚诗》中《苕溪生歌》，即赠汪君还浙者。诗云："苕溪生，人中豪。长鞋靴，短袖袍。面不皱，头不顿。善饮酒，一大瓢。喜读书，千牛腰。薄武安，轻票姚。叩军门，陈刍荛。书生莽，将军骄。不我用，无哓哓。壬寅江南用兵，苕溪生进五策，有尼之者不果用。玉之山，青如描。冰之溪，白于淘。君鸾凤，我鹪鹩。本异枝，俄同条。月之夕，霜之朝。排书槌，横经桡。斗竞病，辨嗷碻。廿一史，本与标。三千年,头与尻。细分扴,互搜牢。鬼可骂,佛可烧。春风起,呼轻舠。下严濑,乘胥涛。君行矣,翔且翱。仆惝矣,廓以寥。单弦奏,独茧缲。孤罴坐,只鹤噪。惜君去,为君谣。云冥冥,风萧萧。"又《寄苕溪生》云:"漂泊谁怜客里身,颇欣佳伴得汪伦。一灯觅句过除夕,九等论才到古人。明月有时还更至,好花何地不成春。故乡占尽湖山胜,怀抱知君定一新。"

二十四年甲辰(一八四四年),先生二十四岁。
是岁秋七月,还浙应省试。

《俞楼杂纂·佚诗·七月四日还浙应省试》曰:"为有浮名未许删,秋风游子唱刀镮。还将倦翮追黄鹄,且把归心问白鸥。作客生涯如酒薄,回家行李比诗屩。多情剩有江山在,依旧青青送我还。"

得隽恩科第三十六名举人。

《群经平议序》云:"越七年,而举于乡。"

《杂文三编》三《吴牧驹小匏庵诗序》云:"越七年,至甲辰恩科,而举于乡。"

《诗编》一《揭晓后谒房考韩厚庵先生,知本中第二有吹索者,遂置三十六。归与漫赋二诗》:"不作人间第二流,却来三十六天游。身随傀儡场中转,文向麻沙板上留。自笑拚飞黄鹄子,惟怜辟易赤泉侯。敦槃尚忝宗盟长,退舍中原未足羞。是科俞氏中式者,尚有六十二名俞君庸礼,九十三名俞君璜,故云。其一。敢把科名比沈崧,也曾两度到蟾宫。鹢飞又退原无力,狐撺重埋也有功。莫认我为都顀顇,且呼兄作半英雄。壬甫兄中癸卯榜第十八。明年紫陌看花去,三十六宫春已通。其二。"

《自述诗》云:"微名幸得附贤书。"

《宾萌外集》三《孙莲叔红叶读书楼诗集序》云:"予自甲辰岁往来新安。"

《诗编》一《夜发玉山》："舆丁是虎舆是龙，舆名过山龙，舆丁名爬山虎。山石荦确一径通。万户皆扃只犬吠，四山尽黑孤灯红。欲雷不雷雷闪闪，将雨未雨云蒙蒙。萤明复灭焰似鬼，鹤欸且笑声如翁。葛衣受风冻起粟，布被著雾寒生淞。舆丁舆丁尔努力，前头山寺鸣晨钟。"《入徽河后，四面皆山，苍翠万状，复值雪后，真奇观也。偶拈大好二字为韵，作诗二首》："昨夜滩声中，一枕恣酣卧。晓闻邪许喧，遥知险已过。平生看山癖，不受寒威挫。船头风雪中，久坐竟忘惰。爱此万叠山，似倩巧匠作。一峰轻如飞，一峰重如驮。一峰坐如倨，一峰拜如妥。偃盖松千盘，重台莲一座。我舟随之转，回环蚁走磨。更喜山岬间，雪花夜来大。深处已白描，浅处尚紫逻。当作画图看，会使客愁破。其一。自发钱唐江，山山无不好。忆从去年来，眼界颇一饱。今来此地看，前者尽舆皂。山下有人家，完固类新造。蛎壳嵌窗明，蜃灰涂壁燥。吾闻山中田，种麦胜种稻。土厚雨不伤，泉深旱不槁。春山剜竹胎，秋山劚蕨脑。际此雪晴初，缚帚定已扫。乐哉此中人，何异住蓬岛。倘能来卜居，岂不惬素抱。无如朔风吹，催上长安道。其二。"《到新安赠汪莲府俭镜轩兆蓉瞻园之芳》："晓来寒意袭冠巾，自整轻装东水滨。不惜远寻苍耳路，只缘中有素心人。兰陵城外同探菊，明圣湖边共采莼。今日相逢云海里，一樽定为洗风尘。其一。久拟来题瑞室铭，几年踪迹竟如萍。两番有约成团雪，一夕无端到客星。路似熟游曾入梦，语多脱略为忘形。此行看尽千山色，不及诸君眼底青。其二。"《赠孙莲叔殿龄》："兴公年少擅风华，藉甚才名拟八叉。门外骄嘶金勒马，市中聚看璧人车。七擒不放欢场月，九锡频加得意花。愧我一鞭燕赵去，相思天半望朱霞。"

《佚诗·将之新安次韵答用周云笈承谦》："故人为我意踌躇，知我归期逼岁除。客久赖兄谙父病，家贫仗妇课儿书。梦悬石鼓山头月，信盼桐庐江上鱼。一事羡君修得到，不烦白首倚门闾。"又《次马谦香丙奎述怀诗韵自遣》：“一枝秃笔本无花，倚此谋生计更差。若论功夫铜有滓，敢云声价玉无瑕。客心久已同禅鸽，乡梦还来扰睡蛇。触热人间殊自笑，故园岂并乏茶瓜？其一。愿买乌巾山下田，便移家去住林泉。稍申慈母晨昏养，更结空王香火缘。邱陇常依先世旧，科名留待后人贤。不知此志何时遂？尚少钱神论一篇。”

按周云笈既与先生同为姚氏女夫，又其长姊第三女字先生长子绍莱，未过门而夭折。《宾萌集》五有《外传》云：周君名承谦，后更名祖诰，字云笈，杭州仁和人。弱冠有大志，不苟言笑。每言节义事，辄张目握拳，或击案有声。其妇为平泉舅氏长女，与余妇兄弟也。故余与君少相狎。道光二十年举于乡。试礼部者七次，卒不第。咸丰三年，大挑一等，以知县分发江西。居一年，代理丰城县。君在丰城才四月耳，其德政感人已如此。已而奉檄署安义县。是时粤贼来犯县，幕客家童皆星散。君率乡勇数百人出城，大呼杀贼，手刃四人，君亦身受数刃，竟力竭而死，年四十四。巡抚以其事闻，诏赠知府衔，入祀昭忠祠。

长女锦孙生。

二十五乙巳（一八四五年），先生二十五岁。
是岁春，与马晋蕃谦香，同车北上复试。

《随笔》四：“马君晋蕃，字谦香；……乃余老友，乙巳之春，与同北上，乘小车自丹阳至京口。甫至江干，谦香指示余曰：‘此金山也。’余有句云：‘故人知有看山癖，一见金山指向人。’”

《诗编》二《乙巳新正二日北上》：“屠苏一杯酒，饮罢即天涯。已迫端门试时新例覆试，难迟计吏偕。此途佳伴共谓马谦香孝廉，望眼老亲揩。未识春风里，看花愿可谐。”《夜泊常州》：“毗陵城外路，云树故依然。一雨足暝色，孤篷撑暮烟。人家排水次，灯火认堤边。记取旧游地,重来已五年。"又有《自丹阳乘小车至京口》《扬子江》《渡黄河作》《登陶然亭》诸作,皆记所游。《出都》云:"欲访蓬山未有因,不如归采圣湖莼。诸公饱拭看花眼,我辈闲留听雨身时与壬甫俱。纵逊青云能到客,岂无白首未来人。征衫莫道还依旧,添得铜驼陌上尘。"

寓全浙会馆。不售。

《随笔》云:"张肖眉洵,仁和人。余乙巳会试,与同寓全浙会馆,相得甚欢。"

秋,偕壬甫兄南回新安,授徒汪氏馆,与孙莲叔殿龄交,有异姓兄弟之称。客中病,思归。其家复迁临平。

《诗编》二又有《夜发阴平》:"参横斗转夜冥冥,东铎郎当唤梦醒。远树撷风犹未绿,遥山得月始能青。问津野渡人难觅,沽酒荒村户尚扃。自笑征夫归思急,一宵未放马蹄停。"《雨发钱唐江》:"才了春明梦一场,又来风雨渡钱唐。迷蒙云气沾衣湿,澎湃涛声入枕凉。山鸟似窥前度客,江神应识去年装。只愁齿冷严夫子,岁岁萍身为底忙。余于钓台下往返五次矣。"《重九日抵新安》:"下泽逍遥事未谐,且携琴剑客天涯。田园虽好贫难守,霄汉无媒远莫阶。生计依然资秃笔,游踪聊复任芒鞋。此来喜值重阳节,犹把茱萸眼屡揩。"

《杂文》一《薛慰农烟云过眼图记》云:"而余未通籍前,授徒新安。自乙迄己,凡五载。所居曰汪村,距城十五里。"

《自述诗》云:"北望燕云客路长,男儿弧矢志须尝。因遵覆试新功令,甫饮屠苏便办装。各直省新中式举人覆试,……定于二月十五日。余于正月初四日自所寓临平镇启行,然到京已二月初十矣。其二十六。咫尺金台未许攀,敝车羸马又南还。长安花好无由看,且看新安江上山。乙巳会试不中,偕壬甫兄南归。是秋,即至新安馆于汪氏。其二十七。江山与我有前缘,一客新安共六年。岁岁春风二三月,江平来趁四仓船。其二十八。载酒人来杨子亭,先生弟子鬓皆青。戏援康节当年例,门下姜愚长一龄。其二十九。四月汪村例打标，锦棚歌舞闹昕宵。村夫子亦欣然出，去看梨园笑叫跳。其三十。孙宾石亦一时豪，挥尽黄金兴转高。红叶楼头红烛底，君拈画管我吟毫。余在新安。与孙莲叔殿龄交，莲叔长余一岁，有异姓兄弟之称。其三十一。新安旧刻久消磨，模印流传亦不多。两卷诗文聊补佚，免人集外费搜罗。莲叔为余刻《好学为福斋文钞》二卷，《诗钞》四卷，今版已不存。而印本犹有存者，《俞楼杂纂》中所刻佚文佚诗各一卷，皆本此也。其三十二。"

按今年其家复迁居史埻旧屋。

《佚诗·迁居》云："又挈琴书到此停，五迁踪迹竟如萍。阿兄未共东头屋，稚子堪横北面经。潘令闲居虚有赋，刘郎陋室岂无铭？乌巾山下先人宅，空剩岚光入坐青。余家自德清迁临平，于今五迁矣。"《诗编》二亦有五言律一首，纪其事已录于上甲申岁。《佚诗》又载《病中偶成》及《月下偶作》，皆可窥得先生是岁病久，于时有所慨。其《病中偶成》云："东风久意挂帆行，无奈经旬守药铛。病树一株徒臃肿，落花三径又清明。欲抛长铗终无计，小住乡山亦有情。检点方书还自笑，养生我待问庄生。其一。闲门一任网虫蛸，独向空斋守寂寥。瓶内插花红踯躅，铛中煮药黑逍遥。留人石鼓湖边月，招我钱塘江上潮。何日布帆安稳挂，烟波极目路迢迢。时将客新安。其二。"《月下偶作》云："满地霜华夜色寒，客中愁绪起无端。长贫未了廧千瓮，久病难消药一丸。辛苦谋生资兔颖，磋跎失计负渔竿。不因明月多情甚，对此苍茫怕倚栏。其一。天上清辉奈冷何，细将全影认山河。乌孙故国传烽远，赤子中原待哺多。时新疆有小警，并闻河南大无。百万金钱愁婮女，三千铁甲戍蓬婆。书生岂有匡时策？只向空斋独啸歌。其二。"

又按《挽汪瘦梅水部挽联》叙云：余未通籍前，馆新安汪氏最久，水部即彼时从学者也。举孝廉，官水部，未成进士，郁郁成疾，卒于京师。

二十六年丙午(一八四六年),先生二十六岁。

是岁,父通奉君殁于临平,归厝于德清南门外金鹅山。

《宾萌集》五《先府君行述》云:"归葬于德清南门外金鹅山之原。府君生于乾隆四十六年闰五月六日巳时,殁于道光二十六年四月八日寅时,年六十有六。"

《宾萌外集》三《先君子印雪轩随笔序(代汪莲府作)》云:"(上略)先生读书五车,行脚万里。豪歌出塞,黄飞大漠之沙;险极悬车,青染太行之黛。往往停桡问水,驻马看山。从名人魁士而游,得大泽深山之气。所著《印雪轩诗文全集》外,有《随笔》四卷。所见所闻,小史钞而不给;可惊可愕,大材迸而犹飞。然意在劝惩,词无粉饰。孝悌之语,如听乎君平;诙谐之谈,不参乎臣朔。微言指示,即佛家度世之车;妙义敷陈,亦儒者牖民之铎。盖先生于近世小说家,独推纪晓岚宗伯《阅微草堂五种》,以为析义则穷其疑似,胸必有珠;说理则抉乎微茫,头能点石。今观此制,何愧斯言?集千腋以成裘,尝一脔而知旨。况乎赵璘《因话》,康骈《剧谈》,不过写我,咫闻供人谈助。而先生举胸中所独得,随笔底以俱来。尚论古人,是正文字。经疚史恙,著手皆春;流水行云,栖毫欲活。媚学者以为王劭之读书记,匡治者以为朱朴之致理书,又岂徒《甲乙疑论》《癸辛杂识》而已哉?……"

二儿祖仁生。

《自述诗》云:"五年两赋弄璋诗,已抱於菟又月支。遂使荆妻心窃喜,果然骥子是吾儿。大儿绍莱,生于壬寅年,二儿祖仁,生于丙午年。内子姚夫人幼时,有推算禄命者曰:'子必属马乃佳。'祖仁生,夫人喜之。其后大儿早入仕途,二儿竟以病废,似乎不验。然大儿年甫四十而卒,无子。今余止一孙,名陛云,二儿生也,是其言验矣。其三十三。"

按《随笔》二:游西湖里湖,访金沙巷关庙。

二十七年丁未(一八四七年),先生二十七岁。

是岁春,先生送子游京华。归仍客新安。

《宾萌外集》一《吴母叶孺人家传》云:"予客新安之四载,吴生泽来从予游。"

秋,周云笈下第,作诗慰之。

又《丁未秋周云笈下第归,寄诗慰之》云:"今春送子游京华,缺骻之衣深雍靴。焰光二丈在头上,愁君烧杀长安花。春风吹梦梦忽醒,蹇驴席帽仍还家。手握蛇珠世不识,子无一语旁人嗟。男儿自有不朽事,勿与众婥同呕哑。缨冠束带学拜跪,如凤在笯麟在罝。品作筝声不成语,我视其颡頯于戚。世间名利岂不好,一骨投地黄夫蚵。不如归扫子斗室,左右图史如排衙。佗人入室诧不识,但见束束签红牙。君坐其中细咀嚼,胜辟谷食餐晨椵。不然春秋选佳日,于山之麓溪之涯。沿溪钓月一笭箵,入山采云双鞻鞢。道逢热客试问讯,何若款段红尘挝。归来妇有一斗酒,其肴惟何鱼鳖虾。上堂问母母曰善,儿女绕膝来呼爹。君于此时乐不乐,有如痒得麻姑爬。鄙人十夜九此梦,所苦有愿囊无鎈。独坐千山万山里,不觉心绪纷如麻。安得一棱两棱地,去与邻父同耕耡。佗年有田不归隐,请即此歌盟以貑。"

述归居之乐。

《诗编》二《作家书》:"贫士旧有例,例与田园离。书生亦有例,例与妻孥宜。况我老母在,固宜亲盘匜。勿克亲盘匜,何以慰母慈。惟有一纸书,写到更阑时。家贫迫岁暮,事事棼如丝。如何一握管,欲写翻无词。首言客中乐,次言归有期。不将眠食累,上费高堂思。不将羁旅感,下使家人知。"《望家书》:"老母年六十,久谢笔与砚。娇儿甫六龄,读书未盈卷。谁为报平安,千里如亲面。传语亲家翁谓周云笈,费君一斗面。为我作家书,一字当一绢。无如客山乡,又乏邮筒便。飞到双鲤鱼,顿觉黄金贱。开书省日月,月圆已两遍。回首望乡山,白云有余恋。何当学少游,归去作郡掾。”

二十八年戊申(一八四八年),先生二十八岁。

是岁春,一归省,仍回新安。

《诗编》二《戊申春日发钱唐江,舟子焚香祀神,余适有感,亦揖而致词》:“我于癸卯秋,呼舟始过此。听水夜迟眠,看云晨早起。江山如有知,此时定我喜。及我再来游,匆匆迫岁杪。眼底新安山,梦里长安道。江山如有知,此时定我笑。长安居不易,重趁江边船。幼安仍白帽,子敬犹青毡。江山如有知,此时定我怜。而今年复年,萧然此书剑。徒添三斗尘,已短二丈焰。江山如有知,此时定我厌。伛偻揖江神,为我语古人。有宋谢晞发,有唐方补唇。云巢旧约在,吾岂终风尘。‘佗年筑屋名云巢’,余初过七里泷时句也。”《新安舟次口占》:“布帆无恙又新安,多谢东风送上滩。天以云山慰游子,我因奔走悔儒冠。春来晴雨真难料,客里莺花总倦看。寄语故园诸旧侣,莫将名利换渔竿。”《偶成》:“不成富贵不成仙,学作飘飘不系船。傀儡姑随人俯仰,辘轳自与我周旋。书因善忘宵犹看,身为多闲昼亦眠。饮水自家知冷暖,何须更写卫生篇。其一。年华衮衮去如云,故纸堆中自策勋。无可骄人聊吓鼠,未能忘物尚诛蚊。闭门已觉成高隐,开卷徒堪佐咫闻。不停卖文为沽计,桉头笔砚竟须焚。其二。”

孙诒让生。

二十九年己酉(一八四九年),先生二十九岁。

是岁仍客新安,与孙莲叔、汪紫卿相处甚契,时唱和以诗。

《诗编·莲叔招看牡丹即席有作》:“名士倾城两庶几,不先桃李斗芳菲。来从天上众香国,披得人间一品衣。林下山公原自贵,杨家妃子本来肥。自怜寒瘦同郊岛,也恋秾芳未忍归。”又《汪紫卿芳庆为余画一便面，柳阴之下，因山为屋，一人危坐其中，旁则积书如堵。噫，此境也非余所深愿而不得者邪。因为长歌以酬其意，兼述所怀》："传一卷书胜千驷，拥万卷书如百城。吾曹例有爱书癖，谓我独否非人情。家贫弃书逐衣食，目有所触心怦怦。吾兄亦复有同嗜，每遇书贾囊为倾。然脂暝写数十卷，上者两汉下则明。书成留与蠹鱼饱，短衣楚制万里行。提书一袱付吾校，谁其作者悦与宏。壬甫兄将之粤西，以荀悦、袁宏两《汉纪》属余校定。而我来作新安客，羔裯笋席今三更。浮名浪窃如画饼，不足齿数真一伧。诸君见我忝乡赋，疑于文字三折肱。拜手稽首称弟子，问其年齿吾所兄。为贫而仕古且有，况乃仅窃师儒名。二十一史束高阁，且与诸子谈朱程。虚字律令吾粗晓，设有谬误能弹抨。读故人书一太息，无乃舍己为人耕。马谦香书中语。今观君画再太息，此吾素志何时成。吾本乌巾山下住，尚有先世双柴荆。三硬芦圩一棱地，吾乡地以若干亩为一圩，余家薄田数亩，皆三硬芦圩也。厥性颇宜长腰杭。惜乎所居固湫隘，田亦未足供粢盛。佗年买田更筑室，旁或益以楼三楹。环植杨柳如君画，亦或不论松与柽。凿池引水种菱茨，杂以鹅鸭池中盈。牛阑豕芏固细事，苟有隙地皆宜营。四时甘旨既无缺，不速客至兼可烹。奴使耕田婢使织，童子一二供使令。更莳花木及竹石，风味庶比田家清。亭榭具体亦已足，小桥当使南北横。春秋佳日奉母出，弱女扶杖娇儿迎。主人谢事亦谢客，冬衣鹿裘夏裸裎。终朝闭户坐一室，惟闻戛戛牙签声。买书但不买语录，余者皆可充书棚。尔时吾兄所手写，或者高与床头平。弟兄白首相对读，旁人不识松且惊。书巢老死亦无恨，死便埋我先人茔。再观此画定一笑，君有先见如楛生。吾言及此三太息，长抱鄙愿徒硁硁。卖文日秃兔毫一，家中依旧空瓶罂。青山自在不须买，草堂资亦良非轻。书空咄咄竟何益，徒使乡梦宵来萦。已矣置此勿复道，流行坎止吾无争。"

又《寓斋题壁》云："偶然投足莫非缘，坐对明窗况四年。庭下虽无书带草，墨池余沈满阶前。其一。土音难解半难通，相对都成嗫嚅翁。惭愧《方言》吾未著，虚劳载酒过杨雄。其二。何处新翻团扇歌，金星人命近来多。门生颇亦能吹笛，只惜吾非马伏波。其三。岂果神针出夜来，笔花都到五更开。经营惨淡灯光小，不是仙才是鬼才。其四。"又《闭户》："闭户先生倦出游，惟将笔墨破羁愁。随人作计何妨懒，无佛称尊亦可羞。公择书才学鹦鹉，庭坚诗恐类蟏蛸。曹蜍李志皆千古，莫问人间第几流。"又《余客新安，与孙莲叔交最深，明年春，将入都应礼部试，因赋诗为别》云："人生半面莫非缘，何况论交近十年。灯火正寻文字契，风霜又到别离天。坚留后约烦县榻，遥指前程盼著鞭。却恐长安居不易，未行先赠办装钱。其一。不才十载困风尘，愧说名场阅历身。意气自知难比昔，文章敢谓尚如人。破荒科第殊非易，啖肉神仙岂是真。小草本来无远志，聊酬良友与慈亲。其二。旅食新安四载余，微名赠我胜琼琚。詅痴市上诗成集，问字门前客驻车。虫似压油虽自苦，士如画饼不嫌虚。吾侪最是狂难及，莫向悠悠计毁誉。其三。即今千里赴金台，敢谓游燕是郭隗。有幸或能登一第，无成仍可订重来。青云路远虽难定，白首盟坚总不灰。此去升沈何必问，终须为我洗尊罍。其四。"

《自述诗》云："添得牙牙两小茶，含饴老母兴偏加。年来深喜科名利，儿命真能助阿爷。长女锦孙，于甲辰年生。是年余领乡荐。次女绣孙，于己酉年生。明年余成进士。姚太夫人喜曰：此两女命运皆好。其三十四。"

按先生与莲叔唱和之诗，载《诗编》二，又有《孙莲叔赠云雾茶赋谢》《莲叔招看牡丹又成一绝句》《莲叔以咏古诗见示，戏和四首》《莲叔将余所致书札装成二册，闻之甚愧》。《佚诗》有《莲叔见示秋日杂咏，亦成二律》《莲叔三十初度，以四律为寿》十余首。与紫卿和诗，又有《纪木纸》《纪两烛》，皆长歌。以均非关先生行踪心迹之大者，故从略。又先生在新安，常感方言不解，戏作一诗，题曰《予来新安，问字诸君，日有至者，而方言不同，相对无语。戏作此诗》："周客不知鼠，楚人不识虎。越客端宜作越吟，鲁人止可鸣鲁鼓。纵烦宫女正徯音，偏有参军爱蛮府。须知齐傅教齐言，不若楚歌配楚舞。无如作客来异乡，未免相对成伧父。人疑王导何乃澷，我讶左慈遽如许。欲言未言先嗫嚅，似解不解两龃龉。不如一笑付胡卢，何必多言徒谦谰。君不见公羊作传语作齐，淮南著书音则楚。犹胜一声棱等登，口作筝声不成语。"

姚夫人三十初度，作诗寄贺。

《诗编·六月三日，内子三十初度，寄诗为寿》："蓬门寂寞酒谁沽，自觉新诗未可无。一岁迟生原外弟，十年苦守尚穷儒。清闲转得贫中味，憔悴遥怜病后躯。只有娇儿偏解事，手携弟妹拜氍毹。其一。谁家夫婿擅风流，宝马香车作胜游。我为不才长落寞，卿缘何事亦穷愁。屋嫌租贵谋移徙，奴怨佣微听去留。堂上亲衰儿辈小，可知晨夕费绸缪。其二。莫嫌门户费支撑，纸阁芦帘气味清。配我书香皆福分，傲人铜臭是科名。虽贫未识糟糠味，因别弥增伉俪情。一事流传三党遍，膝前儿女总聪明。其三。不向红窗共举杯，客中此夕倍低徊。酒无可祝将诗祝，身未能回有梦回。少小丝萝联玉镜，几时声价重金台。明年我亦刚三十，曾否春风得意来。其四。"

兄壬甫在广西，亦寄诗去。

《诗编》二《己酉春日寄壬甫兄广西》："六千里外作征人，五管云山一叶身。门户艰难都仗妇，晨昏安否各思亲。敢云长揖能增重？时兄客郑梦白抚部幕中。或者遨游胜守贫。小录骖鸾须手订，莫虚眼界此番新。其一。光阴俱向客中过，剩有闲门锁薜萝。梦里归来输我近，人间阅历让君多。读书岁月贫犹未，作客生涯老奈何。莽莽苍梧空怅望，几时听雨共东坡。其二。"

次女绣孙生。

徐花农(琪)生,阮元卒。

三十年庚戌(一八五〇年),先生三十岁。

是岁春,偕壬甫兄北上,过青杨浦,几覆舟。

《诗编》三《庚戌春,偕壬甫兄北上,覆舟于青杨浦。诗以纪事,其地距丹阳七里》:"正月癸丑天平明,扁舟晓发毗陵城。孟婆方便助吾力,片帆高与浮云平。迅若巨鱼纵大壑,轻于寥廓翔鹡鸰。谁料危机即此伏,性命几与蛟龙争。上流一舟渺如叶,霎然触舟舟微横。犹谓邹不与楚敌,彼或可虑吾无惊。庸知造物有深意,危者使平易者倾。风力注帆帆势侧,柁不能制篙难撑。天旋地转此一瞬,使我目眩心怦怦。犹幸相将登彼岸,未至竟与鸥凫盟。遥见吾仆自水出,岂惟濯足兼濯缨。舟子仃立泥淖,更有童稚啼咿嘤。是时风雨又作恶,那免寒粟肌肤生。嗟我远游竟何事,所为只此区区名。奔车覆舟古所慎,何以此险吾俱撄。忆昔车偾已至再,乙巳入都时事。今兹水厄尤非轻。姑转危语作壮语,平生履险如夷庚。分风劈流巨灵手,沉舟破釜项籍兵。寄语孟婆更助力,便烦送我游蓬瀛。"

入都,应礼部试。先生获第六十四名,保和殿覆试一等第一名,殿试二甲第十九,朝考一等第二十九,赐进士出身。五月引见,改翰林院庶吉士。此次覆试,为曾湘乡涤生所深识。时诗题为《淡烟疏雨落花天》,先生首句云"花落春仍在",遂为激赏,擢置第一。后先生以"春在"名堂,所以志此遇也。同年有瑞安孙琴西衣言,武陵杨性农彝珍,江宁□湘帆寿昌,丹徒丁濂甫绍周,祥符周昀叔星誉等名宿。

又《入都》:"仆仆长途敢惮劳,风尘且喜换征袍。龙髯已远攀何及,骏骨无凭价不高。方朔空囊难索米,祢衡名刺易生毛。狗屠市上如相问,只有悲歌气尚豪。"

又《礼闱揭晓口占四十字》："三十初通籍，微名敢怨迟。所嗟登第日，不逮过庭时。灯火仍兄共，门闾慰母思。长安春有信，早报故园知。"《五月初三日，勤政殿引见，纪恩一首》："红云深处冕旒尊，鱼贯同趋如意门。紫禁分行森玉立，丹毫圆转透珠痕。凡与馆选者，朱笔作圈。头衔已借冰壶冷，手泽犹存铁砚温。记得先臣遗语在，留将科第付儿孙。先祖南庄府君，年逾七十，以明经终，人或惜之。辄怡然曰：留此以贻子孙，不更优乎？"《十九日初入翰林院恭纪》："北御河边一水清，晓随鹓鹭集蓬瀛。云中丹诏天申命，殿上缡帷圣大成。是日宣旨，并谒先圣。簪笔行将从太史，执经初学拜先生。大教习杜芝农相国、福元修侍郎，均于是日到馆。非才滥与清华选，愧说仙曹已隶名。"

《群经平议序》云："又六年，而成进士，入翰林，则年已三十矣。自以家世单寒，获在华选，惴惴惟不称职是惧，不皇它也。"

《杂文三编》三《吴牧驹小匏庵诗序》云："又越六年，至庚戌科，而成进士。"

《随笔》一："余自幼不习小楷书，而故事殿廷考试，尤以字体为重。道光三十年，余中进士，保和殿覆试，获在第一，人皆疑焉。后知其由湘乡相公。湘乡得余卷，极赏其文，言于杜文正，必欲置第一。群公聚观，皆曰：'文则佳矣，然仓卒中，安能办此？殆录旧文耳！'湘乡曰：'不然，其诗亦相称，岂诗亦旧诗乎？'议遂定。由是得入翰林。"

《俞楼杂纂》三十八《玉堂旧课·淡烟疏雨落花天得庄字》："花落春仍在，天时尚艳阳。淡浓烟尽活，疏密雨俱香。鹤避何嫌缓，鸠呼未觉忙。峰鬟添隐约，水面总文章。玉气浮时暖，珠痕滴处凉。白描烦画手，红瘦助吟肠。深护蔷薇架，斜侵薜荔墙。此中涵帝泽，岂仅赋山庄。"跋曰："此庚戌进士覆试题也，诗甚不工，然'花落春仍在'句，为吾师曾文正公所赏。其后余遂以'春在'名堂，因以名集，至今海内皆知有《春在堂全书》，则此诗其缘起也。"

《宾萌集》五《春在堂记》云："余自幼不习小楷书，而故事殿廷考试尤以字体为重，道光三十年，余成进士。保和殿覆试，获在第一，人皆疑焉。后知由湘乡相公。时相公以礼部侍郎充阅卷官，得余文，极赏。且因诗首句云'花落春仍在'，谓与小宋'将飞更作回风舞，已落犹存半面妆'无异。他日所至，未可量也，遂以第一进呈。然余竟沦弃终身，负吾公期望。同治四年，余在金陵，寓书于公，述及前句，且曰由今思之，蓬山乍到，风引仍回，洵符'花落'之谶矣。然穷愁著述，已及百卷。倘有一字流传，或亦可言春在乎！此则无赖之语，聊以解嘲，因颜所居曰'春在堂'。岁在强围单阏，请公书之，而记其缘起焉。"

《尺牍》一《上曾涤生揆帅》云："樾自庚戌岁幸出大贤门下，……回忆庚科覆试，曾以'花落春仍在'一句仰蒙奖借，期望甚殷。迄今思之，蓬山乍到，风引仍回，洵符'花落'之谶矣。"

《杂文》二《李少荃伯相五十寿序》云："庚戌会试后，公问于湘乡公曰：'今科得人乎？'湘乡公举樾名以告，公心识之。后抚江苏，遇江浙同年，必问樾所在。遂延主紫阳书院讲席。尝谒公金陵，相见甚欢。次日亲诣樾小舟，促膝情话，移时乃去。"

秋八月，南旋，过扬州而归。

《诗编》三《八月二十二日请假南旋口占二律》："金爵觚棱入望遥，一鞭南下路迢迢。秀才官冷奴无势，薄笨车轻马不骄。清俸未能供菽水，虚名那足傲渔樵？止因生小江湖惯，话到烟波兴便饶。其一。十年辛苦困名场，袜线微才本不长。圣代优容无弃物，群公谬爱到文章。敢期著述留东观，聊取科名慰北堂。惭愧相如仍四壁，虚将词赋拟《长杨》。其二。"

《宾萌外集》三《张栖竹先生栖竹图序》云："迨庚戌岁，予请假南旋,复晤先生于毗陵。"

《自述诗》云:"丹阳城外孝廉船,猝遇危机幸获全。犹记覆舟横水面,弟兄风雨立河边。庚戌春,余与壬甫兄同舟北上,覆舟于丹阳城外之青杨浦,余兄弟幸从船舷互相扶持登岸,未至入水。然风雨之中,衣履皆湿,从者及舟子,则皆泅水得生,危矣。其三十五。清远堂前人语稠,弟兄同住此西头。柱铭去岁亲书与,四十年来旧梦留。既至京师,而吴兴会馆人满矣。其听事曰:'清远堂向不居人,乃编秸糊纸,障其西头一间,余兄弟居焉。'其三十六。一鞭十里趁晨晖,远自宣南赴棘闱。戏咏东坡旧诗句,新郎君去马如飞。凡会试者,例于贡院前赁屋作小寓。是科,余与壬甫兄径自吴兴会馆住,馆在宣武门外半截胡同,而贡院在崇文门内,相距十里而遥。其三十七。名场得失不须猜,相约清游访古槐。薄暮归鞍驻门外,喜虫儿辈已先来。会试出榜前一日,闱中既写榜,其消息即络绎传出,报喜者纷然。凡与试者,未免怦怦。壬甫兄乃邀周云笈承谦及余,至龙树院小饮清谈,戒不得言科名得失事,薄暮方还。而余中式六十四名,亭午已得信矣。其三十八。金殿簪毫赋暮春,岂因花落见精神。如何谬被群公赏,也算巍峨第一人。保和殿覆试,诗题'淡烟疏雨落花天',余首句云:'花落春仍在。'大为曾文正公所赏,谓咏落花而无衰飒意,与小宋落花诗意相类。言于同阅卷诸公,置第一。其三十九。鹓行列坐殿西东,官样文章总未工。莫笑退飞如六鹢,本来野鹤翅氄氄。余殿试二甲第十九,朝考一等第二十九。其四十。自怜家世本单寒,得隶仙曹亦大难。圣主量才亲点注,书生本色秀才官。五月初三日引见,蒙恩改翰林院庶吉士。其四十一。"

按所谓《佚诗》,即在三十以前所作,本已芟薙。友人孙莲叔为刻《日损益斋诗钞》时已久失之。后于其女婿王康侯处见得,其中有《春在堂诗编》所未搜辑者,援《佚文》之例,题曰《佚诗》。与《佚文》同刻入《俞楼杂纂》中。又《朱镜香竹南精舍骈俪文序》云:余三十岁前,好为骈四俪六之文,今《宾萌外集》四卷,皆其时作也。

咸丰元年辛亥(一八五一年),先生三十一岁。

是岁,先生至新安,访诸故人。诸故人为先生补寿。

《诗编》三《咸丰辛亥,将至新安,访诸故人,发钱唐江口占》:"浮生不定似飞蓬,又挂之江一席风。游子出门殊惘惘,老僧托钵奈空空。青山太熟诗无料,白日难消睡有功。遥想新安诸旧侣,几回相望暮云中。"《登新安郡城斗山亭作》:"七年来作新安客,今日始至新安城。城中有山山曰斗,山上有阁以斗名。我携游屐偶登此,尽收胜概归檐楹。两城环环蚁垤小,万瓦簇簇蜂窠平。一江如练走鸟下,渺若杯水堂坳倾。翻怪昨者此呼渡,何为波浪使我惊。对面黄山隐复见,似闻客至来相迎。举手敬向山灵谢,青鞋布袜犹未成。兴阑游倦下山去,流水濯足风吹缨。回头仰望渺何处,但有云气涵空明。"《四月十六日,新安诸故人与及门诸子,为余补作三十生辰,即席赋谢》:"去年苕上逢生日,风雪扁舟独自眠。余去年泛舟苕霅,适逢生日。何意诸君怜故我,翻教一醉补今年。已遭偏露难称庆,偶窃微名未是仙。但感光阴如逝水,尊前那得不流连。其一。麦秋天气半阴晴,且为诸君尽此觥。酒户从来输坐客,食单连日议门生。清谈何必烦丝竹,雅集端宜记姓名。白首佗年同话旧,雪泥踪迹最关情。其二。"

而孙莲叔又为刻《好学为福斋文钞》四卷,后毁于兵火。

《俞楼杂纂》三十五《佚文》叙:"咸丰之初,休宁孙莲叔为我刻古文四卷,曰《好学为福斋文钞》。俄而徽乱,原板焚毁,所印本亦无存者。后于女婿王康侯处见之,如对古人,其中有如千篇为《宾萌集》所无,盖久失其稿矣。湖楼多暇,录为一卷,喜其久佚而复存也,命之曰佚文。"而《录要》则云:"余从前在新安时,故人孙莲叔为刻《日损益斋文钞》,原版久毁于兵火,而印本亦无存者。光绪五年,偶于女婿王康侯所见之,其中颇有《宾萌集》所未搜辑者,喜其久佚而复存也。录为一卷,题曰《佚文》。"今刻入《俞楼杂纂》中。

按先生诗文集，初皆署"好学为福斋"，后更用"日损益斋"。有孙琴西为作《诗集序》可证，载《逊学斋文钞》中。先生自谓作诗仿白居易，浅近令人易知云。

又按孙莲叔事迹，详《诗编》六《哭孙莲叔》古体诗一首；盖惨死寇难者。

仍馆新安，作白岳之游，七月还。首尾共历六年。

《自述诗》云："长安道上看花还，再看新安江上山。白岳曾游黄海未，隔凡桥险怕跻攀。辛亥春，仍馆新安。至七月而还。是岁作白岳之游，黄山则未及游也。其四十二。"

二年壬子（一八五二年），先生三十二岁。

是岁春，入都。过无锡，游金山。

《诗编》三《壬子元旦无锡舟次试笔》："晴光明射舵楼边，元旦欣逢雪霁天。爆竹声催游子起，屠苏酒占故人先。时与云笈同行，年长于余，故云。衣冠脱略因为客，诗句推敲算过年。输与玉堂诸老辈，裁笺同和早朝篇。"《人日发京口叠元旦韵》："扁舟侵晓发江边，水面晴光远接天。一棹烟波吾辈在，九衢车马几人先。闻同馆诸君，均先已入都。招来旧雨皆千里，补得清游已八年。乙巳岁泊金山下，未及上，今始一游。客里匆匆又人日，草堂待寄少陵篇。"《入都》："客路三年次弟过，无边春色帝城多。好寻陈迹长安道，略洗征尘永定河。渡永定河车陷。燕垒未成犹待筑，貂裘已敝不堪剧。一椽拟就铜驼陌，何处闲门置雀罗。"

四月散馆，引见，授编修。

又《四月二十一日散馆，引见授职编修，恭纪》："九天阊阖郁崔嵬，济济千官阙下来。帝许春光留上苑，人将风信候蓬莱。幸偕茅许登仙籍，敢共渊云斗赋才。自古玉堂清要地，非徒词采重兰台。"

《随笔》："余壬子散馆后，未引见。戏书一诗，黏斋壁云：'天风吹我下蓬瀛，敢与群仙证旧盟。好向玉堂称过客，重烦丹笔注微名。升沉有数人难挽，造化无心事总平。却笑随园老居士，落花诗句太关情。'跋其后云：'散馆改官，口占一律。'同年慎延青毓林见之而笑。及引见后，蒙恩授编修。"

西华门送驾。

《诗编》三《八月初九日皇上行夕月礼，派翰林六人于西华门送驾，臣樾与焉。恭纪》："圣主顺时行巨典，小臣循分效微诚。五筹次第传呼肃，万乘森严跸路清。鹓鹭排来皆有序，骅骝过尽总无声。銮舆已远朝车散，共趁斜阳出凤城。"

仲冬，移寓南柳巷，迎养慈亲。

又《仲冬四日移寓南柳巷》："寄身安得长房壶，老屋三间又此租。客里不嫌家具少，坐中且喜杂宾无。开箱先检新诗本，扫室仍安旧茗炉。所幸对床还有伴，桉头灯火未曾孤。时壬甫兄同寓。"

又《慈亲率眷入都喜赋》："连宵魂梦绕征轮，此夕灯前笑语亲。禄养未充仍菽水，慈容略减为风尘。妻孥且耐天涯冷，童仆休嫌宦况贫。佗日乡山如许买，全家同享故园春。"

入朝侍班。

又《入朝侍班，车中作》："星月微茫里，鸡人报晓筹。晨光瞻凤阙，寒意袭貂裘。禁树遥难辨，霜华冷不流。早朝应许赋，此景即蓬洲。"

《自述诗》云："芸馆三年职未供，且来试听禁城钟。一橼聊寄铜驼陌，惭愧诸君负笈从。壬子春，入都散馆，休宁汪仪卿，黟县李简庭，皆门下士也。相随北上，从余学且应京兆试。其四十三。万户千门不易摹，彤廷率尔竟操觚。天恩许注蓬莱籍，免作仙人项曼都。散馆引见，蒙恩授编修。是年，散馆题为《乾清宫赋》，以'表正万邦，宏敷五典'为韵，今刻《宾萌外集》中。其四十四。柳巷南头小院开，纸窗布幕足徘徊。白沙炉子黄泥罐，领略穷官风味来。余初入京,寓南横街之圆通观散馆。后移寓棉花胡同,及闻眷属将至,又移寓南柳巷。其四十五。老母康强妇孺欢,灯前笑语共团栾。阿兄亦尚留都下,同守寒炉到岁阑。老母率眷属入都,时壬甫兄充实录馆眷录,亦同寓。其四十六。一行鹄立玉阶前,金阙瓴棱欲晓天。自笑廿年村学究,也来试赋早朝篇。是年十月,皇上御门办事,奉派侍班。其四十七。"

　　按是岁在京时,与兄壬甫,同参宴会,或出外散步,怡怡甚乐。《诗编》三《微雨出广渠门,至天宁寺与诸同年宴集》:"春风文酒互招延,借得城西屋数椽。僧舍偷闲刚半日,师门问字尽同年。雨晴不定随鸠唤,主客无哗任鹿眠。院中有鹿。坐上醉翁能共乐,苍颜白发望如仙。谓座主朱揅堂侍郎。"又《谢公祠与诸同乡宴集》:"谢公祠畔草如茵,莫负当筵酒数巡。文字清谈吾辈事,衣冠小集故乡人。壶觞尽兴无丝竹,兄弟同车有主宾。时壬甫兄亦与众宾之列。余与同车而往。待向禅房看芍药,眼前花木尚余春。席散后,拟游法源寺不果。"又《与壬甫兄至横街南散步,其地皆丛葬处》:"闲著芒鞋踏绿莎,萧然风景似岩阿。小车得得红尘少,破冢荒荒白骨多。几辈热场同捉搦,吾侪冷趣不销磨。归来才问门前立,又见高轩次弟过。"至散馆时口占一律,《随笔》复载延青称叹情云:"延青过余斋,喟然长叹。余问何叹?延青曰:'吾叹此一首好诗,将来编集时,竟无从安顿也。'相与大笑。然余不久即免官。回首玉堂,真同过客。'天风吹我下蓬瀛',斯言验矣。"

杜文正芝农薨,为诗挽之。

　　又按秋间,大教习杜文正公芝房薨于位,先生既为文公祭,载《宾萌外集》四,复作诗挽之云:"才闻霖雨沛南方,忽见台星殒大荒。遗表但传忧国事,诏书频与处家常。君臣终始情无间,生死哀荣礼有光。敕使亲承天语至,细将眠食向高堂。"其一。"自登政府赞无为,造膝深谋世莫知。黄阁共推名父子,绿图原是圣人师。虽当鹄鼎调羹日,还似龙楼待学时。一十七年资启沃,至今深系九重思。"其二。

"饰终恩礼降连翩，异数频邀感九泉。珍药宠颁怜父老，清班特晋为儿贤。易名不待臣工议，锡命还居保傅先。圣意徘徊殊未已，一尊亲自奠灵筵。"其三。"鲰生才识本驽顽，曾在孙阳一顾间。庚戌覆试，公为阅卷官，樾忝弟一。执卷玉堂容问字，樾预馆选。公为大教习。谢恩金殿许随班。散馆日，公率庶吉士，于太和殿谢恩。皂囊入奏犹无恙，赤舄辞朝竟不还。自为苍生惜安石，非徒丝竹感东山。"其四。

又按《随笔》二载：咸丰二年，余姚客星山新出一汉碑，碑文首有"三老"二字，故即名曰三老碑。宗湘文观察源瀚以拓本见赠。余谛视之，碑前半分四截。其最上一截，四行，二十二字。三老生一子而有九孙。此碑乃九孙中第七孙名邯者所立，以识祖父名字，且存忌日。闻藏是碑者，为周君世熊，字清泉，有释文。近移置杭州孤山西泠印社石室内。又按是岁在京寓，长夏无事，取《全唐诗》中七言句佳者，分别虚字实字录之，以类相从，得对句，几及万联。（见徐澄编《年谱》）

陈子宣（祖昭）生。

三年癸丑（一八五三年），先生三十三岁。
是岁正月从谒陵。

《诗编》三《癸丑正月二十四日恭谒慕陵，随同行礼，敬纪四律》："先帝垂衣治，深仁三十年。困仓常发粟，亭堠总销烟。土木工俱辍，珍奇贡尽捐。至今怀圣德，歌舞遍垓埏。其一。宣室传遗制，桥山率旧仪。屡颁宽大诏，不树圣神碑。帝极终身慕，民怀没世思。讴吟犹未息，陵树已参差。其二。星燧俄三改，韶华又一春。祠官开寝殿，帝子奉明禋。时命恭亲王行礼。黍稷升香远，松楸入望新。九重严恪意，原不异躬亲。其三。东观明清切，西陵望郁葱。获陪原庙祭，如抱鼎湖弓。黄瓦瞻云表，青袍拜雪中。是日大雪。在天灵不远，仁孝鉴深宫。其四。"

二月，听讲辟雍。

又《二月八日皇上临雍讲学，派翰林二十员听讲，臣樾与焉。恭纪》："咸丰三年二月上丁，皇上亲诣太学行释菜礼。越六日癸未，临雍讲学。自王公大臣以及有司百执事，自先圣先贤之裔以至执业之诸生，观光之群士，莘莘焉，鳞鳞焉，环集桥门者盖不可以数计。皇上眷怀旧学，命惇亲王致祭于赠太师大学士杜文正之灵，盖重渊源、思耆旧也。臣樾幸从载笔之末班，获睹圜桥之盛典，宜被歌咏，以志遭逢。抑又闻之，古者师出有功，告成于学，故在诗曰'矫矫虎臣，在泮献馘'。至我国家，率循是典。方今粤西之贼，扰及金陵，宵旰之忧，实廑于此。故于章末及之，亦庶几鲁颂之义也。仲春初八日，皇帝诏临雍。隔岁颁成命，先期习礼容。宫墙千仞辟，冠佩百僚从。柱史威仪肃，祠官俎豆恭。鸾声传哕哕，豹尾护重重。辇路香泥细，桥门瑞气浓。祥云呈太甲，旭日起高春。济济先贤裔，巍巍衍圣封。亲臣冠孔翠，帝于服团龙。有位咸陪从，何人不敬共。恪依山品级，静听佩玲珑。朝列无搀越，天颜自肃雍。庭中陈卤簿，堂下奏笙镛。观听人咸属，聪明圣独钟。精言开奥窔，高论破愚蠢。仁敬心惟一，中和理本庸。是日讲《中庸》致中和一节。《尚书》皇天、无亲、克敬、惟亲四句。玉音宣朗朗，璧水泻溶溶。雅化流芹藻，群材献菲菶。茶筵香馥郁，讲毕赐茶。槐市荫葱茏。胄子叨培植，生徒被铸镕。摩挲周猎碣，翕集鲁章缝。帝乃怃然念，谁为学者宗。丹书怀旧训，赤舄缅遗踪。郑重恩言锡，频繁御祭供。推仁原蔼蔼，慕义尽喁喁。臣忝清班附，天教盛典逢。昔曾衣释褐，今又砌依彤。获睹文明启，遥知雨露酦。胶庠齐鼓箧，亭堠遍销烽。干羽能柔远，诗书寓折冲。虎臣行献馘，蛾贼自归农。会见成功告，重来听鼓钟。"

四月，乞假送亲南旋。

又《乞假送亲由水道旋里，口占二律》："三载清班忝玉堂，敢抛簪绂事耕桑？天涯薄宦门如水，堂上衰亲鬓有霜。久住鱼将游涸辙，暂归燕只剩空梁。余故里无一椽之居。临行费尽踟蹰意，莫道匆匆遽束装。其一。揽辔登车感不禁，凤城烟树望森森。才疏愧乏匡时略，身贱虚存恋阙心。且与波鸥同浩渺，但期风鹤早销沈。小臣归享升平乐，好谱尧夫击壤吟。其二。"《东昌以下寇盗充斥，颇有戒心。因赋一诗》："秋色苍茫里，全家一棹过。江湖仍枕席，天地正干戈。骨肉飘蓬惯，山林伏莽多。由来行路险，不尽在风波。"《中秋泊高邮有感》："全家踪迹似浮沤，今夕荒凉此泊舟。枕上无眠非待月，灯前有泪借悲秋。波涛击岸声声怒，烽火连云夜夜愁。我欲乘风竟归去，天边何处认琼楼。"《抵里门作》："中年何敢便抽簪，不为烟霞返旧林。云被风吹任南北，萍随水转听浮沉。先几愧乏观时识，早退原无避世心。欲共巢由买山隐，故山松桂未成阴。"《除夕口占》："自抛簪笏奉潘舆，又见春风到敝庐。牲醴不丰因岁俭，光阴最好是家居。休嫌琴剑仍无定，且喜箪瓢尚有余。此夕樽前聊尽兴，烽烟莫问近何如。"

中秋后，抵临平，仍住印雪轩。

《自述诗》云："小臣生值道光元，三十年来覆帱恩。今日青袍拜陵下，神功圣德愧难言。咸丰三年春，谒慕陵，有诏命恭亲王恭代，时臣樾奉派，随同行礼。其四十八。恭逢巨典举临雍，同向桥门听鼓钟。殿上玉音宣朗朗，敷陈《太甲》与《中庸》。是年二月八日，皇上临雍，派翰林官二十人听讲，臣樾与焉。其四十九。天涯燕垒乍经营，又驾南辕出凤城。自笑浮生真似梦，一椽仍复住临平。四月中，乞假送老母还南，仍住临平之印雪轩。其五十。"

按：先生此次旋里后，闻蔡云士前辈庚飏、戚英甫同年士彦相继殂谢，皆作诗志慨，并以挽之，载《诗编》卷三；同年又为外祖蔡汉章作《遗诗序》，载《宾萌外集》卷三。

□□夫子作《寿序》，载《外集》卷四。

四年甲寅(一八五四年),先生三十四岁。

是岁元旦试笔。

《诗编》四《甲寅元旦试笔》:"隔年灯火晓犹存,起饮屠苏酒一尊。庭院清闲删俗例,冠裳检点愧君恩。诗成试倩儿拈笔,客到聊呼仆应门。莫道晨寒添料峭,尚存余暖在糁盆。"

里居,与诸亲友作文酒会。

又《平泉舅氏及云笈,均和余除夕之作。因次前韵又成二律》:"年来岁月半舟舆,且向东湖暂结庐。敢谓在山成远志?偶因奉母得闲居。冷官况味怜貂敝,贫士生涯胜蠹余。尚有凌云词赋在,莫将落拓笑相如。其一。一年景物此权舆,回忆承明旧直庐。阙下清班叨侍从,云中仙仗护宸居。诸公俯仰升平日,群盗纵横转战余。坐对辛盘聊尽醉,书生报国待奚如! 其二。"《谷日招同诸亲友宴集,叠元旦韵》:"柏酒桃汤俗例存,间招亲故共开尊。时方多事能同醉,天与吾曹算有恩。快雪初晴宜雅集,旧游如梦忆都门。倾银注玉徒豪举,未及田家老瓦盆。"

舅氏姚平泉、亲家周云笈赴官,并赋诗别。

又《云笈将赴江西,赋四律留别诸亲友,即次原韵赠之》:"潞河去岁整归装,每到凉宵共举觞。去岁与君同舟南下。故里荒芜怜我寄,好官滋味羡君尝。向来家世鸣琴惯,君大父作令江右。此后光阴听鼓忙。尚有书生余习在,遍征诗句付行囊。其一。频年戎马扰江村,见说严城昼掩门。去夏江西省城被围三月。弧矢岂非吾辈事,裤襦正赖长官恩。军符络绎看传箭,里社欢呼听扣盆。倘有桐乡余爱在,春来正共荐羔豚。君祖在江西有惠政,故云。其二。蒲帆挂向永和堤,两岸流莺恰恰啼。三月春风随宦辙,五更寒月听征鼙。飘然凫舄惟携鹤,君眷属未偕往。莞尔牛刀且割鸡。他日清声能继祖,甘棠种遍大江西。其三。待将出处卜灵氛,愧我荷衣制又焚。偶尔在山仍小草,纵然出岫亦闲云。

五湖虚愿何时遂，百里循声到处闻。兼谓壬甫家兄。只惜服官中外异，未能鸥鹭订同群。其四。"又《平泉舅氏选授上虞学博，赋诗留别，次韵二首》："一纸除书在腊前，耆儒深荷九重怜。行窝安乐迎康节，福地娉嬛住茂先。带水溯洄乡树近，瓣香供奉士林虔。劝公休怅弹冠晚，看取精神满寸田。其一。万事如云过眼前，即用舅氏诗意。肯将涂抹博人怜。灵椿莫道株将老，都蔗还期味胜先。军府文书旁午急，儒官俎豆上丁虔。稚川石室曹娥水，便是先生彭泽田。舅氏以议叙知县，改就广文。其二。"

清明日，回德清扫墓。

又《清明日回德清扫墓偶成》："乌巾山下旧柴荆，喜有承平一片声。父老酿钱迎绿社，吾乡清明前后赛社，有红社、绿社之分。儿童散学过红明。吾乡以清明次日为红明日，又次日为白明日。连朝榆柳分新火，几处松楸认故茔。只惜焚黄犹未得，虚传两度拜恩荣。予两次请封，而敕命未至。"

浙抚黄寿臣前辈荐主嵊县讲席，皖省当事延主徽郡紫阳书院，均未果赴。

按先生此归，房师孙兰检侍郎视学皖江，为言皖省当事，延主徽郡紫阳书院。阻于兵事，不果赴。未几，孙师殉难，先生作诗四章挽之。其卒章云："为怜归客似飘蓬，费尽经营半载中。羽檄仓皇虚讲席，手书稠叠付邮筒。延主徽郡紫阳书院，不果赴。旄头妖气连江表，箕尾忠魂返太空。剩有不才门下士，瓣香长自奉南丰。"

仲冬，复入都销假。

又《仲冬八日入都销假，偶成四律述怀》："风雪正漫天，全家送上船。未能供菽水，何敢恋林泉。门户怜儿小，晨昏仗妇贤。此行殊悯悯，惭愧祖生鞭。其一。一载乡山住，依然四壁空。伶仃同命鸟，辛苦寄居虫。报国原无贝，谋生亦未工。谁云游宦乐，吾辈是飘蓬。其二。况值艰虞日，年来事事非。一官翻是累，八口竟何依。江左烽烟逼，闽中信息稀。时久不接壬甫兄信。临歧数行泪，洒上老莱衣。其三。行止犹无定，归田计更赊。白头亲望远，赤手妇持家。世事那能料，吾生长自嗟。何时一尊酒，聚首又天涯。其四。"《嘉平十八日抵都门作》："去年南下奉潘舆，小住乡山一载余。清夜犹然愧乌鸟，圣朝未敢恋鲈鱼。饱尝世味豪情减，久别京华旧雨疏。遥望觚棱天咫尺，晨光未辨早登车。其一。年来铃索隔西清，问讯东华旧弟兄。吾辈虱官何所用，几时蛾贼得全平。愧无才识难修史，纵有文章敢论兵。惟愿南天烽火息，好将词赋献承明。其二。"

《自述诗》云："是时烽火遍东南，小隐东湖喜尚堪。柏酒桃汤沿俗例，龙居佛日恣幽探。甲寅正月，在临平与诸亲友以酒食互相招延，亦极里居之乐。四月中，又遍游龙居、佛日诸胜。其五十一。更向清溪问旧栖，一泉一石总留题。虽然忝窃名山席，竟未看山到剡溪。是年春，回德清上先人家，遂游北门外慈相寺，有《半月泉》《蟠龙石》诸诗，浙抚黄寿臣前辈，荐余主嵊县讲席，然竟未赴也。其五十二。迢迢才共鹊南飞，忽忽仍随雁北归。薄宦未成亲已老，临行亲泪满莱衣。是年十一月，入都销假。内子及儿女辈，奉太夫人仍住临平。其五十三。惊看大地尽干戈，出柙将如虎兕何。一日夜驰三百里，轻车刚绕贼中过。其五十四。"

五年乙卯（一八五五年），先生三十五岁。
是岁二月入国史馆，充协修。

《诗编》四《乙卯二月十五日初入国史馆》："一入承明岁月加，又来史馆驻朝车。坐中前辈尊于佛，架上官书乱似麻。圣世何须有南董，直庐且喜傍东华。小臣愿纪升平事，归向田间父老夸。"
兄壬甫亦以知县官闽中，奉太夫人南去。
四月初，家眷到京，寓阎王庙街。

又《四月初二日内子率儿女辈到京喜赋》："满地干戈行路难，轻车安稳度桑干。回思往事都如梦,且守清贫莫当官。室内尘埃聊布席,盘中粗粝强加餐。全家愿似梁间燕,随意营巢到处安。"

按先生在京,四月十三日,保和殿考差,上以"舜在床琴"命题,时海宇多故,宵旰忧勤。先生借题发挥,以见大圣人不思不竦,遇变如常;并旁引文王之羑里鸣琴,孔子之匡邑被围,弦歌不辍,以明先后圣之同揆也。见《随笔》。又次韵奉酬平泉舅氏,亦可见其先所历之境,后遂得差。诗云:"一官忝玉堂,屡踏东华土。移家日下居,城南天尺五。群谓列清班,容易纡华组。谁知毛生锥,依旧囊中处。方今圣人世,玉烛调四序。如何两阶前,犹未舞干羽。诸君驾辌轩,方将祭累祖。乃闻疆吏言,东南无定宇。暂停宾兴筵,军门听鼙鼓。时因军兴,停乡试者七省。五党二三子,困守伯通庑。报国仅文章,未足资御侮。官冷我亦冷,肃然如太古。童仆有怨言,其言藏腹肚。曰自从尔来,冬寒夏暑雨。衣有卅年裘,食无四升簠。不知竟何得,无乃徒自苦。主人微闻之,一笑而不语。不见吴楚间,烽火照洲渚。生民罹此虐,流离那可数。黄河天上来,势欲倾底柱。侧闻中州地,滚滚鱼龙舞。吾耕既无田,吾隐又无墅。四方既靡骋,归欤计又阻。避世金马门,是亦得吾所。囊中有俸钱,一可当什伍。时行当十当五大钱。官米新且洁,犹足人一醔。春季俸米,从采办处支领,甚佳。旧雨时往来,相对无龃龉。兴到吟一诗,亦足写情绪。何必泣牛衣,沾沾学儿女。"但在京暇时常偕孙琴西衣言、朱晴洲文江、邵汋生亨豫、钱湘吟鋆、王补帆凯泰、杨振甫庆麟、何受山福咸诸同年,至龙树寺南下窪子等处游散,以适己,事后作诗。其散步南窪子曰:"酒座歌场处处豪,偏将野兴寄林皋。乱坟多鬼人稀到,古寺无僧犬独嗥。自觉闲身宜此地,天教冷趣属吾曹。明朝吏部门前去,又染淄尘到敝袍。京察人员例于吏部唱名,而翰詹衙门实无到者。是日院吏来告,故戏及之。"游龙树寺诗曰:"九衢车马地,所难此清旷。每逢明瑟处,便觉心神畅。吾辈不羁人,疏慵天所放。闲官幸无事，胜友时见访。同游古招提，芒鞋各一两。是时天新晴，蹄涔水犹涨。迂回取路行，联翩乘兴往。入门僧不迎，老槐屹相向。倚栏一平视，萧然出尘网。万顷足芦苇，一城匝屏障。远寺红入画，平畴绿成浪。诸子发高兴，尊酒佐跌宕。僧庐无主宾，行厨有供张。语妙杂诙谐，交狎忘揖让。挥扇可代尘，脱衣各置桁。或丁丁然棋，或乌乌然唱。相期竟日游，惟酒亦无量。东坡赤壁下，逸少兰亭上。须知今日乐，便足古人抗。饮罢半醉醒，欢极齐得丧。谁乘使者车，请更与祖帐。"见《诗编》四。

八月，简放河南学政。

又《八月初二日，蒙恩简放河南学政，恭纪》："金殿挥毫墨尚新，四月十三日，保和殿考差。又看恩命出枫宸。颁来荡节从天上，驾得轺车向洛滨。自是采风宜太史，敢云入境即王人？小臣旧是村夫子，肯负书生面目真？"

九月下旬，出都赴豫。在大梁使署补祝太夫人七十寿。

又《九月二十四日出都赴豫口占》："去岁风霜赴北征，今年乘传又南行。一樽仍喜家人共，千里频烦候吏迎。烽燧平安官堠近，琴书潇洒使车轻。男儿驺马寻常事，每把题桥笑长卿。"

《自述诗》云："词曹无事太优游，史馆还容一席留。欲向青编求故实，自将志传署兼修。乙卯春，派充国史馆协修，凡初入馆者，例须自署愿修何书，大率皆署列传。余欲考求国朝事实，署志传兼修，然在职不久，此志仍未逮也。其五十五。……旰食宵衣圣主心，小臣文字效微忱。虽当天步艰难日，稍抒忧劳借舜琴。四月十三日，考试试差人员，上以"舜在床琴"命题，时海宇多故，宵旰忧勤，余借题发抒。其五十七。纷纷星使出词曹，自问无才敢滥叨。谁料圣恩偏最渥，竟容玉尺两河操。自五月朔以后，典试诸差，以次简放。自问已无所望，乃八月初二日蒙恩放河南学政，材轻任重，陨越始此矣。其五十八。宫门晓日听传宣，天语亲承御座前。自奏臣年三十五，敢将增损说官年。赴宫门谢恩,蒙召见一次,问及臣年,奏曰三十五岁。上问是实年否? 奏曰是。其五十九。秋风使者建旌旗,高驾轺车出帝畿。路向吕翁祠下过,暂时入梦莫相讥。十月下旬出都,过邯郸吕翁祠。其六十。七十慈亲寿且康,今年八月未称觞。笙歌繁荟衣冠盛,补庆生辰在大梁。太夫人今年正七十,八月中生日。恭值孝静成皇后大丧,未及称觞,乃于大梁使署补祝。其六十一。"

按孙衣言《逊学斋诗集》酬别荫甫学使云:云龙那复似当年,相对金尊各惘然。漫有才名宜禁近,剧怜风雪向江天。艰难寇盗犹今日,戎马关山况别筵。却忆淮南招隐士,知君深意在诗篇。

费屺怀(念慈)生。

六年丙辰(一八五六年),先生三十六岁。

是岁二月,出棚考试。

《诗编》四《丙辰二月初三日出棚考试,大风渡黄河作》:"黄河无风浪千尺,况乃有风风又逆。风浪声中鼓吹高,使者河边祭河伯。河伯共听使者歌,人间何处无风波。但令胸中无芥蒂,那愁脚底有鼋鼍。临河却为苍生虑,从古河防无善计。百万金钱付水滨,不饱鱼龙饱官吏。频岁黄河向北行,狂澜几遍山东地。转瞬桃花春涨生,或疏或筑无人议。此间群议更悠悠,大河北徙吾无忧。岂知河性固难测,似宜未雨先绸缪。书生欲言苦非职,蒿目空为生民愁。焚香敬向河千祝,惟尔有神雄四渎。但愿安澜庆九秋,莫教怒浪生三伏。河伯有知应轩渠,笑我此意徒区区。庙堂自有河渠书,幸无窃窃忧其鱼。"

校士并阅步箭。

又《余校士终日,危坐堂皇,偶成五言一首》:"使者承简命,秉节来中州。大惧不称职,以为朝廷羞。念此童子试,贵在真才求。士人

既读书,必先泮水游。于此苟不慎,鱼目充琳球。文风固必恌,弊窦
尤宜搜。如何作伪者,悉数而未休。羊质或冒虎,鹊巢或居鸠。麇与
蚤相负,鼠与猫同谋。使者坐堂皇,耳目仍未周。敢云弊尽绝?鬼蜮
无能售。亦姑尽吾心,勿使渟薰莸。吾耳所及闻,或者无鹠鹠。吾目
所及见,或者无蚍蜉。不然土木耳,毋乃徒悠悠。搴帷时一望,朔吹
吹飕飀。诸生田间来,大半寒无裘。更有八十翁,霜雪盈其头。风檐
执卷写,落笔几成牛。所愿止一衿,未卜何时酬。使者独何幸,年少
登瀛洲。皋比而绛帐,门外拥八驹。敢不尽其职,以副君恩优。书此
置坐右,聊当箴铭留。"又《校园步箭作》:"使者本词臣,素未习弓矢。
如何坐堂皇,以此试多士。岂知桑与蓬,事本属男子。使者虽不射,
亦颇知射理。志正而体直,道在求之己。徒夸弓六钧,止一健儿耳。
登堂肃衣冠,呼名慎跪起。心平手自调,然后奏尔技。不中固足羞,
中亦勿遽喜。须知秉笔者,更有鹄在纸。余校士时,凡所中之箭,偏正高下,
均分别存记,以定去取。"

游览汴中古迹。

又有《汤阴谒岳忠武庙》《苏门山纪游》《峥山》《虎牢》《朱亥故里
(即朱仙镇)》《沮溺耦耕处(在叶县)》《昆阳怀古》诸诗,皆记所游。

**十一月,又为孔孟皮请配享崇圣祠,郑子产请从祀文庙。诏下部议,
从之。**

《自述诗》云:"岳色河声无古今,使者仗节遍登临。力除萧艾求
兰蕙,此事当年过用心。丙辰二月,始出棚考试,学使之职,当以求才为主,而以
防弊为宾,果拔得一二真才,便为无忝。厥职小有冒滥,无伤也。其六十二。先人
三载客罩怀,靰马铃骡数往还。今日停骖无限意,雪泥何处问缑山。
先大夫曾应山右康兰皋中丞之招,客怀庆府之缑山村者三年。余按试罩怀,经由其地,
不胜风木之感。其六十三。溱洧追思郑大夫,请从两庑祀先儒。衡量蓬
瑗虽无愧,未免沿讹礼殿图。余疏请以郑公孙侨从祀文庙两庑,援蓬瑗为例。

诏下部议,从之。其六十四。俎豆尊严崇圣祠,圣兄未预圣心悲。敬陈末议成先志,配享从今有孟皮。余又请以圣兄孟皮配享崇圣祠,从之。其六十五。一年两度整归装,慰劳宾朋酒一觞。耍舞更听歌耍曲,红氍毹上小排当。冬夏试毕还署,每张筵演剧,慰劳幕中诸友。其六十六。每逢山水亦寻论,三载清游总圣恩。领略中州好风景,南登伊阙北苏门。行部所至,遇佳山水亦间一游览。其六十七。"

长媳周氏,未过门卒。

按姚夫人以先生校士甚劳,劝勿作诗。先生感其言,戏书数语云:"天生刘伶酒为名,妇劝勿饮伶弗听。天生吾乃不饮酒,问妇如何妇曰否。君虽不饮苦吟诗,吟诗太苦伤心脾。劝君并诗亦勿作,胸中浩浩又落落。吾谓卿言虽复佳,无诗何以写吾怀。□□吟诗不求好,随笔而书随意造。不雕不琢全吾天,问妇如何妇曰然。"又先生亲家周云笈,方署安义县事,城小兵单,寇氛密迩,请兵请饷,皆不应。至今年正月十九日,贼犯县城,云笈率练勇数十人,出城迎敌,手刃三贼,身受数创,众寡不敌,旋被戕害。既为诗七十韵以挽之,复作《外传》,载《宾萌集》五,已见于上。其女名芝,字叔英。当先生新婚,云笈来贺,戏曰:"君将得一子妇矣。"又三年,先生长子绍莱生,遂聘为妇。今闻父讣,虽悲恸,然启处饮食俱如故。四月十日,晨起盥栉,焚香于其父之位前,拜且哭。哭已,入所卧室,呼婢索茗饮。母入视之,母姚恭人于先生为舅之子,于先生妇为兄弟也。侧身卧床中,呼之则曰诺。问有恙乎?则曰无。诸兄弟姊妹环问之,应皆如是。疑其得暴病。有妪能以按摩治人疾,趣使治之,女向妪摇手示勿欲。召医未至,其伯父慕陶孝廉为切脉。脉初如常,再按之,已无脉。比医至,气已绝矣。年甫十八。女性淑慎,寡言笑,不喜发人过。女工余暇,好作字或静坐而已。既卒,先生为作《周孝女传》云然。《随笔》三又载有周氏女轶事数则,所言皆涉鬼神,亦异矣。八年又赋诗四律,详表其节,在

《诗编》卷五。又按徐澂编《年谱》云：是岁复冬试毕，张筵演剧，慰劳幕友，盖仿前任张子青之万故事。

七年丁巳（一八五七年），先生三十七岁。
是岁春，大梁公宴。

《诗编》五《丁巳春大梁公宴即席有赠》："玺书万里下金城，为念东南未罢兵。此辈么么原小丑，我朝绛灌即书生。风前纛影朝临阵，雪里刀光夜矸营。听话从前鏖战事，江淮草木早知名。其一。虎节新从塞外旋，游踪远过汉张骞。人行戈壁浑如海，春到伊犁别有天。城大园林能占地，土甘瓜果不论钱。相期尽扫鲸鲵后，更辟新疆万顷田。其二。旗鼓中原再建牙，匆匆岁酒出京华。三军聚拜边菩萨，一战生擒陈夜叉。裘带风流人尽看，弓刀严肃士无哗。将军何幸从天下，自此苍生望更奢。其三。不才幸得接余光，良夜叨陪酒一觞。此日军容严细柳，昔年词采艳《长杨》。人间韬略传金版，天上图书共玉堂。歌咏升平吾辈事，待公长剑扫贪狼。其四。"

以孟皮配享崇圣祠，子产以祀文庙，檄行所属府州。

又《樾于去年十一月，疏请以郑公孙侨从祀文庙，并以孟皮配享崇圣祠。诏下部议，从之。兹因檄行所属府州，并系以诗》："驱车过溱洧，有怀东里贤。惟郑介两大，玉帛难周旋。治外先治内，要使根本坚。宽猛适相济，火烈何伤焉。孔子昔至郑，事之如兄虔。流涕哀其死，遗爱今犹传。固与蘧大夫，圣意同拳拳。并许为君子，其道夫何偏。今观东西庑，春秋陈豆笾。有蘧无公孙，祀典犹未全。使者敬入告，延议佥曰然。诏增从祀位，位在林放前。东庑瑗居首，西庑侨为先。俎豆从此定，万古无能迁。崇祀齐国公，始自嘉靖时。宋祥符二年，封叔梁纥为齐国公。明嘉靖十年，立启圣祠祀之。我朝监前代，乃立崇圣祠。褒封其五世，一例陈尊彝。独念我孔子，有兄曰孟皮。孟皮未配享，于礼犹有遗。先人客覃怀，手定两卷诗。实始发此议，洵足千秋垂。先大夫涧花府君，《印雪轩诗集》，有《覃怀游草》两卷，皆客怀庆时作。中有咏古四章，其第二首为孟皮未与配享而发也。"又《予视学中州，偶因人言而罢，漫赋四章》："云烟过眼了无痕，归卧乡山好杜门。万事是非凭吏议，一官去就总君恩。须知浮世原如梦，莫怪流言太不根。轩冕山林皆是寄，雪泥陈迹更休论。其一。使臣两载此停车，奉职何容计毁誉。竟使流传成市虎，或因明察到渊鱼。性刚自觉逢时拙，识短难辞虑患疏。圣主如天无不照，莫将咄咄向空书。其二。频年鸡肋恋微名，猿鹤应疑负旧盟。白简忽催人解组，青田早劝我归耕。版舆安稳迎慈母，治谱循良让阿兄。更喜山妻诗句好，朝冠卸后一身轻。内子句。其三。归期未定且徘徊，草草移居又一回。时移居私寓。奴辈好随新主去，儿曹仍挟故书来。短檠三尺贫犹在，敝帚千金愿已灰。从此江湖安我拙，休将旧籍问蓬莱。其四。"又《放言》："东坡在元祐，文章天下雄。发策试馆职，乃受盈廷攻。以为大不敬，讥讽及祖宗。宣仁虽不问，群论犹汹汹。竟以此请外，不复留朝中。后来葛文康名胜仲，发策同此意。其时政和间，文字多禁忌。言者竟无人，晏然保名位。乃知人多言，亦是命所致。磨蝎坐命宫，欲避无所避。然而葛与苏，千秋孰轩轾？葛事见岳珂《桯史》。"

《自述诗》云："命宫磨蝎待如何，唤醒东坡春梦婆。已到神山仍引去，蓬莱亦是有风波。丁巳秋，因人言免官，即移寓挑经教胡同度岁。其六十八。"

按先生谓以人言免官，人即翰林前辈曹艼溪登庸也。其与王补帆书云："昔年视学中州，为曹艼溪前辈一劾而罢。"近人宜黄欧阳昱《见闻琐录后集》卷二："俞荫甫樾，放河南学政时，河南翰林曹登庸，交二十二名条与之，请皆录入学。俞公收后，投火中。岁试毕，无一获隽者，曹恨甚。俞公好出截搭题，曹遂上奏，谓其割裂圣贤语气，并撰十搭题,全无影响者,列入奏中以诬之,如'君夫人,阳货欲''王速出令,返'之类是也。皇上大怒,褫革官职……"倪鸿《桐阴清话》云:"咸丰丁巳,河南学使俞樾出题多割裂,如试武陟县题曰'苟为无本七',试修武县题曰'王知夫苗乎七',试林县题曰'户求水',诸如此类,不胜枚举。合场哗然,几至罢考,为御史河南曹艼溪登庸弹劾,奉旨革职。"但世传命题为狐仙所祟,未知孰是? 李详亦云:"俞荫甫先生督学河南,因出题割裂,为御史曹登庸所参;在此之前,先生进呈《易原图》,已奉严旨驳斥。曹因抵巇,以报私憾,非正人也。附文宗上谕:前据河南学政俞樾呈进《易原图》,(中略)穿凿附会,转失其旨,且有訾□先儒之语,尤属率尔妄陈,《原图》着发还。"见《魄生丛录》。又按《蛰存斋笔记》:德清俞樾字荫甫,别号曲园,咸丰庚戌翰林也。学术湛深,长于考据,在同光间却能以撰述笺注名家者。所著有《群经平议》《诸子平议》及春在堂各集,都二百数十卷,与天南遁叟王韬齐名。然持论果于自信,多不与人同。为河南学政时,曾经巡抚曹艼溪奏参革职,莫得其参革缘由。嗣予偶阅《十一朝东华录》载有人奏已革河南学政俞樾,轻侮圣经,割裂不成文理,请从严议处。奉旨交部。旋据吏部覆奏,俞樾业经革职,已□蔽辜,所请应无庸议云。参奏原折,既未之得见。即《东华录》所载,亦未明言其如何割裂。惟因出题竟获罪如此之重,不可不留心探访。传阅所得,始知俞任河南学政时,署内有狐蛰居,已数百年。俞素以道学自命,视之蔑如,且斥为妖妄。一日试期,点名后,俞忽困惫不堪,□□□□□□,虽侍者不知堂前题牌已有人代出截搭各题,一为"君夫人,阳货欲",一为"王速出令,反",一为"二三子何患乎无君,我",在场诸生,虽甚诧异,但以功令所在,不敢不照题作文。放牌出场后,□属奔走示告,传为奇读。俞此时始豁若梦醒,闻之亦惊骇失常。知狐恶作剧,然事已传播远近,无法挽回。此乃被参革职之由来也。

又按曾枢元云：嗣后阁下发轫星轺，实为同谱光宠。乃无端被议，归去江南……见《袖中书》。

又按当先生罢官将归，大梁名士周容斋、顾湘坡皆惜其去，别于城外，有诗纪事。其《留别周容斋先生》云："自来梁苑识苍颜，信有神仙住世间。绝代书名李北海，先生书法冠一时。中年豪兴谢东山。黄垆跌宕交游广，绿野尊荣岁月闲。浓福清才都占尽，始知造物未曾悭。其一。偶然示疾等维摩，数月优游胜事多。九十春光闲领略，两三旧雨屡经过。清谈仍藉毛中令，小坐偏宜木养和。自觉天君原不病，漫将丹诀问如何。其二。论交何敢附忘年，自喜琴尊有夙缘。犹忆高轩来络绎，为怜拙宦费周旋。流丸已动谁能止，破甑难完尚冀全。此意蹉跎无可报，祝公上寿迈彭笺。其三。即今南下赋归欤，萍梗江湖听所如。故里尚愁无立壁，名山敢望有传书？拟偕妻子同耕作，便与渔樵共卜居。留得先生缣素在，银钩铁画照蓬庐。时携先生书数幅归。其四。"又《予发大梁，顾湘坡前辈嘉蕙追送于城外，并以诗赠，次韵奉酬》云："岂果菖蒲嗜好偏，亦非香火有前缘。不才曾忝轺轩使，省识南阳太守贤。君曾奉特旨，夺情三守南阳，为中州防御门户甚力。俄被劾去官。予校士至宛，士民具呈，讼君冤者数十人。欲言非职，爱莫能助。至今愧之。肯向悠悠觅赏音，黄堂三度拜恩深。宛南风景今何似，爪印还宜更一寻。君去官后，宛南盗贼蜂起矣。毁誉何尝有定评，闻雷仓卒颇无惊。与君同入弹棋局，莫怪中间太不平。"

八年戊午(一八五八年)，先生三十八岁。
是岁春，自大梁南旋。

《诗编》五《戊午春予自大梁旋里，行有日矣，赋四律述怀》："梁园半载滞归期，又到鸣鸠乳燕时。薄宦归家原草草，逐臣去国故迟迟。向来琴剑仍随我，未定云烟且听之。天付优游闲岁月，老农老圃尽堪师。其一。回忆轺车下日边，梁园小住又三年。未磨圭角难谐俗，独抱冰心可对天。初念已如矛盾反，浮生更比辘轳圆。惟应不负登临兴，大好龙门与百泉。行部所至，北登苏门，南游伊阙，皆中州胜地也。其二。南天烽火未销除，自笑迂疏百不如。议礼偶增新俎豆，新年冬，疏请以子产从祀文庙，孟皮配享崇圣祠，皆如所请。谈经难阐古图书。去年秋，呈进《易原图》三卷，奉旨发还。敢期著述藏山富，已愧文章报国虚。努力玉堂诸旧侣，几人颇牧几严徐。其三。一笑东华梦已阑，扁舟归去五湖宽。琴书检点仍无几，骨肉都卢亦足欢。拟约邻翁同秉耒，更教儿辈试弹冠。平生自愧如鸠拙，随意营巢到处安。其四。"

以故里无家，侨寓苏州。

又《余自大梁归，因故里无家，寄居吴市。率成一律，寄日下诸故人》："故里惭无一亩宫，浮家依旧似飞蓬。浪传梅福成仙尉，窃比梁鸿作寓公。食字生涯还是蠹，寄居踪迹竟如虫。灵霄旧友休相问，已作江东老阿蒙。"

初赁饮马桥屋。

又《嘉平二十日移居经史巷》："泛宅浮家任所如，偶来吴下卜新居。敢争子美沧浪席？且读天随笠泽书。朝籍久除无束缚，乡山欲买尚踌躇。一椽聊借诗人屋，大好城南独学庐。所居即石琢堂前辈故宅，有独学庐。其一。不才何敢望前贤，仙籍刚迟六十年。琢堂前辈为乾隆庚戌第一人，子亦以道光庚戌入词馆。或有因缘存翰墨，故容啸傲寄林泉。园荒更拟添栽竹，池小还思补种莲。殊较梁家夫妇胜，当年芜下太堪怜。其二。摩挲碑碣手频揩，遗址重寻赘砚斋。读琢堂前辈《城南老屋记》，知此即何义门先生故宅，有赘砚斋。前辈风流吾岂及，小园花木近犹佳。嶙峋石骨高于屋，激潋波纹绿至阶。最喜数椽临水筑，红蛮隔子早安排。其三。眠云精舍榭微波，想见当年胜地多。眠云精舍、微波榭，皆见《城南老屋记》，今废。欲为名园记兴废，空留老树意婆娑。百年俯仰成今昔,半亩宽闲足啸歌。安得草堂资十万,重将旧迹补烟萝。其四。"
夏间无事,读高邮王氏父子书而好之,遂有意撰述。群经、诸子两《平议》之作始此。

《群经平议序》云:"咸丰七年,自河南学政免官归,因故里无家,侨寓吴下石琢堂前辈五柳园中。当是时,粤贼据金陵已五年,东南数千里几无完城。朝廷命重臣督师四出讨贼,才智之士争起言兵。余自顾无所能,闭户发篋,取童时所读诸经复诵之,于是始窃有撰述之志矣。家贫不能具书,假于人而读焉。有所得必录之,治经之外旁及诸子,妄有订正,两《平议》之作,盖始此矣。其后江浙皆陷于贼,流离迁徙,靡有定居,《平议》两书卒未忍弃。"

《杂文》续三《石琢堂先生竹堂文类序》云:"咸丰中,余自河南罢归,故里无家,侨寓吴下,即居先生独学庐中,所谓城南老屋者是也。其中微波之榭,眠云之舍,犹尚无恙。园中五柳,存者三焉,余徘徊其间,不胜景仰之意。……俄而大乱荐至,仓皇出走。乱定复归,则城南老屋化为丘墟。再过经史之巷,兔葵燕麦,摇荡春风而已。"

按徐珂《清稗类钞》云:高邮派有王念孙,所著曰《读书杂志》《广雅疏证》;引之为念孙子,所著曰《经义述闻》《经传释词》。高邮自创一派,□以形声训诂,校勘古书,于是千古沈晦不可解之文词,循其例,无不涣然冰释。俞樾踵其后,为《群经平议》,为《诸子平议》,为《古书疑义举例》,而后四部书之讹文脱简,重门洞开,可谓周孔之扫夫,刘班之嫡子。曾文正《圣哲画象记》推为集小学之大成,盖犹等夷之见矣。

又按近儒章余杭炳麟作《俞先生传》云:"年三十八,新从河南学政罢归,始读高邮王氏书,自是说经依王氏律令。"见《太炎文录》卷二。先生亦自言:"尝试以为治经之道。大要有三:正句读,审字义,通古今假借,得此三者以治经,则思过半矣。……三者之中,通假借为尤要。诸老先生惟高邮王氏父子发明故训,是正文字,至为精审。……

余之此书,窃附王氏《经义述闻》之后。"见《群经平议序》。

又学篆隶书,亦始此。

冬徙居石琢堂故宅五柳园,有诗四章,一时和者颇多。

《杂文》续三《石琢堂先生竹堂文类序》:"琢堂先生为余六十年前同馆前辈,盖先生乃乾隆庚戌廷试第一人,而余亦以道光庚戌入词馆,后先相距,适甲子一周也。咸丰中,余自河南罢归,故里无家,侨寓吴下,即居先生独学庐中,所谓城南老屋者是也。其中微波之榭,眠云之舍,犹尚无恙。园中五柳,存者三焉,余徘徊其间,不胜景仰之意。"

按徐谱云:是岁先生移寓五柳园旧第,宋大令于庭(凤翔)赠诗四章,陈硕甫(奂)之篆书"金尊日月三都赋,玉洞云露二酉春"联为赠。园中有独学庐、微波榭、眠云舍犹无恙,其中"鹤寿山房"额,乃雍正庚戌翰林嵇文恭公璜所题。石琢堂为乾隆庚戌状元,先生则为道光庚戌翰林,因颜之曰"三庚戌室"。

又按冬移居石氏五柳园时,宋于庭凤翔有诗和之,载《随笔》四:"余于戊午冬,移居石氏五柳园,有诗四章,一时和者颇多。今皆不存,惟先生诗尚在,而五柳园鞠为茂草矣。感念今昔,为之惘然。其诗云:'城郭园林画不如,宽闲合作寓公居。贮囊未必存余俸,插架犹堪列赐书。入境移家非寂寞,天街思旧费踟蹰。商量此后谁千古,时盼高轩过敝庐。''此间一律住名贤,往迹流传过百年。康熙间,为何义门学士故宅。嘉庆间,石琢堂编修居之。不乏清风与明月,何劳凿石更疏泉。书成自具胸中竹,语妙能生舌底莲。触热冲寒正无数,任他蚰蜒各相怜。''重到真教老眼揩,回思昔日访高斋。琢堂先生与先君庚戌同年,翔凤每还家,必往谒见。论文忽忘前修远,道古方听新论佳。待与吾徒开境界,要知此事赖梯阶。栽培先问渊明菊,早向东篱次第排。''吾生刻意慎风波,其奈烽烟满地多。无麦兼忧人局促,缉麻敢即市婆娑。渐闻驵侩充流品，聊与高贤寄咏歌。相约闭门参运会，坐看山月上藤萝。'"翔凤先生乃庄葆琛之甥，能传舅氏之学。但自来经生多不工词翰，独先生诗清丽可诵。所著曰《洞箫楼诗纪》。

《自述诗》云："崎岖水陆走归途，故里荒凉锥也无。窃比沧浪苏子美，从此踪迹寄姑苏。戊午春，自汴梁归，因丰沛间寇盗充斥，故绕道走山东而入江南境，既至吴下，又以故里无家，赁饮马桥屋暂寄妻孥，此余寓吴之始。其六十九。十年春梦付东流，尚冀名山一席留。此是研求经义始，瓣香私自奉高邮。是年夏间无事，读高邮王氏《读书杂志》《广雅疏证》《经义述闻》诸书而好之，遂有意治经矣。其七十。笔墨翛然得自如，从前束缚尽销除。不须更治词曹事，馆阁文章殿体书。余学篆隶书亦始此。其七十一。五柳园中景物妍，三庚戌似有前缘。眠云精舍微波榭，寄顿琴书仅一年。是年冬，赁居石氏五柳园。有鹤寿山房额，乃稽文恭公为石琢堂前辈书。文恭为雍正庚戌翰林。琢堂前辈为乾隆庚戌第一人。余则道光庚戌翰林也。因题曰：'三庚戌室。'然余居此屋，自戊午至庚申，虽历三载，实不及二年也。其七十二。"

九年己未（一八五九年），先生三十九岁。

是岁刻《日损益斋诗》十卷，适孙琴西同年过吴寓，留十余日，乃为之序。

《诗编》五《孙琴西同年以安庆守奉使过吴，止余寓园旬有余日。赋长歌赠之》："今上龙飞初御极，春风桃李花同色。平明金殿策贤良，与子相逢始相识。长安冠盖闹如云，赵瑟秦筝日日新。但觉同游多不贱，谁知交臂有诗人。君诗卓荦无余子，五言往往凌苏李。送我南归诗一篇，文字论交从此始。鸥鹭江湖凤九霄，羡君声望动词曹。琼楼玉宇三天上，俯视不觉蓬山高。帝子横经竞问字，圣人锡福亲挥毫。凡编检直内廷者，岁终亦赐福字。君以翰林直上书房三年。而我还朝亦自幸，两年玉尺中州操。舆前砰磕奏鼓吹，道左旖旎罗旌旄。北登苏门

南伊阙，兹游足算平生豪。无端甂破不复顾，归来且向吴中住。吴中
独学老人庐，泉石不多多古树。寓公得此亦复佳，往事云烟何足数。
摊书自课娇女读，得句或共老妻赋。忽闻门外打门急，戎容暨暨儿童
怖。一笑那知旧雨来，相对须眉尚如故。君言五马来南方，腰间已佩
太守章。太守有官不得赴，皖公山色徒青苍。大府怜我久失职，姑留
戎幕资劝勰。宵与犬鸡共阑笠，晨随牛马争泥浆。澄怀风景在天上，
下土虮虱安能望？行谋谢病返故里，免教望远忧高堂。我扫闲轩止
君宿，旧交更检同年录。几人边琐苦难归，几辈朝衣愁被戮。去年科场
案，同年有坐免者。何如风雨两闲身，失马庸知非是福。但博流传有豹
皮，肯教辛苦添蛇足？草堂寂寞雨如丝，我作长歌君和之。旁人莫讶
吾曹乐，梨枣新刊十卷诗。君诗十卷，予诗亦十卷，新刊于吴门。"又《琴西引
疾归里，复以诗贻之》："闻说高堂已白头，书来苦劝早归休。匆匆春
梦收残局，落落晨星感昔游。廿载名场同得失，君丁酉得拔贡，而余亦以是
年中副榜。嗣后乡会试，皆与君同年。两家诗派异源流。余与君极相得，而诗格
不相近。男儿不副旗常志，尚有名山一席留。"并载《随笔》一。

《随笔》一："余与孙琴西衣言三为同年……相得甚欢，而论诗不
合。故余尝赠以诗曰：'廿载名场同得失，两家诗派异源流。'然君刻
《逊学斋诗》十卷，止余一序；余于咸丰九年刻《日损益斋诗》十卷，亦
止君一序也。"孙序曰："荫甫为予言，自恨其诗不能如古人。予谓诗
无贵乎古也。予之始为诗，亦尝斤斤求合于古，自唐人以后即不敢
观，既久而后悔之。夫诗莫古于《三百篇》，而商周之颂、正变之雅，与
十五国之各自为风固不相似，至屈氏而易之以骚，至苏李而易之以五
言，亦未尝相似也。汉魏以降，诗之无愧于古人者，莫如曹子建、陶渊
明、李、杜、韩愈氏矣，而其诗皆未尝相似。明人始为复古之说，非汉
唐人之诗则不敢，以为于古人固甚似矣，而乃无以自见其为人，是谓
有古人而无我。有古人而无我，则恶贵其有诗也？宋之诗人，如苏子

瞻、黄鲁直、陆务观，今学者薄之，以为非古矣。然其诗具在其学问志节载之以出者，读其诗如见其人，读其诗可知其世，又安在其不古也？盖立言之道，恶其不文而无物，而古今非有择也。荫甫以细过去官，未尝少以为怼，方且闭户治经，以绩其学。今读其诗，荫甫之志可见也，荫甫之时可知也。而自谓非古，予谓此则所以为古也。"（此序作于咸丰八年，载《逊学斋文钞》。）俞序曰："予读诗《三百篇》而知古诗人之立言，各有其体也：十五国之风，大半出于劳人思妇之所作与夫民俗歌谣之辞，故其言微而隐，其旨婉而曲，使人读之，不能即得其意之所主，而抑扬反复常有存乎文辞之外者。盖其人固微者也，情之所感，事势之所激，耳目闻见之所触，不能已于言，而又有所不能明言，故其言如此。若夫大小雅之作者，则皆王朝之卿士大夫也。其上者为周公、召公，即下之亦家父、凡伯之伦也。故其为诗，往往陈祖宗之功德，王业之艰难，而中叶以后，政事之得失，民人之利病，君子小人之进退，中国夷狄之消长，无不见于其诗。视风人之辞，何其异哉？盖言出于人，其人不同，其言亦异，而世之论诗者，执一以概之，徒见风人之辞微婉不尽，以为诗教固如此。是有风而无雅矣。瑞安孙琴西，予同年友也。其人疏简宽易，而常有当世之志。……"

"自粤贼踞金陵，蔓延东南数省，为宵旰忧，而君官京师，闻见尤近。忧时感事之忱不能自已，而发之于诗，……至其诗，上追汉魏，而近作尤似苏黄。"载《杂文》一，以皆辨诗体之作，故录之。盖先生生平最喜白太傅诗。《随笔》五："同治十一年，李薇生太守，复从盱眙汪氏乞得拓本，摹刻以存其旧。余生平最喜白太傅诗，适寓吴中，得从太守借观拓本，因记大略如此。"

又按是岁天津戒严，举朝争和议，未决。瑞安孙琴西时以翰林直上书房，两进封事，言甚切，遂拜出守安庆之命，携家累出都，因兵阻，迁道吴中。先生适寓吴，得相见，出所著《逊学斋诗》十卷，属校刻，并作序，今载《杂文》一。别时又和诗送之曰："君本蓬莱仙，青云跨白凤。如何太守章，帝忽为尔弄。占《易》得明夷，君子用莅众。君注《易》至明夷卦，而拜出守之命。乃驾五马出，复此一尊共。嗟余寄吴市，杜门谢喧哄。云水无定居，风波有余恐。投刺来故人，折柬具清供。痛饮借酒杯，高歌击饭瓮。顾念此分手，飞沙殢搏控。勉子万里风，老我一溪葑。"

补孙序又曰：予与荫甫同年成进士，同居京师，游如兄弟间，而未尝知其能诗。既而荫甫将奉母出都，以所刻诗见示，则已卓然成一家言，予恨知荫甫晚。又三年，荫甫还京师，予方喜其来，而荫甫旋视学河南，别予去。未久，遂罢归。盖自予知荫甫之能诗，未尝一日得与之言诗也。今年夏，予出守安庆，以兵阻，迂道吴中，荫甫与予相见，大喜，出所刊二巨编相示，则益以数年来所为诗，而前所见，去其十三四矣。（《逊学斋文钞》）

文宗语及先生文字。

《随笔》二："蒙文宗显皇帝召见，语次及樾，有'俞樾写作俱佳，人颇聪明'之谕。"详同治九年庚午。

宋翔凤重宴鹿鸣，先生为诗寿之。

按宋于庭翔凤，今岁重赴鹿鸣宴。先生作诗为寿云："笙簧重赋鹿鸣篇，鸠杖扶来望似仙。自是诗人宜太守，有旨加知府衔。尽容后辈认同年。五星恰聚鸣珂里，时于江苏省垣举行鹿鸣宴。十月欣逢造榜天。因借用吾浙贡院，改于十月乡试。试问嫦娥应省识，惟添鹤发照琼筵。其一。龚黄治谱至今存，归卧乡山道更尊。无忌得名原似舅，谓令母舅庄葆琛先生。康成绝学合传孙。月中旧识登科记，吴下新开通德门。更有尚书红杏在，江南二老共承恩。沈怡园前辈，亦于今科重赴鹿鸣宴。其二。"又先生论学，亦尝涉今文说，故章炳麟有云：始先生废，初见翔凤，翔凤言《说文》始一终亥，即《归藏经》，先生不省。然治《春秋》，颇右公羊氏,盖得之翔凤云。见《太炎文录·俞先生传》。

十年庚申(一八六〇年),先生四十岁。

是岁二月,粤贼陷杭州,戴醇士前辈殉难,先生作诗吊之。

《诗编》五《庚申二月贼陷杭州,戴醇士前辈在籍殉难。追念旧事,慨然有作》:"忆昔甲辰岁,我始举于乡。明年偕计吏,妄思观国光。公时以卿贰,曝直南书房。偶见我行卷,激赏其文章。颇思罗致之,桃李充门墙。此语孰我告,故人马季常谓马谦香。平生硁硁意,砥石同坚刚。每耻刘彦和,负书献道旁。毛虽刺上生,尘肯车前望?一笑而谢之,高卧元龙床。然而惓惓情,至今中心藏。所感在一言,岂必曾揄扬!迨至岁庚戌,我亦登玉堂。与公前后辈,相见宜无妨。而公已林下,踪迹仍参商。西湖好山水,天许公徜徉。声华满朝野,翰墨倾侯王。香山老居士,其乐固未央。如何劫运来,大盗俄披猖。乡官无职守,亦与城俱亡。惟公受恩厚,一死分所当。仙或借兵解,鬼犹成国殇。贱子独有感,感旧心彷徨。佗年乔公墓,只鸡其无忘。"

四月,贼薄苏州,先生仓卒出城,转展迁徙,于五月渡江入越。

又《贼薄苏州,余仓卒出城,时四月初四日也。转展迁徙,于五月初二日渡江入越,寇氛稍远,聊复息肩。途中得四绝句纪事》:"为爱园林柳五株,等闲未即去姑苏。余所寓石氏五柳园,以有柳五株故名。如何一夕仓皇甚,惊听林间叫鹧鸪。其一。宝带桥边正夕曛,回看红焰已连云。可怜一炬姑苏火,知是兵烽是寇氛?其二。仙人潭水好停舟,位置琴尊一小楼。偏有梦中人告语,仅堪半月此勾留。余有薄业在新市,遂往依之,僦沈氏屋,有楼数间,颇足容膝。第一夕余方就枕,若有人于耳畔告曰,此也可居半月耳。后卒符其语,亦可异也。其三。浙西烽火苦相催,故里荒芜半草莱。欲乞鉴湖吾岂敢,一帆聊复渡江来。其四。"

又《感事四首》:"海上军容盛火荼,名王自领黑云都。独当湿水心原壮，一失街亭势已孤。九地藏兵狐善撌，重洋传檄鳄难驱。遥知此夕甘泉望，早见烽烟照大沽。其一。郁郁三山次第开，离宫别殿似蓬莱。累朝制度周灵囿，每岁巡游汉曲台。海外鲨帆来络绎，云中凤阙失崔嵬。昆明湖畔波如镜，犹望春风玉辇来。其二。汉代和戎计最疏，重烦供帐大鸿胪。天吴紫凤真儿戏，清酒黄龙是誓书。式璧齐廷聘鹠鹒，击钟鲁国飨鶏鸥。几时竿上垂明月，钓取吞舟海大鱼。其三。先朝讲武旧围场，萧瑟秋风塞外凉。早望羽车回谷口，漫劳石鼓刻歧阳。飞黄一去清尘远，凝碧重来法曲荒。剩有开元朝士在，颓唐诗笔赋连昌。其四。"

旋赴上虞，拜舅氏姚公遗像于学舍。奉派督办德清团练，数月即谢去，仍寓上虞。

按是岁先生舅氏姚平泉卒。去岁舅氏以八十生日自寿诗见示，先生已次韵和之曰："千秋著述百年身，潇洒天怀久出尘。意气迥殊穷博士，姓名争诧古贤人。宛丘学舍休嫌小，锦里先生不讳贫。佗日汉廷征伏胜，会看皓首拜恩纶。其一。优游不觉宦途难，一室弦歌傍杏坛。舅氏时官上虞教谕。入世萧闲同出世，有官恬退似无官。著书膝下儿能读，得句闺中妇解看。舅氏集中，附有子妇沈氏和诗。愧我登堂仍未果，输佗绛帐众儒冠。其二。"不料即归道山，因复为作《家传》，载《宾萌集》五。所著书惟诗十卷行于时，琐谈三卷，杂著二卷，皆未写定。先生云："母姚太恭人，公之女弟也。公于诸甥中独甚喜樾，每读樾文，辄叹曰：天才也。以第四女妻之。"系旧事，补记于此。先生至上虞学舍，拜其遗像，作感赋二律："不坐春风又七年，此来空拜影堂前。人将菩萨呼边镐，上虞人呼舅氏为姚菩萨。天以儒官老郑虔。身后留贻无长物，梦中省识有前缘。舅氏未赴上虞任时，梦游一山。及至虞，游仙姑洞，宛然如所梦也。仙姑洞口凭谁问，何处仙龛住乐天？其一。大患无如我有身，知公久已倦风尘。舅氏临殁前十余日，有书寄樾，引《老子》曰：人之大患，在我有身。蜉蝣楚楚名场幻,虮虱纷纷劫运新。乱世考终原是福,浮生游戏本非真。舅氏自挽偶然游。只怜憔悴羊昙在,犹是拖泥带水人。其二。"

又按先生此次逃难,据所作《烟云过眼图记》云:"余遭庚辛之乱,流离转徙,自浙西而至浙东,又自海外之舟山而至海口,江橇海楼,曾无定居。"盖先生明年将播迁海上矣。

《自述诗》云:"为恋园林花几丛,遂教仓卒走匆匆。停桡宝带桥边望,已见姑苏一炬红。庚申春,杭州失守,已知不可为矣。因恋园林风景,未忍决然舍去。及金陵大营溃,贼兵与溃卒蝉联而下,常州失守,乃始仓卒出城,泊宝带桥遥望姑苏,城外已一片火光矣。其七十三。仙人潭上暂停舟,只博萍踪半月留。见说越中山水好,且因避地作清游。自姑苏至新市镇,句留半月,而苏州失守后,嘉兴继之,其地亦不可居,乃渡钱唐江入越。其七十四。越中大好七星岩,奇绝真疑造物剜。更渡曹娥江上去,仙姑山境隔尘凡。既至绍兴,寓偏门外,因至七星岩一游,山水奇胜。已而绍兴亦不可居,乃度曹娥江,至上虞。其地有仙姑山,悬岩飞瀑,更为幽绝。其七十五。会逢朝议练乡兵,戎马崎岖勉一行。大局已非材力短,故乡父老恕书生。团练大臣邵幼村师奏,派余办德清团练,因又还德清数月,未几即谢去,仍寓上虞。其七十六。"

宋翔凤卒。

十一年辛酉(一八六一年),先生四十一岁。
是岁春,于上虞南门内赁屋以居,始读《学海堂经解》。

《自述诗》云:"租得南门屋数椽,姚墟舜井足流连。何来山寇猖披甚,学海堂书读未全。辛酉春,于上虞南门内赁屋以居,庭院清旷,稍可读书。于上虞令胡君尧戴处,假得《学海堂经解》半部,余得读此书,实始此也。俄闻有山寇将至,又移居城外之查浦。是年秋,上虞失守,胡君死之,所假之书,竟未及归,后为戴子高持数种去,尚有数种,今在俞楼。其七十七。槎浦真居穷海滨,前江后海迥无邻。小楼风景凄凉甚，只有烽烟夜夜新。樾浦，一小村聚，前临曹娥江，后负大海，土人谓之前海后海。余赁小楼三间居之，入夜推窗四望，每见烽火烛天也。其七十八。更来海上驾牛车，草舍三间不可居。牛屎堆边问张祜，不知风味比何如。绍兴失守，樾浦亦不可居，乃坐牛车走海滨，租一草舍，暂为栖止。其屋，故牛宫也，初入其中，气味甚恶。其七十九。四明江上夜航船，径达黄崎江岸边。惜未当年留此处，饱餐番薯或成仙。时又间关而至宁波，附航船至定海，俄而宁波又陷，定海人亦皇皇，谋入山。余问山中佳乎？曰：山中亦佳，但不易得稻米，所常食惟番薯耳。其八十。历碌飚轮彻夜忙，初来沪上尚彷徨。如何奴辈游行去，算看蚩尤戏一场。余自定海附轮船至上海，其地为外国租界，人情皆恃以无恐。余至之次日，贼兵适至，距上海止数里。其八十一。漫天飞雪夜模糊，黄浦江中浪更粗。如此风涛如此雪，还偕妇竖饮屠苏。余赁一舟，于黄浦江中度岁。除夕大雪，岸上雪深五六尺。其八十二。"

作诗送戴望之闽。

　　按春间同邑戴子高望赴闽，以诗索和，先生次韵答之："戴望富经术，卓卓后来彦。伏处蒿庐中，长歌傲轩冕。耿介耽孤行，阔疏耻独善。年始髫龀时，出语惊里闬。稍长能文词，下笔颇兀岸。一室坐咿唔，刺股血流骭。强识人不如，剽窃吾知免。文章本六经，雕虫古所贱。昌黎日月光，岂识世有段。由来经术尊，摈弃何足患。奈何穷巷士，坎轲发长叹。庸知一卷书，荣或逾南面。行矣之八闽，所学慎无变。佗年海外归，待子定学案。子高尝有志定《国朝学案》，故云。"

俄闻山寇将至，移居城外之樾浦。

　　《随笔》四："辛酉岁，余避兵上虞之樾浦，偶从友人借得《金罍子》一书。……其中有篆书数十纸。启视之，得一百有九字，颠倒错乱不可读。察其文义，知为秦会稽刻石之词。"

逮贼焚临平。

　　《诗编》五《贼至临平，焚烧殆尽。此余钓游旧地也，闻之喟然有作》："昔闻临平湖，其名见吴志。越至晋武时，石鼓出其地。南宋都临安，门户此焉寄。胜迹安平泉，古刹明因寺。于今数十年，居民颇鳞次。吾家乌巾山，敝庐守先世。因从舅氏居，乃就詹尹筮。筮云利用迁，一椽租史隶。是年曰涒滩，余生甫四岁。竹马与鸠车，群儿共嬉戏。抱书赴冬学，贳酒修春禊。童时所钓游，不与故乡异。今虽走四方，旧事吾犹记。无端大劫来，一炬无噍类。孙氏宰相家，崔庐好门第。吾尝此读书，楼前两树桂。西偏屋一区，坏墙蒙薜荔。是吾旧所居，风雨于此庇。题曰印雪轩，太鹤山人字。印雪轩额，为青田端木舍人国瑚书，舍人自号太鹤山人。而今尽焦土，无复颓垣蔽。念自乱离来，四海俱鼎沸。名都与大邑，白日走魑魅。何况此弹丸，黑子真可譬。大官专城居，兵力足自卫。坐看三日火，不为发一骑。独我感昔游，怃然不能置。阡陌与市廛，历历在梦寐。如何转瞬间，惟剩山光翠。佗年更访旧，何处黄公肆。已矣勿复言，空使人憔悴。平生无一事，不等空花坠。旧巢随处扫，流水逐年逝。茫茫穷海滨，偶作匏瓜系。莫教抚铜狄，更洒新亭涕。"

陷绍兴，因由定海，避上海。至时大雪。即在黄浦江舟中度岁。

又《贼陷绍兴，与余所寓槎浦相距甚近，因避居海上草舍中。赋此识慨》："武侯昔未遇，抱膝茅庐中。嗟我岂其人，伏处同寒虫。偶因避寇乱，来此沧海东。一廛那可得，全家寄牛宫。其上片瓦无，其旁四壁空。但有三重茅，不足避雨风。顾念曩所居，峻宇高垣墉。门前置兰锜，壁上衔金钉。画堂玳瑁梁，密室玻璃窗。于今尽陈迹，变灭浮云同。平生学齐物，颠到任化工。化我以为鸟，吾因巢于丛。化我以为鱼，吾因游于江。必存今昔见，无乃犹儿童。独怜海天外，尚见烽烟红。未必此一隅，遂无戎马踪。咄咄鲁仲连，何地足自容！"

又按文宗显皇帝崩，先生亦作挽词，载《诗编》五。

同治元年壬戌（一八六二年），先生四十二岁。

是岁春，全家自上海附海船至天津，遇飓风。

《诗编》六《壬戌春，自上海附海船至天津，发吴淞口，因成一律》："故园寇盗尚纵横，尽室飘零赋北征。且与鱼龙同曼衍，未劳魑魅便逢迎。兵间杜老妻孥在，海外坡公笠屐轻。惭愧乘风行万里，年来忧患减豪情。"

又《将抵大沽，忽遇飓风，又漂流竟夕，始得少息。诗以纪事》："连日苦风逆，从者咸已痡。今朝大称意，高挂十幅蒲。舟人来我告，明旦达大沽。同舟尽相庆，劳酒将同酤。无端暴风作，不暇古铜乌。但觉万斛舟，轻若波中凫。忽而挺然立，如欲登天衢。忽而陡然落，如将趋尾闾。大桅高百尺，飘摇同葭莩。舟中所有物，走若盘中珠。怒浪排空来，疑有神人驱。大起复大落，压我舳与舻。失势倘一跌，性命真须臾。同舟尽失色，崩角相号呼。人力无可恃，但恃神明扶。繄余避寇警，尽室行危途。颇闻古人语，忠信豚鱼孚。顾当势危迫，未免心忧虞。不知坐何事，一怒逢天吴。耿耿不成寐，愁对明星孤。"

入都小住，仍返津。

又《入都门口占》："蓬山回首杳无痕，重对长安酒一尊。兵火余生随处好，云霄故友几人存？旧巢历历犹能记，破瓽区区未足论。海鸟避风聊一至，漫劳属目鲁东门。"

又《闰八月十五夜对月有作》："咸丰元年闰八月，吾家犹住临平湖。是岁吾年三十一，已忝著作承明庐。同治元年闰八月，全家浮海来丁沽。行年四十又加二，回思往事堪长吁。碧幢红旆号使者，青鞋布袜称田夫。鹤汀凫渚弄风月，牛阑豕苙愁泥涂。吹竹弹丝乐宾客，拟金伐鼓惊妻孥。锦缆牙樯导津史，江橘海榍撄天吴。止此一十二年内，烟云起灭何事无。天上玉堂日已远，镜中朱颜日以枯。朝东暮西身磈碌，左高右下心辗轳。到手黄金挥即尽，当头白日俄已徂。颇怪长安诸故旧，谓我貌比当年腴。将无学道果有得，不于世味分荼荼。今宵对月试一问，可能故吾如今吾？"

自此杜门养拙，以撰述自娱。

《杂文》一《薛慰农观察烟云过眼图记》云："同治建元之岁，始航海至丁沽。寇氛既远，稍谋息肩，闭户研经，或匝月不一出。"

《群经平议序》："同治建元之岁，由海道至天津，寓于津者三载，而《群经平议》三十五卷乃始告成。"

《自述诗》云："同治初元二月春，全家航海到天津。风涛兵火余生在，且把穷途托故人。壬戌春，附夹版船至天津，其时轮船之价甚贵，余上下内外二十余人，故不坐轮船，而坐帆船。自沪至津，亦止七日。崇地山侍郎方以通商大臣驻天津，而天津府为今潘伟如中丞，皆故人也。因遂流寓其地。其八十三。烽烟稍远暂安居，一住津门三载余。诸子群经两平议，箧中草草有成书。《群经平议》成于是时，《诸子平议》亦成大半矣。其八十四。旧目空囊已索然，斋厨危欲断朝烟。饔飧晨夕艰难甚，借到毋盐重利钱。寓津三载，生计窘，惟恃借贷以给。其八十五。两度芒鞋踏软尘，半因旧友半新姻。须知薛荔庵中客，非复芙蓉镜下人。壬戌岁，重入都门。与诸同年话旧。甲子春，又以次女于归许氏，亲送入都。时大儿妇母家亦在京师，即与定议秋间迎娶。其八十六。"

按先生著书，时与戴望商讨。观其往来函札云："仆《群经平议》中《易》《诗》《书》《论语》《孟子》如干卷，在前两年视之，似乎既竭吾才矣，今更读之，又颇有未安者。然则仆近年所著《春秋三传》、《外传》及《周礼》、《仪礼》、诸经《平议》，数年后，安知不自见其戟失乎？学问无穷，盖棺乃定，必欲毫发无憾，诚恐毕生无此一日。然见在诸经尚未卒业，或者因此及彼，尚可随时增益，且俟全书成后再刊以问世，未晚也。……仆学术浅薄，又不得位，岂足以振起之乎？足下年少气盛，力足有为，斯文未丧，勉之而已。"（与戴子高）后致书吴和甫前辈又盛称子高云："德清戴子高茂才望，好学深思，治经具有家法，后来之秀，断推此生。其先德琴庄孝廉，丁酉同年也。向因执事尚将按试湖郡，引嫌未敢谒见，兹湖郡试毕，故以此书为之先。"（均见《尺牍》一）

又按《随笔》四："同治初，吴和甫学使，余同年生也，按试宁波，以《明堂考》命题，有定海诸生黄以周，据《隋·宇文恺传》，以《考工记》'夏后氏世室，堂修二七'，'二'为衍文。学使讶其与余《群经平议》说同，诘所自来。乃以其父式三所著《明堂步筵说》进。学使即录其说寄余吴中，并曰：可附《群经平议》第十四卷后。余因黄君虽亦以'二'衍文，然其说实与余全异，故未附入。其时黄君下世久矣。"又云："式三字薇香，著述甚富，有《易释》《尚书启蒙》《诗序通说》《朱吕问答》《传笺通考》《春秋释》《周季编略》《炳烛录》《郑君粹言》《传笺通说》《儆居文集》，俱未刊行。惟《论语后案》曾以聚珍板印之。"今则黄氏遗书，统已雕板行世矣。

先成《儿笘录》四卷。

《全书录要》云："同治建元之岁，余因桑梓沦陷，浮海北来，寓居天津。是夏多疫，闭门不出，因写为四卷，名曰《儿笘录》，有自叙。"

二年癸亥(一八六三年)，先生四十三岁。
是岁仍居津，专事撰述。时与书戴望相讨论。

《尺牍》一《又与子高》云："仆自都门旋津，仍事撰述，藉以销夏。所著《群经平议》《三礼》《三传》粗有成书，似乎所见较确。其《易》《书》《诗》诸经，皆数年前见解，不逮多矣。今年诸经卒业后，尚须通览一周，方可出以问世耳。"

《尺牍》一《又与子高》："仆儆门养拙，仍以撰述自娱。《群经平议》中又增《公羊》《穀梁》各一卷，《国语》二卷，《周礼》二卷，见在从事《仪礼》，未卒业也。……约计一二年间此书必可告成，大都《周易》二卷，《尚书》四卷，《周书》一卷，《毛诗》四卷，《仪礼》二卷，《周礼》二卷，《大戴记》二卷，《小戴记》四卷，《公羊》一卷，《穀梁》一卷，《左氏传》三卷，外传《国语》二卷，《论语》二卷，《孟子》二卷，《尔雅》二卷，此其大略矣。书成后，即当付之枣梨，以质海内诸君子。此外尚有《群书订义》一种，未定如干卷。仆所撰述，此二种最大矣，余若《字义载疑》等书，卷帙无多，随时写定，尚易为力。区区之意，五十以前，此数种书均当写定，此后天假之年，未即委化，或精力尚强，不妨续有所著。"

望执弟子礼。

《尺牍》一："来书辱有亲炙学者之称，不敢当，不敢当。仆为学粗略，不足为足下友；若足下，真吾畏友也。数十年来，吾道衰息甚矣，无往不复，必有起而张之者。足下勉之，仆则无能为矣。"

按《群书订义》即《诸子平议》之旧名，《字义载疑》或即《古书疑义举例》之初称也。先生尚冀它日南中肃清，得归卧乡山，拟于南埭旧居，改造先祠，依古制为之，亦见与戴函。戴子高为先生之表侄也。

三年甲子(一八六四年)，先生四十四岁。

是岁元旦试笔。

《诗编》六《甲子元旦试笔》："坐守糁盆倦即眠，醒来红日满窗前。喜逢甲子上元岁，应是干戈大定年。下泽消摇宜我辈，中兴图画有诸贤。未衰定不天涯老，犹许归耕负郭田。"

仍在天津，崇地山侍郎延修《天津府志》。

又《崇地山侍郎厚延修〈天津府志〉，偶成四律》："故乡烟树杳无痕，偶挈琴书此地存。客籍聊堪充雁户，史才何敢望龙门。百年乔木凭谁问，一席名山妄自尊。历历四朝多盛事，好从耆旧共寻论。旧志修于乾隆四年。迄今又百余年矣。其一。丁字沽边揽胜过，岂惟美利擅熬波。虎符重镇今三辅，凤辇亲巡古九河。雨过农畴磨碡碌，天津各属，多有稻田。潮来贾舶系群柯。中兴战绩从头数，第一津门听凯歌。咸丰三年粤贼北犯，惟津人首挫其锋。其二。侍郎仗节镇关津，爱我缠绵谊最真。为念散才宜散地，故将闲事付闲人。著书未定新经义，载笔惭称书史臣。坐对青编翻自愧，昔年斑管久生尘。其三。愿得宽闲一亩宫，免教庑下叹飘蓬。时与侍郎言，欲移家就局。功名拌付毛锥子，提举聊充玉局翁。雁爪偶然留异地，猪肝未免累群公。楮先生史刘昭志，续笔还愁总未工。其四。"

《袖中书》查辛香冬荣云："津门近修邑乘，想物望所归，必待龙门秉笔。"

《杂文》二《汪小樵五十寿序》云："（上略）乃至同治三年，余寓天津，有汪子柳门款吾门而来谒，即君之长子也，问之，已举于京兆，歌《鹿鸣》之三章矣。其明年，柳门又来，具白柬，布红毡，循芸馆旧章，以后进礼见，则已成进士入词林矣。……柳门学优而才赡，他日辎轩旌节，扬历中外，未可限量。"

入都遣嫁第二女。继又为大儿、二儿娶妇。

又《入都遣嫁第二女口占》："记授唐诗在膝前，鬖鬖短发正垂肩。而今送汝于归去，还似娇痴上学年。其一。草草奁装愧未丰，本来寒素是家风。一枚竹笥无多物，荒我研经两月功。其二。向平婚嫁几时休，今日才教一愿酬。自笑真同食都蔗，要从末后到前头。余两子未娶，长女未嫁，兹所遣嫁者，最小之女也。其三。采衣好去拜尊亲，冰泮良辰喜及春。只我芒鞋疏懒甚，为儿重踏六街尘。其四。"

《自述诗》云："艰难辛苦半生过，还喜妻孥累不多。一岁三完婚嫁事，明年五岳未蹉跎。甲子春，遣嫁次女，秋间，为大儿娶妇樊氏。其年冬，又命二儿就姻于姚氏。明年再归长女于王氏，则婚嫁毕矣。其八十七。"

按先生次女绣孙于是年归于许氏。许固武林望族，其亲家季传明府早逝，女婿子原年才弱冠，家境清苦。及子原举孝廉，稍优裕矣。参看光绪八年挽绣孙诗："婿家亦在艰难日，辛苦随夫十九年。"注云。

又按先生之次子痴顽，故与女婿许子原云："二小儿痴顽如故，不知是病是魔，医巫并进，迄未见功。"又与书次女绣孙论作诗，故绣孙后来文学特佳，有《慧福楼幸草》一卷，附先生全书后以传。书云："《水仙花诗》寄托遥深，格律清稳，极为可喜；《咏古》诸章，无甚深意，且词句过涉凄恻，闺中少年人，不宜作此。以后作诗，宜以和婉为宗，欢愉为主，方是福慧双全人语也。吾前以'慧福'名汝楼，慧则付之自天，福则修之自我，汝宜深思吾言矣。"俱见《尺牍》一。

致书李少荃同年谋苏州紫阳书院讲席。

《尺牍》一《与肃毅伯李少荃同年前辈》："樾侨寓津门，又将三载。今年承崇地山同年延修《天津府志》，而苦无经费，未能设局，不过从故书中钞撮，终朝伏案，劳而无功。因思金陵为名胜之区，又得阁下主持其间，未识有一席之地可以位置散材否？近世以浙人而作白下寓公者，惟随园老人，至今艳称之。其人品、其学术，均非樾所心折，然其数十年山林之福，实为文人所罕有；而非尹文端为制府，则亦安能有此耶？樾之薄福，固不敢希冀随园；而阁下勋名，则高出文端万万矣。"

四年乙丑(一八六五年)，先生四十五岁。
是岁春，所著《群经平议》三十五卷成，津门有好事者张汝霖取其世室重屋《明堂考》一卷付梓，而以一本寄呈祁春圃求教正，并题诗二首于后。

《诗编》六《余著〈群经平议〉三十五卷，其第十四卷专论〈考工记〉

世室重屋明堂制度。乙丑之春，津门有好事者取以付梓，漫题其后》：
"子云本是雕虫士，岁晚飘零自著书。独抱遗经聊复尔，求知异世竟
何如。忽逢好事询奇字，遂使传抄到小胥。一卷刻成三叹息，几年辛
苦费居诸。其一。曾闻先哲议明堂，匠氏遗文未及详。订正全经惟
一字，余据《隋书·宇文恺传》订正《考工记》堂修二七为堂修七，制度遂定。度量四
角到中央。九房增益旁参汉，五府规模上溯唐。昭代倘修宗祀礼，刍
荛未敢献岩廊。其二。"

《尺牍》一《上祁春圃相国》："所著八十卷，惟《群经平议》三十六
卷粗有成书。其中第十四卷专论《考工记》世室重屋明堂制度，津门
有好事者取以付梓。"

**八月为二儿在吴下大病，遂浮海南旋，至则见旧所寓金狮巷五柳园已
付劫灰矣。**

又《南旋》："津沽小住已三年，又驾飞轮海上船。敢谓波涛仗忠
信，只愁儿女误神仙。时二儿在吴下大病，又因明年将遣嫁大女，故决计南返。
良朋尚订重来约，谓地山侍郎。故里曾无半亩田。空剩雪泥踪迹在，沧
浪亭畔倍凄然。余在吴，旧寓金狮巷，今已付劫灰矣。"

**始识李少荃于金陵节署，少荃答访舟中，坐谈良久而去，因延先生主
讲苏州紫阳书院讲席。**

《尺牍》一《与李兰生同年》："樾侨寓天津，已逾三稔，今秋因二小
儿在苏大病，不得已浮海南旋。适苏州紫阳书院主讲乏人，当事者遂
以鄙人承乏，借坛坫之清闲，养山林之枯槁，前尘昔梦，久付飘风。"

《诗编》六《到金陵，赋呈肃毅伯李少荃同年前辈（鸿章）》："昔年
声望冠西清，此日森严细柳营。天为中兴出名世，人传大勇属儒生。
才兼将相空流辈，手定东南答圣明。青史千秋谁伯仲，远追诸葛近文
成。其一。巍然五等列崇班，功大何辞异数颁。爵秩已超蒲谷上，旌
麾更照梓桑间。时署两江总督。金箱玉笈钞三略，紫电青霜镇百蛮。兼

领通商大臣。儒雅英雄都占尽,始知造物未曾悭。其二。得向花砖步后尘,云泥虽隔总情亲。微名尚记前乡贡,雅谊真同古大臣。每念萍踪询细细,每见甲辰同年,必问及。更怜蕉梦叹频频。指余中州旧事。即今怀袖书犹在,三载深藏翰墨新。其三。十幅薄帆卸石头,节堂情话更绸缪。师门衣钵惟公继,谓曾涤生师。讲舍皋比为我留。转惜书遥频误雁,今年见寄两书未到。不嫌舟小久停驺。至小舟见访,坐谈良久而去。此来得识荆州面,真觉荣逾万户侯。其四。"

《尺牍》二《与李少荃揆帅》:"犹忆昔岁金陵,八驺下访,小舟促膝,情话移时,深以早出玉堂为憾。"

《随笔》一:"同治四年,余始识公于南陵。请其故,公曰:'湘乡告余也。庚戌会试后,余问湘乡,今科得人否? 举君名以告,因识之不敢忘。去年余充江南乡试监临官,见湘乡公于金陵,犹能诵君覆试时诗也。'樾叹曰:'以樾之不肖,犹未见弃于师友如此,可感亦可愧矣。'……未几,公延余主讲苏州紫阳书院,适琴西主讲杭州之紫阳。余因以书报公曰:'庚戌有两紫阳焉。'老前辈闻之,得无诧榜运之阔乎!"

按先生与李公相识,先有一段轶事,据《随笔》一:"肃毅伯李少荃制府,于乡榜为同年,于翰林为前辈,然未尝谋一面也。同治元年,公奉命抚江苏,驻上海。有商华伯太守者,亦甲辰同年也。公见之,问曰:'浙江同年,有孙琴西、俞荫甫二人,颇识之否?'以相识对。问所在,无以应。适章采南修撰视学闽中,取道上海,亦甲辰同年也。华伯问,知余在天津,以告公。公喜曰:'若致书,先为吾道意。'余闻而感之。然不知公何以知余也。同治四年,余始识公于金陵。请其故,公曰:'湘乡告余也。庚戌会试后,余问湘乡,今科得人否? 举君名以告,因识之不敢忘。去年余充江南乡试监临官,见湘乡公于金陵,犹能诵君覆试时诗也。'樾叹曰:'以樾之不肖,犹未见弃于师友如此，可感亦可愧矣。'……未几，公延余主讲苏州紫阳书院，适琴西主讲杭州之紫阳。余因以书报公曰：'庚戌有两紫阳焉。'老前辈闻之，得无诧榜运之阔乎！《李少荃伯相五十寿序》所述同。故《上曾涤生揆帅》书亦云："顷至金陵，晤李少荃前辈，述知去岁尚蒙齿及，垂问殷殷。乃叹：文中子门罗将相，而不肖如樾者，门生之籍，尚未删除，景仰之余，良深惭愧。樾自中州罢归，自惟迂拙，无补于时，闭户研经，妄事撰述。所著《群经平议》三十六卷，粗有成书。"见《尺牍》一。

又按又与李少荃述考课，置书事云："樾承乏紫阳，已于三月七日补行二月望课，至本月望课亦即举行。吴下为人才渊薮，兵乱以来，不无荒废，殊鲜佳文，未识老前辈甄别正谊，得有绩学能文之士否？昌黎有言，'文章岂不贵，经训乃菑畬'。吾人作秀才时，或侈言时务，或空谈心学，二者皆不无流弊，总以经史实学为主。省会书院，宜存贮十三经、廿四史及周秦诸子之书，诸生中有笃学嗜古者，许其赴院读书，师友讲习，以求实学，或亦造就人才之一助乎？"见《尺牍》一。又《紫阳课艺序》云："同治四年，余浮海南归，适吴下紫阳书院主讲乏人，当事者遂以余承其乏，借讲席之清闲，养山林之疏懒，皋比虚拥，两易寒暑。"又《胡春波遗文序》云："同治乙丑，余自天津浮海南回，适吴下紫阳书院主讲乏人。今相国合肥李公时以苏抚摄江督，与余有同岁之谊，遂延主紫阳讲席。丙寅丁卯，承乏二年，遂得遍观吴下人文之盛。十载以来，旧时同学诸子，如吴清卿大澂、谊卿大衡、冯听涛松生、戴青来兆春，皆捷南宫，入词馆。其余歌《鹿鸣》而举于乡者，指不胜屈。然余于吴下诸君子所尤心折者，则为胡君春波。凡二年中行一十八课，而春波之文往往在高等。"皆见《杂文》。可见紫阳造就人才之盛况矣。

又按《杂文》二《李少荃相伯五十寿序》云："尝竭公金陵，相见甚欢。次日亲诣樾小舟，促膝情话，移时乃去。自惟江湖散人，获与名世大贤,有一日之雅,终身荣之。"

《袖中书·李少荃伯相书》:"忆在金陵舟次,曾劳属望,眷怀昔款,弥愧尘颜。"

又按是岁孙琴西有《次韵答荫甫》云:"握手重来翰墨场,莫嫌髭鬓异青阳。承明旧事都如昨,项领群公不可当。垂老中兴思衮职,远方消息畏戎行。河汾要及当时用,欲借玄经更熟商。"

《又次韵寄荫甫苏州,时钟六英同年适来,托为寄此》:"青山无恙旧战场,国故有合儒紫阳。议郎博士我敢望,大师祭酒君能当。越吴两国四百里,经书一目十数行。赏音忽得子期去,异义更就康成商。"

十月,一赴杭州,在王补帆署中旬有五日;适琴西同年主讲杭州之紫阳,不期而遇,彼此欢然,一时遂有"两紫阳"之目。

《尺牍》一《与李少荃前辈》:"紫阳一席,辱承订定,借讲席之清闲,养山林之疏懒,为幸多矣。……樾自十月下旬买棹武林,住补帆署中旬有五日。适琴西同年主讲杭州之紫阳,不期而遇,彼此欢然,一时遂有'两紫阳'之目。老前辈闻之,得无诧庚榜之阔乎? 见在自杭回苏。"

《诗编》六《余主讲苏州紫阳书院,而孙琴西同年适亦主讲杭州之紫阳,一时有'庚戌两紫阳'之目。戏作诗寄琴西》:"廿年得失共名场,余旧有赠琴西诗云:廿载名场同得失,谓丁酉、甲辰、庚戌三次同年也。今日东南两紫阳。乱后须眉都小异,狂来旗鼓尚相当。主盟坛坫谁牛耳,载酒江湖旧雁行。寄语执经诸弟子,莫争门户苦参商。"

又晤刘芑堂。芑堂力赞《群经平议》须全部刻出,乃助以刻书费。

《随笔》一:"同治四年,余至杭州,时刘芑堂汝璆摄杭州守,奇士也。……求诗于余,余为作长歌一章。……为篆书'琴觅图'三字赠焉。……见余所著《群经平议》,曰:'是不可不刻也。盍写副本畀我?'及余临行,君赠以写书之费,徐问之,则假之钱肆者也。"

《尺牍》一《与刘笏堂》："临行又承厚赐，俾将拙著《群经平议》三十六卷，广集钞胥，写成定本，以便付刻。而所赐实从借贷而来，令人感叹不已。"

按先生时言津有好事者，为取第十四卷刻之，其人实名张汝霖，字少岩，以此卷专论《考工记》世室重屋明堂制度，可单行也。寿阳祁寯藻见而好之，寓书先生曰："历代明堂之制，见于秦氏《五礼通考》，其中辨正旧注者不为无功，要亦互有出入，未足以难郑也。陈氏《五经异义疏证》，采辑近儒诸说，又案而不断，鲜有折衷。吾子据《隋书·宇文恺传》订正《考工记》一字之衍，遂使记文八十一字略无龃龉，且于郑注之误驳正无遗。三代世室重屋明堂相因之制灿然在目，而秦汉以来规模亦略具于斯，诚覃思精义，有功经传者也。"阎梦岩农部汝弥亦好之，介相国而求焉，于是世人始知《群经平议》其书矣。是年夏，宋雪帆侍郎以使事至津，索观《三礼平议》，谓先生曰："高邮王氏之学固极精审，然多考订于一字一句之间。若子之书则有见其大者，殆将驾而上之乎？"因谋以《仪礼平议》二卷刻之京师，而先生甫归，未果也。故先生《再上春圃相国》有云："樾此书已算粗成，惟家贫，乏人钞写，止有稿本。今年宋雪帆前辈来津，见其一二，颇为许可，小助刻资。见在已将《仪礼平议》二卷寄京，交刊徒汪仪卿水部校刊，俟毕工后即当寄求钧诲。此外各种，尚在箧中，窃恐将来徒饱蠹腹，颇拟集众擎之力，次第灾梨。"俱见《杂文》□及《尺牍》一。总之，先生刻书之费，多半出自各亲友耳。

《诸子平议》亦写定，得二十余卷。函告吴和甫前辈，觅善本《墨子》书。又函告李少荃前辈所以治学之由。

《尺牍》一《与吴和甫前辈》："樾学识浅薄，无所发明，所著……《诸子平议》，已写定者，《管子》六卷，《晏子》一卷，《老子》一卷，《荀子》四卷，《商子》一卷，《韩非子》一卷，《吕氏春秋》三卷，《贾子》二卷，

《董子春秋繁露》二卷,杨子《法言》二卷、《太玄》一卷,因乏人传写,故无副墨,不克寄呈大教。日来拟治《墨子》书,而庄、列之书亦思以次及之,惜未得善本,不知老前辈处有其书否?"

《尺牍》一《与李少荃前辈》:"樾承乏紫阳,倏又半载,如期开课,裨益毫无。自惭绛帐之虚悬,莫副青衿之疑问。所著《群经平议》已刻于浙中,尚未毕工,比来又著《诸子平议》,得二十余卷矣。章句陋儒,终朝伏案,刘歆谓杨子云曰:'空自苦,恐后人用覆酱瓿。'每念斯言,时复自笑。樾非不知儒者读书当务其大者,特以废弃以来,既不敢妄谈经济以干时,又不欲空言心性以欺世,并不屑雕琢词章以媚俗,从事朴学,积有岁年,聊贤于无所用心而已。"

赴上海,晤应敏斋观察,署中见方毓辰《毛诗句解析疑》。

《随笔》一:"镇洋方毓辰,著《毛诗句解析疑》十四卷,……同治四年,余至上海,于同年应敏斋观察署中见其书。"

即还苏州,遂移居书院,其地在阊门内梵门桥。

《诗编》六《移居紫阳书院作》:"旧游过眼总云烟,又向吴中借一廛。韩愈偶成《进学解》,屈原聊赋《卜居》篇。高登坛坫虽非分,暂寄琴书亦是缘。输与兴公清福好,好山刚对讲堂前。谓孙琴西。其一。昔年曾此共壶觞,三十年来半已忘。忽向雪泥重问讯,剧怜泡影太匆忙。旧为吴氏屋,道光十七年曾饮于其室。乌衣零落门庭换,铜狄摩挲感慨长。剩有当时旧宾客,天留老眼看兴亡。姚松田舅氏,乃吴氏旧客,今年已七十,尚在吴中。其二。"

《尺牍》一《与女婿许子原》:"仆今年主讲苏州之紫阳书院,岁入四百金,不敷所出。全家已迁居书院,其地在阊门内梵门桥。"

按《尺牍》一《与崇地山同年》:"樾因二小儿病魔缠绕,不得不在苏照科,近已迁居紫阳书院,屋虽宽大,而兵燹之后,窗户不全,殊苦廓落耳。拙鸠既不善营巢,穷鸟又安能择木?窃比于卫公子荆,以一

'苟'字处之，然彼之苟，苟其所有，樾之苟，苟其所无，或较古人更进一筹乎？所著《群经平议》，已集人写定副本，杭州太守刘君笏堂拟集资刊刻，未见果否？前尘昔梦，久已坐忘，而敝帚千金，不能舍去，要不离乎书生之见，可笑也！"

十二月，朱伯华福荣、戴望子高来访，留度岁。

《诗编》六《朱伯华孝廉（福荣）戴子高茂才（望）至吴下访余，因留度岁。忆咸丰十年与二子在德清度岁，又六年矣。各赠以诗》："朱云自奇士，眉宇故轩昂。旧是爽鸠属，新歌鸣鹿章。纵横论世事，宛转话家常。竹箭东南秀，衰门与有光。其一。小戴擅经术，身穷道自尊。《尚书》通大义，《论语》阐微言。子高时著《古文尚书述》《论语注》。脱略无边幅，文章有本原。汉廷崇实学，终见起丘樊。其二。忆昔清溪住，相依有二贤。而今客吴下，又共度残年。欲识雪泥迹，姑留翰墨缘。苏台重访旧，莫忘此诗篇。其三。"

《自述诗》云："《平议》成书世未传，每愁枉费此丹铅。高资万万张长叔，为刻明堂考一篇。是岁，天津张少岩汝霖取《群经平议》中《世室重屋明堂考》刻之，余书行世实始于此。其八十八。侍郎仗节镇津关，常共清谈麈尾间。欲向丁沽修志乘，杀青未竟又南还。崇地山侍郎属余修《天津府志》，然无经费，无任采访者，姑就故书中钞撮而已。乙丑秋，间因二儿在吴下大病，南回视之，故未竟其事也。其八十九。归到吴中迹似萍，金狮无复旧门庭。苍头黄耳今何在，化作幽磷数点青。余所赁石氏五柳园，在金狮巷。乙丑重来，惟颓垣碎瓦而已。所留一仆一犬，皆死于贼。其九十。军门敬谒李临淮，尚念当年桂籍偕。报道故人吴下至，皋比一席早安排。肃毅伯李少荃相国，时以苏抚摄两江总督，甲辰同年也。余往见之，承荐主苏州紫阳讲席。其九十一。身世飘零门户衰，老怀颇望抱孙儿。如何杯珓神前卜，偏得黄花菊一枝。时二儿妇怀妊，将免身。内子姚夫人使老妪卜问男女，妪适持菊花一枝以归。夫人望而笑曰：黄花乃女子之祥也。已而，孙女庆曾生。其九十二。黄鹂桥畔旧朱门,三十年前酒一樽。今日偶然来作主,白头父老共谈论。冬十月,移寓紫阳书院。时书院毁于兵火,犹未建复,假黄鹂坊桥一巨室为之,此屋在道光时,吴氏屋也。余于丁酉之秋曾饮于其室。后吴氏不能有,归之邵氏。邵氏亦不能有,今为书院。而余以一饭之客转为此屋暂作主人,异矣。其九十三。"

孙女庆曾生。

五年丙寅(一八六六年),先生四十六岁。

是岁二月二十日,开紫阳之课。

《尺牍》一《上祁春圃相国》:"樾自去年八月间,因二小儿在吴下大病,不得已航海南归视之,其时仓卒启行,未及以一笺闻之左右也。……樾南归后,因二儿痁疾,积久不痊,坐是因循,未能他去。适苏州紫阳书院主讲乏人,当事者遂以樾承其乏,皋比虚拥,无状可言。所著《群经平议》,浙江蒋芗泉方伯许为付梓,因写副本寄去,而至今尚未开雕,未识何时可以蒇事。比来又从事周秦诸子之书,将著者《诸子平议》再为写定,然卷帙亦颇烦重,今年能否卒业,未可知也。"

按:先生在吴下,为乡试同年戴南山作墓表,载《宾萌集》五。又于致孙琴西书中,述及掌教改卷事云:"樾在此已举六课,每课卷约计三百左右,率以六日了之,一月之中,尚有二十四日可以读我书也。"可知院事安闲,得时时用功也。又尝与应敏斋通信,索观龙山书院章程,及顾访翁新定功课,称其学"体用兼备",而自谓"专课时文,虚拥皋比,一无裨益"云。均见《尺牍》一。

上海设修志局,应敏斋同年延先生主其事。

蒋芗泉抚部复出巨资刻《群经平议》。

又《与孙琴西同年》:"拙著《群经平议》,究已刻成几卷,笏堂调严州,伯平卧病,无人经理其事。若将未刻者寄吴下刊刻,有三便焉:省刻资一也，速时日二也，便校雠三也。有此三便，老兄何不为吾力言之？"

杜小舫观察文澜为刻《宾萌外集》三卷成。皆骈文，并叙其端。

《宾萌外集序》云："余自幼喜为四六文，然气体卑下，尚不能望唐人之藩篱，又安能由六朝而窥两汉哉？故以余文而论，诚哉鄙薄，无足观也。十余年来，从事朴学，久辍不作，而旧稿尚在箧中。从前客授新安时，故人孙莲叔曾以付刻，乱后亡失其板，于是杜小舫观察为重刻之。刻既成，因纪岁月于简编。"

至杭州，与王补帆廉访同游西湖。

《诗编》六《至杭州与王补帆廉访同游西湖，舟中口占》："清游又上总宜船，自别西湖十六年。不独须眉吾老大，湖山亦似老于前。"

《尺牍》二《与谭仲修》："去年至武林，不谒一客，止于王补帆廉访署中小住数日，并作西湖之游而已。高贤在望，而不求见，疏懒之罪，不胜言耶！乃辱手书，不加谴责，拳拳推重，有愿学之称，不敢当……仆自少失学，于治经不识门径。中岁读书，妄思撰述，先儒旧说，或有未安，辄以己意有所辨订。岁月既久，云云遂多，既已作之，不敢自弃。訽痴四方，贻笑大雅，甚无谓也。"

按《袖中书·谭仲修孝廉书》云：吴中裙屐之士，得先生道以朴学，兴起当不少。献惟百年经师，于微言大义，推究精确，尚未有折衷经训，发挥世用，如古昔公羊治狱、三百讽谏者。先生亦有意以此诏来者乎！……献索居亡师友，而人事又夺其日力，往年所治《董子》，顷取视之，学非子政，徒增谤耳，乃拉杂摧烧之。国朝治《周官》者，未有成书，近稍究心，苦先郑之说太少，难可推寻，望洋辄止，先生不弃，何以教之。

戴子高仍馆金陵碣局，今岁兼书局雠校。李少翁移节西湖，书局中止，甚望曾侯相来，后举之也。

戴望于杭书肆得日人所作《论语征》，以示。

《随笔》四：同治五年，戴子高于杭州书肆得《论语征》，日本物茂卿撰，以示余。其大抵好与宋儒抵牾，亦有谓朱注是处，议论通达，多可采者。

按先生评日人安井衡仲平《管子纂诂》云：日本士人，仆于上海亦见其一，然不足谈，盖非足下所见者。近得彼国人安井衡仲平《管子纂诂》，足下亦得之否？其书似不及物君之《论语征》。然仆实未及细读……《管子》在诸子中为最古，然实是杂家言。仆于诸子，独喜墨子，其言切实切用，而文亦反复详明。汉人以孔墨并称。知尼山外，断推此老矣。《庄子》一书，仆不甚解，亦不甚喜，要其大旨，不过能外生死而已。其精义微言，尚不及《列子》。即以文论，《庄子》虽汪洋自恣，然不如《列子》之曲尽事理也。此仆之偏见，不足为外人道者。

回吴下，与书马谷山中丞，谋诂经精舍讲席。

《尺牍》一《与浙抚马谷山中丞》："小住武林，得瞻山斗。……樾因故里无家，不得躬庇宇下。梅子真作吴门市卒，远不如湖上林逋、江东罗隐矣。"

《自述诗》云："春风绛帐对诸生，竟验前言徐子平。批尾生涯从此定，居然还我旧文衡。丙寅二月二十日，开紫阳之课。中丞以下咸集，余因忆丁巳秋，初罢河南学政，寓居汴梁。有庚戌同年徐春衢光第善推禄命，为余言，君不久当仍掌文衡。余笑而不信也。然自丙寅以后，主江浙讲席二十余年，虽不足言文衡，要不离乎文字也。乃叹术者之言，于后事不尽无见。其九十四。沪上年来志局开，南园群彦许追陪。体裁繁冗仍疏漏，自笑经生非史才。上海修县志，设局南园，时应敏斋同年以苏松太道驻上海，延余主其事。后镇海县修志，亦余主之。然余实非史才也。其九十五。平议津门刻未全，浙中又费枣梨镌。蒋公祠下今经过，深感当时百万钱。《群经平议》在天津止刻一卷，旋议于都下刻之。余南回，遂不果。乙丑冬，见蒋果敏公于杭州，出钱百万，任剞劂之费，遂于丙寅岁写定开雕,至丁卯岁告成。其九十六。"

长子婿王康侯入赘。

六年丁卯(一八六七年),先生四十七岁。

是岁五月,先生至金陵,晋谒曾爵相涤生,爵相召集江南名士李雨亭、王晓莲、庞省三辈,觞于妙相庵;并游鼓楼、玄武湖、麒麟阁诸胜,旋过沪返苏。

《诗编》六《丁卯五月至金陵,谒湘乡师相,赋呈四律》:"武达文通孰与伦,十年威望满乾坤。汾阳身系安危重,潞国官兼将相尊。万里东南双虎节,兼谓介弟沅浦中丞。两江上下一龙门。不才自是闲桃李,惭愧春风旧托根。其一。回忆端门覆试时,玉阶扣砌昼迟迟。姓名谬许群仙冠,文字曾叨一日知。击节乐天原草句,沈吟小宋落花诗。至今春色终何在,未免赧颜对绛帷。余庚戌覆试,公为阅卷大臣,因诗有'花落春仍在'句,期许甚殷。其二。闭户研经春复秋,心香一瓣奉高邮。谁知沆瀣原同气,从此名山或幸留。余治经,宗高邮王氏之学,适与公合。侯制更张躬与舌,明堂考定广兼修。余考定射侯及明堂制,尤为公所赏。重烦记室诸君笔,几度拈来几度投。公得余书,命记字作覆。屡呈稿不称意,遂不发。其三。门墙此日又追陪,不负长途触热来。高会西园成雅集,大开东阁阅奇才。公招集金陵诸名下士,觞余于节署。室中榻为留宾下,海上船因送客催。公因余急于言归,饬上海轮船早日驶至。自愧迂疏无可报,小诗聊足侑尊罍。其四。"

又《李雨亭方伯,王晓莲、庞省三两观察,招陪湘乡师游妙相庵,并登鼓楼》:"南朝四百寺,灭没不可见。惟余妙相庵,岿若灵光殿。相侯发高兴,先期命张宴。旖旎罗旌旐,蹭蹬走僚掾。贱子备后车,冠服随所便。是时天新霁,阴晴日数变。既免炎歊蒸,不辞游览遍。泉流广半亩,石径窄一线。老槐何离奇,新荷自婉娈。虚堂宜小坐,杰阁足流眄。北望有高楼,游兴固未倦。其一。酒罢共命驾,命驾登高楼。一层甫及上,万象俄已收。努力更跻攀,空阔穷双眸。金陵名胜地,天下无其俦。自从离乱来,所在成荒丘。十庙不存一,古思空悠悠。可怜秦淮水,不复闻清讴。且喜甘雨足,良苗满田畴。既值中兴年,复逢大有秋。相侯此建节,百废行且修。秋风倘再至,安坐凉篷舟。时凉篷子船久废,湘乡师拟复之。其二。"《登太平门楼,观曾沅浦中丞从龙脖子地道攻克金陵处,并读湘乡相公纪功碑》:"我登金陵东北之城楼,其城雉堞犹新修。城阴立石刻文字,谁与铭者相国毅勇侯。文曰同治三年六月既望,穴地攻城城裂廿余丈,浙江巡抚臣荃鼓士从此上。呜呼贼窟于此盈十年,穷天下力仅克焉。今观缺口心惸惸,当时用力何其艰。贼营高垒钟山巅,天保地保相钩连。天保、地保,皆贼垒名。我军百战据有此,然后可得窥城堞。下令积草与城等,以计诳贼贼不省。若将蚁附此登城,谁料掘地深深几及井。一朝燺发烟满城,天日无色万目盲。须臾烟散何所见,但见万夫如蚁山头行。俄展旌旗四面下,一片军声动屋瓦。杀气森森飞上天,化作黑云如奔马。向张老死无成功,九帅此举真英雄。沅浦中丞行九,人称九帅。我从赵子询大略,自天保、地保以下,皆赵惠甫说。赵曾亲在行间。中兴战绩谁与同?请看城外突兀龙脖子,再看城中荒废天王宫。"《奉陪湘乡相公玄武湖观荷花》:"玄武湖中麟趾洲,藕花无数满中流。相侯旌节湖边驻,来试瓜皮一叶舟。其一。一叶舟容三两人,一篙容易点湖滨。万花成国香成海,仙到应迷是此津。其二。田田荷叶比人长,随手搴来手亦香。铺作绿茵张作盖,一身无处不清凉。其三。青青莲菂满船边,随摘随尝味更鲜。自笑生无食肉相,故应饱吃后湖莲。其四。太平门外上轻舟,神策门边芦获稠。花里篙行将十里,一生有几此清游。是日出太平门,进神策门。其五。七洲风景看分明,惜少临流屋数楹。倘置莲花新博士,江湖莫忘老门生。相公拟于洲上筑屋。其六。"

《随笔》一："金陵之游，以玄武湖观荷花为最。是日，余将行矣，湘乡公饯之于妙相庵。先与幕府诸君登太平门楼，观沅浦中丞由地道攻克金陵故迹，遂出城至玄武湖。湖方十余里，遍种荷花。各乘小舟穿花中而过，红衣翠盖，亭亭可爱。公所坐舟与余辈大小无异，而其司供张者以使相之尊，不可露坐，施小帷帐蔽之。然止能绕花而行，不能直入万花深处矣。余笑曰：'山人之乐，过于宰相，即此可见也。'"《尺牍》二《上曾涤生爵相》："金陵晋谒，小住节堂，一豫一游，叨陪末座，穷园林之胜事，叙觞咏之幽情，致足乐也。忆袁随园《上尹文端启事》云：'日落而军门未掩，知灯前尚有诗人；山游而僚属争看，怪车后常携隐者。'樾以山野之服，追随冠盖之间，颇有昔贤风趣。而吾师勋业，高出文端之上，奚啻倍蓰！则樾之遭际，亦远越随园矣。至于玄武湖上，麟趾洲边，屈使相之尊严，泛轻舟之容与，红衣翠盖，掩映其间，此乐尤为得未曾有，每欲作小诗纪之，而竟不成，亦见诗脾之涩也。幕府诸贤，未识谁工绘事，能传之丹青，以识雪泥踪迹否？樾已于十四日抵沪，即拟还苏。"

屡函蒋芗泉，属为谋西湖讲席。

又《与蒋芗泉方伯》云："樾以部下书生，去作吴中残客，登胥台而南望，所依依不释者，固不独湖山之美矣。惟愿垂天之云，隆隆日上，大开广厦，以庇寒儒，俾樾得于西湖山水窟中受一廛而为民，与故乡父老进中和乐职之篇，以咏歌盛德。阁下此时当必为盖公而筑堂，因穆生而置醴矣。"又与书云："辱赐书，未答，闻奉命赴粤。……虽为中兴得人贺，而未始不为桑梓惜也。拙著《群经平议》，承许为付梓。启行后，交何人经理？甬东一席，能为代谋之否？樾寄迹吴中，不及至武林言别，惟望阁下至粤后，福星所照，燧息烽销，或踵阮文达故事，重开学海堂，招延海内名流。樾虽不才，而古人有言，'请从隗始'，尚当不远千里，蹑屩来游。前书所云'为盖公筑堂，为穆生设醴'者，其在斯时乎？"

冬，马谷山中丞延先生主诂经精舍。将离紫阳，为刊课艺，并作叙。

《杂文》一《紫阳课艺序》云："至六年之冬，吾浙马谷山中丞以余粗通古训，延主诂经精舍，遂辞苏而就浙。顾念吴中为人文渊薮，虽遭兵乱，不乏好学能文之士，……余学植荒落，意兴衰颓，犹得从容揖让于讲堂之上，借月旦品题，与诸君结文字之缘，兹非幸欤！自五年二月至六年十一月，中间因乡试停课者两月，余共举行一十八课，所阅文不下六千余篇，兹择其尤者得八十篇，付之剞劂。……以存雪泥爪印而已。"

按《曲园自述诗》注：余主紫阳讲席，止丙寅、丁卯两年。然人文颇盛，吴清卿河帅、张幼樵学士、陆凤石侍读，皆预焉。

《群经平议》已在杭州刻成，经理其事者，为丁丙（松生），任校雠者，为高均儒（伯平）。至《诸子平仪》成书三十五卷，正谋刻板于吴中。

按先生治学宗高邮，尤在与曾涤生书见之也。书曰："每念国朝经术昌明，超逾前代，诸老先生发明古义、是正文字，实有因文见道之功。而樾所心折者，尤在高邮王氏之学，尝试以为，读古人书，不外乎正句读、审字义、通古文假借，而三者中通假借尤要，故王氏之书，用汉儒'读为''读曰'之例破假借而读以本字者居半焉。樾虽无似，窃不自揆，私有撰述，所著《群经平议》《诸子平议》各三十五卷，妄思附《经义述闻》《读书杂志》之后，王氏已及者不复及，一知半解，掇拾其间。家贫，又无书籍，如《白孔六帖》《太平御览》《艺文类聚》诸书，皆不能具，唐宋人援引异同，末由考证，比之原书，真如碔砆之与美玉矣。"又与谭仲修献亦述为学之方法，并涉及戴子高兼雠校金陵官书局事。与谭书云："有愿学之称，不敢当，不敢当。樾自幼失学，于治经不识途径，中岁读书，既还初服，一意著述。尝曰治经之道大要有三：正句读，审字义，通古文假借。三者之中，通假借尤为要。盖以高郵王氏父子之学为主。最先著《群经平议》，自谓窃附《经义述闻》之后。又著《诸子平议》，校正误文，发明古义，则继《读书杂志》而作。又以周秦两汉至于今远矣，执今人寻行数墨之文法，而读周秦两汉之事；执今日传刻之书，而以为古人之真本，此疑义之所日滋，因刺取九经诸子为《古书疑义举例》七卷，为例八十有八，每条各举古书数事，使读者习知其例，而推衍之。樾说经之作太多，而于《易》尤深。妄思撰述，先儒旧说，或有未安，辄以己意，有所辨订。岁月既久，云云遂多，既已作之，不敢自弃。詅痴四方，贻笑大雅，甚无谓也。……"（均见《尺牍》二）戴子高仍馆金陵碍局，兼书局雠雠。

《尺牍》二《与曾枢元同年》："樾自夷门罢归，中更离乱，仍以笔耕糊口，前尘昔梦，久付飘风，而文士名心，不能自已。穷年兀兀，妄借撰述自娱，所著《群经平议》已刊于浙中，其《诸子平议》亦将于吴市开雕，此外零星各种，尚数十卷，敝帚自珍，不足易市儿之一饼，……频年主讲紫阳，虚拥皋比，了无裨益。明岁移席浙江之诂经精舍，从吾所好，古训是式，湖山坛坫，其鄙人坐老之乡乎？"

《尺牍》二《与沈吉斋》："仆自幼不学，溺于词章，罢官以后，无所事事，既不敢高谈经济以干时，又不敢虚言心性以欺世，杜门惫辙，惟日读书，不自揣量，妄有撰述。《群经平议》三十五卷，已镂版武林，《诸子平议》亦三十五卷，拟开雕吴下，未知果否。仆所撰述，此二种最用力，卷帙亦较繁，其外尚有《字义载疑》四卷，去岁曾录副本寄京师，就正祁春圃相国，适相国薨逝，今未知在何所矣。又有《金石琐谈》一卷、《春秋名字解诂》二卷、《史汉杂志》二卷，其《易贯》一书，未定卷数，不知能卒业否？《宾萌集》亦未定卷数，随时尚有增益，《外集》四卷，皆骈体文，已刻于吴中。古今体诗十一卷，旧作居多，近作寥寥，自同治建元以来，未盈一卷也。……或别编为《春在堂诗录》。然拙诗无家法，亦不足传也。他若《春在堂随笔》《金鹅山人尺牍》，皆其琐琐者。"

又按张裕钊《濂亭文集·唐端甫墓志铭》云:"自同治三年,大军克金陵,曾文正公及今合肥相国李公相继总督两江,始开书局于冶城山,校梓群籍,延文士司其事。文正公尤好士,又益以懿文硕学为众流所归,于是江宁汪士铎、仪征刘毓崧、独山莫友芝、南汇张文虎、海宁李善兰及端甫、德清戴望、宝应刘恭冕、成蓉镜四面而至。而文正公幕府辟召,皆一时英俊,并以学术风采相尚。暇则从文正公游览燕集,雍容赋咏以为常。十余年之间,文正公既薨逝,刘毓崧、莫友芝、戴望诸人皆先后凋丧,士铎已笃老,自引杜门不复出,张文虎亦谢去。其他或散走四方,及是而端甫又以死,金陵文采风流尽矣。"

与内子姚夫人回德清,治葬先大夫及蔡、嵇两夫人于金鹅山之原。

《自述诗》云:"两年剖劂了群经,诸子犹怜未杀青。记得舟窗看《列子》,一天微雨泊唯亭。《群经平议》刻成,因锐意成《诸子评议》,丁卯正月二十一日,余如上海,微雨泊唯亭,于舟中成《列子平议》一卷。其九十七。湘乡相国镇金陵,咫尺龙门喜一登。廿日节堂留小住,连朝高会聚良朋。丁卯五月,余自上海乘威林密轮船至金陵,谒曾文正师。师留宿署中,并招集江南诸名士,陪余宴集。其九十八。禅房花木绮筵开,上相偏宜下士陪。除却摩诃迦叶外,无人可配佛如来。李雨亭方伯、王晓莲、庞省三两观察,招陪文正师,宴集妙相庵,作竟日游。其九十九。相侯招作后湖游,翠盖红衣十里稠。所惜莫愁湖久废,未能一上胜棋楼。将发金陵,文正师又招游玄武湖,同看荷花。时莫愁湖荒废已久,尚未修复,故未往游也。其一百。两载三吴月旦评,吴中文笔最峥嵘。明年改主谈经席,劝驾殷勤马北平。余主紫阳讲席,止丙寅、丁卯两年。然人文颇盛,吴清卿河帅、张幼樵学士、陆凤石侍读,皆预焉。旋授浙抚马端敏公之聘,辞紫阳而就诂经,因选刻《紫阳课艺》两卷,以存文字之缘。其百〇一。金鹅山土一抔黄,畚挶经营匝月忙。二十二年心愿毕,竟无可待愧泷冈。先大夫殁已二十二年,尚浮厝德清西门外金鹅山之原。丁卯冬,余偕内子姚夫人回德清治葬。奉前母蔡、嵇两夫人祔焉。其百○二。"

始记日记。

又按自同治六年丁卯，至光绪二年丙子，先生作有日记两册。手写本，今首尾完整，庋于家，未收入所著书内，其字体在楷隶间，诚至宝也。见先生曾孙俞平伯《杂拌儿》之二。

七年戊辰（一八六八年），先生四十八岁。

是岁春，移主杭州诂经精舍，开课。

《诗编》六《戊辰岁，余自苏州紫阳书院移主杭州诂经精舍，开课之日，偶成二律》："频年踪迹寄苏台，此日西泠讲舍开。文字有缘宜领取，琴书无恙又移来。随常粥饭完清俸，大好湖山养散材。坛坫森严前辈在，不才何幸得追陪。前辈谓王兰泉、孙渊如两先生，皆曾主讲于此。其一。湖堤精舍静无哗，虚拥皋比望转奢。六艺微言先诂训，百年著述盛乾嘉。葘畬课获功难幸，肇幭求工意或差。愿与诸生同敏勉，莫抛秋实事春华。其二。"

按诂经精舍之设，先生有记，载《杂文》一，曰《重建诂经精舍记》："（上略）西湖孤山之阳，有屋一区，阮文达公视学两浙时，尝于其地集通经之士，成《经籍籑诂》一书。推文达之意，通经必从诂训始，训诂之不通，如名物何？名物之不识，如义理何？事有先后，固如是也。及文达抚浙，遂即其地创建诂经精舍，而秦汉儒许、郑两先师栗主于其中，使学者读许、郑之书通晓古言，推明古制，即训诂名物以求义理，而微言大义在其中矣。文达去浙，精舍兴替不常，洎乎庚申辛酉之乱，鞠为丘虚。于是同治五年二月，浙江布政使湘乡蒋公重建诂经精舍。……属旧肄业精舍生丁君丙、林君一枝董其事，五阅月而毕功，用钱七千缗，皆出自公。其后故有三祠，曰正气、曰先觉、曰遗爱，道光初从金沙巷移附于此者，有举无废，仍其旧贯，西偏有楼，志书所称第一楼也。楼后尚有隙地，乃弘而大之，为前后各三楹相连属，以居掌教者。而精舍课士之法，及奉汉儒许、郑两先师栗主，皆如文达故事。……规模既立，公旋迁广东巡抚以去。去后二年，浙江巡抚今迁两江总督荷泽马公聘德清俞樾主精舍讲席，丁君因请以文纪之。樾既忝窃皋比，义不得而辞，乃述重建本末，勒之石。"今精舍改为国立艺术专科学校矣。

按《尺牍》四《与杜莲衢同年》云："又省垣诸同人请建阮文达公专祠，借重阁下列名，属弟转达，想无不可。弟所主诂经精舍，由文达创始，是亦吾教中开山祖师也。"

又《袖中书》一《谭仲修孝廉书》："夏秋以来，从事帖括，沈霾故楮，致旷音敬。罪甚！犹于其间卒业《群经平议》，湛思独照，直与《述闻》之书，并垂千古。伏承大雅，振兴东南，景庆之瑞，畴复伦比。亲炙如献，若何慰幸。昨奉中丞传，知明岁坛席湖壖，接武伯渊，一时承学之士，踊跃愿见，储羔牧雁，以冀清光。献拟谢计偕，长侍讲幄，但恐为人事所夺耳。"又《复堂日记》二："蒋芎泉布政买书弄精舍，凡千三百册，诸生能读，经史俱在，欲为通儒，何待搜奇访秘哉！"

又按《诗编》六《丁禹生抚部与余言，湘乡相公尝言：俞荫甫真读书人，丁禹生真作官人。余因忆去年见公金陵，公尝言李少荃拼命作官，俞荫甫拼命著书。余何人斯，而公辄与中兴名臣相提并论。虽非所克当，然未始不自喜也。乃以小诗纪之》："开府经纶满江左，元戎勋业动乾坤。如何老学庵中客，篱鷃云鹏一例论。"又："才卜蜗居半亩宽，时新移寓太仓口。幸邀元老此盘桓。书生门第材官笑，使相威仪妇孺看。户外飞扬驻旌旆，坐中脱略到衣冠。明朝一棹从公去，尚有江湖旧钓竿。时招同作五湖之游。"又《奉陪涤生师相登天平山》："小队篮舆驻道边，仰看山径细盘旋。何人曾蹑二分足，此地才容一线天。芒屩去寻青嶂路，茶瓯来试白云泉。相公高兴谁能及，布袜青鞋到极巅。

山路盘曲而上,曰一线天,有僧庐三,曰上白云、中白云、下白云。余与丁禹生中丞,潘玉泉、许缘仲两观察,至中白云而止。师相则直至上白云也。"《次日又从师相登香山而望太湖》:"闲介无蹊草满山,偶随元老此跻攀。全收笠泽五湖胜,遥指菰城一发间。喜共清游谢冠盖,冀分余曜照乡关。烟波西塞山边路,安得相从更往还。"

夏,自苏还浙。

《尺牍》二《与马谷山制府》:"夏间自苏旋浙,……旋闻移节金陵,……湘乡相公以旋乾转坤之略规画于前,阁下以经文纬武之才恢张于后,两贤接踵,……樾今年承延主诂经讲席,湖山坛坫,叨窃为惭,惟是故里无家,故仍寄孥吴下,而以扁舟往返其间。"又《与丁禹生中丞》:"月之二日,买棹武林。……樾还苏当在十一月中。"云云。

秋,九月初,至诂经精舍,与姚夫人游灵隐诸名胜。

《诗编》六《重九前三日,至诂经精舍作。时与内子同寓精舍之第一楼》:"浮家随处好,于此且勾留。风雨重阳节,湖山第一楼。晓钟听梵刹,夜火认渔舟。莫笑荒凉甚,相依有鹭鸥。"

《词录》一《蓦山溪》与内子同至西湖诂经精舍作云:"琴书跌宕,老作西湖长。精舍对南屏,好览遍、云山苍莽。年年浪迹,未办钓鱼船。湖楼上,秋容爽。聊寄烟波想。烟波澹荡,容得闲鸥两。人道是刘樊,愧草草未离尘网。旧游如梦,过眼不须提,摇双桨,同游赏,粗不浮生枉。"《诗篇》六《与内子至冷泉亭小坐》:"平生耽冷趣,不喜热场踏。爱此人境隔,坐对山岚匝。舄下泉浏浏,襟边风飒飒。仰眺云气迷,俯语水声答。老妻亦解游,清兴适与合。久坐不忍去,暮钟吼鞁鞜。"

《尺牍》二《与杜小舫方伯》:"仆于九月初携老妻至湖上小楼,倚槛坐对,全湖晴好雨奇,随时领略。至夜,则月色波光,上下照耀,两三渔火,明灭其间,光景尤清绝。前日乘篮舆至天竺、灵隐礼佛……一路山色颇佳,……是日为月尽日,香客稀少,游屐亦罕,与内子坐冷泉亭上，仰观山色，俯听泉声，一乐也。亭中悬平斋所书'泉自几时冷起'一联。"

按是岁有作《凤台知县孟君墓志铭》《卢孺人焦尾阁剩草序》《徐诚庵荔园词序》《胡春波遗文序》《吴母朱太夫人八十寿序》《薛慰农烟云过眼图记》诸篇，均载集中。十月间，刊行诗集，又有杨昌濬《序文》，称先生曰："（上略）德清俞荫甫太史，向在词垣有声。及视学中州，罢归，僦居吴市，键户著书，矻矻不倦，所撰《群经平议》，阐发故训，说经家以为指南；《诸子平议》，属稿未出，学者延颈企望。……与余所谓触境而发、称心而出、曲折奔赴、万象毕会者，乃无不合。是岂犹夫世之为诗者与？太史曩官京师，不嗜禄利，萧然有山水志。既归，徜徉湖山，一意著述，于名位起落，一不挂怀。此其胸次夷旷，过人绝远，固宜其诗超出埃壒。而世之仅以诗称太史者，犹未为知言也。"

《自述诗》云："诂经精舍圣湖湄，坐拥皋比愧转滋。愿与诸生同黾勉，讲堂许郑两先师。戊辰二月二十五日，于诂经精舍开课。其百〇三。辰月辰年喜气浓，锦绷绣被护新茸。不知他日能超否，且向怀中抱阿龙。戊辰三月，二儿妇举一男，余得抱孙矣。以其生于辰年，故小名阿龙。其百〇四。新居暂卜太仓前，草草琴书又一迁。甖毁瓶伤偶然事，原无贫鬼在门边。余既辞紫阳之席，未可久居书院，因移寓太仓前。其屋素有怪异，前后居者皆不吉。然余居年余，亦无他也。其百〇五。相侯招我去游山，上白云高未易攀。却上香山高处看，太湖七十二烟鬟。闰四月，曾文正师以大阅来苏，枉顾余寓，约游木渎，遂同登天平山。……次日，又登香山而望太湖。其百〇六。秋风九月到西湖，且喜湖楼影不孤。携得老妻同倚槛，烟波亦是两鸥凫。九月初六日，与姚夫人同至西湖，住诂经精舍之第一楼。其百〇七。亭前促膝斗清谈，岩畔题名扫翠岚。更看洞中天一线，佛光隐约见瞿昙。皆与内子同游西湖事。冷泉问答，理岩题名，今皆画入《云萍录》中，并是年事也。

其百〇八。"

《古书疑义举例》七卷撰成。

孙阿龙生。(按即孙陛云)

八年己巳(一八六九年),先生四十九岁。

是岁春,在苏寓,得浙抚李筱荃书,谋合刻二十四史。

《随笔》三:"同治八年春,余在苏寓,得浙抚李筱荃中丞书,谋合江宁、苏州、杭州三书局合刻二十四史,属余谋之江南诸当事。余因移书问两江制府马端敏。端敏复书,许刻至《隋书》而止,则宁局所刻凡十五种矣。又以告苏抚丁雨生中丞。中丞稍难之,曰:'苏局……'……及《元史》请李少荃伯相刻之于湖北。伯相不愿刻《元史》,后移书丁中丞,请以《元史》归苏局而刻《明史》,其意谓元明一也,可以交易。而不知适与丁中丞初意相左矣。于是平斋观察乃出《明纪》示余曰:'子盍与中丞言之,与其两局争刻一《明史》,何如刻此书哉?'余因与丁中丞书曰:'公欲刻《明史》,以补毕氏《通鉴》所未及,使学者不必读二十四史,而数千年事犁然大备。此意甚盛,但《明史》与《通鉴》体非一律,若刻陈氏此书……"

又《尺牍》二《与壬甫兄》:"杭,至今尚未折回,想监院校官留与本月望课卷同寄也。弟眠食如常,寓中亦平顺,唯弟妇比年多病,日见衰老,迥非前年紫阳书院与吾兄相见光景矣。弟终朝碌碌,亦微觉精力不支,著述之兴,久已颓唐,唯将旧著各种络绎校付手民。穷愁仰屋,有此百余卷书,已足自豪。自兹以往,为道日损矣。今春李筱荃中丞谋合各省会书局刻二十四史,属弟商之江南督抚。因先与丁禹翁商量,许刻辽、金、明三史。嗣于三月中得马谷翁回书,金陵书局从《史》《汉》起直任至《隋书》为止。遂携书与筱翁面议,浙江刻新旧《唐书》及《宋史》,而以两《五代史》及《元史》请少荃伯相于湖北刻之。三四年后，全史告成，一巨观也。弟忝书局总办，实则总而不办，深愧素餐，唯此事稍有参赞之功。全史成后，自问精力已不能读，即能读，亦不过如弹词、院本，消遣白日而已。前早十数年，或者春蚕食叶，尚能稍吐新丝也。学问无穷，岁月有限，宣尼所以有假年之叹乎！"又《与马谷山制府》云："金陵书局直任至《隋书》而止，不特见嘉惠来学之盛心，抑且征举重若轻之大力。即携尊函与筱泉中丞共读之，同深叹服。计自《旧唐书》以下，尚余九种，雨生中丞允刻辽、金、明史，则又去其三矣。见在与筱翁议定，浙江刻新旧《唐书》及《宋史》，而以薛、欧两《五代史》及《元史》请合肥相国于湖北刻之，三四年间，全史可以毕工，伟然大观矣。樾去年承招至浙局，乐观厥成，实喜且幸。尊意，全史格式宜求一律，请将金陵所刻前后《汉书》样本寄一二本来，俾各局知所法守。"又《与马谷山制府》云："顷杨石泉方伯交到前后《汉书》各一部……略一展玩，其字体工整，格式大方，洵为海内善本。即函告浙局诸同人，新旧《唐书》照此刊刻，使成一律，亦艺苑之巨观也。"均见《尺牍》二。又《词录》二《玉京谣》中兴来，东南大吏各开书局，刊刻书籍，余参预其间。书成后，颇有可得之望。而年来精力就衰，著述都懒。从前欲读无书，今得书又苦不能读。适谷山制府寄到两《汉书》，率题其后："生就蟫鱼命，故纸丛中，不觉垂垂老。福地婳媛，何曾窥见全豹。幸处处琼笈雕成，定岁岁瑶华分到。书城里，痴龙坐守，虫鱼亲校。丁年词赋飞兰藻，到中年，又一经独抱。郑草江花，而今都就枯槁。问箔中食叶红蚕，更吐出新丝多少？愁孤负，旧雨违貽缃缥。"

《袖中书》二《马谷山制军书》："此间见刻《史》《汉》，将次竣事。已刻《三国志》，并拟带刻晋、宋及南北朝各书。苏浙两局如欲汇刊，请从新旧《唐书》入手，约有数年之功，总可告成。唯此间校刊，俱照汲古阁本。苏浙局中亦能仿照，则将来全史一律，庶成巨观，高明以为如何？筱泉、禹生两中丞处，并请就近商榷为幸。"又《李少荃伯相书》："顷奉朵云，如亲风采。诂经精舍，近在珂乡，据湖山之胜概，为风月之主盟，视紫阳一席，更与雅人相称。浙中书局，见刻何书？兵燹之余，遗编灰烬，耆宿凋零。天假阁下，以宽闲岁月，杜门却扫，撰著等身，将欲为东南文学之传，延兹一脉，不朽盛事，端在于斯。"

又按《复堂日记》二：马中丞（谷山）、吴学使（和甫）奏开浙江书局，薛慰农、孙琴西两先生主之，高伯平丈、李莼客、张韵梅与余为总校，胡肖梅凤锦、汪洛雅鸣皋、陆春江元鼎、张子虞、张玉珊、沈蒙叔、王松溪、陈蓝洲为分校。

至诂经精舍开课，始与彭玉麟雪琴相识。

《随笔》二：余与彭雪琴侍郎初不相识，己巳之春，余来诂经精舍开课，适侍郎借寓湖楼，一见如旧。以《望云思亲图》属题。侍郎天资忠孝，功业烂然，称中兴名臣，足以慰太夫人于地下矣。《杂文》续一《退省庵记》：先是己巳之春，公疏请来浙就医，寓诂经精舍第一楼。时余主精舍讲席，一见如旧。

《诗编》七《己巳春至诂经精舍，适彭雪琴侍郎玉麟借湖楼养疴，一见如旧。赋赠三律》："廿载军中夜枕戈，欣看青鬓未全皤。我朝上将儒林出，从古长江战垒多。玉帐牙旗镇南国，铜琶铁板和东坡。庙谟正重金汤寄，那许林泉独啸歌。时有诏，俟假满后仍赴长江督办水师。其一。大好湖山第一楼，裘轻带缓此勾留。子房谢病无官守，灵运游山有唱酬。避俗怕通门外刺，寻幽拟筑水中洲。谓阮公墩。临淮开府来相访，不向花间拥八驺。李少荃中丞止车骑于涌金门外，坐轻舟相访。其二。忝为西湖作主人，遂教麋鹿识祥麟。乍闻雄论心先壮，偶话师门意转亲。谓湘乡相公。珍药封颁怜病久，芳樽手酌见情真。时承招饮，且以余病肺，馈之药。一楼甘让元龙卧，数点梅花万古春。君因借住余寓楼，许画梅花一幅相赠。其三。"

又按彭雪琴以诸生从戎，在军中二十年，战功卓荦，中外共见。

然其人实温温儒雅，善画墨梅。因借寓余讲舍湖楼，许画梅花一幅，以当屋租。余赠之诗，有谓"一楼甘让元龙卧，数点梅花万古春"也。后果践斯语。载《随笔》二。

又按《词录》二《莺啼叙》昔蘧大夫行年五十，而知四十九年之非。余今年四十九矣，非则有之，知犹未也。粗述生平，用资自镜："人生白驹过隙，早平分一半。忆生小冷粥寒斋，十年辛苦莹案。登科记秋风两度，蟾宫省识嫦娥面。尚酸寒枯守，青毡一灯孤馆。大好新安，草屝布袜，寄游踪汗漫。喜门外问字人来，少年文酒游宴。想汪伦桃花潭水，纵零落，犹留残瓣。更多情，孙楚楼头，翠尊春满。天风缥缈，送我青云，到碧城阆苑。凭彩笔贤良射策，大礼献赋，日暖风微，未央前殿。辂车远驾，中州小住，河声岳色供游览。算书生酬了寒窗，愿蕉隍一梦回看。总是云烟，塞翁得失都幻。名园五柳，水石清幽，又兵戈扰乱。想曩日苏台烽火，辽海波涛，谁料升平，未衰重见。青山纵在，玄亭何处，头衔聊署吴市卒，更危楼高踞西湖畔。年年夫妇清游，一叶扁舟，六桥泛遍。"又《忆旧游》余旧寓吴中石氏五柳园，颇有亭榭泉石之胜。庚申之乱，付之劫灰。一阍者一犬死焉。重来感旧，吊之以词："记微波小榭，五柳名园，风月徜徉。小筑临流屋，有牡丹国色，桂子天香。鼓鼙一朝仓卒，松菊顿荒凉。想赉砚楼高，归云洞古，总付沧桑。金闾。更回首，只蔓草荒烟，碎瓦颓墙。碧血埋何处，叹苍头黄耳，都化磷光。即今燕飞重到，难认旧雕梁。待更茸香泥，金狮巷口空斜阳。"又《高阳台》余治经，多用康成"读为""读曰"之例，以明假借。而诗则抒写性灵，于香山为近。西湖诂经精舍有石刻郑康成像，其左为白公祠，有石刻乐天像。余拟拓二像悬一室，即颜之曰"郑白斋"，先以词记之："早岁诗歌，中年笺注，句消钟鼎旂常。俎豆名山，平生两瓣心香。遗经独抱司农注，附千秋高密门墙。更倾心白傅风流，长庆篇章。礼堂犹幸留遗像，共香山居士，须鬓苍浪。妙墨摹来，真教素壁生光。云楣待仿萧斋例，论高名郑白相当。待他年侨札周旋，再证行藏。"又《庆春宫》余拟筑室三楹,用老子"为学日益,为道日损"之义,颜其中曰"日损益斋"。其西室曰"日益",凡所有书籍及法书名画钟鼎彝器,悉聚于此。其东室曰"日损",则不著一物,明窗净几而已。读书则就西室,静坐则就东室,亦足了吾一生。此志未遂,先之以词:"环堵三间,东西相向,读书静坐都适。邺架图书,欧斋钟鼎,米船书画环集。兴阑神倦,又清对蒲团即栗。古今逆旅,天地蘧庐,有斯安宅。个中妙处难言,从有观无,以儒参佛。排日工夫,按时蚤暮,兼或抢流双只。此乡终老,算吾辈区区愿毕。空山寂寞,更进竿头,两头归一。"又《瑞鹤仙》余于丁酉岁应乡试,厕副榜。追甲辰而举于乡,庚戌捷南宫,遂忝清华之选。因用白香山"三登甲乙第,一入承明庐"之句,镌一小印,以存旧梦,并识以词:"晨钟都已动,尚枕畔流连重重春梦。科名忝乡贡,忆蟾宫,丹桂两番亲种。弟兄接踵,愧虚被人呼小宋。更春风紫陌,看花十里,玉骢飞鞚。喧哄。日中阳焰,雨后浮沤,雾余寒淞。旋归无用,笑吾腹,已空洞。只吴门市卒烟波渔父,两样头衔坐拥。借芝泥聊志,前尘不堪抚弄。"又《换巢鸾凤》余生四岁,即由德清南埭旧居,迁临平之史埭,又不常厥居,辄数岁一徙。□以仕宦迁移,兵戈奔走,越至于今,行年四十有九,而移居已三十一次。萍梗飘零,仍无定所,清宵历数,怅罔成词:"生小飘零。忆鸠车竹马,便在临平。鹅笼随处挂,燕垒逐年营。宦游踪迹更如萍。京华几霜,中州暂停。归来后,叹栗里久荒三径。蓬梗。殊未定。吴下小园,风鹤俄交警。海舶波涛,邮亭霜雪,豺虎鼋鼍争命。天许重逢中兴年,又来延揽东南胜。乾坤中,一蘧庐那论乡井。"

潘少梅赠"西湖长"小印。

《随笔》二:潘少梅以小印见赠,文曰"西湖长",云旧得之市上,棱角刓敝,而篆文颇古雅有致。余虽不敢当,然年来适为西湖诂经精舍山长,未始不可妄窃以自娱也。

《诗编》七《潘少梅以小印一方见赠,文曰"西湖长"。赋诗谢之》:"南埭荒圩三硬芦,余旧居德清东门外,地名南埭。官府文书则曰三硬芦圩。卅年抛却旧菰蒲。而今新署西湖长，还是烟波一钓徒。"

《词录》一《水龙吟》东坡守杭、守颖，皆有西湖，其《到颖谢执政启》云：出典二州，迭为西湖之长。是西湖长之名，官斯土者宜之，非山中人所宜称也。潘少梅偶于市上得小印，镌"西湖长"三字，因余年来适为西湖诂经精舍山长，遂以见赠。妄窃自娱，可一笑矣。戏谱此词，以酬其意："卅年抛却渔竿，浮生惯欠烟波债。虚名误我，莼鲈秋味，鸡豚春社。旌节辒轩，旍常钟鼎，到今都罢。向沙堤十里，芒鞋布袜，鱼樵辈同闲话。潇洒西湖精舍，谢东坡头衔容借。玉堂梦断，天教管领，湖山图画。风月平章，烟云供养，鹭鸥迎迓。闻封侯万里，金章斗大，是何人也。"又云："同治己巳，江宁、苏州、杭州、武昌四书局，有会刻二十四史之举，余与闻其事，在诂经精舍，曾以会刻全史章程命题，肄业生潘鸿，字仪父，拟章程八条以进。"

《湖楼笔谈》七卷成。

夏，至上虞，展舅氏墓，归次绍兴，游览禹陵、南镇、兰亭。

《随笔》二：己巳之夏，余至上虞。展舅氏姚平泉广文之墓，并以舅母黄孺人祔葬焉。归次绍兴，始遍探禹陵、南镇、兰亭之胜。游览固亦有缘欤？时兰亭修葺未竟，彭雪琴侍郎往游，以三百金为助。侍郎之母太夫人，乃山阴王氏女也。其外家零落，侍郎访求不得，故出金助修兰亭，用志渭阳之思。而余此行，亦因外家窀穸之事，因以诗寄侍郎，其末云："英雄至性果然真，不负之江来问津。愧我羊昙憔悴甚，墓门展拜更伤神。"

《诗编》七《游兰亭有怀彭雪琴侍郎，作歌寄之》："兰亭胜地埋荆棘，修竹清泉难复识。欲还旧观永和年，百万金钱问谁出。侍郎慨解橐中装，千古名迹期无荒。流传豪举遍浙水，谁识深情属渭阳。深情脉脉安能已，记得外家家在此。传来清望本山阴，谱出华宗是王氏。王氏青箱不复存，此来欲访已无门。空留宗派书家祖，难问云仍异代孙。昔贤觞咏今谁嗣？到此低徊不能置。擂土稍供一日资，望云更触无穷思。侍郎有《望云思亲图》。英雄至性果然真,不负之江来问津。愧我羊昙憔悴甚,墓门展拜更伤神。时余至上虞展舅氏姚平泉广文之墓,并以舅母黄孺人附葬焉。"又有《游会稽山,登其巅,至香炉峰佛阁小坐》《谒大禹陵,因游禹寺,观唐开成五年往生碑》,诗长从略。

复游西湖、云栖、理安诸胜。

《随笔》二:余至杭州屡矣,游西湖亦屡矣。然率皆烟波一棹,未及登山也。戊辰岁,主讲诂经精舍,始游天竺、韬光、灵隐诸胜。其秋,又偕内子往游,而南山一路,未及蜡屐。己巳之夏,乃决游计,乘篮舆,度六桥。先至理安,时已尽毁于贼,正在缔造。寺僧导观法雨泉,清莹可爱,中有泉龙,不过二寸,而有四足,具五爪。僧言由此至龙井,有九溪十八涧,地极幽秀,惜未及往。乃由理安至云栖,昇夫惮于登陟,取道江干,往返皆然,殊少味矣。云栖修篁夹道,意境殊胜,而僧言从前弥望皆绿,仰不见天,今已濯濯矣。饭于寺中,僧出示董香光所书《金刚经》墨迹,遂得敬观高宗御题。僧言庚辛之乱,埋之土中,故不毁也。复导观莲池和尚骨塔。其外又有太素锦庵主之塔,即其妻也。游毕出山,至虎跑泉,则寺毁未修,泉水故在其旁,亦荒秽不治。昇夫促还,遂不及一品其泉,请俟他日矣。是日,始而阴晦,四山云气迷蒙,如欲雨者。余用韩、苏二公衡岳故事,默祷于神。已而晴日杲杲,归途乃诵坡仙"率然有请不我拒,信我人厄非天穷"之句,以答神贶。

《诗编》七《云栖理安纪游各一首》:"篮舆至云栖,夹路尽修竹。身入绿云中,不识有炎燠。僧言今所存,不及昔五六。曩者不见天,但见一片绿。闻言感今昔,盛衰若转毂。不恨我来迟,转悔我来速。再隔三十年,旧观傥可复。其一。我游理安寺,因观法雨泉。泉从岩石出,不雨声溅溅。其中有泉龙,四足五爪全。两三自成队,游泳殊悠然。勿云泉水小,爱此清且涟。何必乘风云,辛苦飞上天。其二。"

又《三潭印月新筑精舍，颇有致，偶乘扁舟往游，作此纪之》："西湖三十里，中有湖中湖。潋滟一明镜，筑土为之郭。石梁界南北，曲如蚁走珠。两旁植菡萏，四面生菰蒲。精舍五六间，小坐亦足娱。何必三神山，蓬莱与方壶。遥指芦苇间，隙地倘许租。愿言此筑屋，来作耕田夫。其中有湖田。"

六月初三，为姚夫人作五十生日。

秋，致书孙琴西、杜莲衢，述杭州觅屋不得，潘玉泉观察属租吴中潘文恭旧第。

《尺牍》二《与孙琴西》："（上略）弟今年主讲浙中，而仍寄孥吴下，颇拟于武林觅屋数椽，为移居之计，而不可得。吴下有潘文恭公旧居，玉泉观察属弟修葺而居之，果从其议，竟作吴下阿蒙矣。"又《与孙琴西》："弟四月中来杭，即作山阴之游，旬日而返。日内仍寓湖上，或乘篮舆，或棹扁舟，放浪于西湖山水间，以自娱乐，此月之末，仍回苏州。西湖虽好，销夏湾固在吴中耳。"

《尺牍》二《与杜莲衢同年》："（上略）仆跧伏林下，忝窃皋比，妄以撰述自娱，不知老之将至。月初自苏至浙，寓居湖楼，明年拟于城中觅屋数椽，为移家之计。果能如愿，则一江之隔，相距非遥，不难雪夜买舟，来访戴安道也。"

冬，归苏寓度岁。

《尺牍》二《与李少荃参知》："樾寓居湖上，仍以图籍自娱，明岁承令兄筱泉中丞推爱，一枝之借，仍许蝉联，精舍数楹，聊以藏拙，借湖山之胜地，养蒲柳之衰姿，铺啜如常，足慰存注。仲冬中浣，拟还苏寓，……鄙人江湖踪迹，本是萍逢。"

《尺牍》二《与乔鹤侪中丞》："樾于十一月底回吴下寓庐度岁，腊灯如豆，冻笔无花，仍藉故书，以消短晷。"

《自述诗》云："彭宣谢病此间游，借住西湖第一楼。倾盖相逢已如故，白头那得不绸缪。己巳春，彭雪琴尚书来浙，借诂经精舍第一楼养疴，一见如故，遂与定交。后又申之以昏姻，皆始于此。其百〇九。为看名山到会稽，禹陵南镇遍留题。香炉峰顶南天竺，一望千山总觉低。是年四月，以事至绍兴，谒禹陵，登南镇。南镇之巅曰香炉峰，其上有观音殿。署曰南天竺。其百十。一廛未许卜杭州，鹤市鸡陂理旧游。租得潘文恭旧第，马医长巷巷西头。余拟迁居杭州，而看屋数处，皆不当意。乃于吴下赁马医科巷潘文恭旧第，四月七日迁入居之。其百十一。莱妻五十鬓鬖鬖，设悦良辰六月三。借此花前谋一醉，笙歌细细酒醺醺。是岁，内子姚夫人行年五十矣。六月初三，其生日也。初意家庭称庆，不闻于外。而来祝者颇众，因觞之于便坐。天气新晴，笙歌小作，亦一乐也。其百十二。"

高均儒(伯平)卒。

九年庚午(一八七〇年)，先生五十岁。

是岁春正月，浮海至闽，省母姚太，香岩制府英桂方为河南巡抚，今一别十五年矣。庚午岁，重见于闽中。公为言咸丰九年，自豫入觐，蒙文宗显皇帝召见，语次及樾，有俞樾"写作俱佳，人颇聪明"之谕。是樾去官已一年有余矣。何意虮虱微臣，尚在眷注之中。昔苏轼闻神宋有奇才之叹，痛哭失声。樾之才，固不足以比苏轼，而以天涯残阁，重聆先帝玉音，尔不禁涕泪之横集也。

《诗编》七《庚午春，余浮海至福州，见香岩制府英桂，为言咸丰八年以河南巡抚入觐。文宗显皇帝召见，语及臣樾有"写作俱佳，人颇聪明"之论。是时樾去官久矣，何意微末姓名犹挂天口。感激流涕，敬记以诗》："廿年春梦付黄粱，扫尽巢痕在玉堂。忽向天涯逢旧雨，更从海国话先皇。朽株枯木臣何有，坠履遗簪帝未忘。听取从容天语好，风前哀泪几沾裳。其一。见说红云拜九重，玉音亲听殿西东。

韩翃诗句闻天上,苏轼才名叹禁中。青史好传宣室语,白头空抱鼎湖弓。敢云报国文章在,才尽江淹百不工。其二。"

《词录》二《感皇恩》香岩制府英桂,于咸丰八年以河南巡抚入觐。文宗显皇帝召见,语及臣樾,有"写作俱佳,人颇聪明"之谕。时樾去官久矣,不图微贱姓名犹荷圣明眷注。岁在庚午,与制府相遇闽中,为追述之。感念恩私,潸然流涕,既作诗存集中,复谱此词,庶几杜少陵每饭不忘之义:"虮虱一微臣,角巾归久。名姓依然挂天口。玉音虽远,犹幸述从臣友。遗簪蒙注念,惭颜厚。彩笔已枯,虚名难副,毕竟聪明竟何有。不才多病,八载圣恩,孤负鼎湖余涕泪,青衫透。"

三月返杭。

《诗编》七《雨夜呈壬甫兄》:"一穗孤灯淡欲消,卧闻淅沥响芭蕉。联床记听春明雨,十八年来又此宵。"又《余闽中之行,为敬问太恭人起居,而弟兄聚首,朋旧言欢,一月勾留,殊苦其遽。因将还浙开精舍课,即附海舶言旋,舟中得诗五首》:"榕城烟树望参差,五日飚轮海上驰。聊慰北堂萱草意,不争南国荔枝时。一家骨肉分离久,十载烽烟定省亏。今日莱衣重下拜,但求鹤发到期颐。其一。春草池塘梦久荒,弟兄风雨又联床。儿曹乍听乡音改,老态旋看鬓发苍。乱后艰难问朋旧,灯前谈笑共壶觞。莫嫌拙宦萧条甚,眼底荣枯早坐忘。其二。万言赋海愧无才,且向闽中揽胜来。番舶联翩仍古步,耿庄零落胜荒苔。耿庄,乃耿精忠别业。英风近挹无诸庙,古篆遥寻般若台。惜未鼓山同蜡屐,虚看晴翠落尊罍。饮于臬使署之东轩,望见鼓山,亦闽中胜地,惜未及游。其三。故人几辈拥旌旄,笑我爱居偶此巢。珍重绨袍寻旧约,谓英香岩制府、潘伟如廉访、傅星源观察诸君。频烦缟带订新交。谓卞颂臣中丞、邓双坡方伯、裕泽生观察诸君。一编快睹欧公录,魏稼孙以所著《金石萃编》校文见示。十里香闻段相庖。余寓南台,距城十里,城中颇有馈看核者。只惜辎轩归尚早,谓同年劭汴生学使。论文孤负酒盈匏。暖寒屡换客中衾,二月勾留春已深。海外波涛仗忠信，余如闽，所坐飞星轮船，其还也触石而沉。天南节候变晴阴。怜才已负先皇意，忆远还萦慈母心。回首虎门高突兀，几回怅望几沉吟。其五。"

《尺牍》三《与汪莲府》："（上略）今年至闽，省视八十五岁老母，起居康健，可冀期颐。……惟家兄壬甫，贫而且病，一官落拓，后路茫茫，窃为虑之。弟此行轮船往返，颇为顺速。……眷属仍寄吴中，弟则自来西湖精舍，小楼高踞，平视湖山，时复棹一叶扁舟，放浪六桥内外。昨乘篮舆入山，至天竺、灵隐礼佛，遍探紫云、金鼓诸洞，又逾棋盘岭，于山顶佛庐试龙井雨前新茗，亦一乐也。"

游览西湖名胜。

《诗编》七《篮舆入山，游香山洞、紫云洞、金鼓洞，而紫云尤深邃，纪之以诗》："平生喜游览，所苦力不足。不能登山颠，且自入山腹。怪哉紫云洞，天然一石屋。规圆而砥平，不知谁所筑。中间路逼仄，取径缭以曲。仰观石峥嵘，俯首犹惧触。深入忽开朗，惊飞几蝙蝠。泉含一掬清，天逗半规绿。僧言此销夏，不知有三伏。灵运登石门，李愿隐盘谷。古来称圣地，视之亦何恶。愿言谢人事，来此友麋鹿。"

又《自天竺逾棋盘岭，上下各三里，有僧寺可小坐》："山顶一屠苏，山僧自不孤。云烟无供养，寺无檀施，以采樵为业。襟带有江湖。西湖在东，钱唐江在南。且采雨前茗，休寻山下途。九溪十八涧，游处总模糊。寺僧以龙井茶供客，问以九溪十八涧，不能言也。"

《随笔》二："余将从天竺至龙井，僧言逾棋盘岭取道较近。遂从其言，舆轿逾岭，上下各三里，舁夫颇以登陟为艰。然山径曲折，苍翠四合，若无路者，亦山行之胜致也。登其巅，则钱唐江在其西，湖在东，湖中游船了了可数。距余所居诂经精舍，若在咫尺矣。山岰有僧寺，不知何名。壁悬一灯，书'安隐堂'，殆即其名也。有老僧以采樵为业，时方拣择新茶，因取极细者，烹以供客，即龙井茶矣。……西湖之胜，尤在里湖。兵燹以来，名胜之地，化为榛莽。惟钱王祠、岳王墓、和靖先生祠、苏白二公祠及平湖秋月、三潭印月、湖心亭稍稍修葺，以供游览。而六桥以西，无游迹矣。余独棹扁舟，进苏堤第三桥，泛于里湖，至于茅家步，又进玉带桥，访金沙港关庙遗址，颓垣蔓草，几不复识，唯池水尚未枯竭，然遍地荆榛，不能临流赋诗矣。内存殿屋三间，亦危欲倾圮，倘及其未圮修葺之，事半功倍，然无人议及也。回忆道光丙申，余初至其地，至今三十五年，不胜今昔之感。"

丁濂甫同年视学浙江，招杜莲衢侍郎及先生小饮署斋，出所著《蜀游草》属商定。

《杂文》续三《丁濂甫同年蜀游草序》："予与君同年成进士，同得馆选。在京师时，文酒宴游，甚乐也。每见君所为诗赋，雍容大雅，不矜才使气，……同治庚午岁，君奉使典蜀试，试事毕，又拜视学浙江之命。……犹忆三月间，君招杜莲衢侍郎及余小饮署斋。盖三人者，皆庚戌同年也。"

刘叔俛寄所撰《论语正义》请教正。

《尺牍》三《与刘叔俛》："去岁承寄示所撰《论语正义》一卷，受而读之，视邢《疏》详备，视皇《疏》谨严，真不朽之盛事矣。"

刘恭冕，字叔俛，念楼次子，光绪己卯举人。父官义安、三河，恭冕皆从过庭，时赜质经义。入安徽学政朱兰幕，为校李贻德《春秋贾服注辑述》，移补百数十事。曾文正克复金陵，首开书局，朱以恭冕荐。文正素闻名，相见益欣合。校勘诸史，为世所重。……念楼治《论语正义》，未成而卒。恭冕早夜厘定，爬罗诸家异说，必求其是，凡十余年，迄刊书成。自著《何休论语注训述》《广经室文钞》。光绪九年卒，年六十。

惟说"萧墙"一事，引方氏观旭说，与鄙见未惬。而适有闽中之行，其还也，又如杭州，及杭州还，又卧病两月有余，故迟之又久，而未及复，想不罪也。今病小间，辄粗陈所见，以副下问之意。

夏四月，典得潘文恭旧宅，迁居之。

《尺牍》二《与王补帆》："（余）去年以青蚨千贯典得马医科巷潘文恭旧宅，今年四月中迁入居之，屋不甚多，而听事、便坐，颇亦具体，内屋五间，尤为轩敞，鹪鹩巢林，暂焉栖息。天地吾逆旅也，又何择苏杭乎？……此屋潘玉泉观察本以五年为约，兄请从小国之例，期以七年。然赵孟视荫，不能待五，何论七乎？姑存此说而已。"

《尺牍》二《与朱伯华比部》："仆主讲浙中，寄孥吴下，去冬以青蚨千贯典得马医巷潘文恭旧第而居之，从此其长为吴下阿蒙乎？比年以书院而兼书局，岁入不为瘠薄，而家用日见纷繁，漏巵之叹，无可如何。……老妻病体，绵历数年，今春加剧，气血并亏，医者或议滋阴，或议扶阳，服之皆对，而迄不能奏功。仆亦精力衰颓，迥非昔比，看来皆非长寿身也。大儿仍拟令其至直隶候补，小儿痼疾难瘳，只可听之。幸其已有一子，颇觉苗壮，笑言哑哑，聊供愚夫妇眼前一乐。"

五月中旬，还吴寓，大病两月余，始痊。

《尺牍》三《与许星叔京卿》："仆于五月下旬还吴下寓庐，一病月余，至今未愈。《礼》云'五十始衰'，今其时矣。"又《与李筱荃制府》："樾于五月十九日还吴下寓庐，廿二日即患大病，卧床月余。至今尚未能出房，每日在房中扶杖而行。《礼》云'五十杖于家'，洵不虚矣。"又《与刘叔俛》："适有闽中之行，其还也，又如杭州，及杭州还，又卧病两月有余，……今病小间矣。"又《与勒少仲同年》："弟五月下旬在吴中大病，卧床月余，至今虽愈，而未复元。《礼》云'五十始衰'，樾今年五十，衰自此始矣。病之初起，起于疟疾。平斋遣人来问，而寓中阍者是扬州人，其言疟疾似乎热疠，故由平斋处讹传，有弟患外症之说，其实非也。春间弟已赴杭，其还也又病。"

《诗编》七《病中偶成》："蒲柳衰姿强自持，偶然一病遂难支。只惭不及香山叟，未是安闲好病时。其一。千里求书络绎来，病中腕力苦衰颓。案头不是鹅溪绢，难与先生作袜材。安徽、福建，均有来乞书者。其二。熏风微逗碧窗纱，长日迟迟未易斜。睡起萧然无一事，惠山泉试六安茶。丁禹生中丞馈惠泉水，勒少仲同年赠六安茶叶。其三。枯尽江花百不工，年来久已谢雕虫。韩碑柳雅诸公事，莫向江湖问长翁。许星叔属撰进方略表文二通，余笔墨疏慵，谨谢之。其四。”

即在吴中消夏。

《尺牍》三《上曾涤生相侯》："樾吴中消夏，忽又经秋，本拟月内买舟还浙，而闻绿辀朱幰，不久临涖吴中。回忆著雍之年，金陵谒别，星霜荏苒，三载于兹，……江宁书局见刻何史？自《史记》、两《汉书》外，樾均未之得见，如蒙惠赐《三国》以后诸史各一部，俾治经之余略及史学。"又《上曾涤生爵相》："秋间曾上一书，……公与物为春，故悬弧适当阳月；天为公置闰，……樾于西湖寓楼小住两月，湖山坐对，宿疴顿除，兹于月之廿日仍还吴下，幸雁户之未更，望龙门而不远，或有佳伴，尚拟同来白下，重谒黄扉也。"

秋，上书曾爵相言不来拜寿之由，并作寿序与联寄贺。

《杂文》二《曾涤生相侯六十寿序》云："樾以不才挂名门下士之末，宜跻公之堂，奉兕觥介麋寿，以方主西湖诂经精舍讲席，不获乘下泽车北来，不胜区区之意。"又《楹联录存》上《曾涤生侯相六十寿联》云："大勇在安民，运际中兴出名世；小春欣遇闰，天教两度祝延龄。"

按《袖中书·曾文正书》云："阁下年方五十，而著书已至百数十卷，多而且精，世人多称浙中朱、毛，兰陵孙、洪，既富才藻，又达经训。如君所诣，固当远过前贤，礼堂写定，百世以俟。"

至沪上谋刻书。

《尺牍》三《与李少荃制府》："拙著已刻六种。伏念会刻全史之议发自台端，而事关数省，议筑舍，未知何日观成，良可喟也！"又卷二

《与王补帆》："山妻多病，日形衰老，余亦自觉精力不支，人事牵挽，未能休息，而著述之兴衰矣。《诸子平议》集资刊刻，未竟厥功，《诗集》已为梨枣灾，乃杨石泉方伯一人之力。秋间拟至沪上，用西法聚珍版排印《文集》，未知果否？"又卷二《再与王补帆》："西法活字板，兄亲至沪上访之，唯金山钱氏文富楼书坊，其值较廉，然只有小字耳，大字尚未全，以明春为期，未知果否？所费亦殊非细也。拙著《宾萌集》，承许为刊刻，感何可言。前闻冯景庭前辈，言粤中每刻百字止须钱七八十，拙著辜较五万字，然则刻费约计在四五万钱之数矣。兹将草稿寄上，并求明眼人视之果可刻否？敝帚千金，文人习气，兄近来并此勘破，不过既已作之，不得不以一刻了事。自入世以来，百龄将半矣，来日无多，宜早为出世之计。所以写定著作、刊刻诗文者，亦犹人久客思归，预先料理资财、清厘簿籍也。"

杨石泉中丞荐主湖郡龙湖书院讲席。

《袖中书·杨石泉抚部书》："昨奉手书并大著文集，名山坛席，著述等身，南丰复起，敢不瓣香拜祝邪？龙湖一席，并奉先生，非弟阿其所好，亦以珂乡多士，群盼春风之吹拂耳。"

冬十二月，浙江学政徐树铭（寿蘅）奏，赏还先生原衔；徐被驳斥，交部议处。

附《京报》：上谕，浙江学政徐树铭奏，"采访儒修，请将已革翰林院编修俞樾赏还原衔，交翰林院带领引见，听候录用"等语，实甚诧异。俞樾于前咸丰年间，在河南学政任内，因出题割裂，荒谬已极。奉旨革职之员，何得擅请录用。所请不准行；徐树铭交部严加议处。载《越缦堂日记》同治九年十二月二十九日，及《翁文恭公日记》庚午年十二月初十日。所记词旨略同。

《杂文》三《光禄大夫渔臣徐公家传》云：树铭由词臣历官乡贰。道光二十四年举人，二十七年进士，由翰林官至兵部侍郎，左迁大理寺少卿。……樾与公长子树铭同岁举于乡,于翰林为前后辈。《袖中书》曾师相云:正月间,接到惠函,就谂履祺休愉,箸祉绥愉,无任抃慰。寿蘅侍郎一疏,推毂贤俊,若将不及。闻所举十七人黄以周、施补华、王诒寿、杨希闵、王闿运、何维朴等中,率多高才秀士,束躬圭璧,方服其识拔之精,乃以此上干严谴,置于吏议。渠于二月中旬到此,盘桓数日,比闻尚在扬州,即当首途北上。若朝廷察其所荐之无私,鉴其存心之无他,或可湔被处责,重履亨衢。至阁下闭户撰述,无求于时,硕学宏文,雁行服、郑,抗手潘、张,自足照耀百世,岂与夫群碎争一日之短长乎?顷见大著《五十自寿》诗,……方今雅道陵迟,人物渺然,仆辈忝列穿官,便应博求英彦,荐置周行,冀以黼黻天维,而弥缝塞陋。自愧汲引无多,无解于窃位之讥。如阁下者,久思效北海一鹗之举,而因循未发,坐损年华。东坡诗云"知命无忧子何病,见贤不荐谁当耻",殆似为鄙人言之。今徐君既遭谴绌,多此一重刻舟之痕,自未便再施斧凿。徒血指汗颜,无益于隆栋,而反害之,亦未敢贸贸然也。(亦见《曾公全集》书札卷三十三,及俞荫甫山长。)

按近人邓之诚《骨董三记》四《王湘绮年谱》云:同治九年,浙江学政徐侍郎树铭奏请开博学鸿词科,举府君及德清俞樾。部议俞前在学政任内,因事革职,不准所请,奉旨降级。之诚按此殆本于《湘绮楼日记》而误也。树铭所举诂经精舍山长俞樾,请赏还编修衔,仍交翰林院带领引见,听候录用,……十月十一日,奉上谕,以俞樾革职之员,何得擅请录用? ……徐树铭私心自用,谬妄糊涂,所请均不准行,并交部严议,寻降级调用。

《自述诗》云:"三日飙轮走八闽,莱衣重拜太夫人。兵戈扰扰关河远,不奉晨昏十六春。庚午正月,航海至闽省,视太夫人起居,时壬甫兄官福防同知,即寓其署。其百十三。故人于此建旌旍,念旧深将厚意叮。话到先皇垂问语,小臣哀泪满征袍。英香岩相国时为闽浙总督,为余言咸丰间入觐,文宗犹询及樾,有'人颇聪明,写作俱佳'之谕。其百十四。闽越遗祠尚未颓,争传古迹钓龙台。只嫌祀典荒唐甚,从祀还宜更正来。其百十五。嘉肴络绎出郇厨,深费群公酒百壶。一事苏杭皆不及,家家蒸鸭似蒸瓠。余此来也,督抚藩臬,皆以酒食招延,所食鸭与京师无异。其百十六。为恋晨昏未遽旋,不辞一月此流连。倘先十日匆匆返,入海应从李谪仙。余之如闽也,所乘曰飞星轮船。此船一再往来,已及二十日。又将自闽至沪,使人来问,而母兄见留,余愿以一月为期。因辞之。'飞星'船甫开出口,即触石而沉。其百十七。西溪最好是春秋,梅子黄时未足游。因爱小桥流水好,且从古荡一探幽。西溪之胜,在春初梅花,秋末芦花。余于五月往游,非其时也。然小桥流水亦自有致。集中无诗,然则此不宜遗矣。其百十八。甫从浙水返金闾,一病光阴两月长。术者谰言差可信,生来年命厄敦牂。是夏,大病两月余始愈。其年太岁在庚午,忆甲午岁,余亦曾大病,术者言,余午年有厄,或非无见乎?其百十九。半百年华逝水流,愧无世业付箕裘。递中附得家书到,儿子分符古魏州。余是年五十矣。生日后二日,得大儿绍莱书,知奉檄摄大名府同知。其百二十。诂经精舍始仪征,且喜人文近日兴。一十九人攀桂去,三人天府又同升。庚午,浙江乡试,诂经精舍肄业诸生,中式者十九人。又有三人,以优行贡成均。科名之盛,亦近今所罕也。其百二十一。"

按是岁先生自叹衰老,其《与汪莲府》书云:"《礼》云'五十始衰',弟今年适届五十,乃信'始'之一字。揽镜自照,须发未苍,而只觉精神不能,运其肢体,举动皆累,读书未终卷早已厌烦。有生客来,与坐谈良久,即已忘其姓名,客去又索阅其刺。老母在,固不敢言老,然衰则从此始矣。"见《尺牍》三。并《五十初度偶成》云:"百岁光阴本有涯,蹉跎过半亦堪嗟。红尘易老凌霄鹤,白日难留赴壑蛇。仕宦匆匆浑似梦,诗文草草未成家。病余已觉衰羸甚,餐饭朝来强自加。其一。往事云烟付太虚,且将闲笔写闲居。词林刚满十科外,著述新成百卷余。老母尚能看细字,娇孙已解读村书。自知雅抱屯邅骨,莫向人间叹不如。其二。西湖精舍尽盘桓，占得湖楼一面宽。高第叠攀天上柱，诂经精舍肄业诸生，本科中式廿九人，以优行贡成均者三人。老妻同倚雨中栏。书生活计毛锥子，山长头衔白版官。惭愧先皇垂念厚，每思天语总泛澜。樾免官岁余，文庙尚垂问及樾，有'写作俱佳，人颇聪明'之谕。今年至闽，闻之香岩制府英桂。其三。颓唐无分到公卿，聊复安排身后名。海外流传两《平议》，余所著《群经平议》《诸子平议》，日本国行贾请印三十部去。人间游戏一《宾萌》。儿曹且试弹冠味，时儿子绍莱，署大名同知。老我全消伏枥情。回首乌巾山色好，拟营寿藏傍先茔。其四。不须辛苦较云泥，篱鷃飞翔未是低。破砚祖孙同食报，家有先祖南庄府君遗砚一方，余用之亦近廿年，惜乱后失之。名山夫妇共留题。前年与内子游飞来峰，题名山穴。今年倩肄业生陈桂舟磨崖刻之。求书客至羊堪换，问字人来酒定携。却厌称觞沿俗例，扁舟乘兴到梁溪。嘉平二日，余生日也。是日乘舟至无锡，拟游惠山，因风大不果登。正如昔人剡溪之行，兴尽而返矣。其五。"见《诗编》七。

又按姚夫人名季兰，先生尝戏填二词，以名士美人两相比。其叙云：内子季兰尝论果品，谓樱桃似美人，橄榄似名士。余喜其语甚隽，为谱二词，《红情》咏樱桃，《绿意》咏橄榄，即为名士美人作佳传也。《红情》："朱檐争摘，看赤琼琢就，垂垂珠药。艳极更娇，樊素香唇略堪匹。公子金衣旧族，记生小曾经相识。有底恨玉碗晶盘，红泪贮涓滴。鹦粒，酒边拾。爱一捻艳脂，染成颜色。梦中小婢，何处青衣费寻觅。今日同参玉版，还检点绮词呈佛。问采伴红玉可，绿珠难及。"《绿意》："天生俊物，甚少年惨绿，如此寒乞。酒后茶余，聊佐谈锋，怜伊口齿清绝。诗脾苦涩君休笑，只独抱素心而活。看纷纷南北杨卢，都是蜜翁瓜葛。多少朱门酒肉，觉风味与尔，甘苦全别。偶借青灯，微吐心花，终是蕙兰幽叶。佳人薄命虽同调，也略蹙鸦黄娇额。只谏林撷取孤芬，瓠史尽容名列。"

又《侍香金童》为孙儿阿龙赋："唤汝龙儿，为汝辰年得。念此后龙猪犹未悉。但愿龙天同护惜。容乃春风，籍龙千尺。祝他年，一跃龙门头角出。便稳向龙头独立，变化风云人莫测。入侍龙楼，出持龙节。"又《传言玉女》为孙女阿牛赋："唤汝牛儿，为汝丑年生得。小时娇面，借桃林艳色。墙头字在，愿汝聪明能识。休嫌多误，仅容拈笔。叔度佳儿，问伊谁是汝匹。碧幢红旆，嫁骍旄贵客。天生慧福，不待双星分锡。年年春到，送来消息。"又《送我入门来》读胡浩然词，为之失笑，然必云石崇富贵篯铿寿，侈矣，穷措大无此奢望。偶谱此词，以代如愿之祝："如愿频呼，痴情易遂，殷勤托付东风。但愿明年，欢乐一家同。北堂萱草春长在，似海上蟠桃千载红。又山妻病去，孙儿孙女，关煞开通。更愿儿曹得路，聊博一官捧檄，免叹飘蓬。快婿连翩，翔步到蟾宫。山人窃据名山席，看公鼎侯碑加陪丰。正烽烟净扫，年丰民乐，四海雍雍。"见《词录》二。

又按先生吃烟事，《日记》："此亦余生平小小一故，实不可不详记之。余五十岁以前，初不吃烟也。庚午之岁，余年正五十，至福建省太夫人起居，太夫人年八十五，年高善忘，余将还，太夫人命人买橄榄核烟筒一枝。闽俗以橄榄核磨光削去两头，以细铜管贯串为烟筒，滑笏可爱。余初不知买此何用也，既买得则以赐余。余笑曰：'母不知儿不吃烟乎？'太夫人愕然久之，曰：'吃烟何害，可以消闲，可以辟秽，汝姑持去。'乃谨受之归，从此能吃烟矣。然其具在卧室，书房无此也，见客更无此也。"

又按其他又作《节孝朱孺人传》《万宜人传》《朱久香七十寿序》《汪莲府六十寿序》《芦楂诗稿序》《词录序》等。唯《词录序》，以关先生治词经验，特抄之："余不谙音律，填词素非所长。偶一作之，亦不存稿。少时之作，及今犹能记忆者，止《烛影摇红》一阕、《满江红》二阕而已。中岁研经，尽从吐弃。两《平议》告成，息焉游焉，复有所作。昔周草窗作《西湖十景》词，杨守斋见之曰：'语丽矣，如律未协何！'遂相与订正，阅数月而后定。然则填词非难，协律为难。当今之世，有霞翁其人乎？姑录而待之。庚午年春月俞樾记。"《词录》二《洞仙歌》余素不善倚声，而次女绣孙颇好之，因亦时有所作。积久遂多，但于律未谐，謷牙不免，是所愧耳："经生家法，只虫鱼笺注。那得新声斗琼树，绮窗前、偏有娇女吟哦，摇翠管、时出清词丽句。因教狂态发，铁板铜琶，也学东坡作豪语。老去律仍疏，渔唱蓑州，何处觅霞翁顾误。且细写、蛮笺付红儿，借凤管鸾笙，旗亭流布。"

马新贻卒。

按邓之诚《骨董琐记》卷三云：同治九年七月二十六日，两江总督马新贻被刺薨于佐。当场获刺客张汶祥。一时人情□惧，以为必有主使。朝命江宁将军魁玉饬令藩司梅启照审理。后命漕运总督张之万会审。最后始由刑部尚书郑敦谨会同两江总督曾国藩复审定。

十年辛未(一八七一年)，先生五十一岁。

是岁春，以《第一楼丛书》九种付刻。

《诗编》七《辛未春日以〈第一楼丛书〉付剞劂，卒题五韵》："自笑迂疏百不如，廿年文字耗居诸。山妻苦劝宜调气，慈母传言戒著书。其奈丛残余稿在，岂容拉杂付焚如。箧中写定成新本，灯下传钞到小胥。大好湖山楼第一，后人倘识子云居。"

《第一楼丛书序》云："余早衰多病，庚午之春，航海至闽中省视太淑人起居。太淑人年八十五，精神矍铄，抚余而叹曰：'儿何瘦削如此，总坐著书耗费心力耳，此后慎勿尔也。'余唯唯，谨受命。其夏于苏寓大病，淹缠三月余乃愈。太淑人命家兄壬甫寓书，申前诫。嗟乎！著述之事，其殆将辍笔乎？然箧中旧稿，尚颇不乏，若遂焚如弃如，亦不免曹公鸡肋之叹。于是竭炳烛之明，稍稍编辑荟萃成书，凡三十卷，厘为九种，而命之曰《第一楼丛书》。第一楼者，余年来主讲杭州诂经精舍所寓楼名也。其地在孤山之麓，背山临流，西湖之胜毕效于前，春秋佳日徜徉其上。此九种之书虽不皆成于斯楼，大率皆于斯楼写定者也。"

《尺牍》三《与谢梦渔同年》："弟穷愁著书，聊藉自遣，先后灾之梨枣者八十七卷。……弟今年五十一岁，精力早衰，著述之兴，亦复阑珊。唯将箧中旧稿抄撮成书，又得九种，名之曰《第一楼丛书》。第一楼者，弟主讲西湖诂经精舍所寓楼名也。今年拟付之剞劂，未知果否。"又《与李筱荃制府》："樾今年又刻《第一楼丛书》三十卷，《杂文》二卷，《尺牍》三卷，《随笔》四卷，俟刻成再呈大教。"

按《第一楼丛书》成，先生又作跋云："是书也成，余行年五十有一矣。臣精消亡，学问荒落，不过就旧稿抄撮成书，稍稍弥补其罅漏而已。……二三同志之友知有此书，悯其成书之难，惧其久而仍归于散失，乃醵钱而刻之。……谨列其名字于简端：曰李君朝斌，字质堂；曰吴君大廷，字彤云；曰顾君文彬，字子山；曰沈君秉成，字仲复；曰冯君渭，字少渠；曰钟君丙耀，字桂溪。其九种名目：曰《易贯》五卷，《玩易篇》一卷，《论语小言》一卷，《春秋名字解诂补义》一卷，《古书疑义举例》七卷，《儿笘录》四卷，《读书余录》二卷，《诂经精舍自课文》二卷，《湖楼笔谈》七卷。合三十卷。"

夏，令人写录《杂文》。

《杂文序》云："余往年编次《宾萌集》，其杂篇一卷，皆杂文也。王补帆同年为广东方伯时，已取而刻之矣。然其时编葺亦间有遗漏，而比年以来，又岁有所作。今年夏，命人写录之，得若干首。大半皆苟且酬应之文，或摹拟以为古，或炳烺以为工，体格卑下，殆不可以入集，姑录而存之尔。吴下有潘氏昆弟曰祖谦字济之，曰祖均字和甫，乃相国文恭公之孙，曾从余学诗赋者也，请以此编付之剞劂。"

回吴下,至九月返杭。

《尺牍》三《与李少荃相国》:"樾自六月初回吴下,以事久留,见在定于九月下浣买棹武林。于吴中为雁户,于浙中为雁臣,往来仆仆,可一笑也。儿子绍莱,材轻年幼,寸效毫无。在鄙人怀舐犊之私,都忘冒昧,乃大贤推屋乌之爱,曲予成全。"

《尺牍》四《与李少荃相国》:"儿子绍莱,驽钝之材,谬承推爱,惟当令其勤慎服官,以冀无负培植。来示又云'叙补可期',更深感荷。鄙人笔耕谋食,精力日衰,譬之其犹璨蛄乎? 蟹如得食,蛄亦可以无饥矣。"

冬,十一月又回吴下寓庐。迁道德清,至金鹅山,展先通奉君之墓。

《随笔》五:"同治十年冬,余自西湖精舍还吴下寓庐,迁道德清,省视先人丘垄。十一月辛丑,泊舟城中,而自坐小舟出南门,至金鹅山,展先通奉君之墓,留奴子沈贵守舟。忽有一人,可四五十岁,口操德清土音,至舟求见。"

兄壬甫新迁福宁太守,儿子绍莱署大名府同知。

又按是岁兄壬甫新迁福宁太守,而儿子绍莱奉樾署大名府同知。

十二年癸酉(一八七三年),先生五十三岁。[①]
夏,六月初三,姚夫人生日,同披命服(二品封)。

《诗编》八《旧岁覃恩,儿子绍莱为请二品封,亦纪以诗》:"频年韦布谢簪缨,忽荷推恩意转惊。此日承欢当彩服,他年借重到铭旌。蓬莱旧籍三朝远,云水闲身二品荣。聊与山妻作生日,笄珈重为换钗荆。六月三日,内子生日也,即于是日易命服。"

---

①据手稿,五十一岁至五十四岁之间应有缺页。

秋,在苏州马医巷西头筑春在堂,辟曲园,李少荃为题额,曰"德清俞太史著书之庐"。

《杂文》续一《曲园记》:"至癸酉岁,太夫人自闽北归,以所居隘,谋迁徙而无当意之屋。适巷之西头,有潘氏废地求售,乃以钱易之,筑屋三十楹。尚有隙地,乃与内子偕往相度而成斯园。"

《尺牍》四《与李少荃相国》:"承惠书,并赐额'德清俞太史著书之庐'九字,魄力沈厚,结体谨严,如对垂绅正笏气象,从此银钩铁画,照耀蓬庐,不独圭筚之光,抑亦子孙之宝也。"

又按在吴下筑春在堂、辟曲园,皆有记,载《宾萌集》五与《杂文》续一中。《春在堂记》:"余自幼不习小楷,而故事殿廷考试,尤以字体为重。道光三十年,余成进士,保和殿覆试,获在第一,人皆疑焉。后知由湘乡相公。时相公以礼部侍郎充阅卷官,得余文,极赏之;且因诗首句云'花落春仍在',谓与小宋'将飞更作回风舞,已落犹存半面妆'无异。他日所至,未可量也,遂以第一进呈。然余竟沦弃终身,负吾公期望。同治四年,余在金陵,述及前句,且曰'由今思之,蓬山乍到,风引仍回,洵符花落之谶矣'。然穷愁著述,已及百卷,倘有一字流传,或亦可言'春在'乎?此则无赖之语,聊以解嘲,因颜所居曰'春在堂'。岁在疆圉单阏,请公书之,而记其缘起焉。"并自题春在堂联云:"(叙)先祖南庄府君,尝举韩昌黎诗'此日足可惜'一语以勉人,曰'此语极有味'。试思明日亦日也,然非此日矣。明年亦有此日也,然非今年此日矣。然则古人惜分阴,岂为过乎?盖府君笃志于学,故其训人若此。又先舅姚平泉先生尝自言'以出世之心,行入世之事',斯言极有味。樾因窃取此二意为一联,异日当书而悬之春在堂焉。(联)日有明年之日,年非今日之年,吾祖南庄府君,是以垂惜日之训,后人宜敬体此意;事或入世之事,心仍出世之心,先舅平泉老人,用此为处世之方,小子窃有味其言。"见《楹联》上。

《曲园记》："一曲而已，强被园名，聊以自娱者也。余故里无家，久寓吴下。岁在己巳，赁马医巷潘文恭旧第而居之。至癸酉岁，太夫人自闽北归，以所居隘，谋迁徙而无当意者，适巷之西头，有潘氏废地求售，乃以钱易之。筑屋三十余楹，用卫公子荆法，以一苟字为之，取《周易》'乐天知命'之义，颜其听事曰'乐知堂'，属彭雪琴侍郎书，而榜诸楣堂之西，为便坐以待宾客，颜以曾文正所书'春在堂'三字，别详《春在记》。春在堂后尚有隙地，乃与内子偕往相度而成斯园，即于春在堂后连属为一小轩，北向，颜曰'认春'。白香山诗云'认得春风先到处，西园南而水东头'。吾园在西，而兹轩适居南面，'认春'所以名也。认春轩之北，杂莳花木，屏以小山，山不甚高，且乏透瘦漏之妙。然山径亦小有曲折，自其东南入山，由山洞西行，小折而南，即有梯级可登。登其巅，广一筵，支砖作几，置石其旁，可以小坐。自东北下山，遵山径北行，有回峰阁。度阁而下，复遵山径北行，又得山洞。出洞而东，花木翳然，竹篱间之。篱之内有小屋二，颜曰'艮宦'，艮宦之西，修廊属焉。循之行，曲折而西，有屋南向，窗牖丽嫭，是曰'达斋'。曲园而有达斋，其诸曲而达者欤！由达斋循廊西行，折而南得一亭，小池环之，周十有一丈，名其池曰'曲池'，名其亭曰'曲水亭'。由曲水亭循廊而南，至廊尽处，即春在堂之西偏矣。大都自南至北，修十三丈，而广止三丈。又自西至东，广六丈有奇，而修亦止三丈，其形曲，故名'曲园'。所谓'达斋'者，与认春轩南北相值。所谓'曲水亭'者，与回峰阁东西相值。'艮宦'则最居东北隅，故以艮名。艮，止也，园止此也。然艮宦南有小门，自吾内室往，可从此入，则又首艮宦。艮固成终成始也。嗟乎！世之所谓园者，高高下下，广袤数十亩，以吾园方之，勺水耳，卷石耳。惟余本婺人，半生赁庑，兹园虽小，成之维艰。传曰'小人务其小者'，取足自娱，大小固弗论也。其助我草堂之资者，李筱荃督部、恩竹樵方伯、英茂文、顾子山、陆存斋三观察,蒯子范太守,孙欢伯、吴焕卿两大令。其买石助成小山者,万小庭、吴又乐、潘芝岑三大令。赠花木者,冯竹儒观察。备书之,矢勿谖也。"又各处及其中杂物,皆有铭,见《俞楼杂纂》第三十七。

《铭篇·春在堂铭》:(叙)余因曩时"花落春仍在"之句,以"春在"名所居堂,有《春在堂记》存《宾萌集》,复系以铭。(铭)"归乎休乎,轫乎轮乎。息忽游乎,娱吾文乎。入以为秋,而我曰春乎。"《达斋铭》:(叙)曲园中小斋也,园无多屋,斯斋南向,则园之屋,斯为尊矣,是宜铭。(铭)"君子之道,能收能发。其藏之也,不可得而撅;其出之也,不可得而遏。是故吾园则曲,而吾斋则达。"《艮宧铭》:(叙)东北之卦曰艮,东北之隅曰宧。吾于曲园东北筑室,以艮宧名而为之铭。(铭)"维东北隅,有地数筵。有柳濯濯,有竹娟娟。筑室于兹,艮宧名焉。宧之言颐,艮则止矣。颐神保年,吉祥止止。"其余杂物有铭,如书架、书案、书镫、书刀、羊毫笔、兔毫笔、铜笔韬、铜墨盒、砖砚、水注、名字私印、饭碗、茶碗、竹箸、帷帐、枕、皮椅子、镜、梳篦、衣箱、钱椟、管钥、佩囊、唾壶、花插、手炉、蝇拂、折叠扇、葵扇、方竹杖、眼镜、千里镜、自鸣钟、时辰表、鼻烟壶、算盘、玻璃窗、户、自置椑、书冢等。当临终,复为诗别之,见□。

又按《杂纂》卅九《续五九枝谭》云:"园林之胜,布置极难。世人每谓须得人家旧园,从而修葺之,事半功倍。孟子所谓为高必因丘陵,为下必因川泽,理固然也。然余谓平地为山,亦自佳耳。文章当自出机杼,园林中泉石花木何独不然。余于苏州马医巷买得潘氏废地,除瓦砾榛莽外,一无所有,惟老穀数株,枯桑两树耳。余于其中治为曲园,虽狭小无足观,而卷石勺水皆手自布置。园成,徘徊其中,便有佉庐大仙于贤劫中位置,日月星辰,光景傲然,自忘其小也。"又按长洲章钰《四当斋集》卷一《春在堂赋》:斯文元气,萃乎斯堂。若阳春之在物,鼓万汇而丰昌。亭曝书而久圮,室研经而已荒。邈希世而特出，为东南之灵光。溯夫初地蜚英，重霄翔步。拜授简之新恩，赋养花之丽句。珠唾一霏，金声四布。如凤羽之览辉，荷龙颜之垂顾。固将赞酳迪薰，炀和扇煦。传羹征沂国之诗，轩鉴配高平之赋。宦海无缘，名山可老。竟辞燕许之班，来缔羊裘之好。玉堂梦而天上偏遥，绛帐开而人间犹早。题楣扁于湘乡，寄悠悠之寸抱。其地则鸡坊迤逦，鹤涧萧森。庑栖德耀，亭买舜钦。晏婴则近市亦好，蒋诩则开径可寻。效茂宏之吴语，杂庄舄之越吟。花竹有尘外之致，金丝飏壁里之音。三十载昌黎回首，千万间老杜关心。吾爱吾庐，于焉著书。经疑史舛，爬罗剔疏。雄争稷下，琐逮虞初。棻棻雅雅，雅雅鱼鱼。综乎四部之稿，蔚乎七阁之储。盖湖学之津逮远也，曾何论姚严与胡徐。于是崔室平开，马楼迥峙。泛渤者顺北斗而行，宅交者视南针所指。谭经来同文之宾，请业谢不栉之士。挺秀者鞭楠，勇华者桃李。昔之江戴，则古制必详，庄刘则微言自喜。示我周行，此为极轨。犹复见慈悲之相，养欢喜之神。吹嘘则石衣自暖，容接则此酒尤醇。大度包而蚍蜉难撼，机心息而燕雀皆驯。不知者目为扬子草玄之宅，其知之者拟之温公独乐之邻。且夫春之为象也，浩荡乎无垠，冲瀜乎靡极。胎乎无始之乡，酿乎自然之域。转末劫之千轮，仗生机之一息。信贞下之起元，俟百世而不惑。懿欤先生，龙门百丈。自解天弢，不撄世纲。类王濛之性通，陋陈宠之道广。笑后生描画之已多，绵老辈风流于既往。揽坠绪兮茫茫，培心田兮盎盎。游淑气与景风，请盱衡乎此榜。宜乎楷模后进，冠冕达尊。艺事则见褒前圣，巍科则手付童孙。剥桂宫与杏苑，俄甲子之重抡。亻引年而褒德，有柱下之司存。则斯堂也，不独拜经校礼，悬绝难论。且将领袖乎耆英之社，抗衡乎通德之门。颂曰：牵牛之野常羊维，文星德星光陆离。堂中有人天下师，昔尝肄业鸿烈词。广大以宽春为规，优优简简百福随。伏生窦公康且绥，修道纲龄理所宜。八千为春此其基，曾曾小子无所知。冀为先生晋一卮，雷门布鼓夫何辞。

冬，送先兄嫂之柩至德清，而自还吴下。

按先生兄壬甫殁于福宁郡斋。由先生运柩，归德清原籍葬之。既毕役，复作家传，以记其生平，载《杂文》三编二中。其作在殁后九年，先由兄子祖绥具事略，先生乃粗加次第，著于篇，文曰："君幼慧，以家贫不能延师，而先赠公又恒客游于外，故十岁以内，姚太夫人亲教之。弱冠为县学生，名在第一。道光二十三年乡试，中式举人，于本房亦居第一。两与礼部试，不售。以工书法，取誊录。会修《宣宗实录》，君与缮写之役。咸丰三年，《实录》告成，以例得议叙，遂以知县分发福建。……挈眷赴闽。……逾年，署沙县知县。……七年夏，红巾余党复为乱，据汀州，所在响应。七月，连陷连城，提督某公与战，败绩，退保延平。于是将乐、顺昌、沙县、尤溪相继陷贼，将长驱犯延平，窥省垣，而延平所属县皆为贼据，惟永安独存，与延平相犄角。贼攻延平，惧我蹑其后，乃以大队扑永安，意在必得，势张甚。按察使裕公铎督师来援，而四面皆贼，转战不得达。君入谓吾嫂孙夫人曰：'寇深矣！吾与城俱亡耳。幸为护持老母。'夫人笑曰：'君死忠，吾死节，儿辈死孝，尚何求？'乃谋以轻舟，使长子祖寿奉姚太夫人由间道出走。谋既定，入白太夫人，太夫人怒曰：'吾累被国恩，为命妇，乃草间苟活耶？死则俱死耳，无多言。'而是时，外间讹传县官眷属已宵遁。太夫人乃亲诣城隍庙行香，搴帷而出，搴帷而入。邑士大夫有以公事至者，召使入内室，则太夫人方观书，孙夫人方刺绣，于是人心大定。然苦无食，乃劝富人输钱若粟，书券与之，钤以县印。数日间，输者颇众，而寇警顾日急，太夫人命积薪于门，事急则自燔。召祖寿至，手为易衣，以属幕客孙福礽：'若城破，速亡去。'君以死守孤城，且坐困，乃留民兵二百，使千总率之登陴，而自率兵出城列寨，分据要害，檄乡团随所在助杀贼。一日，猝遇悍贼千余人，君所部才三百人，大呼奋击，无不以一当百。贼势且不支，而援贼大至，分兵断我后。君麾众登山，贼蚁附而上，炮矢如雨，声如雷霆，有铅丸摩颊过，一持盖之，卒殒焉。然士卒殊死战，贼不能上。俄乡团四集，别队兵亦有至者，金鼓之声震山谷，贼惊顾。君即率众，自山驰下乘之。贼大溃，自相蹂，坠涧谷者相枕藉。是役也，我军二千，破贼万余，惟贼魁率数百人突围遁，余众悉歼。而西路乡团亦同日大捷，军威益振。贼犹徘徊境上，君简精兵，佐以乡团，使绕出贼后击其背，三战皆捷。贼精锐尽，自是不敢复窥永安，而按察使裕公亦次第收复所失诸县。前锋及县境，君以兵迎之，且作书言八月以来战守状，盖文报阻绝者三月矣。裕公得书，送行省，大吏传观，相谓曰：'贼蔓延数州郡，所至官吏辄委城走。不图一书生，乃能死守弹丸，屡挫贼锋。贼之不敢犯省垣，盖以此也。'特疏以闻，天子嘉之，有'俞林力守危城三月，深可嘉尚'之谕，特擢同知。……九年，补泉州府厦防同知。……同治元年，举行恩科乡试，复充同考官。……四年七月，调充乡试内监试官，寻改内收掌官。……乡试毕，调补福州海防同知。君仕闽久，资格最深，又为人望所属；而君顾落落，与当事诸要人皆不合，坐是不得之官。五年六月，奉檄署漳州云霄同知。……七月，调充乡试内监试官。七年二月，赴福防同知。……九年八月，升授福宁府知府。……十年十月甲申，孙夫人卒。君自至闽，所历皆艰难辛苦，精力衰耗。同治五年，自京师引见还，途次得足疾，旋愈。官福防时，尝骤得风眩疾，药之而瘳。及是抚存悼亡，意兴萧索，而病作矣。然以太夫人年高，勉承欢笑如平时。十一年春，忽患气逆，犹力疾视事，夜不能寐，则披阅案牍，危坐达旦。十月戊寅，距孙夫人殁期年，设祭内寝，君忽眩仆，急扶归，犹能至太夫人前坐语移时，始就寝。十二年正月，穆宗亲政，覃恩及中外官，君以本官加级授通奉大夫，赠三代如君官。三月癸未，恩诏至，率僚属出迎如礼，礼毕还署，甫释朝服，神色骤变。乙未晨起,呼刀镊工修须发,取水盥漱,徐登床卧,颜色益红润,日加辰,遂卒。君性和易,而廉介有守。一羊裘三十年,两袖皆穿,以紫色布补缀之,虽见客勿易。当江浙沦陷时,故乡亲友来依君者相继,君悉赒之,无吝色,无德色。居官一介不苟取,而势要不能以非礼干,所至有声,所去常见思。既殁,福宁人皆言君代晋江施襄壮公为海神云。君生于嘉庆十九年四月壬午,卒年六十。娶仁山孙氏,封夫人。有子三人:祖寿,早卒;祖福,福建候补盐场大使;祖绥,光绪二年举人。女子子一人,嫁仁和周氏,早卒。孙五人:同元、同恺、同伦、同文、同章。孙女三人,皆幼。"

《自述诗》云:"沪上南园似旧佳,又烦讲席此安排。雪泥踪迹匆匆甚,今日犹存朴学斋。沪上南园,即往年修志书处。癸酉岁,沈仲复中丞时以松苏太道驻上海,即其地设诂经精舍,延余主之。余因改园中湛华堂为朴学斋,以示黜华崇实之意。余主是席止三年,然朴学斋额则至今存焉。其百二十九。篮舆有约到云楼,白发彭郎兴不低。左手持杯右持笔,六章诗在席间题。癸酉三月,杨石泉中丞招余同彭雪琴尚书作云楼之游。雪琴左持杯右持笔,即席作诗六章,其意兴之盛可见。抚今思昔,为之怃然。其百三十。明镜湖边雨乍晴,闲摇镜舫此游行。偶将晶饭留坡老,瓦釜还添豆腐羹。招雪琴尚书同坐镜舫游西湖,宿雨新晴,光景甚妙。雪琴喜蔬食,因命厨人添制豆腐一大碗。其百三十一。里外西湖处处游,今年溪涧始探幽。严陵濑与桃花岭,两胜都归一处收。西湖胜处,年年游览几遍。九溪十八涧之游,则自癸酉春始。其百三十二。一恸鸰原泪满膺,匆匆行李发西兴。此行不为看山去,雁荡天台总不登。余在西湖,闻壬甫兄之讣,即度钱唐至西兴,舟行至蒿坝,自是水陆兼程,由嵊县、新昌,取道台温而至福宁,天台、雁荡皆不及登也。其百三十三。台州太守最绸缪,知我南行为具舟。竟日待潮船未发,樵夫祠畔一登楼。过台州,陈鹿笙太守为具舟以待,潮未发,太守遂偕余至东湖,访东湖樵夫祠。有东湖书院,与杭州西湖诂经精舍第一楼风景略相似。其百三十四。信宿黄岩夕又昕,兴公爱我倍殷殷。相招委羽山前去，更拜遗祠郑广文。至黄岩县，孙欢伯明府为具车徒，车徒未集，小留一日。欢伯招游委羽山，又至广文书院，书院奉唐郑虔栗主，故名。其百三十五。朝来门外具车徒，道险还须健卒扶。行过琳溪三太息，何曾风景与前殊。自黄岩陆行至福宁，以道多伏莽，陈鹿笙太守、孙欢伯明府，皆使健儿护送，琳溪即壬甫兄去岁使人相迓之处也。其百三十六。晓发杨溪饭枣坑，道旁程子盖重倾。试从龙首山边听，只剩凄凉小雁鸣。将至福宁，程九希明府仍出郭相迎。其百三十七。五七才过未尽哀，匆匆迎得板舆回。猪肝不免群公累，洗涤征尘酒一杯。距兄亡三十五日，俗所谓五七也，为作佛事资冥福，越三日遂奉太夫人北还。长路崎岖，高年困顿，沿途适馆授餐，不能不有累诸公，抱愧多矣。其百三十八。行程一月达姑苏，水陆舟车佛力扶。好使闱中心愿遂，彩衣重得拜慈姑。是行也，余出山水危险处，必祷于佛，得安然至吴下寓庐，亦幸矣。其百三十九。庄巾老带岂非仙，却恐慈怀未释然。戏为山妻作生日，同披命服拜尊前。余罢官以来，仍还初服，然可以傲公卿，不可以事老母。适儿子绍莱以道衔为余请二品封，春间领到诰轴，乃于六月初三内子生日，改服命服。其百四十。清溪小住已凌兢，寒到吴江分外增。破费浊醪刚四斛，壮夫二十共椎冰。是年冬，送先兄嫂之柩至德清，而自还吴下。舟过平望，北风大作，一夕冰合，乃雇壮夫二十辈打冰，酬以酒资。以杜诗斗酒三百钱计之，所予酒钱，可买酒四斛也。自杭州开船，行十三日而抵姑苏。余苏杭往返，未有迟滞如此者。其百四十一。"

又按他所作文，有《西湖退省庵记》《镇海鲲池书院》《历代长术辑要序》《赵母蒋太恭人八十寿序》《贺恩竹樵方伯被命摄漕督》等篇。

十三年甲戌（一八七四年），先生五十四岁。
是岁春，游天竺九溪十八涧诸胜。

《诗编》八，甲戌春日，《自天竺逾棋盘岭，历九溪十八涧，至理安。途中得诗二章，示从游者》："我登棋盘岭，四顾何廓然。其前钱唐江，望见风帆船。西湖在其东,有若明镜圆。视我所居楼,了了在目前。篮舆偶此过,一步一流连。惜无可坐处,胜概收未全。安得筑一亭,高据兹山巅。其一。我行十八涧,何其缭以曲。重重叠叠山,其妙总在复。山中何所有,松竹杂苍绿。更喜高下问,衬以红踯躅。篮舆偶此过,一步一往复。惜无可坐处,胜景看未足。安得结一庵,深藏此山腹。其二。"

又在沪寓园(按即兼教上海诂经精舍,前后共三年)观芍药。

又《沪上寓园芍药盛开,偶作小诗》:"暂与名园作主人,可无绮语谢花神。杭州正吃毛头笋,亦名猫头笋,见《西湖志》。海上来看婪尾春。醉蝶痴蜂游戏愦,娇红腻紫剪裁匀。须知朴学斋中客,也喜风光到眼新。园中旧有湛华堂,余易其额曰朴学斋,示黜华崇朴也。然对此名花,亦不能无诗。"

夏,自武林归,川督吴仲宣、学使张香涛函聘入蜀主讲受经书院,以母老(年八十九)辞之。

《尺牍》四《与张香涛学使》:"吴门一别,五易暑寒。闻辂车四出,延揽人材,所至以实学倡导后进,阮文达有替人矣!为吾道喜,为多士幸,非徒为执事谀也。蜀中创设受经书院,俾多士从事根柢之学,甚善甚善。皋比一席,宜得其人。羔雁所加,谋及下走,岂人材实难耶?抑姑从隗始耶?樾老母在堂,未便远离,有负盛心,良用惭怍。然如樾者,章句陋儒,实不足膺经师之任也。拙著已刻者,一百四十二卷,此后有便,拟寄呈一二部,即求存贮书院中,虽不足质院中高材诸生,亦古人藏名山传其人之意也。"

《尺牍》四《与吴仲宣制府》:"西望峨岷,……宏开讲舍,俾多士沈潜乎经义,为朝廷振起其人文。……樾章句陋儒,无能为役,乃承不弃,延主皋比。……原不难蹑屩西游,以旧部民观新德政。惟老母今年八十有九,晨昏奉侍,未敢远离,不得不赋张司业'还君明珠'之句。"

按《楹联》录挽吴棠：余曾承其延主受经书院，以远不赴。

秋，在吴下，见《十子全书》，贻书杨中丞石泉，选付浙局刻之。

《随笔》六："甲戌之秋，浙江书局谋刻诸子，购得《十子全书》一部。时余在吴下，从坊间假此书观之，乃嘉庆甲子重镌本也。十子者，老、庄、荀、列、管、韩、淮南、扬子、文中、鹖冠也。首刻康熙六十年张芳序，则为《庄子》而作，不知何以取冠全书。又刻嘉庆丁卯黄丕烈序，则为王子兴刻九子而作。九子者，荀、扬、文中、老、列、庄、鹖冠、管子、淮南也。视十子，少韩非子，不知何以并为一谈也。《十子全书》本非佳刻，而此重镌本，又坊间逐利杂凑而成，体例不一，未可据依。因诒杨石泉中丞书，力言之。然恐善本难得，姑就此本中斟酌取裁，使之稍异俗本。盖其中如《荀子》用嘉善谢氏本，《淮南子》用武进庄氏本，尚不乖大雅，较其他之用明人圈点评本者，尚可节取也。"

《尺牍》四《与杨石泉中丞》："前承示及，唐宋三史刻成，将刻诸子，此诚经史后不可不刻之书，具见嘉惠来学之盛意。惟诸子之书，讹脱较甚，议者或谓宜访求宋本影写而精刻之。然亦有难者，影写之功，既非容易……宋本……宜于单行，不宜于汇刻。又其存者，今亦无多。局中既欲汇刻诸子，不精固不足言善本，不博亦不足成巨编。窃谓宜博求周秦两汉之书，汰除其伪托者，尚可二十余种，如《管》《晏》《老》《列》《庄》《墨》《商》《韩非》《荀》《孙》《吴》《吕氏春秋》《新语》《新书》《春秋繁露》《淮南内篇》《盐铁论》《新序》《说苑》《法言》《太玄》《白虎通义》《中论》《独断》之类，购觅家藏旧本，写样校刊，亦艺林一盛举矣。尊意以为何如？"

按浙江书局刻诸子：《荀子》，谢墉、卢文弨本；《董》《贾》，皆卢本；《法言》，秦恩复本；《中说》，世德堂本；《老子》，会稽章氏原本、校聚珍官本；《文子》，聚珍本；《管子》，明赵用贤本；《孙子》，孙星衍十家注本；《商君书》，湖州严万里本；《韩非子》，吴鼒、顾广圻本；《墨子》，毕沅、孙星衍本;《吕氏春秋》,毕沅本;《淮南》,庄炘本;《尸子》,汪继培辑本;《晏子春秋》,孙星衍本;《列子》《庄子》,皆世德堂本。……《韩诗外传》,赵怀玉本;《吴子》,孙星衍本;《盐铁论》,汪继培本;《新论》,孙冯翼辑本;《潜夫论》,汪继培本;《抱朴子》,孙星衍、严可均本;《说苑》《新序》《中论》《傅子》《正论》《申鉴》,未见善本。以上皆《群书治要》所收……广以《太玄》,万玉堂本;《论衡》,足本,闽中周季贶藏;《文心雕龙》,黄叔琳本、顾广圻校;《金楼子》,鲍以文本;《刘子》,无善本;《风俗通义》,有钱校本。如此则唐以前成家著述备矣。

退省庵成,杨石泉、彭雪琴辈时相过从。

《诗编》八《彭雪琴侍郎退省庵,在三潭印月,与余所居诂经精舍止隔一湖心亭耳。过湖奉访,率成一律》:"退省庵中旧勒铭,余撰《退省庵记》并铭。今来相访近南屏。回看对面孤山路,诂经精舍在孤山路。止隔当心一角亭。闲趣尽容吾辈领,阑言试说老僧听。请从此夕推窗望,上将星联处士星。"又《杨石泉中丞过我西湖精舍,遂偕至退省庵访雪琴侍郎,叠前韵》:"陋室荒凉未足铭,推窗闲对万山屏。忽看画舫浮梅槛,已过沙堤问水亭。白雪新诗先快读,中丞先使人以诗来。绿波柔橹更同听。移舟远渡前汀去,退省庵中访客星。"

按《杂文》续一《西湖退省庵记》:于十二年三月,自浙江拜疏具言:江路辽阔,绵历五行省。请一年驻上游,一年驻下游,以省每岁往返之劳。臣原籍衡阳江东岸有环堵室,署曰"退省庵",请于浙江杭州筑屋数楹,仍其名,以为巡视下游休息之所。诏曰可。公乃谋于浙江巡抚杨公石泉,就西湖三潭印月隙地而经营焉……用余议也。

回吴下,经营新屋,有诗记事。徐花农琪为绘曲园图。

又《余故里无家,久寓吴下。去年于马医巷西头买得潘氏废地一区,筑室三十余楹,其旁隙地筑为小园,垒石凿池,杂莳花木,以其形曲,名曰曲园。乙亥四月落成。率成五言五章,聊以纪事》:"吾家乌

巾山，旧有先人屋。四龄即迁徙，至今遂难复。东华挂朝籍，中州忝
使竹。自此称宾氓，十有八寒燠。天地本蘧庐，何者我邦族。吴中五
柳园，昔曾寄游瞩。乱后废为墟，止余水一掬。幸兹马医巷，有地吉
可卜。爰自去年秋，辛勤事版筑。居然告成功，止阅弦望六。但取粗
可居，焉敢穷土木。吾学公子荆，一苟万事足。其一。其前辟为门，
门小才通车。合肥李文华，署曰著书庐。李少荃相国书'德清俞太史著书之
庐'九字，今榜诸门。其中为听事，颇觉宽有余。是曰乐知堂，老彭为我
书。谓彭雪琴侍郎。乐天而知命，斯义聊自娱。由此入内室，居处全家
俱。上以奉老母，下以容妻孥。宾朋别有馆，仆媪各有居。出隐为屏
扆，明敞为庖厨。规模罔不具，曰陋则有诸。其二。自听事而西，有
春在堂焉。文正所题榜，墨彩今犹鲜。四方君子至，皆于此周旋。曾
文正昔为余书'春在堂'三字，今于乐知堂西为便坐以待宾客，即以此颜之。此内有
隙地，不能成方圆。自南而北东，有若磬折然。书生例好事，所乐惟
林泉。爰因地一曲，而筑屋数椽。卷石与勺水，聊复供流连。名之曰
曲园，为钩不为弦。吾闻之老子，所谓曲则全。其三。曲园虽褊小，
亦颇具曲折。达斋认春轩，南北相隔绝。花木隐翳之，山石复嶻嵲。
循山登其巅，小坐可玩月。其下一小池，游鳞出复没。右有曲水亭，
红栏映清冽。左有回峰阁，阶下石凹凸。遵此石径行，又束出自穴。
依依柳阴中，编竹补其阙。筑屋名艮宧，广不逾十笏。勿云此园小，
足以养吾拙。别详曲园记，吾兹不具说。其四。昌黎三十年，辛苦成
屋庐。作诗夸儿曹，意溢词之余。东坡读而叹，谓不渊明如。嗟余本
无似，碌碌章句儒。年华逝水迅，往事搏沙虚。乾坤逆旅中，偶此留
须臾。若复相炫耀，大可相揶揄。有记更有诗，姑以存区区。窃示高
平君，不用书示符。其五。"又《徐花农秀才琪为余绘曲园图，赋此谢
之》："一曲园林布置粗，盆池拳石自嬉娱。忽烦妙手来描写，遂使全
家住画图。康节行窝原是寄，放翁团扇岂堪摹。因曲园图标饰未竟，先缩

写齐纨一握见贻。得君点染居然好，始信文人笔墨殊。"

造小浮梅。

又厉樊榭《湖船录》云：黄贞父仪部，用巨竹为泭，浮湖中，编篷屋其上。朱阑周遭，设青幕障之。行则揭焉，支以小戟，其下用文木，斫平如砥，布于泭上。中可容六七胡床，位置几席觞豆，旁及彝鼎、罍洗、茶铛、棋局之属，名曰浮梅槛。余频年主讲诂经精舍，春秋佳日，时至西湖，每思纠同志数人，仿此制为之，而迄不果。有《造浮梅槛议》一篇，存《宾萌集》中。乙亥初夏，吴中曲园落成，园有曲池，乃于池中截木为桴，屋于其上。朱阑绿幕，略如黄制。然池周园止十一丈，方之西湖，直杯水耳。故此桴广止四尺，修止五尺，渺乎小矣。因名曰小浮梅。赋十二韵记之："十年雅慕浮梅槛，试手经营到此才。只惜量来不盈丈，故应唤作小浮梅。纵横箪筏三层积，前后轩楹四面开。帷幕绿随风反侧，阑干红与水徘徊。一绳摇曳呼孙挽，半席宽闲倩妇陪。偶欲曲肱宜竹几，或思润吻有茶杯。平如画槛移春去，轻似仙槎贯月来。萍到舷边堪掇拾，鱼到舄下莫疑猜。蒲团布处成禅榻，笭箵携将即钓台。试与临流弄寒碧，胜于扫石坐莓苔。曩时创议传朋旧，此日环观诧仆侪。问讯天南老开府，乘桴海上几时回。闽抚王补帆同年，频有书来，问浮梅槛成否，故及之。时补帆方驻台湾也。"

亲家王补帆卒于闽中，哭之以诗。

按先生之亲家翁王补帆凯泰，卒于闽中，作诗哭之。《诗编》八《哭王补帆同年》叙云：补帆为余庚戌同年，同官翰林。在京师时，晨夕往还无间也。遂以长女妻君仲子。庚辛之乱，君寓余书，劝余买田宝应，为偕隐计，书不达，事遂不果。后君佐合肥相公戎幕，积功官至福建巡抚，书问往来，无月无之。今年夏，君驻台湾，办理开荒抚番诸事，得病内渡，未半月卒于使署。诏书悼惜，有清廉勤慎、实心办事之褒。赠太子少保，谥文勤。福建省城及台湾府均建专祠。赐长子儒卿举人，次子豫卿员外，三子寿卿主事，可谓备极哀荣矣。君今岁书来，频问曲园景物，余《小浮梅诗》结语曾及之。孰谓招隐不成，乃变为招魂哉。赋四律哭之。至君政绩，上有国史，下有舆论，余诗可不及也。"红毛楼下驻飙轮，归到榕城甫浃辰。海国惊传箕尾信，玺书深奖实心人。诸孤叠被簪缨宠，绝徼长存俎豆新。除却黔中老开府，_{谓曾枢元同年。}勋名吾榜更无伦。其一。往迹真如水上沤，不堪回首凤城游。词林散秩无公事，旅馆清谈有茗瓯。小步横街同踏月，闲身杜寺共寻幽。追思二十年前事，那得风前泪不流。其二。无端烽火遍南东，一出承明类转蓬。劝我买田虚有约，看君投笔竟成功。昏姻早已联儿女，仕隐何妨判异同。检点箧中书札在，不知月费几邮筒。其三。去年相见在苏台，送去征帆便不回。海外穷探大黄竹，吴中欠坐小浮梅。私情自重苔岑谊，公论深嗟柱石才。既为苍生兼感旧，人琴一恸有余哀。其四。"

《自述诗》云："榕城开府亲家翁，此日尊前笑语同。携得娇孙陪末坐，主宾苏会各西东。_{闽抚王补帆同年，余儿女亲家也。甲戌春述职入都，道出吴下，乞假养疴。余招饮于春在堂，戒勿邀他客，惟孙儿陛云陪侍末坐。余与补帆对饮清淡，竟日乃罢。}其百四十二。赁庑吴中梁伯鸾，忽思手自创门阑。兔葵燕麦秋风里，买得荒区数亩宽。_{太夫人至苏，以屋小谋迁徙，苦无当意之屋，马医巷潘氏屋本分三宅，余所赁东宅也。其西宅毁于兵火，荡焉无存，而地颇宽，乃买其地，创立宅舍。}其百四十三。半年辛苦筑行窝，地近无妨日日过。欲试胸中有丘壑，画宫于堵看如何。_{鸠工庀材，经营半载，因相距甚近，余与内子日日亲往相度。}其百四十四。回环小筑屋三楹，又凿方池一水清。自笑虚声总无实，流传海外曲园名。_{屋旁有余地，如曲尺然，乃叠石凿池，亲栽花木，是谓曲园。今海内外皆知有曲园矣。实则甚小，无足观也。}其百四十五。已分长为吴下蒙，岂能石室拜文翁。浪教梁益虚名播，春在堂书满蜀中。_{吴仲宣制府、张香涛学使及薛觐唐侍郎，蜀中书来，延余主讲受经书院，余以奉母}

居吴，未能赴。然余书颇流播蜀中。其百四十六。"

又按为吴康甫作《慕陶轩古砖图录序》及《王子安集注序》，皆于学术有所发明。《图录序》云："余经生也，欲通经训，必先明小学；而欲明小学，则岂独商周之钟鼎，秦汉之碑碣，足资改证而已？虽砖文亦皆有取焉。"《集注序》云："余读其注，见其所引书，不仅举书名必兼举篇名，其无篇名则云第几卷，盖用唐李匡乂《资暇集》之例……余从前亦喜为骈俪之文，中年以后，研求经训，辍而不作。今则精力衰颓，记问荒落，于君此书无能为毫发之裨益。"他文，有《冯景庭显志堂稿序》《尹氏纲目发明序》《问礼盦彝器图序》《董孝女郭贞妇合传》《郑孺人传》《余莲村墓志铭》《蒯子范太守六十寿序》等，存杂文中。

光绪元年乙亥(一八七五年)，先生五十五岁。
是岁春，访彭雪琴三潭印月，见案置日人诗。

《随笔》六：余乙亥之春，至西湖三潭印月访彭雪琴侍郎，见案头一笺云："西湖今日放扁舟，淡淡轻烟隔画楼。不料功风名雨际，三潭别有小瀛洲。"下署日本处士王半田。询所自来，则上一日，有一东海客游此所作。此客颏下无须，而喉间则须甚多。时日本变从西洋之服，而客所衣，犹褒衣博带也，殆亦彼中有志之士欤？"功风名雨"四字未详，彼国当自有所出耳。

按彭雪琴家世，《随笔》六记载甚详。云侍郎先世务农，贫无田，佃人之田。其先德鹤皋赠公，幼读书，年逾弱冠，府县试屡居前列，而未得入学。其伯叔父及诸昆弟，啧有烦言，曰"吾家人少，每农忙时，必备一人助作。此子以读废耕，徒劳膏火资，又不获青其衿，为宗族光宠，甚无谓也"。赠公之父，重违众意，命辍业。其年除夕，会食毕，有伯叔尊行一人，授以锄曰："诘朝元旦，大利之日，宜发锄一试也。"赠公勉受教。是岁春夏，沾体涂足，以服农事，幸无误。既获，请于诸父诸兄，至衡山进香，其地距衡岳不百里。农务毕，往酬神，乡俗然也。以钱三百文往。越数日，自衡山寓书还，并所余钱二百。其书曰："儿勉从严命，弃诗书，执末耜，非意所欲，亦非力所任，从此逝矣，非有寸进不敢回。愿大人割姑息之爱，比如膝前无此不肖子也。钱二百，行箧所余，以奉吾母。"于是举家大惊，度其不可追，亦姑听之。赠公辗转流徙，至江南镇江府，卖字为活，或见其字甚端好，怜其穷途，招入书院肄业。居数年，或荐之漕舫，授童子读。遂至京师，考取供事，积劳得官，始一归，已去家十余年矣。又数年，乃选授安徽某县巡检。初在家时，聘某氏女，未嫁而卒，至是尚未娶。某县令为作合，始娶王夫人。夫人之年三十有五矣。后赠公以奉讳归，遂卒。太夫人抚诸孤家居。时已有薄田数亩，岁得谷四十石。族中人艳其有，将不利其孤。侍郎兄弟二人，分父字为字，侍郎字少鹤，厥弟字少皋。少皋尚幼，一日太夫人命其持一文钱，至市买盐，行至田塍，遇一人，其族父也，捉其发而投诸河。适又有人至，其族父奔。人见水中有人，拯起之，知彭氏子，送之归，问得故，太夫人泣曰："是不可居矣！"乃命侍郎至书院读书，而送少皋于城中市肆使学贾，皆避害也。少皋不乐为贾，辄亡去，先至浙江，后又入蜀，不通音问者二十余年，以为物故矣。侍郎既贵，始访求得之。今以禹策起家，积资巨万，信彭氏父子兄弟，皆非常人也。

又按本年所作他文，有《潘简缘香雪草堂记》，潘即马医巷潘文恭之后人，先生曲园基地，即向简缘买得者。又有《海宁知州恽公家传》《童啸泉墓志铭》等篇。

夏四月，新屋落成，迁入居之。秋七月，太夫人九十大庆，吴下诸贤暨中丞以下咸集于春在堂称觞祝贺。

《自述诗》云："吴中屋就便移居，位置琴樽已有余。相国赐题门外榜，德清太史著书庐。乙亥四月，吴中新屋落成，十九日迁入居之。门外悬李少荃相国所题榜曰德清俞太史著书之庐。其百四十七。白发慈亲坐北堂，朝来冠盖满门墙。梁园七十曾称庆，二十年来又此觞。是岁太夫人年九十矣。因值国恤，改于七月十二日预祝，吴下诸公，自中丞以下咸集。回思太夫人年七十时，余在大梁使署称觞，其盛与今等。至太夫人八十岁时，余适在津门，以二儿病，仓卒言旋，竟未及以一尊为寿。私冀将来登百岁，再有此举，竟不及矣。其百四十八。"

秋，在西湖精舍，王梦薇少府以《笙赋》墨迹见示。

《随笔》六又云："乙亥秋日，余在西湖精舍，王梦薇少府廷鼎以宋蔡忠惠所书《笙赋》墨迹见示，赋凡八百余字，一笔不苟，洵为真迹。"

冬，十一月，在吴下寓庐，梦见曾文正公来，直造曲园。

《随笔》六又云："光绪元年十一月二十有九日，余在吴下寓庐，梦见曾文正公来，直造余曲园中，徘徊曲水亭上。其西北隅，本无山也。梦中见有土山甚高，公摄衣登其巅，余不及从也。俄而公扶一从者以下，余自启春在堂西偏小门，导公出，遂寤。其明日，陈君蓉斋宝衡，以公手书一册见示，其前绘有公像，乃叹畴昔之梦，盖非无因，殆所谓几者耶？因书一绝句于其后云：'淋漓妙墨一编开，坐对还如笑语陪。我读公书拜公像，昨宵公自梦中来。'"

二年丙子(一八七六年)，先生五十六岁。

是岁春，游西湖。而吴下曲园中牡丹将放，姚夫人徘徊其下，口占一诗。

《随笔》七："光绪二年春，余在杭州。而吴下曲园中，牡丹将放，内子姚夫人徘徊花下，口占一诗，其末二句云：东风莫轻放，留待主人来。余归，为余诵之，今忘其全诗矣。意与李翱女所咏合。翱女为卢储妻。"

秋，自杭旋苏。

《诗编》八《丙子初冬，自杭旋苏。平望舟中，以诗代柬。寄彭雪琴侍郎于西湖退省庵》："小住西湖半月余，又携书剑返姑胥。不劳冠盖来相送，自有山僧送上舆。圣因寺僧、理安寺僧，均揖别于舆前。其一。又费篷窗四日功，安排笔砚与诗筒。百空曲向舟中唱，自愧观空尚未空。舟中作驻云飞一百首，用九西堂十空曲体，衍为百空曲。其二。残菊仍将瓦缶栽，灯前瘦影足徘徊。归家戏向山妻说，载得西湖秋色来。时有残菊四盆，载之以归。其三。退省庵中一寄楼，轻裘缓带自风流。偶然学得臣斯篆，寄与先生大笔收。时作小篆数纸，寄侍部。其四。"

编先德遗文，成《曲园杂纂》五十卷。兄子祖绥举于乡。大儿绍莱题补。

《杂文》续三《莲溪文集序》云："时樾亦编次先君子遗文为三卷，将刻之吴中。"

《自述诗》云："曲园花木奉慈舆，老母春秋九十余。新为两孙开笑口，一膺乡举一真除。丙子岁，兄子祖绥举于乡，大儿绍莱题补北运河同知，皆太夫人晚年一乐也。其百四十九。著书敢信便长留，自笑名心尚未休。又为曲园成杂纂，盆池拳石冀千秋。著《曲园杂纂》五十卷。其百五十。沪滨更启子云亭，几辈论诗并受经。博士公孙年六十，外黄儿止十三龄。是年冯竹儒观察于沪上设求志书院，延余总其事，余力辞。其百五十一。"

季秋，自吴下至西湖精舍。

《曲园杂纂》四十二《梵珠》："余生平未窥《释典》，丙子季秋，自吴下至西湖精舍，偶从竹樵方伯借得《法苑珠林》，于舟中读之，刺取其事，成连珠一百八首。意虽止于捃华，义亦资于劝善，因皆取材梵典，故名曰《梵珠》。"

记日记止此，计两册，手写本。

按先生曾孙平伯《杂拌儿》中载《春在堂日记记概》云：曲园先生日记两册，手写本，起自清同治六年丁卯，迄光绪二年丙子，首尾完整。字迹在楷隶之间。虽随意挥翰，而精谨端严，规范自在。此书久废家中,未收入所著书内,故自来不见著录。此记体裁,与世传诸家日记颇异,不矜才,不使气,亦不臧否同时人物,盖纯以治学之精神行之。……窃观所记不外伦常日用之间,而学养性情往往流露,实抵一部长篇传记。此记起笔,正当草《诸子平议》之时,中间以修志事赴上海。又兼有书院司课,而孳孳矻矻,惟日不足,为学之勤至矣。

按友人杨石泉中丞罢官归湘乡,作诗送之:"甘棠万树绿阴稠,忽听骊歌处处愁。朝议不为韩愈惜,民情都愿寇恂留。竟如雅愿还初服,尚有单寒感大裘。徐花农孝廉都下书来,有顿失大裘之语。山色湖光俱惜别,也如白傅去杭州。其一。崎岖戎马浙西东,扫尽烽烟四境红。昔日铁衣腥战血,此时玉帐动春风。删除苛细人人喜,感召祥和岁岁丰。一十六年功德在,生祠端合祀于公。其二。频年抗疏乞归田,微罪而行暂息肩。圣主自因民命重,吾侪深惜使君贤。轻舟载石中无物,清夜焚香上有天。不久东山应复出,如公岂得卧林泉。其三。鲰生何幸接余光,十年周旋总不忘。东野诗寒烦作序,曾刻拙诗,并为作序。西湖春暖屡飞觞。即看归棹浮湘水,会有恩纶不建章。公是凤鸾我鸥鹭,异时还望共翱翔。其四。"见《诗编》八。又为恩竹樵作六十寿序云:"自同治九年,由奉天府尹拜苏藩之命。其明年绿辀绀幰,莅至胥台。而樾适为吴下宾萌,承公不我遐弃,时相过从。始以所著《南游集》见示,诵之清妙绝伦。因次集中诗韵奉赠一律,是为酬唱之始。嗣后诗简往还,几无虚日;传笺之使,日或再三。遂有《吴中唱和三集》之刻,传诵艺林。自是以来,每有所作,必以示樾,而樾偶为诗歌,亦必就而正焉。"

又按李黻堂有赠先生以砚,翁叔平以蓍草,皆可记者。《诗编》八《李黻堂同年桓以湖南永顺所出凤滩石制砚见赠,铭曰"曲园著书之砚",赋此谢之》:"自古选砚材,青州为第一。绛石又次之,端歙最后出。后出擅天下,卷石价千镒。自从唐宋来,斧凿无休日。老坑既告

尽，新坑固非匹。造物不爱材，云液又旁溢。永顺古溪州，山崟而水
屋。马氏旧铜柱，至今犹屹崒。于此访陶泓，故老无传述。云何凤皇
滩，忽产琳琅质。山灵惜珍尤，千年闭琼室。温伯雪子来，谓温味秋学
使。始为第甲乙。从此登文房，采取逾石蜜。平视歙与端，骎骎欲跨
轶。万物有代兴，尹邢勿相嫉。我思中兴来，楚材最横逸。衡湘多奇
气，芝生而菌苗。笃生异人外，余气尚浮潏。遂令山中石，菁华照缃
帙。故人李邺侯，别久交逾密。昨者尺素书，迢迢附邮驿。发函见光
采，非璆复非珌。抚之如脂凝，望之如玉瑮。坚如石中璞，嫩如荷本
密。美哉即墨侯，其德温而栗。异时修砚史，上品兹可必。愧我得良
田，未足纳总铚。潦倒故史官，荒疏旧经术。空有著书砚，奈无著书
笔。曲园杂纂成，发君一笑咥。时刻《曲园杂纂》五十卷未成，先以书目奉寄。"
又《翁叔平侍郎以蓍草五十茎寄赠，云惠陵所出也。敬记以诗》："昔
臣奉使至于陈，得蓍草于陈守臣。云是太昊陵下出，千年抔土犹有
神。昔年陈州太守，曾以伏羲蓍草见赠。今以宾萌居吴下，只共场师艺梧檟。
何图日下故人来，贻我灵蓍可盈把。敬问此蓍何处得，非孔非姬其揆
一。地符天瑞非人为，近者新从惠陵出。先皇御宇十三年，削平祸乱
消戈铤。桥山弓剑闭灵气，上为卿云下醴泉。菌苗芝生不常有，产此
神蓍夫岂偶。古云蓍义取之耆，定卜绵长昌厥后。草莽小臣无一能，
捧蓍不问沈与升。惟从天意占中兴，万年有道兹其征。"又按《日本儒
官竹添渐卿光鸿以诗见赠，次韵酬之》："东瀛仙客驻幨帷，游历浑忘
归计迟。万里云山都在眼，以所著《栈云峡雨日记》求序。一门风雅自相
师。闻眷属随行。青衫旧恨关时局，黄绢新词斗色丝。愧我迂疏章句
士，承君欣赏奈无奇。"见《诗编》八。

又按其他所作，复有《半园记》《留园记》《莲溪文集序》《笔记序》
《文勤王公神道碑》《葛君墓志铭》《徐君墓志铭》等篇，俱载《杂文》中。

三年丁丑（一八七七年），先生五十七岁。

是岁春，在吴下寓庐。

《杂文》续三《范月槎观察仕隐图序云》："丁丑之春，以事至姑苏，过我春在草堂，手一编属为之序。"

按江阴缪荃孙初见先生于曲园，奉手受教于先生。因与伊父丁酉同谱，诲之尤切。……参作行状。有同年缪仲英观察七十寿联。

又按杨彝珍《移芝室集》卷三，寄赠俞荫甫同年，即效其诗体："新构名园曲且幽，雅宜小隐作菟裘。问经客至倾三箧，访道人来屏八驺。大籽湖山供□傲，探奇岩壑任雕镂。尤饶韵事殊堪羡，倚幌联吟到白头。其一。端门尝试落花诗，佳句曾经上相知。蓬岛顿除仙吏籍，草堂还费故交赀。室家转徙关伐里，书剑飘零丧乱时。差幸东南旋底定，骚坛牛耳赖君持。其二。解字曾推许郑贤，独寻绝学理陈编。审言尽取庞文正，立训全将奥义宣。敢外高邮立绵□，君所著《平议》两篇，多祖述王高邮父子之学。俾流日本作珠船。日本国曾市君著□□。杂篇□有《宾萌集》，酱瓿奚能覆《太玄》。其三。自谢夷门使节回，了无尘事挂幽怀。泛湖拟制浮梅舰，访古重寻赍砚斋。老屋本依何水□，君前寓何义门先生赍砚斋。新居曾署李临淮。果然花落春犹在，君有春在堂。已见堂前树绿槐。其四。"

三月，刻《闽行日记》。

《曲园杂纂》四十《闽行日记》跋云："余生平舟车所至，都不记忆，惟此役也，往返得绝句五十八首。山川风物，至今历历在目，而此日记一篇，又幸而未佚，遂使此行时日皆可复按事之显晦，类如是也。光绪三年三月，曲园居士书。"

回杭，绕道菱湖，亲至龙湖节院，一览风景。

《自述诗》云："七年讲席忝菱湖，竹杖何曾到此扶。今日论文一杯酒，小园花木亦堪娱。湖郡菱湖镇有龙湖书院，省中自中丞、方伯、廉访以下，无不轮课，他处所罕见也。余自庚午岁承杨石泉中丞荐主斯席，至丙子岁，凡七年，从未一至其地也。丁丑春，自苏至杭，绕道菱湖，亲至院中，小有泉石花木，风景颇胜。其百五十二。"

秋九月，觞门下诸子于西湖精舍。

《俞楼杂纂》五十《俞楼经始》："光绪三年秋九月，曲园叟觞门下诸子于西湖诂经精舍之第一楼。"

旋回苏。徐花农琪议另建俞楼。

按《俞楼经始》："西湖诂经精舍有湖楼三楹，志书所谓第一楼也。余自戊辰之岁，始主精舍讲席，至是十年矣。每春秋佳日，必自吴下寓庐至西湖精舍，多或一二月，少或一二旬，岁以为常。是岁以八月下旬至，九月上旬返，盖勾留不逾旬日。然门下诸君日有至者，亦极一时之盛。余偶具酒食，招同诸子作竟日聚，次日余返棹矣。"王梦薇作《俞楼秋集图》，寄于吴下。其跋曰："湖壖有精舍也，主之者为吾师俞曲园先生。舍故有楼，以吾师故，群称曰俞楼。楼面湖，环之皆山。吾师岁凡两莅。今岁之秋，以八月至，沈兰舫、孙渔笙、徐花农、邹梅仙诸同门，咸集于楼。吾师时出酒食饮食之，聚首浃辰，而吾师还吴下。渔笙曰：'是集也，当期之来岁，子娴绘事盍图之？'应曰'诺'。"汪子乔遂书"俞楼"二字，将悬之诂经精舍。梦薇以告先生，先生一止以书，再止以词。梦薇来书曰："秋间承赐食精舍，退而与渔笙、花农、梅仙诸子谋之，绘《俞楼秋集图》二幅，一寄吴下曲园，一存西湖精舍。复与花农商量，拟为西泠添设八景，如阮墩渔唱、彭庵禅灯、薛庐听泉、俞楼延月等类。然花农亦许久未晤，故未议定也。闻子乔已篆书'俞楼'两大字，将榜之精舍楼头矣。"先生复书曰："曩者湖楼小集，乃承诸子播之丹青，形之歌咏，可谓妆媒费滕矣，惭愧惭愧。虽然，绘图题诗可也，若以'俞楼'二字榜之精舍，则大不可。仆偶承诂经之乏，为第一楼暂作主人，雁爪雪泥，偶然寄迹。尔来学业日就荒疏，行且谋引去。数年后楼犹是也，楼中人不知张王李赵矣，岂可妄据为己有乎？此榜一悬，外间必有议论，务望转致子乔，勿重吾咎。或者诸君妙绘妙咏，翰墨流传，异时更有好事如诸君者，补作小楼以存旧迹，则子乔所书之榜，颇可焜耀楹楣。然其事未必有，即有之，亦当在吾百年之后矣。"见《尺牍》五。又为《哨遍词》寄门下诸子曰："讲舍数楹，高踞圣湖，紧傍孤山址。登小楼，一望众峰低，扑帘旌无边苍翠。柳乍稊，吾来纵寻春色，沙堤千里垂杨里。俄菊径添黄，桐荫减绿，秋光清丽如此。喜故人三两共尊罍，直坐到南屏暮钟催。便算秋来，雅集俞楼，遂成韵事。噫！君试思之。此楼于我蘧庐耳，天地我逆旅，楼中人更如寄。任李赵张王，殷翁柳老，推排递向楼头倚。吾坐拥皋比，于兹十载，行云流水而已。仿庚楼姓氏此留题，又只恐徒贻后人嗤。启争端谢墩何异？平生空洞无物，万事皆游戏。即如吴下荒园一曲，亦与邮亭等视。刻舟求剑岂非痴？到秋风，且来同醉。"见《词录》三。于是徐花农议建俞楼，以书告先生曰："前汪子乔同年，拟于第一楼题榜，系以吾师姓氏，琪以为此非所宜也。宜别建俞楼，为湖上添一胜迹。已与梦薇议之，日内当往相度，或三潭印月，或六一泉。室不必多，而杂莳花木，凡春秋异卉，每有购得者，皆树于此，不数年蔚然可观矣。"又一书曰："顷已卜定六一泉之西矣。土木之费，固不可太多，亦不可过陋。有人言寺东地狭，较易为力，然逼近蒋祠，似乎不妥。吾师卓然传人，岂必转有依傍乎？是以琪意仍在寺西也。近来之人议论多而成功少，若无一人倡，率必致无成。琪亦知此事非易，然不可再缓。今已择日兴工，先将围墙筑就，然后造屋。其余或亭或廊，俟吾师随后酌添，但先以楼为主耳。"又书曰："楼图已定，而阴雨至今未霁，总须晴后兴工。前面不作门楼，后面之楼作湖船式，庶异寻常三间之俗格也。"

陆星农遣子馨吾赠以宋泰始砖文及残砖。

《杂文》续二《陆星农观察百砖砚谱序》云："岁在丁丑季秋之月，其长君馨吾过余吴下寓庐春在草堂，以君之命赠余宋泰始砖及石羊残砖砚各一，并以一巨册见示，……余频年从事研经，因究心小学，于金石之文时有采获。……因书于卷端。"

按日人岛田翰《皕宋楼藏书源流考》：俞荫甫作《心源墓志铭》云"所得宋本二百余种，元本四百余种"者，夸甚矣。……独怪荫甫一代名师，乃为此□张之言。盖荫甫据陆家所述而言，当非故为夸言也……二十年十一月没，年六十一。

十月，日人竹添井井来访。归国后，复寄书，并以安井仲平所著《论语集说》见赠。

《词录》三《采绿吟》：(叙)日本人竹添井井航海至中华，访余于春在堂。及归国后，又寓余书，并以彼国安井仲平所著《论语集说》见赠。书中历言病妻稚女，消耗壮怀，重游禹迹，未知何日。余得书以光绪三年十月十日，而其发书也在彼国为明治十年，而亦是十月十日。中东之宪不同，不知彼国十月十日，当中国何日也。漫书此词于其书尾。(词)"海客东瀛外，讶锦字即云飞来。裁笺乍寄，发函旋读，鱼雁疑猜。尺书何止是，云林赍，《鲁论》一部相偕。想年来，吾妻岛，人文殊胜前代。遥望五龙山，征帆卸，闺人愁损眉黛。弱女泣呱呱，叹耗尽雄怀。愿浮槎，重到中华，风涛险，琴书欠安排。停云意，梅岭送春，兰缄试开。此调见周公瑾《草窗词》，而叶小庚《天籁轩词谱》所载，颇有不同。于律似密，今从之。"

彭雪琴尚书过苏，先生携孙儿陛云出见，彭奇之，遂以长孙女许焉。

又按他所作文有《潘玉泉方伯六十寿序》《沈母李氏蒋氏两夫人寿序》《柳母俞太宜人墓志铭》《训导谢君墓表》等篇，均载《杂文》中。

四年戊寅(一八七八年),先生五十八岁。

春,冯竹如观察焌光卒于上海。先生为诗挽之。

竹樵卒,先生又为诗挽之。

其叙云:竹樵方伯,藩苏七载,与余诗词唱和,甚得也。今年述职入都,行次安肃而卒。余闻之,泫然乃谱《薄媚摘遍》词一阕,附《春在堂词录》,复为此诗,存集中。前一章粗述其生平,后三章皆叙数年情事也。诗曰:"少年簪笔试明光,君以荫生试,列高等。玉诏亲除画省郎。十载西曹推杜郑,始官刑部。一麾东国颂龚黄。继以知府官山东。皖公山下忧时泪,官皖臬,以危言左迁。辽海亭前醉客觞。官奉天府尹。为政宽平人悃愊,岂惟门第重金张。其一。绿軿朱幰到苏台,岁岁花笺与共裁。使节有时虽小别,曾摄漕督一年。邮筒无月不传来。刊成酬唱诗三集,叠得尖叉韵几回。未免清才掩勋业,迟君幕府几年开。其二。勋业由来世共知,即论风雅亦堪师。远赓有宋诸贤韵,君于苏州府署访得宋绍熙间同年酬唱诗石刻,次韵和之。手校前明一代诗。君重刻汪韵庄女士《明三十家诗选》。吴下秋兰树坛坫,赋秋兰诗四首,和者甚众。帝台春色动旌旗。君入觐时,余赋《帝春台》一阕送之。谁知白海棠花句,已是临行自挽词。君临行赋白海棠词二阕,索同人和。其三。风雪漫漫行路难,再迟两日即长安。相公莫掺临歧袂,至保定,见合肥相国。次日行六十里,至安肃而长逝。弱女难凭逆旅棺。如夫人、女公子皆随行,闻以君绕道保定,故先入都矣。未定新词有《花犯》,君临别时言,《花犯》词律甚细,欲填之未果。竟成谶语是苏完。君姓苏完瓜尔佳氏,及任苏藩,改为苏垣,避语谶也。箧中诗稿零星在,此日凄凉怕展看。其四。"

又查《词录》三,一卷中,大半系为竹樵题咏,曰《念奴娇》,题恩竹樵方伯《蕴兰吟馆诗余》;曰《歌头》,《四时行乐词》和竹樵方伯;曰《前调》,《百年行乐词》索竹翁和;曰《前调》,言志和竹翁(叹韶光,少时虚掷。兰陵五载,难忘春酒碧。又新安,挂帆席。桃潭上,赖有汪伦,相依晨夕。染缁尘,长安芳陌。游戏到蓬莱,浑如客。中散懒,贾生谪。归去也,故里无松菊,又兵革。馆娃宫,辟疆园,寻旧迹。乱后重来,沧桑都改易。小筑一廛新携松柄,徜徉曲园中,弄泉石。中年后,两《平议》,有成书,博得颠毛欲白。愿人间,永永消除烽燧,长如乾嘉,太平时,歌击壤,岁逾百);曰《六州歌头》,《闺中行乐词》和竹樵方伯;曰《前调》,丁丑立春日作,索竹樵翁和;曰《庆春泽》,元宵日和竹樵翁;曰《长寿乐》,寿竹樵方伯六十;曰《诉衷情》,七夕和竹樵翁;曰《齐天乐》,咏白秋海棠和竹樵翁;曰《水龙吟》,竹翁又谱此咏白秋海棠,因亦同作;曰《帝台春》,送竹樵方伯入觐;曰《花犯》,连日风雨,凄然一阳生矣,而阴晦殊甚,倚此破寂,忆竹樵翁曾与余言,此调用上字者十二处,不可紊乱,于律最细,欲为之而未果,余成此词,惜竹翁方伯入都述职,未克与之商定也;曰《薄媚摘遍》,余不谙音律,旧曾刊行词二卷,意未慊也,遂也不拟复作,而竹樵方伯喜填词,频与唱和,因又积成一卷,今年检点所著书,已刻者一百九十九卷,因以此卷校付手民,合成二百卷,率题此阕于卷尾;前词甫脱稿,闻竹樵方伯行至安肃,笙鹤来迎,为之投笔泪下,因又成此一首,嗣后词兴阑珊矣(凤城春,燕市酒,才唱阳关引。余赋《帝台春》词,送君入觐。怪无端风雪里,传来消息悲哽。临歧催赋白海棠词,此意已凄清。翰墨留题,苏完两字谶先定。君姓苏完瓜尔佳氏,及任苏藩,意有嫌于苏完二字,每题姓名,改作苏垣。我本吟毫枯冷,不是张三影。朝竹屋,暮梅溪,凭君助我清兴。棕榈仙馆,君所居藩署室曰棕榈馆,余为书榜。《花犯》新词,君欲赋《花犯》未就。此后有谁赓。掷笔凄然,空斋暮色暝)。

夏四月,门下诸君为建俞楼于孤山之麓。

《俞楼杂纂序》云:"光绪戊寅之岁,门下诸君子为余筑楼于孤山之麓,名曰俞楼。彭雪琴侍郎又为廊而大之,其事详见余所撰《俞楼经始》。是楼倚山而面湖,六一泉在左,西泠桥在右,广栽花木,小有泉石。屋虽不多,而布置殊胜。余以章句陋儒,窃据湖山胜地,颜滋赧矣。"

秋八月,母姚太夫人卒,九十岁。冬,祔葬金鹅山。

《自述诗》云:"年来朋旧半凋零,昔日黄垆怕再经。太息凌霄两枝竹,不能留向岁寒青。恩竹樵方伯锡,开藩吴下,与余唱和甚欢,诗词往返,自辛未至丁丑七年,无月无之。丁丑冬入觐京师,殁于途次。冯竹如观察焌光,备兵上海,创设求志书院,其规模甚大,其用意甚深。丁丑春,乞假至伊犁,迎其父枢。丙寅春,归到上海,遽捐馆舍,未竟其用。余拟为《哀两竹歌》,因循未果,故详记于此。其百五十三。仙籍蓬莱久占先,小名尚听唤灯前。为何春在堂前看,无复随园句一联。余以袁随园诗'已烦海内呼前辈,尚有慈亲唤小名'嘱恩竹樵方伯写为楹帖,悬春在堂前。戊寅八月,太夫人见背,此联不复得悬矣。其百五十四。十年马鬣尚平安,萧瑟秋风宰树寒。松柏丸丸稍缺处,天生一树是灵檀。自丁卯冬,为先大夫营葬金鹅山之原,十余年来,幸尚平安。太夫人殁,即合葬焉。其西南一隅,栽树多不活,忽于其地生檀树一株,余命培植之,至今高数寻矣。其百五十五。"

十二月,俞楼成。

按《俞楼经始》又云:"四年夏四月,始筑俞楼。其年晋豫大荒,曲园叟移书徐子,请停楼工。徐子不可。"先生书曰:"前日一书,略言楼工宜停,未尽其说,今更详之。夫露台百金之产,汉文所惜也,况吾辈蚓虱乎?宜停者一。如果时局从容,则借此装点湖山,未始不可。今西北奇荒,议者至欲捐诸生膏火以振之;而鄙人忝拥皋比,乃于艰难之日兴此不急之工,是重吾不德也。宜停者二。所醵之资,并未齐全,而先取之钱肆,此日虽有取携之便,异时恐成赔累之端。宜停者三。且物忌太盛,鄙人何德何能,而可据此湖山胜地,薛庐成而慰农去矣,恐俞楼成而鄙人亦将不来也。宜停者四。鄙意墙垣已经筑就,则已笼有其地,请俟数年之后,足下大得意之时,尔时鄙人海山兜率,或已别有归宿。足下抒怀旧之情，修践言之信，再谋卜筑，重起楼台，则诸君子风仪与楼俱高，而鄙人之姓名亦与楼并永，较之此时勉强图成，以诸君子见爱之情，而或适以为速谤招尤之地相去万万也。"花农复书曰："奉初八日手书，有四宜停之说。此事在诸生请停膏火之际，因时抒论，自征卓识。今既院课照常，则楼工亦宜仍旧兴办。其不宜停者一。事出同门乐输，非强人所难，钱肆挪移不过因醵资未齐，借此以资挹注，不致贻累将来。今若停工，则未输者可以不收，而已输者转无以偿之。其不宜停者二。同门诸人一鼓作气，乘兴而发，若半途而辍，必至解体，而工役急于清结，一时转有竭蹶之虞。其不宜停者三。且琪奔走四方，未能长此株守，琪或一旦去杭，踵而为之者，或胜琪十倍，而布置一花一石，未必能如琪之曲体匠心。其不宜停者四。自兴工以来，周松轩大令首先出示防护，远近诸人无不知之。篙工菱女，争望落成，得鼓枻呼渡于其下。设或罢工，则士女之兴扫矣，不止同门之太息也。其不宜停者五。兹者上梁之期已定，刻日可以毕工。计八月中，雪琴师亦可到杭，望衡对宇，辉映湖山，岂非一时盛事？吾师勿过于谦抑也。兜率之论，虽出达人，然古之经师，无过康成；今之林下，无过随园，二人均以大耋之年，享林泉之福，吾师必当同之，何必为庄叟寓言乎？"秋，退省翁巡江东下，归休于西湖，乃拓俞楼而大之，且为筑池。花农复有书致先生曰："新筑楼屋，虽称三间，实止二间。昨与雪师往观，雪师拟于楼西驾飞檐一间于竹院之上，若过街楼者。然又以照厅过狭，拟增一椽，其费皆雪师所助，其工人亦由彼处雇来，不日可竣。楼后凿池，纯是山骨，前命工人估计，非洋泉一百不可。雪师发健儿浚之，亲往督课，劈石穿沙，鹰锄三折，三日之间深六尺余。六一之泉，与西湖之水，汇注于内，清可见底。雪师巡行山径，手自种花，又派将弁于阶砌间，遍栽书带草。琪为诵东坡句云：'堂下已生书带草，使君疑是郑康成。'雪师喜曰：'诚哉！是言也。'伏念此楼初建，众论或难之，今幸观厥成，又得雪师为之点缀，以名臣为名儒经画，可谓两美矣。"退省翁来书曰："年华若水，遭际多艰，抚景兴怀，徒增感慨。弟每当残年晚岁，即意绪萧条，忽忽不乐，性使之也。今岁更甚，到此无三日好，畏风如虎，向不近火，今围炉矣。一冬晴暖，孤负湖山，即林家消息，亦未过问。昨日抖擞精神，渡到尊楼，周览一过，弟所添新屋上下四间，新近落成，尊嫂偕来尽够住矣。月池亦已开辟，转瞬燕子泥香，花朝又近，想早检束琴书，拟来湖上。此番携带杂物必多于往年，当命亲兵在码头照应，搬运过坝，免唤担夫也。"池名瓢池，有王梦薇作《记》云："池以瓢名，象形也。古之名物，或以事，或以形，而以形之类为多。李谷曰盘，袁牖曰瓮，皆是物也。己卯之春，同门诸子筑俞楼，楼背孤山，山之麓有地洼下，乃就其池之，厥形如瓢，即名之曰瓢池。夫判瓠而为瓢，其为物薄矣，故其字从罢。吾师主讲精舍，岁仅两至，酌西泠之水而饮之，罢然轻举，其有类于瓢乎？然瓢本瓠也，其字从夸，夸者大也。瓠亦谓之匏，其字从包，包则有包含之义。吾师研经之暇，旁及子史，所著书二百余卷，汉人所谓'边孝先，腹便便'，其吾师之谓乎？是非瓢而匏矣！然颜子一瓢饮，千载慕之。吾师寓吴下十稔，不事生殖，唯以著述自娱，有箪瓢乐道之风，故兹池之名仍宜以瓢也。池虽小，而凿之颇不易，池近山址，四周皆石，锄者疲焉。时宫保彭公巡江南下，素与吾师善，发健儿凿之，不日而成。古语云百人举瓢，不如一人持之而走，信夫！"冬十二月俞楼成，花农又来书曰："楼工月内可毕，嘉平五日邀诸同行集于湖上，一大会也。其山上尚宜补一亭，或六角，或长或方，众论未定，以待来年。"

又按是岁补作俞楼落成诗，其题曰《诂经精舍诸君子，为余筑楼孤山之麓，是曰俞楼。其时新居太夫人忧，未有诗以落之也。兹补作四章，寄精舍诸子》："昔年曾向此经过，六一泉荒蔓草多。戊辰秋，曾偕内子至六一泉小坐。太息光阴真荏苒,无端楼阁起嵯峨。桥边香冢怜苏小,山下吟庵伴老坡。多谢门墙诸弟子,为余辛苦辟行窝。楼在六一泉之西,其后有东坡庵故址,又西过西泠桥,即苏小小墓矣。其一。就中徐邈擅传才,谓花农也。自说曾从梦里来。书籍娜嬛烦鹤守,洞门屈戌待人开。皆花农梦中所见也。鹤颈悬牌曰不遇其人,不开此门。名山窃据虽非分,古佛无言或许陪。其东为孤山寺,有古佛一尊。手署碧霞西舍额,浮生本幻不须猜。余拟署额曰碧霞西舍,以花农梦中所见左有碧霞门也。事详《俞楼经始》。其二。多情更感老彭铿,谓雪琴侍郎,余亲家翁也。添筑西头屋数楹。排列云根三面透,劈开泉脉一瓢清。雪琴为添筑屋,又凿池叠石,并详《俞楼经始》。楼头记昔曾悬榻,雪琴曾借住精舍之第一楼。湖上于今恰望衡。俞楼与退省庵相对。为喜梅花春信早,不辞彩笔写纵横。因十月中梅花盛开,雪琴为画红梅一幅。其三。憔悴西风一病身,手扶藤杖到湖滨。追陪秋集诚忘老,余前曾于诂经精舍觞门下诸子,王梦薇绘《俞楼秋集图》。坐忆春游又怆神。今年春与内人同至俞楼。望里青山埋骨地,时为内子营葬右台山,并自营生圹。意中明月倚栏人。十一月精舍课,余以'月到旧时明处'命题,寓悼亡之意也。右台仙馆何时就,拟傍松楸再卜邻。余于墓域之侧,买地一区,拟筑屋三间,名曰右台仙馆。其四。"

又按俞楼成后,曲园老人自作联云:合名臣居士,为我筑楼,不待五百年后,此楼成矣;傍山南水北,沿堤选胜,恰在六一泉侧,其胜何如? 跋曰:花农诸君子谋筑俞楼,余请待之五百年之后,诸君子不可,而雪琴侍郎又助成之,率题此,以落其成。光绪五年,太岁在乙卯,仲春之月,曲园居士书于碧霞西舍,并记。又作一联云:湖山恋我,我恋湖山,然老夫耄矣;科第重人,人重科第,愿吾孙勉之。

定海黄以周《礼书通故》成,请先生为序。

又按是岁定海黄元同以周《礼书通故》成,请先生作序。《序》云:"定海黄君元同,为薇香先生之哲嗣。往岁吴和甫同年视学吾浙,录先生《明堂步筵说》见示，谓与余说明堂大旨相合，余深惜不及一见。未几，余来主讲诂经精舍，始得交于君；后又与同在书局，知君固好沈思之士也，曾以所撰《礼书通故》数册示余。余不自揣，小有献替。至今岁又以数巨编来，则袞然成书，已得十之六七。而余精力衰颓，学问荒废，流览是书，有望洋向若而叹而已。承不鄙弃，问序于余。余何足序此书哉？惟《礼》家聚讼，自古难之，君为此书，不墨守一家，综贯群经，博采众论，实事求是，唯善是从。故有驳正郑义者，……略举数事，虽其小小者，然其精审可知矣。至其宏纲巨目，凡四十有五，洵足究天人之奥，通古今之宜，视秦氏《五礼通考》，博或不及，精则过之。"（见《杂文三编》三）

按《尺牍》二《与谭仲修》：黄君元同，海内佳士，学使吴和甫同年昔岁书来，曾述及之。所著《经礼通诂》先睹为快。其先德薇香先生《论语后案》，如尚存有印本，亦望寄示。《袖中书》二《谭仲修孝廉书》：黄君元同引领提倡，其书想存箧衍。从者至杭，元同当面请教言也。《清儒学案》百五十四卷儆居下黄以周答俞荫甫先生书：前月谨呈拙作《礼故》两册，恳求指正纰缪，赐书奖掖过实，非所敢当。批驳若干条，切中是书之失，于启蛰之郊，论之尤详。以周何敢自护前非，嚣嚣致辨，如顾千里之于段懋堂也。然私心有不能自已者，吾郡万充宗信候名不信气名，创言古术无二十四气。黄梨洲先生又和其说。以周服膺乡先贤书有年矣。于启蛰之郊，驳张横渠"再卜不从，直用下旬"之说，以为当用……此以周一人之私见，而不敢录诸《礼故》者，敢以质诸先生，幸先生不弃樗昧，复赐教言。

又按是岁选诂经精舍课艺之佳者，刻为《诂经精舍四集》。

又按他所作文，有《兵部候补主事汪君行述》《谭序初观察五十寿序》《吴母朱太夫人八十寿序》等篇。

五年己卯（一八七九年），先生五十九岁。

是岁春，成《俞楼杂纂》五十卷，刻之。

《俞楼杂纂序》云：因于《曲园杂纂》后，又成《俞楼杂纂》五十卷。

并辑《玉堂旧课》附于其中。

又《玉堂旧课序》云：故事，新入翰林者，月必一课，课以诗赋。三年散馆后，馆中择其佳者而刻之，曰《同馆赋钞》《同馆诗钞》。余于道光庚戌入翰林，亦尝有此刻，然久不记忆矣。光绪己卯春，偶检敝簏得一册，即曩时馆课刻本，凡赋二首，诗十首，上有校定数字，盖其时馆人送余雠校者也。嗟乎！自庚戌至己卯，三十年为一世，玉堂旧梦，久付飘风，何图此本犹存箧衍？正如白头老妇，拾得旧日花钿，俯仰今昔，感慨系之矣。适有《俞楼杂纂》之刻，因即录为一种，虽为山水所笑不遑顾也。

二月，与姚夫人偕往西湖，同住俞楼，勾留四十余日而返。

又叙云：明年春，余与内子偕往同住俞楼，勾留四十余日而返。是年夜，即抱骑省之戚。

夏四月，姚夫人卒。

《尺牍》五《与徐花农》：连接手书，并承示以医理，锡以灵符，惠以甘露，而内人已不及见矣。小人德薄，福过灾生，回忆湖楼风景，昔日之欢肠，皆此时之愁料矣。然内人来去亦颇似分明。往年冬春间必病，病或五六日，或旬日，未尝欲招大儿归也。今年正月间，亦只如常小病，而力请鄙人作书，命大儿南返，此已可异。及其自浙旋苏，虽面目浮肿，气息急促，然一切如常；乃数日后，即谓仆曰："吾病不起矣！"频频作永诀语、处分家务语，当时犹不之信，孰知其真不起耶！临危前数日，病容殊不可看，及小殓以后，面色胰白，转胜于生，且口角微有笑容，或者已归善地乎？平时自言愿再作西湖一游，今已如愿，而子妇、女婿、内外诸孙无不咸集，剑孙亦以前一日至，送行可谓热闹，在逝者亦无恨矣。惟追念四十年夫妇，其始也，仆一年止有三十洋蚨馆谷，内子赤手支持，以至今日。高贵、贫贱、患难，更迭尝之，心血耗尽。年来小治生计，粗立园亭，皆其累年节省以成之也。仆拙于谋生，每事必谘之，今则已矣！手书二十八字，悬其穗帷云："四十年赤手持家，君死料难如往日；六旬人白头永诀，我生谅亦不多时。"吾弟读之，可知吾怀抱也。……内人恋恋西湖，病中有欲卜葬之意，吾弟若有熟识之堪舆家，托其为我相度，不求发财发秀，但愿借湖山胜地，为我两夫妇埋骨之乡，或数百年后，死士之陇，尚为樵夫牧竖所识，亦可喜也。然入山太深，将来营葬不易，则亦非所宜耳。

《尺牍》五《与彭雪琴亲家》：昨又得五月十九日书，爱我拳拳，有逾骨肉，诵之感泣。弟自问能达观而不能忘情。能达观，故早岁罢官，终身无介怀之日；不能忘情，故晚年丧偶，终身无忘怀之时矣。承劝我作西湖之游，然回忆春间与内人同舟泛水，联步看花，再到俞楼，徒增凄悼耳。又大儿百日满后仍需至直隶当差，未便以家事付之。内人亡后，米盐琐屑，均托一老友王济川料理，而银钱出入，弟总其成。如此则诸事井井，仍与内人在日无殊也。日内天时酷暑，既不欲出门作襫襏客，而入内则穗帷相对，殊觉伤心，是以终日在书房坐起。每念湖楼卜筑，深费门下诸君子之力，而又得大力成之。故于《曲园杂纂》之后，又撰《俞楼杂纂》，大约亦可五十卷，已成其半，络续付梓，庶借著述流传，使海内外知有此楼，不负吾兄及诸君子一番雅意耳。

《俞楼杂纂·百哀篇序》云：己卯四月，内子姚夫人一病不起，停辛积苦，触掎纷来，几于郁结成疾。自念非诗不足以达之，时距太夫人之丧未逾年耳。且内子骨肉未寒，亦未忍握管也。是岁八月，太夫人小祥礼成，内子之丧亦已百日，乃取胸中所欲言者，为七言绝句一百首。元微之云"贫贱夫妻百事哀"，因以"百哀"名篇。

《尺牍》五《与亡室姚夫人》：一别之后，五月有余，惓惓之情，不以生死有殊，想夫人亦同之也。自夫人之亡，吾为作七言绝句一百首，备述夫人艰难辛苦助我成家，而吾两人情好亦略见于斯，已刻入《俞楼杂纂》，流布人间矣。兹焚寄一本，可收览之。葬地已定于杭州之右台山，葬期已定于十月二十五日，今择于十九日发引，先一二日在苏寓受吊，即奉夫人灵輀同至湖上，仍住俞楼。届期躬送山丘，永安窀穸。吾即营生圹于夫人之左，同穴之期当不远矣。日前曾梦与夫人同在一处，外面风声猎猎，而居处甚暖，有我篆书小额曰"温爱世界"，斯何地也？岂即预示我墓隧中风景乎？苏寓大小平安，勿念！西南隅隙地已造屋三间，按即右台仙馆。屋外竹篱茅舍，亦楚楚有致。俟落成后，夫人可来，与吾梦中同往观之。

按《百哀篇》记先生夫妇相处事甚悉。其诗曰："蛮䰀相依四十秋，今年六十正平头。算来生日无多日，竟不人间两月留。内人于二十岁归，余今年六十矣。时距生辰不及两月，竟不能待也。其一。临感难裁不自知，已将苦语写灵帷。回头多少伤心事，和泪为君更赋之。内人初就木，余即写二十八字于灵帷曰：四十年赤手持家，君死料难如往日；六旬人白头永诀，我生谅亦不多时。其二。外家姊妹幼随肩，竹马鸠车意共怜。岂少豪室求纳采，不得夺我镜台缘。内人五岁时，里中有富家子求聘焉，内人涕泣不食，遂罢议。后卒归于余。余乃内人之姑子也。其三。多情更感夏黄公，成就良缘一语中。天壤王郎了无异，难言巨眼识英雄。方议婚时，妗氏黄孺人犹豫，其弟黄公语之曰，今日失此佳婿，他日烈炬求之不可得矣。议遂定。其四。作妇贫家极可怜，支持经岁又经年。当年家计殊堪笑，明月清风四万钱。余初馆杭州蔡氏，岁得束脩洋钱三十，又每月钱一千，合之可四万钱也。其五。落寞仍依母氏居，却思缔造好门闾。可怜卅六年辛苦，只博优游四载余。余少时无片瓦之庇，乃赁外家东西厢住之，即内人母家也，逼仄殊甚。内子语余曰：吾终当为君创造一好家居耳。今吴下寓庐，小有花木泉石之胜，且上下数十口，居然成家,当日所言似乎竟验。然内人居之,不及五年,亦无谓也。其六。几间破屋傍干河,便觉宽闲足啸歌。此是经营家具始,一生心血够消磨。丙午岁,余在临平赁居干河沿陈氏屋,经营家具实始于此。自是迁徙不常,家中什物屡置之,屡弃之,内人心血耗于此矣。其七。食指于今岁岁增,内增亲串外宾朋。谁知初治饔飧日,日食唯消米半升。余家初析爨时,无婢媪,余又外出,只内人在家,日食米五合而已。嫂氏尝谑之曰:吾姒所谓半升米家主也。其八。日日寒厨数米炊,偶呼小婢助操持。至今头白门生在,及见当年作苦时。内人初无婢媪,亲操井臼。太夫人有一婢曰蓉镜,间来助之。时余在家中授徒,今诂经精舍监院沈兰舫广文,即彼时从学者也。吾家旧事,犹及知之。其九。尝尽珍羞意转嫌,可思当日在穷檐。一盂白饭黄齑菜,略具清油略具盐。内人初归余时,每食止黄齑一楪,略具油盐,就饭甑蒸熟食之。后所至多馈肴核者,珍羞罗列,内人颇厌之。余调之曰:君忘吃冬菜时乎?其十。羽化银杯不可求,寝食从此只绵绸。而今为制无纮被,绮组缤纷得见不。内人始来归时,有绉纱被,后失去,意颇惜之。复自解曰:异日富贵不难制也。及家稍裕,竟不复制。余问之曰:亲身之物,安用文绮为?其所用者止绵绸耳。及其死也,儿辈为置衾裯,始全用绉纱,然内人不及见矣。绵绸字见师古《急就篇注》。又师古注《汉书》曰:轻者为纱,绉者为縠。绉纱字亦有本也。其十一。萍踪岁岁客新安,门户支持大是难。春仲辞家冬仲返,一年几月得团圞。余自乙巳以后,岁客新安,率以二月去,十一月归,凡五年也。其十二。天涯游子已欹歔,更读闺中一纸书。堂上亲衰儿辈小,可知憔悴群纩庐。余旧有得群纩庐来书,诗云:只此数行字,教人几度看。闺中自憔悴,纸上自平安。儿小分愁未,家贫称意难。牛衣今夜泪,岂免为君弹。诗不存于集,附注于此,盖得内人书而作也。其十三。泥金帖子出京华,纸阁芦帘笑语哗。不作寻常欣幸语,为余援笔赋梅花。余庚戌岁成进士,入词林。内人赋《梅花诗》云:'耐得人间雪与霜,百花头上尔先香。清风自有神仙骨,冷艳偏宜到玉堂。'为余贺也。其十四。一帆便拟到长安,谁料重歌行路难。自此京华明月夜,又添几度独凭栏。余壬子留馆后,内人即拟北上,而南河决口未塞,致稽数月行期,此诗即当日寄怀之作也。其十五。匆匆奉母出都门,辛苦艰难不可论。遥想微山湖畔路，至今犹有未招魂。癸丑岁，余自京师乞假送老母回南，时丰工复决，所在汪洋无际，舟至微山湖，大风几覆。其十六。依然寒素旧家风，乃向东湖作寓公。欲为蓬门助春色，桃花两树瓦盆中。余自都门还，仍寓临平印雪轩旧屋。内人欲慰余寂寞，诸事修饰，时方新春，有馈碧桃两盆者，余因有句云：莫言寂寞无春色，两树桃花在瓦盆。其十七。烽烟千里接燕台，南北夷庚半草莱。谁料轻车挈儿女，间关真自贼中来。余甲寅冬入都销假，已而太夫人赴闽中，内人仍挈儿女辈北来。时南则扬州、镇江，北则高唐、连镇，均为贼踞，迂回取道，艰险备尝。其十八。碧油幢引向中州，此日车前拥八驺。不识心头有何事，幨帷清泪两行流。余乙卯岁，视学中州，内人偕往。自京师启行，入豫境则碧幢红旆，照耀长途，书生得此亦云荣矣。而内人坐舆中，终日垂泪，问之不告，至今不知其何意也。其十九。旬日邮筒两度驰，传来往往有新词。却怜校士多辛苦，苦劝棚中勿作诗。余按试各属，每五日必得内人书，附以小诗一二首。然以余校士辛勤，戒勿作诗。余有诗答之，今存集中。凡学使所莅曰考棚，故俗有棚中之称矣。其二十。绮窗新换碧纱笼，小病初添不耐风。胜似檀奴堂上坐，摩婆倦眼看弯弓。余校试洛中，内人寄余诗，有'绮窗新换碧纱笼，小病初添不忍风'之句，余和其诗云'胜似檀奴堂上坐，摩婆倦眼看弯弓'。盖时方射也。今日合为一章，当时情事历历可想。其二十一。红氍毹上小排当，檀板清尊夜未央。曲罢酒阑还一叹，彩衣何日拜高堂。每试事毕还署，必置酒演剧，劳幕中诸友，前使者张子青前辈旧例也，亦或移入内署，而内人以太夫人在闽，未克迎奉，常以为恨。有《大梁使署述怀诗》云：'彩衣何日拜慈姑。'其二十二。闺中颇亦异恒情，眼底荣枯了不惊。翻喜狂奴去官早，朝冠卸后一身轻。余在中州罢官，内人处之夷然，有诗云'朝冠卸后一身轻'。其二十三。故里无家且寄居，吴中独学老人庐。眠云精舍微波榭，泉石逍遥一载余。余自河南罢归，因故里无家，赁吴下石琢堂前辈独学庐居之，此余寓吴下之始也。眠云精舍、微波榭，皆园中屋名。其二十四。无端吴下起烽烟，厄运真逢阳九年。仓卒出城还一笑，乱离偏坐太平船。庚申吴中乱，余出城时已无船可具，有旧识之太平船，遂坐之而行。内人笑谓余曰'乱离偏坐太平船'，兹即用其语。
其二十五。危时鼙鼓最惊心，太息东南竟陆沉。欲为乡闾求死士，不
辞挥手散千金。庚申、辛酉间，余办德清团练，内人出千金付余，于越中募健儿二十
人从行。然大局已危，终归无济。其二十六。烽火连天夜夜愁，已拼碧血葬
哀丘。闺中偏觉从容甚，彩笔留题玉照楼。余在德清时，贼势甚迫，内人处
之如常。所寓徐氏屋，有玉照楼。内人诗云：'转蓬未识归何处，小住清溪玉照楼。'其
二十七。渡江且作越中游，略远兵氛暂解愁。为爱山阴山水好，不辞
日坐镜湖舟。浙西既不可居，遂渡江至越。爱其地山水之胜，与内人日坐小舟，遍
游七星岩、青田湖诸处，忘其为避寇来也。其二十八。舜井姚墟远莫攀，仙姑
洞口水潺潺。白云亲舍平生梦，来拜松楸长者山。外舅姚平泉先生官上虞
教谕，葬其地长者山，内人因避寇至此，得亲往一拜。其二十九。依依仲姊最关
情，一别俄惊隔死生。昨夜西风入庭树，不堪回首是临平。内人同母姊
妹四，而于仲姊尤睦。仲姊归戴氏，早寡，恒居余家。内人至京师，亦尝偕焉。其后以
病留居母氏，辛酉之秋，卒于临平。内人哭以诗，今失其稿，仅记首二句云：'西风入庭
树，使我梦魂惊。'其三十。小楼风雨近东溟，萧瑟秋声不可听。犹喜都
庐共儿女，朝朝俪白又妃青。辛酉秋，避兵上虞之楂浦，其地已濒海。内人每日
与儿女坐小楼中，无可遣，日取古人七言诗句，逐字颠倒出之，使人属对，合成一句，有
成诗者，有不成诗者，以为笑乐。其三十一。海滨草屋动秋风，豕笠牛阑共
此中。勉强为余生一笑，不将清泪洒途穷。绍兴既陷，余家犹在楂浦，不得
已迁至海上草舍中，牛阑豕笠，秽气逼人。内人初入其中，失声欲哭，顾余在侧，乃笑曰
此亦别有风景也。其三十二。翁山风浪最堪愁，泛宅浮家此暂留。城外
园林好风景，至今恨未与同游。时又航海至定海厅，小住月余，城外有陈氏园，
风景殊胜，内人往游，归与余言，惜未同往也。其三十三。海舶飘零赋北征，未
劳魑魅便逢迎。如何眼底分明见，人鬼居然共此行。壬戌之春，浮海北
行，内人见舟中高处有鬼无数，或坐或卧。及至天津，始与余言之，岂鬼亦附海舶北行
避寇乎？盖内人秉气弱，目中往往有见也。其三十四。避风海岛已三年，丁字

沽边暂息肩。甫定惊魂又伤别，娇痴小女最堪怜。余避兵北上，寓天津者三年，以同治甲子，遣嫁第二女，时年甫十六耳。自此婚嫁之事起矣。其三十五。男钱女布费经营，事事艰难不易成。岂止青丝化成雪，积疴从此已潜生。甲子遣嫁次女后，即为大小两儿授室。丙寅又遣嫁长女，自此婚嫁事毕矣。内人是岁即得气喘之病，迄不能瘳也。其三十六。归来依旧住吴中，借得宽闲半亩宫。欲问上虞君旧事，坐间幸有白头翁。乙丑南归，余主苏州紫阳书院，时书院已毁，借民居为之，乃吴氏旧宅，平泉舅氏曾馆其家。有松田老人者，舅氏族弟也，亦吴氏宾客，年七十余，无恙。数与内人言舅氏旧事，舅氏官上虞教谕，故称上虞君云。其三十七。吴下萧条与昔殊，鹏坊鹤市总荒芜。不堪重过金狮巷，无复园林柳五株。旧所寓石氏独学庐，有五柳园，乱后化为丘虚，内人过之，必叹息也。其三十八。金鹅山下筑新阡，已愧蹉跎二十年。马鬣告成心始慰，一樽同酹墓门前。先大夫殁后，槁于德清西门外金鹅山。至同治丁卯，余始与内人偕往营葬，以完大事。是役亦内人赞助之力居多。其三十九。更嗟阿母泣孤坟，每听啼乌不忍闻。三寸铜棺一抔土，佳城移傍上虞君。姈氏黄孺人，内人母也，殁于上虞，时方兵乱，渴葬义冢地，内人思之，每涕泣也。余因至上虞，迁其柩，附葬先舅氏墓侧，立石识之。其四十。招来孤侄尚童年，短发垂肩拜膝前。一事到今心抱歉，未看美玉种蓝田。内人有侄曰祖诒，乱后母子流落乡间。内人招之至苏，抚之成人。今岁欲为授室而未果，然余必成其志也。其四十一。吾兄远自七闽来，别久惊看两鬓衰。本是外家兄妹列，不嫌情话共尊罍。吾兄福宁君入都引见，道出吴中，余兄弟不见久矣。内人与吾兄亦外家兄妹也。相聚数日，情话甚欢，然彼此衰老矣。其四十二。家计粗成意转伤，回思往事廿年长。旧时臧获今何在，共历艰难总不忘。家有旧仆曰孙福，曰翟荣，有佣媪陈氏，皆共历艰难者，今皆物故矣。内人恒念之，亦稍赡其家云。其四十三。成我清贫赖汝贤，从无一勺饮贪泉。友朋馈岁寻常事，不受牙门造孽钱。有友人以白金五十两馈者，内人闻其居官用刑颇酷，不欲受，余如其意寄还之。其四十四。节衣缩食苦无余，俗见偏能尽扫除。笑看青蚨已飞去,不留鸟鲗数行书。亲串中有负余钱数百千者,其事甚曲,内人知其必不能偿,寄券还之。其四十五。无多心愿总乖违,自笑家贫力太微。岁晚穷檐寒瑟缩,略施小惠木棉衣。内子颇喜施与,而力不逮,每至岁寒略施棉衣而已。或饩以粟,则以数十石为限,不能多也。其四十六。五张六角本来乖,多事行年为我排。自向丛辰问凶吉,累君逢午必持斋。有为余推算行年者,云逢午年辄不利。回溯生平,亦似有合者。内人自此每逢午日,辄为余持斋。其四十七。清福居然宿世修,秋风岁岁至杭州。帘栊烟雨阑干月,同倚湖山第一楼。余主诂经精舍讲席,自戊辰至庚午,皆与内人偕往,往必勾留月余,所居即西湖之第一楼,颇极风月之胜。其四十八。理公岩畔共留题,山洞幽深路易迷。五百年余人到此,定应羡我两夫妻。余与内人同游理公岩,题名岩穴,曰:同治七年九月,德清俞樾,仁和姚文玉夫妇同游。属门下士陈桂舟刻之。其四十九。洞里天光一线匀,绀眉藕发认来真。知君夙有灵根在,原是龙华会上人。飞来峰有山洞,曰一线天,仰窥之,有佛像焉。游者或见或否,余一无所见,内人则所见甚真。其五十。相携同坐冷泉亭,妮妮清谈颇可听。悟彻去来同一处,早将身世付浮萍。冷泉亭有一联云'泉自几时冷起,峰从何处飞来'。内人谓问语甚隽,请作答语。余作一联,不甚许可,因问内子云何笑。曰不如竟道'泉自冷时冷起,峰从飞处飞来'。其五十一。偶逢泉后便忘言,愿借山林自避喧。每至杭州有遗恨,当年惜未住皋园。内人每谓余愿筑室山中,谢绝人事,与君两人同修大道。余谓此断不能,必欲潜修,唯园居差宜耳。后至杭州,欲赁皋园居之,而卒不果,至今惜焉。其五十二。并坐篷窗兴转加,清谈滋味一瓯茶。而今重过应流涕,平望桥头卖酱家。余与内人苏杭往返,并坐舟窗评量风景,甚乐也。平望有卖酱家,署曰镛浩酱园,莫测其命名之意,每过之必指以为告。其五十三。两度闽中问起居,山陬海澨费舟车。恐劳虚掷金钱卜,处处邮筒一纸书。余庚午及壬申,两度赴闽中问太夫人起居,一由海道,一取道瓯括,行颇不易。内人极以为念,余途中频寄书以慰其意,几于无日无书也。其五十四。板舆迎到太夫人,喜极翻教泪满巾。自顾病躯憔悴甚,不知能侍几昏晨？癸酉岁，迎太夫人自闽至苏，时内人已久病，常以不能终事为忧也。其五十五。晨夕盘匜力不支，寝门扶病强追随。老人尚忆当初事，同作端阳茧虎时。太夫人在家时，每至五月，辄作端阳景物，鬻之市肆。内人助之，作至午夜未休，剪绿裁红，盛一小篋中，烂然满目，太夫人暮年犹言及之也。其五十六。拟从吴下卜新居，费尽营求半载余。不信苏州千万户，难安一个著书庐。太夫人自闽至苏，以寓居湫隘，拟移居焉。余与内人日往营求，竟无当意者，遂决意构造云。余所寓处，辄于大门榜合肥相国所书'德清俞太史著书之庐'九字，故称著书庐。其五十七。马医巷口翦蒿莱，北户南檐次第开。忆自鸠工至成室，弓鞋日日踏苍苔。余买马医巷地筑屋，与余旧寓相距甚近，内人每日必亲往相度一次。其五十八。更于隙地置林泉，惨淡经营又半年。卷石盆泉皆手定，两人便是佉卢仙。新屋既成，其自西迤北有隙地，乃筑为曲园，详见《曲园记》。园中一泉一石，皆余与内人所手定也。佉卢仙人见佛经，乃开辟时布置天地日月者。佉字依梵音读去阻切。其五十九。浮梅一舰小于凫，俯弄清流日再三。绿幕红阑依旧好，更无人可共闲谈。余于曲池中，制小浮梅舰，内人甚喜之。其初成也，日必一至，与余促膝闲话。《曲园杂纂》中有《小浮梅闲话》一卷，皆与内人答问语也。其六十。种得园中竹几竿，盼他清荫早檀栾。今年才见春箽出，更共何人依竹看。艮宧外竹，屡种不活。去岁出新竹数枝，细才如指。内人喜曰：明岁再出，必有大竹矣。今岁果矣，而内人已不及见。其六十一。柏树初生不值钱，买来手自种窗前。绿云青玉垂垂长，能否移栽到墓田。内人以二十青蚨买小侧柏一株，手种余书斋窗外，数年来高可丈余，青翠可喜。内人每至，必流连其下，谓余曰：此树他日可移栽吾两人墓上也。其六十二。牡丹数本杂蓬蒿，月月删除不惮劳。太息花时人不在，今年谁更灌豨膏。有牡丹数十本，内人时往芟剃其旁侧之草。去岁亲督园丁，以猪大肠数具，围其根株，今岁花果大盛开，至百余朵，惜余与内人至杭州，未之见也。其六十三。月明重款达斋门，娇女相随又女孙。草草杯盘成一醉，百年有几此黄昏。每遇月明之夜，余与内人至园中，次女秀孙及孙女阿顺从焉。儿女辈为小具杯盘，即于达斋或曲水亭小饮，可谓极人生之乐。然数年中亦无几夕耳。其六十四。聚头扇上曲园图，水阁山亭总不殊。今日置君怀袖内，常将风月到黄垆。内人有折扇一握，门下士徐花农孝廉为绘《曲园图》，并书余《曲园记》于其上，内人甚喜之，故即以殉焉。其六十五。细碎诗篇亦可传，《含章》小集我亲编。如何拉杂摧烧尽，不许人间见断笺。内人颇工吟咏，著有《含章集》，其初亦自珍惜，后忽取而焚之。余复就所记忆者录成一小本，大才径寸。内人颇赏其精工，后亦为其焚毁。余今不复能记忆，遂无一首存留矣。次女秀孙尚能诵其两七律，因附录于此。然亦有阙字阙句，不能全也。《避兵楂浦述怀》：'十年两度走风尘，赵南燕北屡问津。□□吴门浑似梦，莺花梁苑尚如新。那堪烽火重回首，何处仙源好避秦。海上秋声萧瑟甚，荒村小住又三旬。'《咏水仙花》：'□□□□□□□，□□□□□□□。宛似洛妃来水面，肯随郑婢辱泥中。品高刚称兰闺伴，韵淡何须彩笔工。皓质长留终不落，笑他风雨葬残红。'其六十六。闲将棋子试推移，黑白分明亦一奇。此后空留遗法在，更谁灯下运灵棋。褚稼轩《坚瓠集》有移棋相间法，以黑白三子三移，而黑白相间，自三子至十子皆然。内人复推广之，自十一子至二十子，今存其法于《春在堂随笔》。其六十七。评量豪竹与哀丝，最爱琅玕笛一枝。残喘垂垂将绝候，尚烦娇女试吹之。内人颇留意丝竹，尤喜长笛。临终前三日，犹命次女绣孙吹笛，听之点首曰颇佳。其六十八。晓日瞳昽透曲槛，手拈斑管不曾停。欲将夙业从头忏，自写《金刚般若经》。内人于书法不甚工，然喜作书，年来写《金刚经》数通，自云忏悔夙业也。其六十九。厌听午夜响丁冬，总为怔忪睡未浓。此后空房太萧索，不妨仍置自鸣钟。内人尝备自鸣钟一具，因夜卧不安，故从不置之房中。今内人已矣，而此钟乃其所自购，余不忍弃之，命仍置房中也。其七十。缥瓶小小傍窗纱，插得梅花整又斜。一夕严寒瓶忽裂，累君终日费咨嗟。内人有小瓶，极爱之，忽为冰裂，数日不怡。余晓以破瓶不顾之义，终不释然。盖内人久病，自知不能永年，故遇事皆觉成谶也。其七十一。贮墨金壶制最工，居然置我画图中。明窗净几终朝对，便抵齐纨绘放翁。花农赠余铜墨匣，上刻一老翁于松下独立，内人见之喜，谓余曰，此翁颇似君也。因留自用之。其七十二。晚岁妆台罢啸歌，《鲁论》一卷口吟哦。古人半部安天下，小用犹堪却病魔。内人自少喜诵诗，有以诗集赠者，必索观焉。晚岁颇厌之，而好读《论语》，手自点定其句读，曰：诵此可以却病。其七十三。遍尝世味总辛酸，垂老方知佛地宽。画就慈悲菩萨像，恨无静室置蒲团。内人晚年颇通佛理，尝画观音大士像，拟辟一静室奉之，焚修其中，然竟未果。其七十四。终年素食意云何，薄福唯求少折磨。谁料冥中搜食籍，区区菹瓮也无多。内人晚持长斋，余问其故，曰：吾禄食尽矣，终岁素食，冀少延年命耳。其七十五。阿买聪明素所怜，秋风喜赋鹿鸣篇。先君入梦分明甚，来借牟尼一串圆。兄子祖绥字履卿，福宁君少子也。内人推福宁君遗意，甚爱怜之。以光绪丙子举于乡，出榜前一日，内人梦先君自外至，七品官服如生时，内人迎问之，曰'吾将谢恩，向汝姑借朝珠耳'。内人寤，喜曰：'履卿中矣。'因忆先君殁时，以七品官服殓，无朝珠，今借于太夫人。七品而挂朝珠，或仍用樾翰林封典乎？是时先君已受二品封，岂仍以翰林为重欤？其七十六。门墙诸子各飞腾，每听才名总乐称。垂死病中犹念及，俞楼都讲是徐陵。内人于余门下诸子皆极眷眷，以俞楼之役，徐氏花农孝廉之力居多，病中犹道及之。其七十七。自奉慈姑罢出游，却悬两事在心头。一思爱子关山隔，一忆西湖旧住楼。自太夫人至苏，内人常居家侍奉，然恒念西湖不置。自言心头有二事：一念儿子绍莱，远宦直隶；一念西湖第一楼也。其七十八。湖楼卜筑众门生，自夏徂冬竟落成。添得西头两闲屋，多情更感老彭铿。去年精舍诸君子，为余筑楼孤山之麓，适彭雪琴侍郎巡江至苏，余亲家翁也。以内人多病，劝明岁至西湖养疴。及至杭州，见所筑俞楼隘小，恐不足容，乃自出钱补筑数椽，叠石穿池，风景较胜。其七十九。春风同泛木兰艭，山色湖光绿到窗。更为娇孙聘新妇，玉蝉金雀总成双。今年至西湖同住俞楼，三月三日为孙儿陞云聘彭雪琴侍郎孙女为妇。内人出金玉双如意为聘礼焉。其八十。六桥内外遍游还，又自安排欲入山。孤负篮舆亲料理，不曾真到九溪间。内人拟于闰三月上巳之辰，至理安一游，兼探九溪十八涧之胜。旧有篮舆二具，内人亲督奴辈整理之。然其时实已病矣，不果往也。其八十一。为怕尖风枕簟凉，窗棂高下手亲量。至今竹杖分明在，上有弯环墨两行。内人以余湖楼中卧室窗皆北向，虑秋冬时不免多风，乃潜量窗槅高低、大小，以余所用方竹杖画墨痕识之，拟秋闲为余布置，病中偶为余言之。今竹杖墨痕犹在，其将如何布置，则不可知矣。**其八十二。小住西湖一月余，精神翻觉胜家居。如何才返吴门棹，便与湖楼迥不如。**内人于二月二十五日到湖楼，至三月二十四日适满一月。此一月中，精神兴会殊胜，二十四后眠食稍减，然起居如故也。乃闰三月十五还苏寓，次日即卧病，从此不起矣。论其十余年积病之躯，诚不为怪，然一月前湖楼光景所论，则真变出意外也。**其八十三。宵来明月又当头，小立中庭略举眸。清兴从今收拾起，不能再作曲园游。**十五日夜间，月色甚佳，内人犹至中庭小立，嗣后淹淹床褥，曲园不能再至矣。**其八十四。听尽残更总不眠，拥衾重与坐灯前。自言我病今休矣，珍重君家是暮年。**内人素有气喘之病，至是大发，犹以为老病无妨也。然内人自知不起，每夜分不寐，拥衾而坐。余往视之，辄曰吾不起矣，君亦暮年，善自保重。**其八十五。夜深更与话家常，处置还如往日详。四十年来心血在，可怜到死未能忘。**内人病中与余言家事甚悉。余当一一遵之，不忍负也。**其八十六。平生恨不习医巫，束手真教一策无。终日皇皇竟何补，徒然白我数茎须。**余年近周甲而无一白须，及内人病，终日皇皇，遂有数茎白者。**其八十七。杂进参苓总不灵，更无妙药可延龄。痴心欲乞观音力，日写高王一卷经。**时医药杂进，讫无所效。余痴心欲仗佛力护持，日写《高王观世音经》一卷，亦归无济。《高王经》缘起出《冥祥记》，见《太平广记》一百十一，盖流传自北魏时也。**其八十八。语言从此日模糊，病到垂危不可扶。数日前头留片语，愿将遗蜕葬西湖。**病势日益甚，面目浮肿，气息促数，共知不可为矣。至此亦不甚有言，唯临终前三日，顾余坐床前，有愿葬西湖之语。**其八十九。儿女都环病榻前，诸孙内外亦齐全。始知朕兆今先露，及早催回潞水船。**时两儿、两儿妇、两女、两女婿及内外诸孙，无不咸集。余叹曰：'送行人齐矣！'所尤异者，大儿时官北运河同知，内人无岁不病，未尝召之回也。今年正月间，亦止寻常小病，而必欲其归，乃开缺南回，日侍汤药，亦可异矣。**其九十。昏昏已历几昕宵，辅颊无端欲动摇。气息益微声转寂，误猜安卧到明朝。**内人病中自言亦无他苦，但觉昏沉耳。已而辅颊兀兀有欲脱势，即顾余曰：'今日与君别矣。'然自此又俄延数日。其九十一。病状原知日日添，如无如有脉难参。可怜医去君又问，能否重过六月三。临危之日，诸医并进，一医诊毕而去，内人犹问余曰：吾能过六月初三否？是日乃内人生日也。其九十二。惊听帷中骤一呼，执余两手强支吾。须臾撒手悠然去，万种伤心片语无。属纩前稍觉安睡，儿女辈屏息待之，余亦于房外小坐，忽闻内人呼余，余趋往视之，执余两手状甚仓皇，未几，撒手而逝矣。其九十三。一闭黄肠永不开，今朝真送到泉台。回思两月前头事，正在孤山拜佛来。四月二十四日为大殓之日，回思前三月二十四日，内人在西湖孤山寺拜佛，并乘舟至诂经精舍小坐，相距止二月耳。其九十四。恸哭灵床朝奠初，伊蒲素馔杂精粗。湖楼一事成先谶，馈到嘉肴半是蔬。既殓之后，遂陈朝奠，不用荤血，俗例然也。回忆在湖楼时，门下诸君时馈肴核，以内人持斋，蔬菜居半，此即为之兆矣。其九十五。昔年一病已难痊，又得重延十二年。十二年中眉略展，算得辛苦补从前。内人于戊辰春大病几危，无何竟愈，屈指至今适十二年，殆世俗所谓延年一纪者乎？此十二年之中，大儿补官，二儿得子，吴中曲园告成，家境亦稍裕，所见皆吉祥善事，殆造物者以酬其早年辛苦也。其九十六。偕老何能到白头，平时痴愿本难酬。与君花烛重偕日，尚欠光阴二十秋。相识中有白头夫妇重为合卺之礼者，内人甚羡之，谓余曰：'吾两人能如是乎？'其九十七。死后容颜胜似生，居然润泽又丰盈。不知何事微含笑，或者真归佛地行。临危前数日，病容殊不可看。及小殓之后，面色腴润，转胜生前，且口角有笑容，或者已归善地乎？其九十八。从今谁与共提携，自出中庭自入闺。此景是君先料定，如何度日只孤凄。内人年来自知寿命不长，每谓余曰：我死后，君一人孤孤凄凄，如何度日？其九十九。平生原不忘期颐，况且孤生竹一枝。莫向空帷哀永逝，相逢地下料非迟。赵瓯北先生《悼亡诗》云：'得死夫前原是福，相逢地下料非迟，'内人极赏其真切。今内人先我而死，颇与上句合。然则地下相逢，自当不远。内人病中谓余曰：'我死后，君亦恐不永年。'此语或非无因也。其一百。"又有咏物诗廿一首一卷，亦为姚夫人作，睹物思人,弥增凄恻云。载《俞楼杂纂》之四十二。

冬十月,葬钱塘右台山,即自营生圹于其左。

《诗编》九《光绪五年十月乙丑,葬内子姚夫人于钱塘右台山之原,余即自营生圹于其左,率成二律,刻石墓门》:"埋骨西湖愿竟酬,内人病中有愿葬西湖语。今朝亲送到松楸。蝶魂栩栩春三月,内人既葬三日,有蝶儿见于坟茔,黑质而黄章。越二日又见,亦如之。时虽十月小春,然已交大雪,晨起严霜满地,不应有此,亦可异也。马鬣荒荒土一抔。世外别开温爱界,内人卒后,余梦与同在一处。耳闻风声猎猎,而所居颇温和。仰视有余篆书小额,曰'温爱世界'。山中算补理安游。内人春间在西湖,拟游理安寺,未果。今葬地即近理安。与君月夜坟头望,望见平时讲舍楼。坟前可望见诂经精舍第一楼。其一。青石磨垄手自镌,自将生圹筑生前。曾闻古有归真室,已视身如不系船。厚夜暂劳虚左席,乡山仍许望重泉。余葬杭州,颇违首丘之愿。然杭州距德清百里而近,且墓门东北向,仍可遥望乡山也。曲园未死先营葬,后世休疑题墓年。余手题墓碣,署光绪五年。后之过是墓者,勿以是年曲园未死为疑也。其二。"《嘉平朔日大雪,自俞楼至右台山观新筑之茔,口占二绝》:"苏公堤畔雪飘飘,银作长堤玉作桥。自向曲园坟上去,篮舆未觉入山遥。其一。南山山翠望难分,藤杖芒鞋踏冻云。寒杀东坡老居士,雪中来看魏城君。其二。"

十二月十日,自杭回苏。

又《嘉平十日,自杭回苏,为风雪所阻,两日行十二里,偶赋二绝句》:"吴江往岁滞归船,癸酉岁归舟,为冰阻于吴江。深费闺中望眼穿。今日杭州重阻雪,更谁灯下卜金钱。其一。舟行原与在家同,同在乾坤逆旅中。我似浮云无一定,不知何者打头风。其二。"

函催彭亲翁送孙女来与孙陛云成婚礼。

《尺牍》五《与彭雪琴亲家》:伏念去岁老母见背,今年内人继之,似乎鄙人行期亦当不远。弟视死生,不过如苏杭之往返,此亦何足挂怀。但思年来与阁下同住西湖,湖楼对宇,湖舫连楼,未知此乐尚能为继否?所最念者,小孙陛云,荷蒙雅意,许订朱陈,而吴楚迢遥,弟又日形衰老,初议壬午岁阁下巡江东下,携令孙女俱来,癸未春再成大礼。然至今日,情事又殊,不识弟尚及相待否?伏念内人在湖楼时,尚痴望得与令孙女相见,今则泉台永隔矣。昔人云:"既痛逝者,行自念也。"以弟自问,必不永年,即以老亲家积劳久病之身,此等事亦宜早了为是。不揣冒昧,辄敢渎商,可否于明年巡江东下时,即携令孙女同至西湖,在退省庵度岁,至辛巳之春,择吉过门。是年令孙女妙龄十六矣。忆二小女完姻,亦止十六岁,是亦不为过早。惟小孙则止十四,拟先完花烛大礼,俟一二年再择吉圆房。如此办理,虽似局促,然使弟目中得见令孙女过门,此后时至即行,一无遗恨矣。惟老亲翁矜许焉。内人临卒,留有金钏、翡翠钏各一事,遗言冢孙妇入门时答其拜见之礼。弟谨藏箧笥,俟见令孙女交付,以副内人九泉之意。书至此,又不胜泫然矣。

《尺牍》五又云:自念生固不恶,死亦大佳,委心任运,时至即行,了无恋恋。惟区区之意,尚思一见孙妇,虽死亦瞑。而前书所请,未蒙许行,为之怅惘。夫妆奁何足道,吾辈人家,不宜计较及此。弟从前遣嫁两孙女,亦无妆奁也。即女功未习,亦是细事。苏杭间妇女最逸,老亲翁亦素知之,但须自制鞋耳。或年幼,并鞋未能制,亦所谅也。此二者无劳介意。惟少夫人母女之爱,未忍遽离,此则人之至情,最宜体贴。弟偶思得一妙策:明年老亲翁巡江东下,竟请挈令孙女同来,择吉先完花烛大礼。及从者自浙启行,仍请偕还,只待嫁后归宁,本是礼之所有。下届巡江,又请挈令孙女同来。若少夫人未能恝然,不妨再随旌麾归去。如此两往返,令孙女与小孙年皆长成,便可择吉圆房。此则女大须嫁,人事之常,少夫人亦可弗恋恋矣。此策也,有三善:少夫人母女以渐分离,相忘不觉,一也;令孙女往来吴楚，于寒家眷属，日形浹洽，二也；老亲翁年高多病，跋涉长江，得令孙女随行，则军旅之间，有家庭之乐，三也。思之狂喜，辄布陈之。

《自述诗》云："诸君为我筑俞楼，待到春风始一游。谁料斯歌便斯哭，旧时明月不胜愁。戊寅岁，门下诸君子为我筑俞楼于孤山之麓，而彭雪琴尚书成之。余遭太夫人之丧，未及往也。己卯春，始偕内子同往，匝月而归。归未两月，内子旋卒。奉其柩仍至俞楼，歌斯哭斯，曾不旋踵，亦可叹矣。其百五十六。老彭爱我异朋侪，千里良缘一语谐。记得湖楼初纳采，病妻手检凤头钗。丁丑岁，彭雪琴尚书过苏州，余携孙儿陛云出见，时甫十岁。雪翁一见，即属意焉。以汉玉佩一枚相赠，旋由同年勒少仲中丞为媒，聘其长孙女为妇。己卯春，余与内子同至湖楼，雪翁亦在西湖，内子手出金玉二钗为聘。其百五十七。右台山下筑新阡，为有遗言未忍捐。我亦自营生圹在，他年于此共长眠。内子姚夫人将死，遗言欲葬杭州，乃买地于右台山下。己卯五月，窆地空棺，余亦自营生圹于其左。其百五十八。却念湖堤卜筑初，诸君为我费踌躇。欲酬徐辟彭更意，再著俞楼杂纂书。时又援《曲园杂纂》之例，著《俞楼杂纂》五十卷，冀以著述传其名，以酬诸君雅意。所谓徐辟、彭更者，此楼徐花农太史始之，彭雪琴尚书又廓而大之。杭人元夕，悬灯谜，以俞楼二字隐四书人名二，曰徐辟、彭更，亦天然巧合也。其百五十九。"

《镇海志》成，邑宰于印波乞序于先生，为作《序录》一卷。

门人陈子宣（祖昭）援朱竹垞"鸳鸯湖棹歌"例成"西湖棹歌"一百音，就正，先生喜为之序。

又按他所作文，有《镇海尊经阁记》《镇海试馆记》《镇海县志后序》《蕲君芝亭墓志铭》《翰林院侍读学士林君墓表》《邹母张太夫人七十寿序》《汤文端公手书九经跋》《陈慎甫退耕堂集序》《李黼堂生春诗录序》《诂经精舍集叙》，均载《杂文》中。

六年庚辰(一八八〇年)，先生六十岁。

是岁春，先生戏柬诸同人，征集怪事，助作《秋灯丛话》。

《诗编》九《庚辰春日戏柬诸同人》余今岁行年六十矣，学问之道，日就荒芜，著述之事，行将废辍。书生结习，未能尽忘，姑记旧闻以销暇日。而所闻所见，必由集腋而成。予取予求，窃有乞怜之意。伏愿儒林丈人、高斋学士，各举怪怪奇奇之事，为我原原本本而书，寄来春在草堂，助作《秋灯丛话》，约以十事为率，如其多则更佳。先将二绝为媒，幸勿置之不答："衰颓不复事丹铅，六十原非亲学年。正似东坡老无事，听人说鬼便欣然。其一。郭冲五事太寥寥，戏学姚崇十事要。不论搜神兼志怪，妄言亦足慰无聊。其二。"

二月二十五日，家祭。

又《二月二十五日清明家祭，回忆去年此日情事，凄然有作》："去年此日到杭州，山色湖光绿满楼。竹叶三杯名士酒，是日门下诸子，均候于俞楼。瓜皮一棹故人舟。彭雪琴亲翁泛一叶小舟，自退省庵至。旧游历历宵来梦，浮世飘飘水上沤。明岁今朝更何似，石泉槐火不胜愁。"

三月三日，如杭州。

又《三月三日登舟如杭州，二儿妇携孙女庆曾从焉。书示庆曾》："越水吴山岁往来，如今意绪总摧颓。懒看春色重三节，默数前游五十回。余自戊辰至今，苏杭往返五十二回矣。曰五十，姑举成数耳。旧事迷离如梦境，故人消息隔泉台。舟中赖有娇孙在，聊博衰翁笑口开。"

夏，在吴下病，闻花农捷南宫。

又《病中闻花农捷南宫，寄诗贺之》："金花帖子出皇州，十载相期愿始酬。虎榜流传到吴苑，鹊声喧噪验俞楼。三月中，余在俞楼读花农闱中文，甫加墨，而鹊声大噪。本来吾党无双士，合占仙曹第一筹。病叟曲园憔悴甚，为君黄色上眉头。"

四月二十二日，姚夫人殁周年。

又《四月二十二日，距内子殁周岁矣，焚寄一律》："幽明隔绝已经年,和泪题诗寄九泉。家事略如君在日,坟茔筑及我生前。老夫白发还多病,快婿青云未著鞭。女婿许子原春闱下第。只有门墙徐稚子,新登蕊榜大罗天。"

五月初,又家祭。

又《五月初六日,为先大夫生日,时为光绪庚辰岁,距生于乾隆辛丑,满百岁矣。薄营家祭,敬赋二律》:"记得儿年二十时,老亲六十未全衰。道光庚子岁,先君六十生辰,时客常州,樾亦侍焉,时年二十。客中不具称觞礼,集内犹存自寿诗。色笑依依疑可接,光阴冉冉信难追。影堂今日重瞻拜,算是期颐进一卮。其一。四十年来岁月长,幸留先泽在青箱。国恩稠叠推三世,先祖南庄府君以下,累赠通奉大夫。家集流传遍四方。先祖手批四书及先君《印雪轩诗文集》,皆刊刻行世。膝下曾孙将纳妇,坟头宰树久成行。只怜垂白孤儿在,今岁居然也杖乡。其二。"

六月初,书《金刚经》,焚寄姚夫人。

又《六月初三日,为内子姚夫人生日,手书〈金刚经〉一卷焚寄,附四绝句》:"甲子周来甫一龄,定知未改昔时形。人间无物堪为寿,手写金刚般若经。其一。一隔幽明便渺茫,不知何处拜尊章。百龄老父今安否?地下应烦进寿觞。其二。转怜我是未归人,憔悴犹存老病身。自谱人间可哀曲,今年六十作生辰。其三。莫为衰翁苦系怀,夜台眠食自安排。我今学得消忧法,日与儿曹斗卦牌。余有八卦叶子格,见《曲园杂纂》,时与儿辈戏为之。俗呼叶子曰牌。其四。"

复病。

又《病起口占》:"景逼桑榆病是常,原非二竖故为殃。不能坚执废医论,余有《废医论》一卷,在《俞楼杂纂》。反自营求却疾方。徒使人间留冗物,恐劳泉下盼归舻。最怜儿妇清晨起,苦为衰翁药饵忙。"

筑右台仙馆，成《笔记》十二卷。

又《筑右台仙馆成，落之以诗》："右台山下一新阡，今岁重成屋数椽。聊傍墓田营丙舍，未容谶语应辰年。今年岁在辰，余多病，而竟无恙，知未足应龙蛇之谶也。三间室小才容膝，七尺墙低止及肩。莫笑规模多草草，草堂资是卖文钱。时有求撰墓志、祠记、义庄记诸文者，馈金二百两，因成此屋。其一。老妻埋骨此岩阿，老我婆娑此啸歌。门榜戏教娇女写，门额刻'右台仙馆'四字，长女锦孙笔也。山居应少俗人过。茶香室内低安榻，茶香室乃内人旧居室名也，余移署仙馆卧室。槿树篱边小筑坡。四围编槿为篱。尚有数弓余地在，更将书冢冢嵯峨。余所著书，已行于世者，二百五十卷矣。右台仙馆之旁，尚多余地，乃聚其稿而埋之，立石而识之，题曰书冢。盖久有斯志，而今始成之也。其二。曲园杂纂又俞楼，百卷书成笔已投。更向林泉专一壑，重凭著述冀千秋。旧闻都向毫端写，异事兼从海外求。正似东坡老无事，强人说鬼在黄州。余吴下有曲园，因成《曲园杂纂》五十卷；西湖有俞楼，因成《俞楼杂纂》五十卷。及右台仙馆成，不能成书，姑成《笔记》十二卷，聊述异闻而已。其三。湖楼小住伴欧苏，又踏苏堤到里湖。扶老已虚双椰栗，栖真应共一屠苏。自题神机原堪笑，同坐仙龛庶不孤。他日山中两翁媪，倘烦箫鼓赛村巫。右台仙馆中设一龛，左为曲园先生之位，右为曲园夫人之位，皆余所手题也。尝贻勒少仲、吴平斋书及之，且曰安知他日不为右台山中土地公婆乎？是亦一可笑也。其四。"

秋，九月中旬，重至俞楼。

又《九月十六日重至湖上俞楼作》："俞楼之外柳成阴，坐对湖山泪满襟。往事不堪重问讯，余生未卜几登临。黄死老圃秋容淡，白首孤灯暮气深。更向右台仙馆去，墓门松柏已森森。"

冬十月，迁右台仙馆，登颖秀山，游虎跑泉。

又《十月朔自俞楼迁右台仙馆作》："孤倚湖楼兴易阑，又于山馆一盘桓。轩窗静对仍开卷，墓域亲行等盖棺。生圹已成无虑死，危时未定暂偷安。不劳车马来相访，扶杖龙钟倒屣难。"

沈兰舫招游虎跑、龙井，便道至烟霞。

又《山居即事》："几家寥落不成村，孤馆荒凉早闭门。暮夜野狐嗥屋角，清晨山豕突篱根。桑条枯死虫都尽，橡实抛残鸟尚存。差喜晴檐长杲杲，立冬时节气尤温。"又《月夜至坟前石上小坐》："夜静无风草不吹，唯看坟树影参差。偶来石上一孤坐，坐对月明有所思。今昔同摇湖舫夕，余曾于月夜与内人泛舟西湖，有词存集中。思前同款达斋时。余在吴下，每于月夜与内人同游曲园，《百哀篇》中所谓'夜深重款达斋门'是也。今宵风景真相似，独倚枯筇自咏诗。"

又《登颖秀山访锡杖泉之源，汲水一盂而返》："高僧卓锡处，终古水潺湲。泉为长耳和尚故迹。一线出石罅，分流来人间。我因酌神瀵，于此叩禅关。未许山灵惜，分将云液还。"又《游虎跑泉，以足蹴石上，则泉水喷溢如珠，亦可异也。纪之以诗》："谁向西湖畔，移来南岳泉。至今成胜迹，一水长潆然。偶以足蹴踏，俄看珠联翩。行童莫轻叩，中有骊龙眠。"

十二月，孙儿陛云成嘉礼。

又《余于去年春，为孙儿陛云聘定彭雪琴侍郎之孙女为妇，彼此稚小，犹非婚嫁时也。唯衰翁多病，而吴楚相距又遥，力请于侍郎，早成嘉礼。今年嘉平十六日礼成，且喜且感，情见乎词》："舞勺犹非婚冠年，便为料理合欢筵。胜衣童子虽堪喜，视荫衰翁转自怜。及我未填黄壤日，看他同拜画堂前。嘉期好在嘉平月，十六良辰月正圆。其一。记得金钗作聘初，老妻同住在西湖。存留遗物交新妇，楮栉衰门剩病夫。未定安危难逆料，早完婚嫁是良图。侍郎厚意真堪感，亲自三湘送到吴。其二。"

徐花农过吴下寓庐。

又《徐花农庶常请假南旋，止宿于吴下寓庐，赋二律赠之》："徐陵才调本无伦，一日声华动九阍。科第足为吾党重，朝廷深喜故家存。君为文敬公昆孙、文穆公来孙。须知海上游檀气，君海舶遇风，闻旃檀气甚烈，危而获安。即是天边雨露恩。君得馆选后，诏以其原官内阁中书移奖其子弟二人，异数也。会见勋名继文穆，旧时祖笏付来孙。其一。曲园衰叟愈颓唐，春在堂中酒一觞。垂暮夕阳无足恋，多情旧雨最难忘。看君妙墨辉毫活，时以手书《松壶先生集》见赠。助我清谈麈尾长。在京师时，曾寄赠麈尾二柄。异日河汾传盛事，曾收房魏在门墙。其二。"

除夕，作《述怀诗》。

又《除夕述怀》："烛花红映小窗前，又启檀栾守岁筵。风景依稀如往日，死生契阔已经年。杳无消息来泉壤，一任光阴付逝川。老态龙钟两行泪，每逢佳节总潸然。"

《自述诗》云："文字论交谁最深，门墙徐稚最关心。一诗焚向亡妻告，为报花农入翰林。庚辰岁，门下徐花农入翰林，余于姚夫人忌日焚寄一诗，末云'只有门墙徐孺子，新登蕊榜大罗天'，盖花农从吾游最久，文字相知亦最深，余期之亦最切也。其百六十。先人愍忌近端阳，遥计生年百岁长。敬引丁雄飞旧例，薄营斋供在禅房。先大夫在乾隆辛丑岁五月六日生，至光绪庚辰，满百岁矣。薄营家祭，并于宝积寺礼佛。其百六十一。自为亡妇筑新茔，又筑山中屋数楹。却怕空山太孤寂，更营书冢傍柴荆。是年于右台山买地筑屋一区，是为右台仙馆。又于门外筑书冢，埋余所著书之稿。其百六十二。清闲山馆尽徜徉，翁媪居然共一堂。尚有绮疏遗恨在，特教卧室署茶香。右台仙馆中，设二位，左曰曲园先生，右曰曲园夫人，尝戏语同人曰：安知他日不为右台山中土地公婆乎？茶香室乃姚夫人所居室名，余右台仙馆卧室，即袭其名，命长女锦孙书之。其百六十三。仰看山云俯听泉，晨昏仍不废丹铅。右台仙馆茶香室，私冀书传地亦传。余既葺右台仙馆，乃著《右台仙馆笔记》十六卷。而《茶香室丛钞》亦始于是年。今《续钞》《三钞》次第成书，凡八十卷。又有《茶香室经说》十六卷。其百六十四。娇孙舞勺未成童，小比肩人亦与同。传语亲家须谅我，最难留待是衰翁。余既为孙儿陛云聘之彭雪琴尚书之孙女。是岁陛云止十三岁，非冠昏之期也。然余年来屡遭骨肉之变，恐不能久待，乃力言于雪琴亲家，于是年十二月十六日迎娶成礼。孙妇长孙儿二岁，而同拜堂前，长短略相等，亲友聚观，以为佳话。其百六十五。"

　　按去岁俞楼落成，作诗寄诸君子索和，后皆有寄来。《诗编》九《门下士冯听涛检讨崧生、戴青来编修兆春、徐花农庶常琪，各和余俞楼诗，自都门寄吴下，率赋一律答之》："欧苏窃比我何堪，且与诸君作美谈。添得湖堤风景一，邮来诗句翰林三。远烦天上凌云笔，同赋山中听雨庵。聊复裁笺寄都下，莫教传诵遍宣南。"又《余前出堪字韵诗，都中诸君子颇有和者。因四叠笔韵，寄冯听涛崧生、戴青来兆春、徐花农琪、蔡辅臣世佐诸馆丈》："皋比窃据愧难堪，聊可湖楼作笔谈。余旧有《湖楼笔谈》七卷。学问百分奚有一，光阴十载又余三。余主讲诂经十有三年矣。偶营西子湖边屋，得傍东坡山下庵。多谢诸君发高兴，新诗远寄到江南。其一。自笑迂疏百不堪，敢将时事付空谈。厌闻瀛海九州九，喜诵菩提三藐三。时新成《金刚经订义》一卷，补入《俞楼杂纂》。久向人间称冗物，新于墓下筑茅庵。时于右台山筑屋三间。异时倘过苏堤问，行到于坟再上南。其二。谷饮岩栖病亦堪，客来聊复与闲谈。搜罗异事盈千百，时搜集异闻，著《右台仙馆笔记》。唱和新诗又再三。人道草玄杨子宅，自题老学放翁庵。莫嫌生计萧条甚，坐拥书城抵面南。其三。寄去吟笺一笑堪，还如挥尘共清谈。诸公仕宦如双陆，老我科名过十三。自庚戌至庚辰，十五科矣。白首怕看同馆录，青山惟恋读书庵。只怜豪气销除尽，有愧当年陆剑南。其四。"又为俞楼成，王子梦薇拟议绘四图，曰曲园著书，曰精舍传经，曰俞楼雅集，曰右台归真。而张子小云乃以一夕力毕成之。先生各题一绝句于其后。《曲园著书》："逍遥曲园中，撰述陌卷外。今老不著书，惭愧此图画。"《精舍传经》："自来第一楼，十有三春秋。虽无经可授，乐与诸贤游。"《俞楼雅集》：

"为吾筑斯楼,楼成吾老矣。惟愿诸君子,年年集于此。"《右台归真》:"乾坤乃逆旅,久客必思归。诸子来相访,见吾杜德机。"同时吴清卿大澂又为绘《俞楼图》一小幅见赠,萧疏之致,在笔墨之外,即托湘文亲家于城中标饰之。

又按右台仙馆前后各三楹,于后三楹设龛,奉高祖以下之位,春秋两至,必致祭焉。

又按是岁先生以猪一头放至云栖山中,姚夫人遗意也,并縢以鸡一尾,而纪以诗:"物命满天地,何者不当惜。吾自去岁来,久拟断荤血。苦从儿辈谏,兼采门生说。谓已花甲周,未容肉食缺。姑为议食单,略使有区别。为我特杀者,一概从摈斥。羽族如鸡鹅,水虫若鱼鳖。一物有一命,忍以充肴核。间或未忘味,百钱付屠伯。易其肉一窝,亦足供铺啜。独念老孟光,遗言发垂绝。乃买猪一头,厥状颇肥腯。縢以鸡一尾,毛羽皑如雪。载之如云栖,纵之就栏栅。永远免刀砧,逍遥在泉石。明知所见小,区区诚无益。物固不胜放,放一而遗百。惟思临死言,何忍付一哎。爰将所因由,具为老僧述。略予刍豢资,年月登簿籍。既偿逝者心,亦以免吾孽。何肉尚为累,藉此庶稍释。"又姚夫人尝署所居室曰茶香,先生偶检箧,得茶香室小印,感而赋诗:"浮世原知不是真,回思往事总伤神。最怜竹里馆中月,不照茶香室里人。余于春在堂西南隅,筑竹里馆,而内人不及见矣。宰树经春将发叶,妆台隔岁已生尘。房栊遗迹都消歇,小印芝泥色尚新。"俱见《诗编》九。

又按他所作文,载《杂文》中者,有《谢琴山寿花室诗序》《春风并辔前后两图序》《生春诗录序》《薛心农北行日记序》《谭文卿中丞六十寿序》《两浙盐运使高君墓志铭》《候选同知葛君墓表》《味琴吴公传》《王孝子传》《孙孺人传》等篇。

勒少仲(方锜)卒。

七年辛巳（一八八一年），先生六十一岁。
是岁元旦试笔。

《诗编》九《辛巳元旦试笔》："老妻不见后庚辰，内人生于嘉庆庚辰，其卒也光绪己卯。老我重逢辛巳春。摹取稼轩辛字印，居然六十一年人。其一。六旬已满复何求，除夕刚逢六甲周。除夕乃癸亥日。天为衰翁开七秩，岁朝甲子起从头。其二。"

又《元宵》："试灯风里一徘徊，如此良宵亦可哀。空有银花生火树，谅无春色照泉台。新年景色匆匆过，往日欢肠寸寸灰。算自岁朝到元夕，老夫怀抱几曾开。"又《彭雪琴侍郎和余年字韵诗，因叠前韵述怀》："太岁重逢辛巳年，已周六甲又初筵。文章谬窃时流誉，衰病叨蒙造化怜。脱略衣冠游物外，经营窀穸及生前。近来学业荒唐甚，一曲乌乌唱老园。余有老园一曲，入《曲园杂纂》。其一。记我垂髫总角初，初从南埭徙东湖。余生于德清南埭故居，四岁迁临平，其地有东湖之名。外家荒冢姚司命，余外家姚氏，世居临平，旧有姚司命冢，见元人刘大彬《茅山志》，今不可考。里社丛祠伍大夫。临平有伍子胥庙。世局变迁如傀儡，老怀清净喜浮图。布衣蔬食浮生了，随意勾留越与吴。余去年自题春在堂楹联云：越水吴山随所适，布衣蔬食了余生。其二。"

春自苏至杭，舟中读蒋敬臣注《任彦昇集》。

《杂文》三：光绪庚辰冬（蒋敬臣）君访余于吴下春在堂，又以所注《任彦昇集》求序。时余适为孙儿陛云纳妇，未遑暇也。明年春，自苏至杭，乃于舟中读之。

清明后三日，徐花农宴集右台仙馆，得福寿砖。

又《清明后三日，徐花农庶常携尊至右台仙馆宴集，遂游法相寺，得断砖于坏垣，有福寿二字，取归置之山馆，因纪以诗，仍用东坡石鼓韵》："今年三月日乙丑，我辞渔父就樵叟。余于三月三日，自湖楼至山馆，其日乙丑。遂令好事城中人，争向右台山下走。或篮舆过赤山步，或小舟舣花港口。越七日后得壬申，喜诸君来不先后。山斋逼仄布筵一，坐客连翩并我九。客为汪柳门、沈兰舫、徐花农、王梦薇、倪倬云、潘凤州、许子原，续来一山中客郭君。乃列嘉肴杂笋蒲，却当新火分榆柳。城北徐公兴最豪，花下行厨酒一斗。我懒且病稍见宽，客起欲去辄被肘。醉吻思饮僧庐茶，连步乱踏山田莠。天寒未茁雨前茗，地僻且寻方外友。要烦老衲荐皋庐，岂怕行童笑督毉。归来日落树栖鸦，忽见墙头字露虯。不图砖甓成乌曹，竟有铭辞视黄耇。窃取直欲猱而升，使一人蹲其下，一人踏其肩而上，乃得之。防护不容龙也嗾。奉持欢喜到蜗庐，珍重品题逾凤卣。爱不忍释手为胝，奇莫能名目如瞍。从来古砖出汉晋，不在破冢即丘嵝。字迹剥落辨难真，土花洗剔积愈厚。流传或杂赝鼎赝，年号空存某代某。文曰福寿颇一例，语取吉祥亦多有。若从墙壁扫莓苔，不过山泽生枢杻。识字谅无康成牛，穿窬聊御孟尝狗。镌此言语意云何？得自瞥观夫岂偶。吾闻福列九畴一，又闻寿居五福首。此岂私心所及望，亦非一手遂能掊。礼翔嘏集信有征，语奇意重敢轻取。姑将妙墨拓形模，兼汲清泉涤尘垢。敬承汪伦爱我意，谓柳门。永作右台仙馆守。孝穆作记记固佳，花农记其事于砖。安仁勒铭铭不朽。凤洲为作铭。老夫衰病百无能，敢与诸君同福寿。"

按先生右台仙馆隙地埋所著书稿封之，崇三尺，立石识之，题曰书冢，李黼堂方伯桓用东坡《石鼓歌》韵，为作书冢歌，先生因依韵和之："我生巳年月在丑，至今已成六十叟。人间岁月信如流，金乌飞腾玉兔走。亮无上药驻颓龄，空有虚名挂人口。黄粱已醒卅年前，青史敢期千载后。姓名聊可伴阳五，字问翻思傲欧九。不栽王俭幕中莲，不折亚夫营外柳。不随市侩逐锥刀，不作枝官博升斗。惟将青铁砚为田，何必黄金印悬肘。窃从学海问源流，冀为经畲扫秕莠。开卷居然自得师，闭门未觉吾无友。茫茫坠绪拨秦灰，历历方言征楚毉。少昊氏官辨龙凤，安釐王冢发蝌蚪。欲证夏鼎窥禹穴，思读商盘问殷耆。安冀骊珠自我探,耻为狗盗随人嗾。此中深浅各有得,亦如中衢置尊卣。此中疑信每参半,又如问涂向蒙瞍。止可沿洄水际湄,岂能攀迹山巅嵝。坐看精力半生空,竟积简编三尺厚。纷纷摹印遍苏杭,落落赏音问谁某。徒令纸价市中高,见说流传海外有。虽然灾祸到枣梨,或者眉寿颂栲栳。世人得鼠欲吓凤,几辈画虎翻成狗。我从前年赋悼亡,此身嗒焉如木偶。归真有室傍青山,偕老无人同白首。荷锸参军便可埋,摸金校尉何劳掊。右台山下一蜗庐,小有丘壑亦可取。偶营书冢瘗残稿,巧借名山代藏垢。文家姑援古人例,墓田能否儿孙守。萤光雪彩听长沦,泉室夜台期速朽。为君辛苦和苏诗,自唱挽歌非自寿。"又《书冢歌成,门下诸君颇有和者,因叠前韵申未尽之意》:"人生少壮鸡鸣丑,晚景崦嵫成老叟。始而游戏相征逐,继以衣食事奔走。越女矉里自言妍,齐虏得官乃以口。金殿对策天子前,玉堂献赋群公后。年少那问屦几两,官贫未厌食三九。居然八载直西清,犹记一椽傺南柳。余在都下,曾寓南柳巷。世事竟如云过眼,我生得非日在斗。须知高车拥八驷,何如竹几阁双肘。拂衣归洗京洛缁,缚帚来扫门庭莠。已拚白首卧青山,岂以黄封易红友。不图盗贼起磐牙,遂使仓皇到臧穀。时危巢幕竟如乌,事定临渊翻羡蚪。岑参诗:'临渊见蝌蚪,羡尔乐有余。'因有问此句出处者,聊一注之。刬除战垒抬农氓,搜辑亡书向耆耈。赤舌城烧幸无恙,黄耳书来谁所嗾。招我谈经第一楼,何异宠颁罍二卣。俨然抗颜坐为师,譬犹赋诗古使瞍。大好西湖屡溯洄,小占孤山一连嵝。古训是式心所好,经师自命颜孔厚。积十余岁年复年,有二三子某与某。知我筑楼旧有议,余戊辰春,诂经精舍课题有湖居三议,曰筑湖楼,造湖船,制山轿。怜我湖楼尚无有。乃辟隙地扫荆榛,乃集良材罗櫼栳。楼成坐听柳浪莺,门外卧守桃花狗。我与湖山颇有缘,人生饮啄固非偶。遂为亡妇营马鬣,不必乡山正狐首。因将生圹豫经营,亮无宝鼎此把掊。遗书不望所忠求,荒坟岂虑不准取。裒集草稿自埋藏,付托山灵同护守。聊备右台一故事,敢附《左传》三不朽。一和再和坡老诗,不勒贞珉已足寿。"又俞楼之成,先有徐花农为之记,今年吴叔和又增益之,先生乃复以诗纪事。《俞楼诗记》:自花农诸君为我筑俞楼于孤山西麓,今年吴叔和又增益之,亭台之盛日加,泉石之胜亦日出。余旧有《俞楼经始》一卷,特纪其缘起耳。花农所为《俞楼记》亦未备,拟作后记又未果。余恐久远之后,湮没失传,乃就其中凡有题榜之处,悉以诗纪之,不拘一体。其前后序次,粗有条理,盖欲以诗代记也。因名之曰《俞楼诗纪》。(一)俞楼门外有"俞楼"二字,彭雪琴侍郎所书也。刻字于砖,置砖于楣:"陶庐谢墅总千秋,如我微名岂足留。行到白沙堤尽处,居然人尽识俞楼。"(二)小曲园又进而有门,署"小曲园"三字,梅筱岩中丞所书。以余吴下有曲园,故以小别之。然实则小者大,而大者小矣:"吴中盛园林,高下穷土木。而我虱其间,亦有园一曲。一曲渺乎小,在我则已足。云何移此名,来署湖边屋。小而又小之,无乃太局促。岂知入其中,深邃如盘谷。俨割孤山半,山巅到山麓。斯乃大曲园,云小我转恧。蒙庄《齐物论》,万事无定局。借此泯大小,沧海亦一粟。"(三)碧霞西舍花农未筑俞楼之先,曾梦游此地,其东有碧霞门,余因名正室曰碧霞西舍。其上有楼,所谓俞楼也。其前有平屋,以休宾客之从者。其后有轩,以为燕坐之地。其西偏屋,乃彭雪琴侍郎所增筑者。楼下为余卧息处,楼上设内子姚夫人之位。然皆统以碧霞西舍,不复异为之名矣:"徐子曾从梦里来,碧霞门在左边开。因之小筑称西舍,恰好遥山对右台。余生圹在右台山,适相对也。林木犹须十年计,宾朋颇具一时才。不烦更辟西头屋,恐有陈人卧夜台。舍西尚有隙地,然有古墓存,恐后人或议开拓,故戒之。"(四)瓢池碧霞西舍之后,凿一小池,其形如瓢,故曰瓢池。梦薇有《瓢池记》。池在山足,凿之不易,雪琴侍郎使庵下健儿荷锸从事,锸凡屡折,三日而就:"凿池成瓢形,清涟可俯狎。勿经此一瓢,三折健儿锸。"(五)伴坡亭瓢池东有伴坡亭,盖垣外即东坡庵。余诗云"山上吟庵伴老坡",谓此也,故以名亭:"旧闻东坡庵,即在六一泉。徐子补筑

之,则在泉西偏。又西即与俞楼连,乃筑斯亭广一筵。名以伴坡坡鞿
然,衰朽何足陪前贤。"(六)灵松阁由伴坡亭循廊西上,有灵松阁。以今年春,
金华将军之神降于阁前松上,初拟名以迎仙,余谓将军乃神,而非仙也,故易此名:"曲
廊西上,有阁存焉。问阁何名?或曰迎仙。问曲园叟,叟曰不然。是
乃神降,而非仙缘。金华降神,于松之巅。松以神灵,阁以松传。无
曰松稚,神所回旋。无曰阁小,松将参天。"(七)小蓬莱由灵松阁而上,有
屋西向,花农名之曰小蓬莱。余问故,曰:旧有斯名,袭用之耳。余甚不解其意,既而悟
曰:雪琴侍郎所居退省庵,在三潭印月,临湖有榜,曰小瀛洲。花农意在以吾比老彭耳。
因有诗寄侍郎曰"说与老彭堪一笑,小蓬莱对小瀛洲":"我闻小蓬莱,西湖旧有
二。一在延祥观,一在甘园地。云何筑室袭其名,不知徐子焉取义。
朅来我泛三潭舟,有榜大书小瀛州。中有老彭一寄楼,退省庵中楼名。
乃悟斯名良有由。蓬莱正与瀛洲侔,得无戏弄双白头,诳我谓我神仙
俦。作书偶向老彭说,老彭闻之转愁绝。瀛州虽好几时归,已与西湖
两年别。"(八)西爽亭由小蓬莱而上,折而东行,有西爽亭。花农云:李敏达所建
西爽亭即在此地。余题楹联所谓"小筑一亭存西爽"故迹者也:"敏达此开府,曾营
西爽亭。尚堪寻旧迹,不必草新铭。夕照长衔壁,东风先入槅。偶然
来柱笏,坐对四山青。"(九)鹤守岩西爽亭之下,有岩石。花农名之曰"鹤守
岩",写刻石山上,跋云:余梦前生为曲园守书之鹤,故以名此岩。斯虽谰语,亦一佳话
矣:"徐子始生时,先德有异梦。梦一道士化为鹤,心知此儿必异众。
徐子亦有梦,此梦可轩渠。自言前生一仙鹤,为我护持百卷书。大书
鹤守岩,刻之岩石上。仙人骐骥本清高,福地琅嬛资保障。我书久行
世,所存良亦稀。不须更为我苦守,送尔去披一品衣。"(十)曝书台鹤
守岩之上,垒石为台,是为曝书:"朝登斯台兮,湖山苍苍。旭日初升兮,化
为湖光。吾曝吾书兮,发此奇香。其一。暮登斯台兮,湖山簌簌。明
月初起兮,荡为山绿。吾收吾书兮,留此奇馥。其二。"(十一)文石亭
下曝书台,出一小门,循垣而北,有石壁,刻四大字,曰"斯文在兹",又六小字,曰"赵人

张奇逢题"。自来言西湖金石者所未著录。张公获鹿人,顺治五年来为杭州太守者也。今春又爬罗剔抉,而其字乃全见。是亦一名迹也。因筑亭覆之,名曰文石:"昔人志西湖,金石亦有记。不知孤山颠,乃有此四字。赵人张奇逢,石壁亲磨礲。二百三十年,半被苍苔封。扫石摹其文,笔意颇可奇。苍劲有古法,欹邪见姿态。异哉文在兹,惜哉人不知。筑亭署文石,要使千秋垂。"(十二)曲园书藏汪柳门侍读,与花农、叔和同坐文石亭,见此四字之外,余石尚多,乃谋凿其左畔为石室,而纳余所著全书于其中,署曰曲园书藏。嗟乎!余书岂足藏之名山,诸君所为过矣。姑取以配右台山之书冢,故亦赋诗:"吾于右台筑书冢,一时竞作书冢歌。何意好事诸君子,又营石室孤山阿。汪子倡议诸子和,一议而决无婵娟。遂命匠石运斤斧,丁丁凿破青嵯峨。纳我全书入山腹,封以巨石加礲磨。署曰曲园之书藏,不知藏此将云何?古人著书藏名山,往往山壁出蝌蚪。如我岂足言著述,无乃谰语相謑詬。第思西湖有故事,稍可解我惭颜酡。不见龙井之石室,句曲外史手自劚。瘗埋所注《道德经》,并及平日诸吟哦。即如书冢亦有例,请观宝石山之坡。吾丘贞白文冢在,至今或未埋烟萝。自古文人例好事,谓我不可彼则那。作诗敬谢诸君子,并告山灵烦护呵。"(十三)文泉由文石亭西上,有一大池,南北可七八丈,东西可三丈,其地虽非孤山之颠,然在西麓亦为最高矣。有此大池,是亦一奇也。而志书不载,盖知者鲜矣。余因与文石亭相近,名之曰文泉,刻石泉上:"雁荡得名因有荡,荡在山颠不可望。传闻芦荻满汀洲,竟与江湖同混漾。吾乡西郭金鹅山,其上有泉流潺潺。岁月既久泉亦涸,遂使金鹅去不还。山上有水谓之浮,《尔雅》所传非妄说。如何孤山有此泉,故老无闻记载缺。近筑俞楼始得之,见者惊诧呼天池。我披荆榛试俯视,爱此一顷青琉璃。乃为手写文泉字,大书深刻傍水次。他年于此筑精庐,且待庐成再为记。"以上皆见《诗编》九。但今楼已改观,附设菜馆,只剩有壁间徐花农篆书《俞楼记》、彭雪琴画梅和诗,及曲园先生六十岁像诸石刻而已。(民国卅五年秋月朴垲识于杭寓。)

三月二十日，自杭旋苏，在曲园赏牡丹。

《三月二十日自杭旋苏舟中作》："杭州小住又苏州，真似飘飘水上沤。已悟浮生同逆旅，且携孙女共扁舟。归许氏女从行。暮春天气晴还雨，垂老心情喜亦愁。赖有一编消白昼，衰翁聊复展眉头。时携一书曰《儿女英雄传》，长白铁仙文康所作，宋时下话体也。"

又《曲园牡丹盛开对之有感》："园林雨过净无尘，坐对名花忆故人。花好还如前度日，人亡又是一年春。喜他摇曳风前态，怜我衰赢病后身。玉合银盘娇未吐，想应留向夜台新。有白牡丹一株，今年未开。"

纂《荟蕞编》二十卷。

《荟蕞编自序》：国朝二百余年来，人才特盛，其大者见于金匮石室之书，次者散见于名家碑传之文。道光间，嘉兴钱衎石先生有《国朝征献录》一书，乱后散佚，而平江李次青廉访，乃有《先正事略》之作。近者湘阴李黼堂方伯，又有《耆献类征》之作，搜罗宏富，诚著述之盛心也。虽然，子夏不云乎：贤者识其大者，不贤者识其小者。愚以为诸巨公之磊落斡天地者，不患无传。唯匹夫匹妇一节之奇，往往淹没不著，诚私心悼之。流览诸家文集，随手摘录，积久遂多，不忍遽弃，箧而藏之。昔唐郑虔采辑异闻，成书四十卷，名曰《荟蕞》，言多小碎之事，如草之小而多也，辄袭其名，题之简端云。光绪七年实沈月，曲园居士书。

秋，杜筱舫观察卒于嘉禾里第。

七月十九日，命儿辈释服。

《七月十九日命儿辈释服，凄然赋此》："本期泉路共追陪，如此留连亦可咍。岁月已随流水去，儿孙仍着彩衣来。灵筵乍撤神犹恋，吉祭初成意而哀。我亦龛中设虚位，棂函非久料应开。余自制一木主，与夫人之主同奉龛中，但未题耳。余棺椁、衣衾，以至生圹，凡身后之事，无一不具，时至即行，论者勿以豫凶非礼为讥也。"

大儿绍莱卒于天津。

又《大儿绍莱，既免其母之丧，仍赴直隶，以知府候补，感疾，卒于天津，盖八月二十五日事也。家人以余在杭州，秘不使知。还苏始闻之，哭以诗》："送汝原知再见难，只因我病已衰残。残年谁料竟无恙，衰泪翻教为汝弹。良友津门亲视敛，谓朱伯华观察福荣，余门下士也。孀妻海舶远扶棺。大儿妇樊航海至天津，扶柩南归。老夫笑傲湖山日，如此仓皇事百端。其一。戊己庚辛只四年，三丧何意竟相连。戊寅年先慈见背，己卯年内人继之，今年辛巳，又有此变。未符独子双桃例，已止孤孙一线延。大儿无子，以次子祖仁之子陛云子之。然祖仁久病，未必更有子，陛云他日仍须兼桃次房也。眷属明知同梦幻，家门未免太屯邅。虚名折尽平生福，莫遣灵龟更问天。其二。"

吴叔和为筑伴坡亭、灵松阁、小蓬莱诸胜。

又《筑俞楼之明年，又建西爽亭于山上，而中间隙犹多，吴叔和比部寿臧，又就其地增筑轩亭，于是有伴坡亭、灵松阁、小蓬莱诸胜。时余在吴下，赋诗落之》："步从山麓到湖楼，尚有中间隙地留。爱筑危亭与坡伴，伴坡之名，因余诗有'山上吟盦伴老坡'之句也。更营杰阁待神游。距阁寻丈，有一松树，今年春，金华将军之神即降于此松上，故以灵松名。回廊西上疑云栈，精舍东开学钓舟。说与老彭应一笑，小蓬莱对小瀛州。彭雪琴侍郎退省庵在三潭印月，临水有榜曰小瀛洲。其一。小园一曲地三弓，久向苏台作寓翁。多谢同游诸旧雨，又营别业傍清风。俞楼之左，即徐文敬公清风草庐。不无雁雪流连意，大费莺花点缀功。徐辟彭更佳话在，续添名士有吴充。前年有以'俞楼经始'四字为谜语，射四书人名。徐辟彭更者，谓花农草创之，而雪琴又更张之也。今又得吴叔和廓而充之。余戏谓：徐辟彭更外，当添一吴充矣。吴充，宋人，《宋史》有传。其二。"

九月二十四日,偕次女、女婿游九溪十八涧。

又《九月二十四日,偕许子原女婿及次女秀孙,自龙井至理安,遍历九溪十八涧之胜,口占二绝句》:"老妻欲作理安游,竟以孱躯愿未酬。见《百哀篇》。今日携得娇女去,山中溪涧数从头。其一。九溪有数涧无数,并作山中一派青。谁料石矼刚十八,舆夫脚底是山经。九溪以并九水为一,故名。至十八涧,则莫能言其数,但云约举之辞,见其多耳。乃舆丁昇我屡游其地,历数履石渡水之处,适十有八,乃悟昔人命名之由。其二。"又《次女秀孙有诗纪九溪之游,女婿许子原和之,老夫亦用其韵》:"山馆清闲竟日留,篮舆更伴我同游。千岩万壑不知处,红叶黄花无限秋。法雨泉清聊瀹茗,瓮云洞小试探幽。归来喜见新诗句,爱女吟成快婿酬。"

为内侄祖诒娶妇。

《内子姚夫人有孤侄祖诒,字毂孙,自幼育于余家。夫人在日,与议婚者屡矣,而皆不果。今年十月,余为娶秀水杜氏女,以诗告夫人》:"良缘前度费平章,后死何容一日忘。已遣新郎奠缫雁,休嫌旧议改河鲂。内人在日,曾议聘姜氏女。粗完心愿怜吾老,小创门楣冀后昌。他日与君泉下见,凤雏应向儿时将。"

《自述诗》云:"诸君好事屡经过,共和东坡《石鼓歌》。福寿院中一残甓,却教我辈费摩挲。辛巳清明后三日,汪柳门侍郎、徐花农太史过右台仙馆,小饮后,游法相寺,得一断砖,有'福寿'二字,异之,携归,置之右台仙馆。余因用东坡《石鼓诗》韵作歌纪其事,和者甚众。其百六十六。名山窃据已堪羞,西爽亭前工又鸠。袭取小蓬莱旧号,遥遥相对小瀛洲。吴叔和比部,又为筑伴坡亭、灵松阁于俞楼之后,有便坐,颇高敞,花农名之曰小蓬莱。其意以彭雪琴尚书退省庵外有'小瀛洲'三字额,故以此配之也。其实小瀛洲、小蓬莱,皆西湖上旧有之名,今两处均非其旧也。余因作《小蓬莱谣》二百首,人有以便面求书者,辄书此付之。西爽亭在俞楼后山,花农谓是李敏达西爽亭故址,遂以名之,实亦想当然耳。其百六十七。湖山坛坫妄称尊,骨肉凋零不可论。我为虚名消薄福,大灵何必款天门。是年八月，大儿绍莱卒于天津。其百六十八。聚沫抟沙总不真，殷勤犹念外家亲。青庐草草迎新妇，他日无惭泉下人。姚夫人有孤侄名祖诒，自幼失怙恃，育于余家，是年十月，为娶妇杜氏。其百六十九。"

又按他所作文，有《王子安集注序》《任彦昇集笺注序》，二书皆为吴县蒋敬臣作，及徐花农《玉可庵词存序》，以有论作词之道，故特节录之："温柔敦厚，诗教也。词为诗之余，则亦宜以此四字为主。近世诗人多好黄山谷诗，余雅不以为然。至山谷之词，尤多俚俗。以此为词，词之道卑矣。余于词非所长，而遇好词辄喜诵之。尝谓吴梦窗之'七宝楼台，照人眼目'，苏学士之'天风海雨，逼人而来'，虽各极其妙，而词之正宗则贵清空，不贵饾饤；贵微婉，不贵豪放。《花间》《尊前》，其矩矱固如是也。"见《杂文三编》三。

八年壬午（一八八二年），先生六十二岁。

是岁春，寒食，病始起。

《诗编》十《壬午寒食病起试笔》："曲园居士太阑珊，一病迟迟欲起难。病日梅花犹未放，起时桃萼已将残。精神莫望衰中健，气候频惊暖后寒。见说光阴交百五，如何飞雪满雕栏。"又《病中偶作》："真有蓬瀛海上山，俗流不信妄疑讪。须知灵气蟠空际，不比凡山在世间。羽士飞行应及见，徐福筆或暂一见之。云帆寻逐必空还。秦皇汉武所以访求而不得也。浪夸地轴周流遍，此境辽辽未许攀。近时泰西之人，自谓乘轮船周行地轴，安见有此等山，真井蛙之见也。"

三月二十日，携孙女至西湖。

又《三月二十日携孙女庆曾至西湖俞楼》："未了西湖山水缘，又扶衰病此流连。养疴难执《废医论》，余旧有《废医论》，而此行则以药饵自随。排闷还披《玩易篇》。舟中与庆曾为八卦叶子之戏，《玩易篇》亦余所著书名。三月春光随逝水，前两日立夏。十年旧梦化轻烟。惟应不让衡阳叟，也有娇孙在膝前。彭雪琴侍郎闻于是日启行,巡视长江。携其孙女同行,即余孙妇也。"

自瘗堕齿。

又《内子姚夫子遗有堕齿一,藏之至今十有五年矣。余于去岁亦堕一齿,乃合而瘗之文石亭前,以诗代志》:"已卜幽宫傍右台,无端又此翦蒿莱。青山小筑坟三尺,黄壤深埋齿二枚。他日好留蓬颗在,当年同咬菜根来。残牙零落存无几,尽拟相从赴夜台。"

携孙辈还苏,绕道清溪,上先人冢。

又《为大儿营葬毕,携孙儿陛云孙女庆曾还苏,并绕道清溪上先人冢》:"玉树深埋不必论,老夫仍复返吴门。囊中故物抛双齿,已葬孤山矣。灯下闲谈对两孙。携拜先茔深有意,自知暮景久难存。且期篱菊花开日,重渍杭州旧酒痕。"

长夏与家人避暑曲园。

又《长夏无事,与二儿妇姚、长女锦孙、孙女庆曾、外孙女许抱珠避暑前后两曲园,率成一律》:"后园杨柳前园竹,家人呼小竹里馆为前曲园,因以曲园为后曲园。两处轩窗一样凉。老与世人殊凿枘,间偕儿辈共壶觞。风来已度萧森韵,月上还摇琐碎光。莫向尊前思往事,余年几度此徜徉。"

初秋,养疴吴下。

《杂文》四《金盖山重建纯阳宫记》:壬午初秋,余方养疴吴下,而故乡诸君子以重建金盖山纯阳宫落成,介沈仲复廉访求余文为记。余频年主讲杭州诂经精舍,岁必再至西湖,见湖上梵刹相望,而兵火以来无不鞠为茂草,一二缁流谋兴复之。筑舍道旁,三年不成,何其囍也!

中秋,又与家人赏月曲园。

又《中秋之夕,与两儿妇及长女及孙儿孙妇孙女外孙儿女玩月曲园,率成四律》:"今年频作曲园游,每到园中必久留。儿辈最怜兰桨活,老夫惟爱竹房幽。孙妇孙女及外孙女辈,喜坐小浮梅槛。余与长女两儿妇则于艮宦小坐。况逢佳节晴堪喜,又值连朝病略瘳。莫负殷勤儿妇意,安排小饮作中秋。其一。儿妇相从长女陪,达斋团坐酒三杯。更携孙女外孙辈,同望月宫拜月来。老去童心还烂漫,病中险韵怕敲推。最难咏月题红字,一笑尔曹小有才。孙儿陛云诗有云'隔篱透出一灯红',月下赋诗而用红字,颇不易和。孙女庆曾和云'墙根桂影重重上,不羡三春万紫红',亦小有思致也。其二。等此园林柳几株,月光便与日光殊。遥看枝上翩翩叶,竟是盘中宛转珠。更比莹莹仙露活,岂如落落晓星孤。由来此景无人道,雾淞冰花得似无?月光照树叶,正面辄有光,杨柳树高而叶小,望之皪如珠,亦一奇景。其三。登山临水尽流连,忽漫回头忆往年。老母未曾游月夜,病妻偶一醉花前。老母在时,因年高故,夜间从不至园中。老妻偶一至,以多病亦不数数也。浮生草草真如客,旧梦重重化作烟。且对一尊开口笑,不知秋月几回圆。其四。"

为小诗,谢作文字,三年为约。

又《衰老多病,戏作小诗,布告海内诸君子,请以本年八月为始,停止作文三年。凡以碑传序记等类相诿諈者,概弗应》:"误攻文字力将殚,垂老方知搁笔难。稍拟安排出世事,权同停止入流官。时各行省以仕途壅滞,往往请停止分发三年。余生能否三年待,夙债犹期一载完。有三传两墓志已先诺之矣,拟于一年内应之也。公鼎侯碑有人在,莫将衰朽当欧韩。"

冬十月,来俞楼,徐花农等招宴。继又觞于右台山。

又《余不赴人招饮,由来久矣。马星五观察、徐花农庶常、吴叔和比部,载酒肴至俞楼觞焉。因用前年堪字韵,即席赋谢》:"懒惰嵇康百不堪,尊前聊复共清谈。盛筵此后应难再,贤主今朝又得三。莫负佳辰小春月,已拼烂醉老彭庵。退省庵主人彭雪翁在坐,自云今日吾拼一醉。酒阑便有临歧感,唯盼轺车早指南。时花农将入都。"又《花农因余诗有盛筵难再之语，又载酒入山觞余于右台仙馆，再叠前韵》："典籍精研我不堪，时唐锛之孝廉，以刘文清所书'山居精典籍'五字见赠。惟堪知己共闲谈。故人要使盛筵再，隔宿先招益友三。余尝戏谓花农君必载酒入山，则我必在云楼矣。花农故预约江梅生、邹镜堂、蒋泽山先至仙馆，聅而与语，以羁縻之。相与同麾名士麈，不然定访老僧庵。感君此意流连久，短晷浑忘日至南。"

又按《戴用柏以恒既为作俞楼图，又拟分作数图，赋诗谢之》："安道清名世所知，家传绝妙画中诗。抱琴不作王门客，却作俞楼老画师。其一。已写俞楼一帧图，更裁茧纸细描摹。清妍点缀分毫末，能免妆媟费朣无？其二。山林妆点笑诸君，已有微词耳畔闻。我比扬雄尤懒惰，无心更作《解嘲》文。事见《春在堂尺牍·复王户部书》。其三。浪窃虚名二十秋，居然海外识俞楼。而今更仗先生笔，会见流传五大洲。其四。"（亦见《诗编》十）

十一月初四，苏，日人岸田国华以所搜《东瀛诗集》寄求选定。

按是岁先生时有与日人以文字相往来。《诗编》十《日本僧心泉，字小雨，以楹联寄赠，并其国人青山延于所著〈史略〉、赖襄所著〈外史〉各一部，赋此谢之》："飞锡湖滨惜未逢，去年访我于俞楼，不值。书来犹带墨花浓。一联壮我楹间色，万里寻君海外踪。东国几家成信史，西方别派启真宗。日人有僧曰亲鸾，其国主谥之曰见真。其教人惟以念佛为事，不禁娶妻食肉，是为真宗。心泉即宗其教，故有二子，曰昭曰穆，有女曰阿多。更烦问讯竹添子，何日吴门再过从？"又《日本国人岸田国华，字吟香者，搜辑其国人诗集一百七十家，寄吴中，求余选定。余适卧病，未遑披览，先赋一诗》："平生浪窃是虚名，老去声华久不争。隐几坐方学南郭，寓书来又自东瀛。吴中病榻鸡皮叟，海外骚坛牛耳盟。百七十家诗集在，摩挲倦眼看难明。"又《录要》云："《东瀛诗纪》二卷，余因日本人岸田国华之请，为选定其国之诗，得四十卷，又补遗四卷，是为《东瀛诗选》。余每读一集，略记其出处大概，学问源流，附于姓名之下。而凡佳句之未选者,亦或摘录焉。"

十二月,次女绣孙卒于杭州。

又《次女绣孙于十二月十八日卒于杭州,哭之于诗,得十五首》:"一病原知事不轻,尚疑未至遽捐生。如何抛却青春婿,竟去黄泉伴母兄。其一。传来消息太迟迟,已届幽冥一七期。当汝衣衾僵卧日,是吾欢笑曲园时。是日雨雪初霁,曲园中风景颇佳,适长女归家,遂与儿妇辈同饮于艮宧,欢笑竟日,不知汝即于是日长逝也。及吴中得确信,已在廿四日矣。其二。远遣奴星问汝安,谁知汝骨已先寒。一笺草草封交婿,笺末犹书汝共看。余以数日不得子原婿书,使人往问之,作书致子原,尚云吾女同览。其三。饮药呼医日几回,药方束简竟成堆。篋中冰一担头火,合就阴谐鸩一杯。汝病不过二十余日耳,死后子原寄药方来,共二十八纸,寒热攻补,无所不有,宜其死矣。其四。身后零丁事事非,二男六女痛无依。呢喃一队梁间燕,母死巢空四散飞。子原书来,言将长子阿春、六女阿仙交我处。其次子阿文、五女阿藉交其二伯父。三女阿贤交其姑母。至其二女阿引,本在我处,长女阿多、四女阿莲,本在二、四两伯父处也。东零西散,言之惨然。其五。回想于归宛目前,长安道上早春天。婿家亦在艰难日,辛苦随夫十九年。同治三年,余送汝入都归于许氏。许固武林望族,然亲家季传明府先逝,女婿子原年未弱冠,其家境清苦。及子原举孝廉,年来稍优裕,而汝死矣。其六。自随夫婿出京华,佳日春秋总在家。今岁春风人不至,不能再看曲园花。汝于甲戌出京,自申至辛八载,每岁必至吴下。春来秋去,率以为常,亦间有一岁再至者。自去年十一月十五日归杭州,及今年,遂不至。其七。本图移汝到金闾,小屋三间隔一墙。太息此谋终不果,双扉虚设后回廊。余拟移汝家至苏州,余屋后有小屋一区,粗可栖止,汝亦欣然。因于艮宧廊下开一小门通之。然此计因循未果。此门遂成虚设矣。其八。……湖楼人事苦纷如,闻汝来时意一舒。此后绿杨堤上望,不能盼汝再停车。余每至俞楼,宾朋杂遝,笔墨旁午,意甚苦之。每闻汝至,则为之一喜,而今已矣。其九。清闲山馆胜湖楼,与汝篮舆曾共游。笑汝不知朝露暂，尚思溪涧再寻秋。余每至右台仙馆，汝亦必至。去年曾与共探九溪十八涧之胜，今秋汝书来尚有言及，意欲再游也。其十。华筵懒作坐中宾，只许娇儿作主人。从此无人谙食性，袖携胡饼进城闉。余在苏杭，均不赴宴会。每至西湖入城谒客，辄饭于许氏。吾女量余食性，略治一二品，余欣然举箸。今后谁为我治具乎？其十一。匆匆已欲去杭州，又向横河半日留。谁料此行成永诀，可知临别数回头。余今年于十一月初七日发杭州，临行前两日，又乘肩舆入城，不谒一客，但至横河桥许氏小坐。此行盖与吾女永诀，有莫之为而为者。其十二。老中憔悴病中躯，暮景如斯可叹无？去岁哭儿今哭女，那教老泪不干枯。余题一联于其灵帏曰：十岁能诗，廿岁能词，错认痴儿兼福慧；去年哭子，今年哭女，怎教老泪不干枯。其十三。明年拟刻汝遗诗，并及零星所作词。附我全书行海内，流传日本与高丽。女所作诗词曰《慧福楼稿》，慧福楼乃其幼时所居室，余所名也。盖嘉其慧而又冀其有福也。今何如哉？女诗词虽不甚工，亦多可诵者，明年当选择而刻之。余《春在堂全书》传播颇广，女诗词附吾书以传，当可流及海外也。其十四。更思卜地傍南冈，与我松楸共一方。此愿未知能遂否？来年共婿再商量。女尝言我死必葬右台山相近之处，盖欲与父母坟墓相邻也。今拟从其志，当与子原商之。其十五。"

《自述诗》云："青山何处卜牛眠，骨肉何妨聚一阡。我比澹台殊未达，尚思相见在黄泉。壬年四月，葬大儿绍莱于右台山，即与余夫妇同兆域。其中为余夫妇之茔，左葬大儿，而为大儿妇筑生圹焉。其右亦营马鬣，预为二儿夫妇同兆地，但未窆耳。墓域外有地，亦连属之，大儿有妾于氏，守节不嫁，俾他年归骨于此。其百七十。残牙零落亦堪哀，双齿新茔土一抔。谁料流传瀛海外，湖山小隐有诗来。内子姚夫人遗有堕齿，壬午岁，余亦堕一齿，乃合而瘗之孤山之麓，题曰双齿冢，日本人湖山小隐长愿闻而艳之，赋诗见赠。其百七十一。虚名一窃竟难逃，毛颖陶泓日日劳。愿引杂流停止例，三年以内不挥毫。余以衰老多病，戏作小诗，布告海内诸君子，以壬午八月为始，停止作文三年。凡以碑传序记求者，概不应。其百七十二。海外诗歌亦自工，别裁伪体待衰翁。颓唐旧日辐轩使，采尽肥前筑后风。日本国人以其国诗集一百七十余家寄中华，求余选定。自壬午冬至癸未夏，为选定四十卷，又补遗四卷。其国之诗，自元和宽永以来，略备于此矣。其百七十三。正选东瀛海外诗，一声腊鼓太凄其。老夫和泪灯前定，福慧楼中诗与词。是年十二月，次女绣孙卒于杭州。明年，余至杭，从女婿许子原索其遗稿，则未死之前，自付一炬矣。幸子原尚有记忆者，余处亦有其手写之稿，合之得诗七十五首，词十五首，因写而刻之，曰《慧福楼幸草》。慧福乃女所居室名也。其百七十四。再到湖楼意索然，更无爱女话灯前。玉童娇小引珠幼，都向香山伴乐天。癸未至杭，距绣孙之卒逾月矣。携其一男二女以归，命儿妇辈抚之。玉童乃白乐天外孙，引珠则女也。均见白集。其百七十五。大兔儿山咫尺间，经营便是女床山。右台相距无多路，月夜他年共往还。癸未十一月，女婿许子原葬绣孙于大兔儿山，其地距右台山甚近。其百七十六。欲建先祠愿未酬，且于山馆祀春秋。权宜定博先人喜，记踏槐黄到此游。是年于右台仙馆又筑室三楹，乃于其中一室奉高曾祖父之位，春秋祀之。其百七十七。斟来冬酿满金尊，妇子灯前笑语温。今岁老夫作生日，怀中新抱女曾孙。余生日，向无酒食之事，是岁值长曾孙女玭宝生，至余生日，乃其双满月之日也。薄具壶觞，与儿妇辈同饮，嗣是每岁循之矣。其百七十八。"

九年癸未（一八八三年），先生六十三岁。
是岁春正月下旬，招花农饮于俞楼。

《诗编》十《正月二十九日招花农饮于俞楼之碧霞西舍，即送其北上》："闻说云帆已日边，余在吴下，闻其于二十五日成行。尚留一面亦前缘。碧霞舍内三杯酒，绿水洋中万里船。事业无穷期后日，儿孙有托慰衰年。老丈自顾崦嵫景，未免临歧倍黯然。"

又按先生之于弟子，尤其徐花农，《诗编》十所述，与徐诗简往还者甚密。如《朱桂卿福诜、蔡辅臣世佐及花农三庶常，自都下仍用堪字韵作诗见寄，因再叠韵二首奉酬》："日下联吟我不堪，且将近状与君谈。那知浮世屦几两，又定丛钞卷廿三。时编定《茶香室丛钞》二十三卷付刻。海外流传青镂管，日本国人来乞书者甚多。山中料理白云庵。时又于右台仙馆增一小屋，移釁室于垣外。最怜退省楼头客，一片雄心到越南。适彭雪琴尚书在坐，纵谈时事。其一。似我衰慵非所堪，请缨虚愿不须谈。寥寥同调千中一，忽忽流年六十三。浮世久居真似客，闲门常杜竟如庵。微吟寄付诸君子，又费诗简递北南。其二。"又《花农庶常授职编修，即用堪字韵寄和》："承明著作卜君堪，十五年前有是谈。余初识花农，决其必入翰林，曾与杨石泉中丞言之。天上传来风廿四，君散馆考，列一等二十四名。人间恰好月初三。余在吴下，于五月朔日得君留馆之信，即函报君家，限初三日到。佳音远递金壶电，君两从电报局寄信至苏。喜气先腾玉可庵。君斋名也。看取画书诗并妙，御斋傡直最宜南。余谓君异时必入南书房，亦尝与杨石泉翁言及之。"又《花农又用堪字韵作四诗寄吴下，老夫技痒，又如数报之》："何事偏于养病堪，敢矜枚藻与邹谈。海东移到虬枝一，时日本国诗僧心泉，以其国松树一株寄赠。关外邮来麈尾三。花农以自然柄麈尾见赠，云自山海关外来者，先后已三柄矣。旧筑书城环堵室，新添梵课卧云庵。余近来晨起，必至艮宧诵《金刚经》一卷。金经日日清晨诵，诵毕晨曦度卯南。其一。玄理原非殷仲堪，故人虚劝作诗谈。彭雪琴尚书屡劝作诗话，未果。《宋史·艺文志》有诗谈之名，兹借用之。残牙已瘥右车一，即前筑双齿冢事。病脉稍平左腕三。医者谓余左三部脉无病。筹箸只应游退谷，丹铅何敢望升庵。偶编海外香奁集，欲为东瀛谱二南。余所选《东瀛诗选》其第四十卷皆闺秀诗，因属刻工先印十余本，即以一本寄花农。其二。老境如余久不堪，且因知己更深谈。故人又少同年一，谓邵汴生少宰。旧感仍蒙六月三。是日为内子姚夫人生日，仍为设祭，不能无感。自觉病躯便懒版，余卧必高枕，将来恐为东坡先生之终于懒版矣。不将游具制行庵。黄山谷有《行庵铭》曰剪棕为庵，驾于人肩。余游山则藤椅子而已。弹丸脱手新诗到，惊见熊僚在市南。其三。谓我词锋斗尚堪，岂知废学只游谈。曲园地小析为二，家人有南北曲园之称。䀭卷书多添作三。余所著书，已逾三百卷矣。何意诸君住蓬莱，未忘此老在茅庵。令人回首长安市，宅子曾寻柳巷南。余在京时，曾住南柳巷，宋王铚《默记》称，王荆公使其子雱至京寻宅子。则京官所居曰宅子，自宋然矣。其四。"

补筑右台仙馆屋三间。

又《右台仙馆旧止屋三间耳，今又补筑三间于其后，奉高曾祖父四代神位而祀之。谨记以诗》："昔筑右台馆，小屋惟三间。屋后有余地，大小如其前。更筑三间屋，前后相毗连。繄余旧有愿，筑屋清溪边。非为栖息计，将以奉我先。蹉跎竟不果，遂至迟暮年。西湖山水窟，名胜天下传。三台有灵气，钟自南峰巅。此乃形家说，吾且姑勿言。唯念吾祖父，曾与宾兴筵。当时赴省试，此处应流连。北望乌巾山，百里而近焉。于此安先灵，岂曰非所便。况从屋后望，望见吾新阡。吾生亦寄耳，不久来长眠。庶几得随侍，泉下相周旋。子孙世守之，勿使遗址湮。其有显达者，天路期腾骞。否则隐于此，稍买山下田。呜呼意无穷，不尽此诗篇。"又《仙馆前三间，于正屋设吾夫妇之位，左曰曲园先生，右曰曲园夫人。今又增慧福楼主人之位，盖为绣孙设也。命二儿妇姚率孙儿孙女孙妇辈设祭以安之，而纪以诗》："一自亡妻葬右台，吾儿岁岁必亲来。如今接引归仙馆，依旧追随在夜台。犹记春秋留共饭，乍交申酉辄辞回。余每岁春秋至右台仙馆，女亦必至。然至申酉之际，必辞余而入城矣。不如此后从容甚，遮莫斜阳树杪催。"

三月刻成《慧福楼幸草》。

按先生为次女绣孙之卒，意颇哀悼，既接养其子女，又为搜刻诗稿。又《三月二十八日，距绣孙之亡百日矣。时女婿许子原应试入都，外孙男女辈分寄四处。其家中无人矣。未知为营斋奠否。因命儿妇辈于吴下寓庐设祭，适〈慧福楼幸草〉刻成，即焚寄一册》："求名夫婿去燕台，儿女分飞四处开。死后空闺刚百日，灵前清酒欠三杯。

叹余垂老还多事，为汝营斋略尽哀。慧福楼诗新刻就，一编焚寄九泉来。"《癸未元宵得女婿许子原书，有"风雨凄其，无异幽冥"之语，正与老夫怀抱相似。率成一律，焚付绣孙》："试灯风里太无聊，连日阴霾积未消。人以伤心催暮景，天将苦雨作元宵。如斯佳节真堪笑，已与泉台不甚遥。莫怪老夫心绪恶，女儿四七是今朝。"又《余拟刻绣孙诗词，乃女婿许子原书来，言其病前已付焚如矣，为之爽然自失。又赋一律焚寄》："飘然已返太虚行，何有区区死后名。知汝已忘身外物，在余未免世间情。仍从遗箧搜残稿，尚记新词赋落英。女旧有落花词，余曾和之。灯下编排还自笑，老夫大梦亦将醒。女诗词之在我处者，及子原所记忆者，尚得数十首，拟尽刻之。"又《余所使者自杭州回，闻之许氏之婢媪，知绣孙焚诗在九月中，岂逆知将死乎？余十月至十一月在杭州相见，略无微言相示，何也？又赋一律》："闻汝焚诗九月中，岂非预识数将终。如何十月来看汝，不以微言略示翁。泉路茫茫无可问，老怀郁郁想难通。惟思相见明年语，不久还应笑语同。余十一月初五日至女处，临别，女语余曰：明年相见矣。"又《二月八日，使人至许氏，迎外孙男女春儿、引儿、仙儿以归，又成一律，焚寄绣孙》："夫婿云程仍万里，阿翁尘世不多时。只怜湿哭干啼辈，尚远男婚女嫁期。失母自宜谋寄托，如余岂得久扶持。他年免著芦花否，汝在泉台知不知？"又《读次女婿许子原水部七月廿二日哀逝之作，漫题四绝句》："中元景物过逡巡，往事回思总怆神。记得年年设汤饼，女儿为婿作生辰。七月廿二日，子原生日也。女往年在吴下，是日必具面食。其一。残缣断纸付焚如，幸草犹存亦烧余。忽漫一笺来眼底，去年八月廿三书。前二日，于无意中得女去年八月廿三日书。其二。外孙稚小最堪怜，谓阿春。携授尚书在膝前。更有四龄娇女在，谓阿仙。聪明颇似汝童年。其三。仲冬初六是良辰，卜葬南山与我邻。子原书来，葬期已定于十一月初六日。太息去年当此日，尚将相见订明春。其事见前诗注矣。其四。"

其《幸草序》云：余次女绣孙生而明慧，余授以《毛诗·国风》，又于韦毅《才调集》中选唐诗数十首授之，未教以他书也。而女酷嗜诗，见人诗集辄取观之，终日不释。余曰：汝解此乎？曰：不解也。余笑曰：汝无我诳，安有不解而终日观之不厌者乎？即以咏月为题，使赋之。女略一思索，即成七言绝句一首，虽不工，而末句有举头天外之意，余耸然异焉。曰：此女慧矣，或非久于人世者乎？因题其所居曰慧福楼，冀其福与慧兼也。女自此遂致力于词。久之，而词胜于诗，吐属清新，用意微而婉。使天假之年，殆可以入漱玉之室矣。（下略）

中秋小病。

又《中秋小病，有负明月。次日花农书来，即用其书中语，赋诗却寄》："三五良宵病里看，翻劳吉语出长安。每年此夜中秋易，花好月圆人寿难。来书云：看清晖之不改，每年此夜中秋，愿景福之常新，花好月圆人寿。月与去年同入室，人于此夜欠凭栏。何如粉署迎凉客，粉署迎凉，亦来书语。玉宇琼楼不胜寒。"

重九日，与儿妇辈游曲园。

又《重九日与儿妇辈游曲园，登小山，看月色，聊补中秋之游》："小山虽小亦堪游，况复宵来景色幽。为念百年同逝水，故将九日补中秋。人生悲喜每交集，天意阴晴难预谋。莫惜冰轮容易堕，可知一岁几当头。"

冬仲，送绣孙之葬。

又《仲冬初六日送次女绣孙之葬，焚寄一律》："暮年情绪不堪云，蒿里歌声岁岁闻。自为内子营葬后，去年葬大儿，今年又有此事。午夜青灯老夫泪，卯峰黄叶女儿坟。坟在兔儿山，余故以卯峰名之。泉台再见知非远，山馆相依永不分。异日清风明月夕，两家莫厌往来勤。"又《将窆，命二儿妇姚致祭，又用前韵焚寄》："凋零骨肉不须云，且把虞歌唱汝闻。传世无惭左家女，卜邻况傍右台坟。异时两姓碑俱古，去岁今朝袝始分。事见前注。好与母兄先聚首，九泉为我致殷勤。"

十二月二日生日，因生曾孙女满月，设汤饼筵。

又《嘉平二日，余生日也，向不称觞。今年因所生曾孙女琤宝是日适为双满月之日，小治汤饼，与儿妇辈共饮》："已知暮景不常存，且尽筵前酒一尊。六十三翁小生日，俗以每满十岁为大生日，其他皆小生日。一堂四代女曾孙。浮生明晓须臾事，此日还同笑语温。戏为儿曹吟旧句，夕阳虽好近黄昏。"

编定《茶香室丛钞》二十三卷。

又按《茶香室丛钞》刻成，先生自序云："茶香室者，内子姚夫人所居室名也。余既葬夫人于右台山，自营生圹于其左，又于山中筑右台仙馆，即署此三字于卧室中。余每至杭州，或居湖楼，或居山馆。其在山馆，即以茶香室为寝处之所。因思夫人曩时每流览书籍，遇有罕见罕闻之事，必以小纸录存之，积至六七十事。然以见书不多，不能时有采获。且其所谓罕见罕闻者，或亦人所习见习闻焉，久之意倦，又久则拉杂摧烧之矣。余自夫人之亡，逾二年长子陨焉，其明年又有次女绣孙之变，骨肉凋零，老怀索寞，宿疴时作，精力益衰，不能复事著述。而块然独处，又不能不以书籍自娱，偶踵夫人故智，遇罕见罕闻之事，亦以小纸录出之，积岁余，得千有余事，不忍焚弃，编纂成书。"计二十三卷，又《续钞》二十五卷，《三钞》二十九卷。《录要》云："《丛钞》者，从诸家说部书中钞撮而成，亦夫人遗意，余踵而成之也。"其书皆极僻之故事、极小之考据，丛残荟蕞，固不足言撰述矣。

又自作时文，课孙儿陛云，编为《曲园课孙草》正续编。

按先生又尝为孙儿陛云编为授之，曰《曲园课孙草》，有正续二编，自为《正编序》云："教初学作文，不外清醒二字。一篇之意，正反相生，一线到底，一线不乱，斯之谓清；其用意遣词，务使如白太傅诗，老妪能解，斯之谓醒。然清矣醒矣，而或失之太薄，则亦不足言文。

所以失之薄者何也？无意无词也。孙儿陛云，年寖长矣。思教以时文之法，而坊间所行《启悟集》之类，不尽可读，因作此三十篇示之。"又《续篇序》云："余往岁所作《课孙草》，截搭题止二篇。癸未春，携陛云至杭，于舟中复作四篇，以浚发其心思。又作全偏、偏全二题文，以备截搭之法。至赋，亦小试所不可缺者，亦作四篇示之。以层次清晰为主，盖与作文无二法也。"按长洲章钰《四当斋集》卷十三，俞先生时文稿诗云：风峰锋，三字诀，校时叩，有凯式。《课孙草》，教有术。此卅篇，最晚□。经义废，老成殁。人间世，不可说。留咳唾，费心血。婴楛中，范砚侧。长安道，足屡则。悔不早，受记荝。

吴平斋（云）卒。

十年甲申（一八八四年），先生六十四岁。
是岁春，送孙儿陛云回德清，应县试。

　　《诗编》十《甲申正月十七日即事》："已过元宵月未残，偶将丝竹佐杯盘。危时不碍偷行乐，老境偏宜强自宽。粗扫庭除留腊雪，略张灯火破春寒。外孙生日今朝是，一醉无名特借端。"又春送孙儿陛云回德清应童子试，勾留半月，访知柳侯固有专祠，在西门城上，因往瞻拜，敬赋一诗："吾邑论祀典，莫古于孔侯。至今余不庙，莼然临溪流。次之莫如柳，旧有惠政留。是谓德清君，闻之柳柳州。遗踪不可考，荒祠谁与修？厥后戴侯出，四境蒙其庥。祀戴兼祀柳，名位微不侔。虽与戴并列，乃与叶为俦。至今称三社，庙貌盈山陬。每当春赛社，奔走来童叟。区分红与绿，无乃为神羞。邑人呼戴侯曰大社，叶曰红社，柳曰绿社。同治十年冬，我此维扁舟。有客来相访，问姓似是刘。乃云是木旁，则又疑为楼。吾邑无楼姓，此疑将谁诹？惜我不相值，未得穷其由。偶以语二客，二客瞠其眸。将无柳侯神，来与君同游？谰语付一笑，神与吾何求。然而蓄此疑，十有三春秋。今年来故里，以事久逗留。访知柳侯庙，实在城西头。我乃拾级登，不惜衣频抠。躬诣其祠下，再拜身伛偻。所祀固唯柳，此外无匹仇。谁谓柳专祠，古有今则否。当与余不庙，千载同匹休。贱子固碌碌，未足神意酬。文章与道义，无以通明幽。敬为赋此诗，聊当陈尊卣。"

日人井上陈政远来受业。

又《日本人井上陈政，字子德，航海远来，愿留而受业门下，辞之不可。遂居之于俞楼。赋诗赠之》："不信天涯若比邻，乘桴远至太无因。怜君雅意殊非浅，愧我虚名本不真。喜有湖楼堪下塌，敢云学海略知津。自惭未及萧夫子，竟受东倭请业人。唐刘太真《送萧颖士序》云：东倭之人逾海来宾，举其国俗，愿师吾夫子。夫子辞以疾，而不之从也。"又《陈子德言彼国有奉使中华之田边参赞，曾画俞楼图以归，如其图而建楼焉。田边君亦彼国好事者矣。因赋一诗》："虚名浪窃亦堪羞，竟使流传遍十洲。试向海东问徐市，居然域外有俞楼。是谁画笔描摹细，亦见轺车阅历周。闻说樱花开最盛，可容揽胜墨江头。日本国有樱花，屡见诗家吟咏，墨江亦其国胜处也。"

《随笔》七：日本人竹添光鸿，字渐卿，在其国时，即闻余名，及来中土，至西湖精舍见访，而余已还苏。又至苏寓，过我春在草堂，以诗文见示，并以《栈云峡雨日记》求序。盖其自京师首途，由河南、陕西而至四川，又由蜀东下，以达于吴。记其途中所历山川形势，民间土俗，其学识颇有过人者。赠余诗有云："神仙若使玉堂老，辜负湖山晴雨奇。"亦颇有意也。余与之笔谈。（下略）

《随笔》九：余同年生孙琴西太仆有《海客受经图》，盖琴西曾充琉球官学教习也。余以虚名流播海外，甲申岁，有日本东京大藏省官学生井上陈政字子德者来见，愿留而受业于门，因居之于俞楼。子德喜谈世务，及从余游，改而治经。尝以《毛诗》义质问，余随笔答之。

按孙琴西《逊学斋诗》云：人生七十古来稀，燕去鸿来各倦飞。古寺论诗镫欲烬，咸丰癸丑，余在京师与平湖张海门、闽林颖叔、马平王定甫寓居相近，每相过从，有《晨镫录诗》一卷，海门视学河南，尝刻之。江亭对酒柳初肥。益阳汤郎中海秋豪于诗，余尝以一日和其牛字韵十六首，大书陶然亭壁。一时文笔夸颜谢，几辈勋名蔼省闱。庚戌同年中邵汴生亨豫、钱湘吟宝廉、俞巾山樾、杨性农彝珍尤相善。汴生、湘吟皆至侍郎，而皆先为古人。独幸曲园俞叟在，武陵书札故依依。巾山视学河南，以罣误去官，卜居吴门，益治经，著书近三百卷，皆已上板，屡得其书，以不得再见为恨。性农由庶常改兵部，亦不复出，有《移芝室集》，今八十余矣，而数月必得其一书，尚能为细字也。

二月，子婿许子原卜葬绣孙。

又《女婿许子原为绣孙卜葬大兔儿山之麓，距余右台之茔半里而近，从其志也。余不习形家言，然其地土高燥，四山环抱，躬履其地，决为吉壤。喜赋一律》："营葬南冈事克谐，松楸咫尺惬吾怀。一牛鸣地遥相望，两兔儿山大更佳。兔儿山有大小二山。往岁卜邻谋竟左，事见前注。此时埋骨愿无乖。待余潜闷长扃后，明月清风与汝偕。"

挈孙儿陛云等上先人冢。

又《二月二十日，挈二儿妇姚及孙儿陛云孙妇彭至德清上先人冢，赋此示之》："乌山南埠旧紫荆，先人敝庐在德清东门外乌巾山之阳，地名南埠。南埠西南先世茔。先曾祖天因府君，葬于溪南，自旧庐视之，则在西南隅，故俗呼西南角。更向田间辨牛舌，先祖南庄府君，葬乌山之阳，地形狭而长，俗名牛舌地。还从山下听鹅鸣。先考欲涧花府君，葬西门外金鹅山下，邑志称金鹅鸣者，即此山也。提携妇竖殷殷告，指示松楸处处清。老我重来知几度，汝曹他日要分明。"

夏四月，葬大儿于右台山。

又《四月辛酉葬大儿于右台山，赋诗纪事》："昔葬姚夫人，右台山之麓。遂自营寿藏，一抔覆夏屋。去年大儿亡，吾不理再卜。即葬其左旁，于地不嫌蹙。并为大儿妇，预将生圹剧。顾瞻其右旁，篑土尚堪覆。一律建坟茔,同时具畚挶。为怜二儿病,且嘉其妇淑。相期百年后,骨肉此归故。牛眠穴未开,马鬣封先筑。分列我左右,如骖之与服。时并为二儿夫妇筑坟茔于右畔,但未竁耳。使彼兄若弟,泉下仍手足。伴我夫与妇,山中不幽独。更喜墓域外,有地适相属。亡儿有遗妾,孀居甘独宿。他年附葬此,当亦彼所欲。嗟我为人父,昔育今育鞠,养生兼送死,坐使鬓毛秃。惟念死归土,不比生聚续。惭愧延陵子,吾见未免俗。"

率家人至退省庵拜彭刚直祠,献新刻公奏稿。

又《至退省庵,率二儿妇姚,孙女庆曾,曾孙女珊宝,同拜彭刚直公祠。时公奏稿新于吴下刻成,即以一册交守祠者,置公神龛》:"刻成奏议及遗诗,诗八卷,亦已刻成,尚未印钉,故未携来。死后难将此责辞。青史大名奚藉此,白头老友合如斯。只怜近日余衰甚,大似当年公病时。余近年腰胯酸痛,难于行步。扶杖三潭三太息,余年几度拜彭祠。"

残牙又零落。

又《余残牙零落,能吃笋而不能吃莼,有问者口占答之》:"尚堪大嚼猫头笋,无可如何雉尾莼。吾齿居然仲山甫,刚柔茹吐异常人。莼丝柔滑,入口无可捉摸,不如笋固钝根,可任人咀嚼也。此非亲历老境者不知。"

曲水池上新筑桥。

又《曲水池上新成一小桥,赋诗落之》:"园林一曲柳千条,但觉扶疏绿荫饶。为惜月明无可坐,故于水面强为桥。平铺白板俨成路,俯倚红栏刚及腰。更置梯桄通小阁,差堪布席置茶铫。自有此桥,曲水亭与回峰阁通矣。"

十八年壬辰(一八九二年),先生七十二岁。

曲园即事。

又《曲园即事》:"手治园林十八年,亭台泉石故依然。自从添造平桥后,风景依稀较胜前。其一。回峰阁小小于舟,经岁无人此一游。今日人人连步上,要看新月柳梢头。自造平桥,曲水亭始与回峰阁通矣。每新月初出,其地得月较早也。其二。玻璃为镜即为门,曲水亭北,设小门两,皆玻璃阖之,则似镜屏然。别有双奁壁上存。为是吾园难纵目,教从镜里看吾园。其三。竹筒引水作流泉,滴沥清声到耳边。试向桥头凭栏看,水纹添得几重圆。盛水于缸,置山石间,以竹筒引水而下,激之使上,流入池中。其四。小浮梅槛又重新,绿幕红阑映水滨。更仿铁龙浚河法,顿教翳秽变清沦。小浮梅槛敝矣,时又新之,并以曲水池中多柳叶翳秽,浚之使清。其五。每逢月夜尽徜徉,无月还来此纳凉。偶有微风生树杪,已听檐铁韵琳琅。其六。"

焚寄彭刚直。

又《焚寄彭刚直公》:"谢病临淮自乞身,玺书再起旧纶巾。象床宝帐无遗语,虎节金符又重臣。辛苦灰盘当日事,飞扬油幕此时新。云旗倘向江边过,一笑相逢两故人。"

春,送孙陛云公车北上。

夏,即事口占,编《九九销夏录》十四卷。

《即事口占》:"本来薤菜孟尝君,暑日腥膻更厌闻。不是闻《韶》亦忘肉,居然三月食无荤。其一。善饭廉颇是将才,岂余衰朽敢追陪。近来饭量殊可笑,朝一茶杯夕酒杯。其二。莫将眠食问何如,老去精神尚似初。九九炎天八十一,著成十四卷新书。长夏杜门不出,著书得十四卷。因夏至后亦有九九之谚,故题曰《九九销夏录》。其三。截筒引水作泉声,注见前剪纸为灯代月明。以绿纸糊圆灯县室中,望之如月。世事由来都是假,老夫何必不人情。"

《又得四绝句》:"寂寞闲居养散材,经时冠带满尘埃。门前投刺人稀少,有女归宁当客来。谓归王氏长女也。其一。江花郑草总荒芜,尚有童心只自娱。三要近来添作四,西湖新制胜游图。曲园三要者,一为八卦叶子格，二为三才中和牌谱，三为胜游图。今又制成西湖胜游图，则四矣。其二。大惭大好满人间，无怪昌黎欲汗颜。草草课孙文一卷，吉林传诵到台湾。余所著《课孙草》，前年有自吉林来求者，今年有自台湾来求者。其三。计字酬缣非敢叨，也烦润泽此枯毫。曲园文价年年长，试比随园总未高。随园当日竟有以千金求一文者，余文虽极贵，尚不能得其三之一也。"

《中秋夜作》："万里阴晴今夜同，此言未敢信坡公。客谈偶及两年事，风景悬殊百里中。妻侄姚穀孙言，前年在上海，旧年在无锡，中秋皆遇雨，而苏州则皆晴也。东坡谓中秋晴雨皆同，此言未信。尘世只须论见在，清光且喜满长空。吾生如寄姑行乐，也学吴儿拜月宫。"

任筱沅、潘蔚如、盛旭人访于春在堂。

又《任筱沅中丞访我春在堂，适潘蔚如中丞及盛旭人观察继至。旭翁年七十九，蔚翁年七十六，筱翁年七十，而余则七十有二。三宾一主，共二百九十七岁，因以诗纪之》："四人二百九十七，一主三宾春在堂。五老未全谁继至，八公分半已成行。苍浪须鬓看俱古，脱略衣冠恕我狂。三公皆盛服，余则布衣朱履。太史明朝书盛世，老人星聚在金闾。"

又《沅中丞见示和章，叠前韵酬之》："三寿作朋真我幸，一时并集在兹堂。珠槃敢主耆英会，来诗语意，非所克当。花样休题官锦行。旌节辀轩皆是梦，湖山坛坫尚能狂。坐中潘鬓萧疏甚，犹拟秋风叩帝阍。蔚如中丞，有重九日北上之意。"

秋，在俞楼演《青蛇传》影戏，观之甚乐。

徐花农于英德得一石，若老人危坐而手一编者，因名曰"授经石"，寄赠先生，先生以其仿佛形似墨戏中"曲园课孙"一图，喜赋一诗。

重九前二日，崧镇青、刘景韩、黄泽臣、王心斋访余于西湖俞楼。

又《重九前二日，崧镇青中丞、刘景韩方伯、黄泽臣廉访、王心斋观察，不期而集，并访我于西湖俞楼。中丞曰，是亦一盛事，可与吴中四老之会并传矣，不可无诗，因叠前韵，又成一律》："曲园居士湖滨住，大会群公在一堂。十载戟门老宾客，中丞、方伯，皆吴中旧雨，近十年矣。几人词馆旧班行。廉访、观察，皆翰林后辈。湖山眺览能增色，年齿推排许放狂。余马齿最长。再报德星杭郡聚，又教传述到吴阊。"

哭门下士朱伯华。

又《哭门下士朱伯华观察》伯华名福荣，绍兴人，随其父在苏州，曾以文字就正于余。庚申春，苏州陷，余挈之出危城中，从浙西转至浙东，相依一载有余。以内子姚夫人抚视有恩，事之如母，与亡儿绍莱犹兄弟也。后以孝廉官部曹，出为监司，分发直隶，于李傅相营务处司支放兼管海军衙门出纳。一岁中，经其手者无虑数百万金，而丝毫无所私，傅相甚重之。年未中寿而卒，惜哉："哭君何事最凄其，难忘相从患难时。廿载事余真似父，一官为国不知私。龚生竟夭殊堪惜，伯道无儿更可悲。泉下倘逢吾妇子，为言尚未定归期。"

艮宦小饮。

又《天寒风劲，久不至曲园矣。日来以看雪数至，遂于艮宦小饮》："一年好景过如云，岁暮园林未足欣。冬月矜严真御史，宋人陈昉《颍川语小》云：秋月如翰林，冬月如御史。逆风跋扈上将军。枯杨落落都无色，冻雀啾啾若有云。今日偶来看雪景，不辞久坐趁微醺。其一。小窗妇竖话喁喁，三白今年喜竟逢。市脯制成刚趁腊，村沽酿就却宜冬。腊肉、冬酿酒皆席间物。风飘竹叶飞青鸟，雪压松枝卧玉龙。此句乃许氏二外孙女抱珠作，上一句则老夫对之。自煮琼华殊有味，扫雪自煎之以瀹茗。明朝还拟再扶筇。其二。"

余杭章炳麟始从学。

又按余杭章太炎炳麟，当代国学大师也，亦言于是岁始从先生学，故集中有《俞先生传》。然作《谢本师》及《评文士》二篇，似有不满于先生语，盖讥其为学不专精及崇奉大清无民族意，云为学无常师，左右采获，深疾守家法违实录者。说经好改字，末年自敕为《经说》十六卷，多与前异。……既博览典籍，下至稗官歌谣，以笔札泛爱人。其文辞瑕适并见，杂流亦时时至门下，此其所短也。

其《谢本师》云："余十六七岁始治经术，稍长，事德清俞先生，言稽古之学，未尝问文辞诗赋。先生为人岂弟，不好声色，而余喜独行赴渊之士，出入八年，相得也。顷之，以事游台湾，则既隶日本，归复谒先生。先生遂曰：'闻尔游台湾，尔好隐，不事科举，好隐则为梁鸿、韩康可也。今入异域，背父母陵墓，不孝；讼言索虏之祸毒敷诸夏，与人书指斥乘舆，不忠。不孝不忠，非人类也。小子鸣鼓而攻之，可也。'盖先生与人交，辞气凌厉，未有如此甚者。先生既治经，又素博览，戎狄豺狼之说，岂其未喻，而以唇舌卫捍之？将以尝仕索虏，食其廪禄耶？昔戴君与全绍衣并污伪命，先生亦授职为伪编修，非有土子民之吏，不为谋主，与全、戴同。何恩于虏，而恳恳蔽遮其恶？如先生之精通故训，不改全、戴所操以诲承学，虽杨雄、孔颖达，何以加焉。"见《章太炎文钞》卷五。

又制言云：余于同侪，知人所不知，颇自矜。既治《春秋左氏传》，为《叙录》，驳常州刘氏，书成，呈曲园先生，先生摇首曰："虽新奇，未免穿凿，后必悔之。"由是锋芒乃敛。

按是岁有吴季英者，以所藏《随园十三女弟子请业图》乞题，先生为书四绝句："授经从不到姬姜，丝竹徒闻集后堂。天为先生开创格，秾桃艳李满门墙。其一。春日湖楼雅集时，蛾眉罗拜老袁丝。括苍洞里前身在，或者猿公本是雌。其二。少小流传归婺图，白头眉案未曾孤。编诗倘使容周姥，应集名流拜大家。其三。曲园何敢比随园，未许山庄旧例援。却笑合肥贤相国，强从师友较渊源。新得合肥相国书，以一文一武为比，而又自谓过之。姑存此说，俟后人论定耳。其四。"关于随园相比事，复有《随笔》十及《尺牍》六，两处可以证明先生不愿接受之意。《随笔》十云："袁随园纪游册，乃其玄孙润字泽民所藏，介沈旭初观察携来乞题诗。……"

先生两年出游，皆为避寿计。其中载一诗云："到处探奇逢地主，避人作寿走天涯。"是其证也。论及学问者，只有两条：一云论诗必宗唐，犹讲学必宗宋。然学唐而得其皮毛，学宋而流为迂腐，似觉无味，而无弊甚大矣。又云圣门四科兼收，而宋人只晓德行一科，此人材所以废败也。此外无非记与友朋往返，及寻山问水，访美论诗而已。所到之处，大家闺阃以及风尘中人，各有品评。乃至于慈溪县中偕牙役至管押处看所押之二妓，则未免太不自重矣。又载刘霞裳妻曹氏，脸盘好，眉目秀，惜肌肤非玉雪，手爪欠青葱，只标六七分。以门生之妇人而品骘至此，亦殊太亵，后与刘霞裳有隙，亦因此。余于随园诗文，初不甚菲薄，然观此等事，不能不为先生惜。率题数绝句而归之。诗亦不存于集，聊记于此。诗云："杂钞朋旧数篇诗，详记筵前花几枝。到老爱才兼爱色，八旬人似少年时。""友朋投赠见情深，此老能存坦白心。记载分明无讳饰，几般礼物几封金。""日日舟窗几局棋，输赢几子必书之。忽然大怒因棋负，趣笔兼传一扣儿。""术士江湖不是仙，每因文士得流传。许公九十一年寿，拆字先生陆在田。""垂老年华至性存，殷殷不忘故人孙。途中持赠无多物，报答当年荐馆恩。""天生原是不羁才，未免难将礼法该。可笑笯鸾囚凤处，先生亦为看花来。""斜斜整整不成行，更有捉刀人在旁。此是欧公《于役志》，不论工拙尽文章。"

《尺牍》六《复王韬甫比部》："俞楼之筑，本是诸君子借老夫以妆点湖山，华而不朴。职此之由，欲识山中真面目，请至右台仙馆观之，否则，登吴中春在堂，亦可见鄙人之质朴，古人风也。……若夫随园居士，其人品，其诗文，不免失之流荡，然其大节实无可指摘。以仆自问，经术即不足名学，诗文亦未足成家，徒以小有聪明，妄事撰述，虚名过实，海外皆知，遂使外人谬以随园相比，方深惭愧。"

又按有新市人沈阿长,在西湖为先生操舟有年,以婢瑞香妻之,并为制一小舟,使操为业。作诗云:"浮家莫笑似浮萍,为制烟波一小舲。他日我来湖上住,渔童前导后樵青。"又有姚少泉表弟,言余鼻有元峰,是神仙中人谪降,此说余所不解,又言凡谪降者多不得志于人世,甚有流为乞丐者,则颇似有见,戏作一诗,纪其伪言:"敢云生本谪仙人,且借谰言证凤因。十丐九儒无定格,三茅二许有前身。料应洞口云犹在,莫把人间事认真。久住阎浮竟何味,枉将碧落换红尘。"又《观影戏作》:"湖楼良夜小排当,老尚童心兴欲狂。戏剧流传黑妈妈,南宋时以影戏著名者。弹词演说白娘娘。是夕所演,为宋时青白二妖事。轻移韩寿折腰步,明露徐妃半面妆。曲罢局阑人亦散,世间泡影总茫茫。"

以上皆琐事,录之以见先生之晚景也。载《诗编》十三。

又按《古今》半月刊第四十六期听禅君作《俞曲园先生日记残稿读后记》云:"稿凡一卷,都万二千余言,系光绪壬辰春,送文孙阶青公车北上,旅游沪杭所作。"

十九年癸巳(一八九三年),先生七十三岁。

是岁元旦试笔,时又草《茶香室四钞》。

《诗编》十四《癸巳元旦》:"岁岁年年老学庵,又迎春色到江南。青郊韶景一百六,绛县衰年七十三。荤血已将除宿垢,近喜蔬食。茶香还拟缉丛谈。时又草《茶香室四钞》,未知成否。待将小牍松窗写,自顾颓唐恐未堪。《松窗小牍》,宋无名氏百岁老人著。"

□《琼英小录》一。

二月,乞刘景韩剪赠琼花。

又《闻浙藩署有琼花,戏作小诗,乞刘景韩方伯剪赠数枝》:"闻说琼花开正妍,乞公剪赠数枝鲜。好揩老眼分明看,莫误寻常聚八仙。"

又《越日琼花至,实即聚八仙也,口占一绝句》:"将谓天葩出化工，谁知原与八仙同。千秋卫霍麒麟阁，多少英雄草泽中。"

又《景韩方伯索作琼花诗，为赋长歌》："扬州琼花天下无，北宋移植至汴都。南宋临安亦移到，两处旋植皆旋枯。还之旧地乃复茂，春来花叶仍扶疏。宦者陈源弄奇谲，偷得刘郎接花诀。刘禹锡诗云接树两般花，古来言接花者始见此。剪取琼柯三两枝，聚八仙根巧相接。杭州自此有琼花，后土藩釐几莫别。或云金兵下维扬，琼花一树先摧伤。道人偷以聚八仙，潜种旧日琼花旁。河豚赝本已非实，鹳鹆迁地安能良。又闻鄠县有炭谷，炭谷琼花白于玉。中央一瓣如蝶形，随花开不随花落。花落蝶飞飞上天，将无去傍瑶池宿。如斯不愧称奇葩，移根疑自仙人家。仙种凡间那能见，纷纷目论能无差。且邀廿四桥头月，来认无双亭畔花。我客杭州垂卅载，未识琼花竟安在。杂俎丹铅费讨论，谢肇淛《五杂组》、杨慎《丹铅录》均辨论琼花。山矾栀子徒欺诒。忽得刘公一纸书，贻我盈筐珠琲珰。山中适开聚八仙，家僮折取来争妍。细看两花实同类，花开皆在三月天。色香相近形亦似，八朵排列如环圆。我出一言花勿恼，是一是二勿深考。此花开傍行中书，固宜膺受琼花号。在山则名聚八仙，伴我山中成九老。"

贺花农以助振拜花翎之赐。

又《花农以助振拜花翎之赐，以诗贺之》："新闻恩命出朝端，翠羽飘摇大可观。昭代酬庸推独重，儒臣拜赐得尤难。昔年席帽游燕市，今日貂蝉胜汉官。顿使老夫为起舞，山中欹侧竹皮冠。"

寿孙琴西同年八十。

又《寿孙琴西同年八十》："回思四十四年前，与子相逢在日边。词馆一时推好手，君与慎芙卿、曾枢元皆庚戌榜中善书者。名场三度作同年。丁酉、甲辰、庚戌，皆与君为同年。乍联鸡鹤独非熟，得到蓬莱总是仙。文字论交何日始，南归送我有诗篇。余癸丑出都，君有诗赠行。其一。灾年百六苦相催，太息昆明有劫灰。我已归从五湖去，君初飞下九天来。君由上书房出守安庆。紫阳偶共文坛启，丙寅、丁卯，余与君分主苏杭之紫阳书院。白下旋看行省开。吾榜曾王两开府，谓文成、文勤两公。相期同作济时才。其二。从前筮易得明夷，冏伯还朝亦一奇。君曾筮得明夷卦，余谓明夷马壮吉，君以太仆卿还朝，亦其验也。倘使三天重入值，料应八坐总堪期。长安道上收残局，老学庵中补旧诗。尚有永嘉流派在，商量千古太平基。君刻永嘉诸先生书甚多。其三。七十诗成共唱酬，曾和君七十自寿诗。而今又越十春秋。世间百岁一弹指，林下三人都白头。杨性农同年言，庚戌同年中，性农及君与余为岁寒三友。未必儿孙无继起，最难耄耋更同游。尚期一十二年后，重听宾筵赋鹿呦。计是时君年九十一，余亦八十四，若预行于癸卯正科，则尚可少一年也。其四。"

秋，朝鲜人池文光来访。

又《朝鲜人池君文光，字叔谦，航海而至中华，访我于姑苏，而余适在杭，乃来杭州，而余又还苏，因留杭以待余之至，自夏而秋，五阅月始得一见。余感其意，为赋此诗》："万里东瀛外，乘槎到浙中。远烦平壤客，来访曲园翁。归国期难定，怀人句转工。吴山还越水，夏雨又秋风。自愧衰羸甚，虚叨誉闻隆。西湖好风月，聊慰子游踪。"

右台仙馆题壁。

又《右台仙馆题壁》："只此西湖景，今来又不同。轮船参沪俗，高氏谿庐有木轮船。灯舫染吴风。张勤果公祠有苏制灯船。景物年年异，园林处处工。右台仙馆里，寂寞老扬雄。"

游张勤果公祠。

又《借高氏谿庐木轮船乘之游张勤果公祠》："已整归装尚未旋，时即将还吴下。沿堤小试木轮船。富春旧馆犹前日，张勤果公祠，本严氏富春山馆旧址。勤果新祠又几年。径路崎岖走山罅，楼台绚烂照湖边。转添儿妇凭栏感，陈迹回头一惘然。二儿妇姚氏，姚与严故有连。儿妇幼时，侍其祖母游西湖，即寓富春山馆，所居曰万卷楼，推窗北望，可见后湖，迄今四十年，陈迹全非，万卷楼故址亦不可复识矣。"

镇青中丞过访山中。

又《镇青中丞过访山中赋谢》："频年车骑到西湖，今入山中路更纡。人谓严公优杜老，史传李及访林逋。绿鞒安稳无驺唱，红树萧疏即画图。见说先生新戒酒，不烦村鸟唤提壶。"

十月，在吴下病疟，病中成生老病死及生死问答各四绝句，病起试笔。

又《去年严缁僧同年曾以孝妇诗见示，余亦赋诗美之，不存于集。今年十月，余在吴下病疟，疟止，又发气痛宿疴，委顿异常，二儿妇姚昼夜奉侍，衣不解带者已月余矣。余感其意，补前诗成一绝》："曾读严家孝妇词，病中伏枕有余思。吾家妇亦如君妇，七十衰翁仗护持。时大儿妇樊、孙妇彭均还母氏，惟大儿妾于氏随同侍疾，备极劳勤，附告后人。"

又《病中成生老病死四绝句》："无端失足堕尘寰，大气盘旋一瞬间。辜负劬劳无报答，每逢生日总潸潸。生重重往事过如烟，百岁光阴付逝川。一个泥涂绛县老，居然七十又三年。老自知久客早应回，底事还劳二竖催。寄语病魔休作剧，尔姑先去我当来。病钟鸣漏尽势难留，便是千秋第一秋。兜率海山随处好，莫教飘堕又来游。死"

又《生死问答四绝句》："闻说人生乐，生人乐若何。春花与秋月，想比夜台多。死问生人间是何物，道左一凉亭。各走东西路，无非此暂停。生答死但有生而死，从无死更生。茫茫死后事，尼父不分明。生问死闻君体不适，一睡即安然。暂眠犹是好，何况是长眠。死答生"

又《病起试笔》："偃仰胡床两月宽，病中踞一胡床，半眠半坐，两月有余。起来庭院暂盘桓。病情子母循环易，初发疟疾，轻重相间，俗谓子母疟。药剂君臣配合难。阴阳虚实，病者不自知，何责医者，余所以执废医之论也。水面泡痕浑欲散，灯中油烬未曾干。尚留槁木形骸在，明岁春风且再看。"

十二月立春，放虱赋诗。

又《嘉平二十九日寅时立春，余于卯初忽扪得一虱，念春德在生，不忍杀之，放置草间，戏赋一诗》："吾非王景略，又非王介甫。此虱何为来，其大几一黍。是时甫立春，生气正和煦。君子顺时令，推爱到雏乳。是亦一佛子，岂论微与巨。余不忍汝杀，放尔就泥土。尔其吸春风，尔其饮春雨。物类有变化，久久且生羽。化尔为青虫，飞翔到园圃。视在败絮中，岂不大得所。吾愧非江泌，不容尔生聚。吾亦非薛嵩，不责汝报补。一笑赋此诗，春色到毫楮。"

按是岁为诂经精舍生平阳宋恕《卑议》作书后曰：尝读《后汉书·王符仲长统传》所载《潜夫论》《昌言》诸篇，辄叹诵不置，以为唐宋以后无此作也。不图今日乃得之于宋子燕生。盖燕生所为《卑议》，实《潜夫论》《昌言》之流亚也。其意义闳深，而文气朴茂，异时史家采辑，登之国史，亦可谓"宁固根柢，革易时弊"者矣。唯《变通篇》三十七章，鄙意以为宜缓出之。其造端宏大者，固未必即能见之施行。琐屑诸端，不知者且谓妨于政体。……窃谓君子之论，论其大纲而已。孔子"富之""教之"两言，千言不易。三代以上，圣人治天下以此，即汉唐以来，凡治天下亦以此。然何以富之，何以教之，则孔子不言也。一国有一国之富、教，不能通于他国；一时有一时之富、教，不能概于他时。至孟子屑屑然论之，即如"方里而井，井九百亩"，此或可施于七十里之滕耳，齐梁大国，能用之乎？而况后世乎？《易》曰："穷则变，变则通。"不变固不能通，而变之实难，是以君子慎言之也。燕生属序其端，余谢不敢，窃书其后云尔。曲园居士俞樾。

其后宋恕书脱稿，自作叙亦云：巨清光绪十有七年，宋恕著《卑议》四篇六十四章于亚细亚洲东海之滨成，以质其师曲园先生。先生誉之，然戒曰：是宜缓出。恕敬受戒。然渐闻于世，索观日众，宋恕之友劝之印行问世云云。时光绪二十三年事也。□之，恕于先生极诚服，尝谓先生真识，旷绝千龄。恕飘零十载，得知己之最□三焉：经济知己，以合肥使相为最；文章知己，以曲园先生为最；怀抱知己，以陈介石孝廉为最。又曰：学问至德清先生，观止矣；经济至合肥使相，观止矣。此海内外公论，亦千万世之定论也。所惜者，德清老于空山，合肥掣于俗议，无由出其学问，展其经济，以振中国而服四邻耳。（见《六字课斋津谈》，及陈介石作《宋平子墓表》）

编刻《诂经精舍七集》成。

二十年甲午（一八九四年），先生七十四岁。

是岁元旦，至孙儿陛云书室。

《诗编》十五《甲午元旦，于孙儿陛云书室中见瓶菊犹存，为赋一律》："柏酒桃汤换岁华，尚留瓶菊数枝斜。且斟元旦屠苏酒，来看重阳隐逸花。未必秋容为我寿，莫将春色向人夸。须知冬暖浑闲事，敢拟吴中太傅家。_{吴县潘文恭公，有元日菊花诗。}"

二月发苏州，家人从焉。

过德清扫墓。

即来杭州，住右台仙馆。

又《余来右台仙馆，适山花盛开，折取数十枝，插瓶罍中，罗列架上，亦颇可观，为赋一诗》："蕃釐观琼花，鹤林寺杜鹃。不图空山中，能教两美全。_{世谓聚八仙即琼花，映山红即杜鹃，虽未必然，要自同类。}更有花中王，万卉难争妍。参差置架上，绚烂罗庭前。遂令山斋内，春色来无边。豪门买春色，谐价百与千。磁斗横斜插，锦幔高低悬。可怜赋十户，不敌酒一筵。谁知山中花，贱若薪蒸然。山童拗花至，养之以山泉。盆盎皆适用，瓶罍随所便。居然大富贵，初不费一钱。世间朱与紫，对此皆苶蔫。作诗自夸耀，勿向城中传。"

刘铁樵亲至山中，展姚夫人墓。

又《刘铁樵珊瑛，河南南阳人，余视学中州时，取列高等，食饩者也。今以即用知县来浙，闻余入山，亲至山中，展亡妇姚夫人之墓，赋诗谢之》："屈指于今四十年，大梁旧梦付云烟。犹余白发门生在，来拜青山墓道前。已愧登龙虚凤望，尚烦下马过荒阡。老妻地下闻知否，回首夷门定惘然。"

咏琼花。

又《余去岁赋琼花诗，谓今之聚八仙即古琼花，但有八朵九朵之殊，因发奇偶牝牡之论，自谓至确，今年山中此花盛开，细审之则九朵者亦或间有，且有十朵者，同在一树而朵之多少不同，乃知前说亦不尽然。而聚八仙与琼花同类则益信矣，补赋一律》："琼花九朵古流传，八朵花名聚八仙。谁料妍娬斗邢尹，非如奇偶卜坤乾。品流晋代几难别，眉妩唐宫各样全。想自陈源移接后，至今花国竟无权。宋宦者陈源，以琼花移接聚八仙，至今种类之杂，想由于此。"

游崇先袭庆寺，观珍珠泉。

又《游崇先袭庆寺观珍珠泉》："欲访珍珠泉，因度马鞍岭。非僧为我导，遥望但引领。舆丁迷不得路，虎跑寺僧为导之。崎岖久乃至，小屋类舴艋。屋上三重茅，其高仅及顶。旁有一泓泉，清莹如古井。僧言朝暮间，泉出力殊猛。一串牟尼珠，照映日光炯。我以足蹴之，果然沸如鼎。深感泉有神，非时应我请。此寺虽荒凉，此山实幽靓。肇始吴越时，岁年亦既永。荐福与崇教，旧名谁复省。崇先袭庆名，记载尚彪炳。南宋造官酒，于此置修绠。泉甘酒味好，无人不酩酊。方今西湖上，寺寺尽荒梗。僧谋开此山，檀施夫谁肯。惟念崖壑佳，颇足尘嚣屏。倘有好事者，闲来啜新茗，小筑数椽屋，藉领四时景。虎跑龙井外，是亦一佳境。"

作《湖楼山馆杂诗》。

又《湖楼山馆杂诗》："苏杭来往路，岁岁借飚轮。戏咏香山句，题为一只轮。余于二月二十四日发苏州，乐峰中丞借普庆小轮船曳带。其一。水驿经临熟，如将旧例稽。栖溪今晚泊，明日到馀溪。余于途中不谒客，惟于唐西小泊,二儿妇母家存焉。次日至德清扫墓,即开赴杭州。其二。一到西湖上,先登刚直祠。城中诸旧雨,相见不嫌迟。余到西湖,即率儿妇辈谒彭刚直公祠。其三。年年湖上住,妇竖总追陪。今日香山叟,携将月上来。余每至西湖,两儿妇及曾孙女必有从者,今岁则归王氏长女亦来。其四。久作山林客,休嫌礼数宽。只堪谈风月,初不具衣冠。余至俞楼,即县手书一联云:止谈风月,不具衣冠。右台仙馆亦然。其五。阴晴殊顷刻,凉燠辨几希。唯藉暑寒表,自量朝暮衣。壁县寒暑表一,以为衣服增减之节。其六。处处皆诗料,因教诗兴加。阶前书带草,屋角绣球花。俞楼阶下书带草甚盛。其七。孤山林处士,竟不果移居。我向右台去,逋仙定羡余。林和靖隐孤山,有诗云:山水未深猿鸟少,此生犹拟别移居。可知孤山犹非隐处,然竟不果移也。俞楼即在孤山西麓。余每岁至俞楼小住,即移居右台仙馆。此一事胜逋仙矣。其八。寂寞山斋内,聊堪一事夸。客来凭栏坐,高下尽琼花。琼花即聚八仙,详见余所著《琼英小录》。山中甚多,折以插瓶,罗列满架。其九。壁上何所有,存留旧日诗。墓图汉画古,唵字梵书奇。右台仙馆壁上,悬余往年落成之作,女婿许子原所录也。又悬汉董君石阙所画祭墓之图,门下陈子宣所摹。又悬宋刻咸宁县卧龙寺唵字,则从孙笃臣所摹也。其十。晚来扶竹杖,徙倚墓门前。密树藏松鼠,空山叫杜鹃。余偶以松鼠命对,王氏弟三外孙女对以杜鹃,颇有会心,即以入诗。其十一。携得娇孙去,能将乐事寻。满篮采桑椹,盈把拔茅针。时曾孙女珊宝从,茅根初苗,可食,曰茅针。其十二。出水丝莼细,掀泥毛笋粗。两皆宜素食,肉食客知无。城中吃莼菜,必用鸡汤,又细切火腿拌之,余殊不知其佳。山中但以笋汤煮之,乃得其真味。吃毛笋亦然,谓此物宜配以猪肉,余不敢谓知味者也。其十三。连日陈汤饼,老怀聊自娱。儿孙生日好,岁岁在西湖。三月初二日为二儿生日,十七日为孙儿陛云生日,山馆湖楼皆为具汤饼。其十四。一雨幸无事,仍难掩蔽庐。门前人乞药,坐上客求书。湖上及山中,此二事最多,日不暇给。其十五。结夏权轻重,山中偶效之。自惭非孟业,什一我犹赢。立夏日以大秤称人,余谓是僧家结夏之制。山中逢立夏,亦戏为之,余称得九十斤。《语林》载,孟业肉重千斤,余不及其十之一也。其十六。索居寡闻见,近事广搜求。湖上佛传戒,城中官虑囚。昭庆寺僧传戒,余往观之,威仪颇盛。四月五日,拟入城谒客,闻中丞是日秋审过堂,乃止。其十七。山花非一族,随意插篱笆。且养哺鸡笋,休栽老虎花。老虎花,即闹杨花也,亦名黄杜鹃花,虽好,有毒。其十八。家近南山下,南山事颇详。山村问徐范,山客访王张。徐村范村,皆在南山。又有一山家,复姓王张,余曾访其主人,乃张氏子,赘于王氏者也。其事犹在康熙间。其十九。游事都成例,于今廿二年。晓斟龙井水,暮酌虎跑泉。余每游山,自龙井走九溪十八涧,而至理安小憩,又至虎跑品茗而还,自癸酉年始,几成游例。其二十。丛祠满山麓,名姓未能详。只怪胡公庙,夫人乃姓郎。龙井有土神庙,即宋侍郎胡则,配以夫人郎氏。余按其墓志,夫人乃陈氏也,同年应敏斋廉访为其乡人。余尝以语之,然未能订正。其二十一。天竺开山后,都将佛地看。缁流满湖上,只有两黄冠。西湖惟照胆台关庙及葛岭初阳台为道观,余皆僧庐也。其二十二。遥指盘陀石,灵龟此是家。寄言老元绪,慎勿过张华。后湖有巨石巋员湖边,相传下有巨龟,大可盈丈,能化为人。其二十三。古墓竟谁氏,坟前石几留。何年铸顽铁,锢此土馒头。后湖有古墓,以铁锢之,不知其谁也,传闻异辞。墓前石几犹存。其二十四。珍珠泉最好,惜少屋三椽。何必乾坤洞,虚抛六万钱。珍珠泉在马鞍岭,山景颇佳,但止一茅棚,无可坐耳。乾坤洞在石屋洞上,甚逼仄,虎跑寺僧曾以六万钱买之。其二十五。山居虽僻陋,幽事亦纷淆。花寄寺中养,文烦门下抄。以牡丹两盆寄法相寺,僧依盟养之。又以山中所作文数篇,托门下士王砚香抄录。其二十六。老夫聊慕古,门下各求新。有客来投刺,周秦以上人。有门下士孙镜江吏部来见,其名刺慕钟鼎文。其二十七。绝妙闺中笔,临摹散氏盘。徐陵有娇女,试写折枝看。镜江吏部,命其女公子摹散氏盘铭,书便面以赠余。因寄广东,倩花农学使女杏文于一面画花卉。其二十八。老夫陈京兆,来谈《般若经》。能降即能住,方寸自虚灵。余注《金刚经》,以即往即降伏,发明无实无虚之旨,陈六舟大京兆见访,乞一卷去。其二十九。送去刘公是，旌麾到汴中。山人入城市，谁授歙烟筒。刘景韩方伯，每见余，必命侍都进烟筒。时移藩汴梁，余往送之，临别依依，余谓之曰：此后入城，无以此进者矣。歙烟筒见佛经。其三十。鱼菽年年例，湖楼亦一陈。因逢家忌日，不拜佛生辰。四月八日，先大夫忌日也，余每岁是日皆诣苏寓致祭，设或不及，即于俞楼行之，亦往年故事也。其三十一。山肴兼野簌，风味总山家。烂煮夔州面，浓煎庐洞茶。蜀士张君莹彦赠夔州面，面甚佳，然必烂煮乃可食。庐洞茶出广西。其三十二。平生不解饮，小饮亦陶陶。且学杜陵叟，樽中有浊醪。赵展如方伯以家酿见饷，乃其多甘泉县酿法也。云曹参饮醇酒，即此物。少陵诗'浊醪谁造汝'亦谓此。其三十三。御冬虽有蓄，御夏倩谁供。赖有盘中物，青青干菜蕨。门下士冯萝香以菜蕨干见赠，云以开水渍之，即青翠如生。夏日苦无鲜菜，得此殊可喜。诗人以旨蓄御冬，此则可以御夏也。其三十四。宋嫂鱼羹好，城中客未尝。况谈溪与涧，何处白云乡。西湖醋溜鱼，相传即宋嫂遗制。余湖楼每以供客。陈六舟学使、赵展如方伯，皆云未始知有此味。况九溪十八涧诸胜，城中诸公宜无知者矣。其三十五。海内求文字，谁知百不工。阎罗亦从俗，乞序曲园翁。去岁杭人许仲孙茂才德达，曾为冥官，权阎罗王者数月，著有《冥记》一篇，求余作序。其三十六。全孝以身殉，斯人亦可伤。姓名犹未识，何以发幽光。有求书'殉身全孝'四字者，转展相托而来，竟不得其姓名事实，但为题年月而已。其三十七。吾书行海内，颇亦费舟车。好事曹修古，编排石印书。门下士曹小槎茂才，以吾全书行世已久，而卷帙繁重，舟车携挈为难，谋用西法石印，以广流通。其三十八。为惜诗僧少，湖山意兴孤。拟开方外社，岛可作生徒。刘景韩方伯言，湖上无诗僧，亦大减色，倘再莅浙，此事亦须提倡。拟设诗课，专课方外。余笑曰：公果有此举，余愿以月旦自任。其三十九。偶校尧夫集，颇堪怡我情。痛删吴氏注，土饭与尘羹。邵康节《击壤集》有三本，一本二十卷，编年者也。一本八卷，分体者也。二本均善。一本十卷，乃前明两吴氏所注，注皆浅陋，而分其诗为五类，亦殊可怪。门下士宋伯言大令恒坊，其乡人也，拟假活字版排印，属余校雠。余谓宜从二十卷本，即《四库》本也。其阙误之处，以八卷本校之。

若十卷本则可烧也。其四十。于世一无济，徒然抱热肠。燕伤敷妙药，犬癫觅奇方。梁燕为猫所伤，以药敷之，不愈。湖楼守者，蓄一犬，病癫，授之以方，不知效否也。其四十一。佛会偏逢雨，湖堤竟寂然。黄旗风里飐，知是放生船。浴佛日遇雨，故湖上无游船。唯放生船数只，黄旗招展而已。湖船县帜，亦唯放生会有之。其四十二。回忆初来日，桃花艳似霞。今年花事早，看到石榴花。时甫交立夏，而石榴花已盛开矣。其四十三。甫见阴霾合，旋看霁色开。天公重蚕事，豫为作黄梅。连日阴晴不定，山中谓之蚕黄梅，以时方育蚕也。其四十四。湖上太荒寂，健儿宵打更。因将三鳌叉，索解到诸生。湖上人稀，刘吉园统领使健儿数辈聚橐，因以《三鳌解》课诂经诸生，亦自作一篇。冯梦香谓三鳌义得余说而定，未知然否。其四十五。听取冬冬鼓，山中胆气豪。朝空山麂迹，暮断野狐嗥。旧有三足麂，今不复见，晚间狐鸣亦稀矣。其四十六。今岁淹留久，居然近五旬。舆丁与舟子，相习总相亲。摇湖船者沈河长，轿夫阿王，湖楼守者五十，皆事我多年矣。其四十七。山馆东头屋，经年筑未成。我来知几度，何必费经营。余拟于山馆东头添作一屋，然竟不果。其四十八。归过杉青闸，扁舟偶一停。不逢皇甫坦，孤负落帆亭。归舟泊嘉兴城外，游落帆亭，得电报，知孙儿陞云又下第矣。郭彖《睽车志》载，皇甫坦能知休咎，书一'落'字与应试士子，揭榜乃二十三名，尽分析'落'字为'二十三名'四字也。惜吾孙不能应此耳。其四十九。记游多七绝，今作五言诗。太息曲园叟，江郎才尽时。余记游之作多七言绝句，今作五言，乃变格也。其五十。"

四月，归舟泊嘉兴城外，得电报，知陞云又下第。

送刘景韩方伯赴汴梁。

又《送刘景韩方伯移藩汴梁》："才看节钺驻钱塘，时护理浙抚。又送旌麾到大梁。魏阙定承天语渥，夷门行听颂声长。纷纷吏治随时异，滚滚河流自古狂。帝意倚君为砥柱，嵩高维岳镇中央。其一。不才何辜按余风，岁岁西湖一笑同。已向仙家分玉树，承折琼花见赠。更从佛坐授烟筒。事详前诗注。钟王书法流传在，以所临抚各种见赠，并乞题跋。

韩范勋名属望隆。他日重来吾及见，定先竹马众儿童。其二。"

姚夫人忌日焚寄。

又《四月二十二日亡妇姚夫人忌辰焚寄》："一别悠悠十六年，略将怀抱诉当筵。孙儿十载名难就，孙妇三春病未痊。老夫精神非昔日，举家食用倍从前。不如早谢人间去，不管红尘事万千。"

孙妇彭氏卒。

又《哭孙妇彭氏》："作妇吾家十五年，迢迢吴楚缔良缘。重亲奉侍堪称孝，三党周旋总道贤。静好闺房无诟谇，与吾孙陞云伉俪十五年，闻其闺房中无一语龃龉。主持门户有经权。最难去岁衡湘返，买得明珠一颗圆。去岁孙妇归衡阳，以奁中资为陞云买一妾而返，余因其姓龙，名之曰怀珠。其一。同忆尚书送孙来，一时喜气满庭陔。全无门第骄矜意，孙妇性极谦和，虽婢媪辈不以声色加之。略有琴书狡狯才。孙妇喜弹琴，一学即成，小楷书亦秀整可观。小惠常思逮糠市，有以贫告者，必小助之。科名并不望金台。今年陞云下第南回，孙妇语其姑曰：吾家本不以科名富贵为重。如斯怀抱真堪诧，似比须眉更觉恢。其二。只住人间廿九秋，昙华幻影竟难留。鹤书云信全无准，今春余在杭州，孙妇病已亟矣，亲笔与余书，必曰身体健适，服药甚投。斗火盘冰总浪投。恒服养阴之剂，亦间进蓑茸肉桂。忍使慈姑揩泪眼，惟遗娇女拜灵帱。谁知身后无穷事，都为吾家豫运筹。孙妇病亟时，语其嗣姑甚详，盖于吾家事，已自谓布置妥帖矣。其三。老夫何罪又何辜，总坐虚名误此躯。名者，造物所忌，余以无实之虚名，流播海内外，适足折除薄福矣。泡梦电云十年内，元魏留支译《金刚经》云，一切有为法，如星翳灯幻露泡梦电云，与今本异。寡鳏孤独一家俱。余，老鳏夫也。大儿妇，则寡妇也。陞云有父非孤，无子而未老非独，然为大儿后，则孤子也。其妻死无子，丧帖止列一虚名，则不得谓非独也。鳏寡孤独，吾家备矣。唯二儿夫妇全福，然二儿病废久矣。自知住世应非久，竟不忘情亦大愚。转为痴儿长太息，从今谁与奉盘盂。余二儿有心疾，儽儽无知，孙妇事之甚谨。偶有小疾，必往问视，日或至八九次。每朝暮具膳，稍不精洁不以进，是尤人所难也。其四。"

六月，姚夫人生日，焚寄。

又《六月初三日亡妇姚夫人生日焚寄》："前诗焚寄墨犹新，怀抱今朝又一陈。试向亡妻询近况，又添孙妇拜生辰。婉娈定博晨昏喜，刚直遥知过往频。<small>谓亲家翁彭刚直公。</small>顿使老夫归思切，不堪久恋此红尘。"

彭祠下焚寄。

又《彭刚直公祠下焚寄》："年年祠宇拜崔嵬，今拜公祠意更哀。大树葱茏遗荫在，寒柯憔悴女萝摧。<small>公诸孙皆英英秀发，而长孙女归吾家者，乃贤而不寿，何也？</small>料应依旧追随去，孤负从前遣嫁来。不独吾孙肠欲断，老夫衰泪渍琼瑰。其一。无端毒雾起扶桑，又费军符日夜忙。辛苦枕戈刘越石，仓皇单骑郭汾阳。几时东南销兵气，正拟南山献寿觞。料得忠魂还耿耿，问公何计固金汤。其二。"

与法相寺僧话山中风景。

又《与法相寺僧殷洲话山中风景偶赋》："不与山僧话山景，几忘山客住山家。神牛夜出巡群兽，<small>牛色青。</small>老麃晨行制毒蛇。<small>麃遇毒蛇，以两前足蹴之，三蹴蛇死。</small>幽谷枭声藏密树，危岩虎迹踏闲花。朝朝猿狖来分芋，深掩禅关未许挝。"

雪后口占。

又《雪后口占》："连朝愁抱郁难开，又被残年急景催。天末乌头风未起，<small>俗谓黑云多风，白云多雨，故有乌头风、白头雨之谚。</small>空中赤脚雪先来。<small>谚又以不雨而骤雪，为赤脚雪。</small>消除兵气无奇策，抵御冬寒有浊醅。更喜客传谰语好，行看泰运共阳回。<small>有术者言，过冬至后，世运即亨泰矣。</small>"

冬十二月生日，梦见老母。

又《十二月二日，余生日也，梦见先母姚太夫人病，余与亡妇姚夫人趋往省视，寤而泫然，赋此》："父忧母难又今兹，不觉依依梦见之。

未到追随泉壤日，还如趋侍寝门时。衣裳颠倒天将晓，夫妇提携意恐迟。此景俨然犹昨日，孤儿白首泪涟洏。"

次女绣孙周年，其家行吉祭礼。

又《自次女绣孙之亡，岁再周矣，闻其家将行吉祭之礼，感赋一律》："不堪年矢太匆匆，自汝云亡岁再终。未脱素冠怜幼子，外孙辈仍俟满二十七日始除服。重提旧梦泣衰翁。余曾梦在苏寓乐知堂，阍者入曰，有翰林院众官来见，余甫命延请，一舆先入，启廉而出，则彩裳也。玉堂来必他生验，繐帐先看此日空。客语多情苟奉倩，更无遗迹在房栊。"

《自述诗》云："门生注籍逐年多，已愧无功效切磋。谁料竟成萧颖士，执经请业有新罗。甲申岁，日本东京大藏省官学生井上陈政，字子德，奉其国命，游学中华，愿受业于余门下，辞之不可，遂留之。其人颇好学，能为古文。其百七十九。童孙何敢预儒流，郡试居然第一筹。牵率老夫心亦喜，不辞两月共乘舟。孙儿陛云应府县试，余送之往。二儿妇携孙女庆曾从焉。故里无家，以船为家，舟居者几及两月，陛云县考第二，府考第一。其百八十。"

按今岁又得福寿砖一方，乃并拓其文，署曰双福寿，而系以诗："自订名山福寿编，一时佳话遍流传。谁知寂寞三台路，又得分明两字砖。未拟重赓石鼓韵，聊堪远寄玉堂仙。时将此砖寄赠花农矣。老夫不足当斯语，嘉兆端应为众贤。"

又《沈肖岩广文阆崑又得福寿砖一，因以见赠，并考定为仙姑山宋时佛光福寿院旧物，媵之以诗，即次韵奉酬》："残砖留自宋时年，历岁于今过半千。双福寿曾传盛事，三台山定有前缘。来诗有'三台福寿永绵绵'之句。摩挲岂是寻常物，培植还凭方寸田。为感故人持赠意，不辞吉语赋连绵。"并见《诗编》十。

又按先生所雇用之佣人死，亦为诗哀之，曰《哀王张顾》老王，舆夫也；老张，舟子也；老顾，右台仙馆之守者也。皆事我于湖楼山馆者，不数年皆死矣。各赋一诗哀之："老王为我舁篮舆，临水登山必与俱。此后九溪十八涧，旧曾游处恐模糊。九溪十八涧,山中地名,溪有名,涧无名。老王云:履石渡水处,凡十有八,故得此名。盖昇我行其地,默数而得之也。其一。老张为我棹扁舟,遍向西湖里外游。绿幕红阑都已朽,不堪重问旧黄头。花农所制小浮梅槛,今亦朽矣。其二。老顾为余守右台,右台仙馆净无埃。芙蓉今岁开仍好,此后谁人着意培。右台仙馆有芙蓉数十本,皆高出于屋,老顾所浇灌也。其三。”

又按四月潘伯寅(祖荫)以峨嵋铜佛相赠,铜广一尺,修五寸,凿佛十八尊。先生以其色黝黑,石类铜,读范石湖《吴船录》,知峨嵋有三千铁佛殿,因疑此为铁佛。虎丘新筑拥翠山庄落成,杨见山(岘)有记,林海如(福昌)有图,先生有诗。

按今岁正东事起,国军败衄,颇忧之,故于《彭祠焚寄》《雪后口占》二诗中,皆有感慨之语。作某文亦曰:“樾近来心绪恶劣,意兴颓唐,无可为长者告。十一月初五日。”“樾忧时感事,心绪阑珊。”又云:“弟因亡孙妇葬事回杭州,住右台山馆匝月,今葬事已毕,本月初五日已还苏寓矣。倭患方殷,杞忧殊切,尘世嚣嗷,不知何处是桃源仙境也。”

又按《湖楼山馆杂诗》注,言门下士曹小槎茂才,以全书卷帙繁重,舟车携挈不易,谋以西法石印,即今□□小字本也。

又按瑞安孙诒让《墨子间诂》印成,先生作叙云:“自唐以来,韩昌黎外无一人能知墨子者,传诵既少,注释亦稀。乐台旧本,久绝流传。阙文错简,无可校正。古言古字,更不可晓,而墨子尘霾终古矣。国朝镇洋毕氏始为之注,嗣是以来,诸儒益加雠校,途径既开,奥秘粗窥,墨子之书稍稍可读。于是瑞安孙诒让仲容,乃集诸家之大成,著《墨子间诂》,凡诸家之说,是者从之,非者正之,阙略者补之。至《经说》及《备城门》以下诸篇,尤不易读,整纷剔蠹,脉摘无遗,旁行之文,尽还旧观,讹夺之处,咸秩无紊,盖自有墨子以来未有此书也。"

又为作《札迻》序："（上略）今年夏，瑞安孙诒让仲容以所著《札迻》十一卷见示，雠校古书共七十有七种，其好治闲事，盖有甚于余矣。至其精熟训诂，通达假借，援据古籍以补正讹夺，根柢经义以诠释古言，每下一说，聊使前后文皆怡然理顺。……然则书之受益于仲容者，亦自不浅矣。……余老矣，未必更能从事于此。仲容学过于余，而年不及余，好学深思，以日思误书为一适。吾知经疢史恙之待治于仲容者，正无穷也。"

又按宋衡（原名恕）《上俞曲园师书》云：客秋下第，病淹钱都。强起入山，侍坐再四。假笔假舟，赐食赐菜。铭刻恩厚，莫可言宣。朔海将冰，台馆拜别。燕云吴月，仍限一方。穷巷闲门，青苔满眼。纸窗萧然，陈编淡对。醉心姚前，痛恨姒后。蓄疑阻质，杏坛怅遐。今秋之试，命驾不果。区区科名，难者若是。墨子非命，夫岂其然。日本失和，我师不利。边城连失，九重议迁。使相忧勤，几废寝食。咎由诸将，约军无律。涂屠焚掠，驱民附彼。彼又善抚，民逐瓦解。所幸西邻，畏彼气盛。阻抑雄图，巨清之福。隐居景物，入冬佳胜。杖履康娱，视听聪察。文孙问字，高士过从。别有天地，何必桃源。耄学新述，又增几种？候芭茅塞，愿赐读之。

先生云：琴西同年以七十自寿诗六章索和，每章以"人生七十古来稀"句冠首，余意在翻用杜句，故倒用原韵，聊发一噱。录三、四两章：魂梦犹然傍紫微，乞身归去为知几。厌看海外鱼龙戏，怕受山中猿鹤讥。已为故乡传学派，更欣令子继清晖。壶中甲子无须问，莫道人生七十稀。领略晨烟又夕霏，山中清福不须祈。雨窗有弟联床听，宦海无人转棹归。陶洗闲情仍翰墨，抛残旧物到牙绯。岿然海内灵光殿，莫道人生七十稀。

二十一年乙未(一八九五年),先生七十五岁。

是岁春日,寄诗冯梦香。

《诗编》十五《乙未春日寄冯梦香孝廉》:"闻君今又客衢州,应笑吴蒙不解愁。詹尹卜居无善地,祝宗祈死是良谋。春来花事三分过,老去情怀万念休。拟向右台生圹内,安然一卧到千秋。"

春在堂东轩,瓶梅结实。

又《春在堂东轩瓶梅结实,孙儿陛云以告二儿妇,援纪文达家瑞杏轩为证,因为书瑞梅轩额,并纪以诗》:"胆瓶剩有一枝春,春老天教硕果存。俨似萍花能结实,休嫌芝草竟无根。观时已司浮生寄,从俗还将吉语论。手写瑞梅轩额在,留为后验付吾孙。首句出韵,用前人入群孤雁例。"

曲园牡丹作花。

又《曲园有牡丹一丛,为柳荫所蔽,久不花矣,今春忽开两朵,亦纪以诗》:"百宝栏前事久非,忽开两朵斗芳菲。紫霞酿醉仙家酒,白氎新裁佛国衣。两花一紫一白。竟似薛藤来竞长,休嫌环燕不同肥。紫者稍瘦。花间追诵先人句,五十六年知者稀。余家旧住临平印雪轩,有牡丹数株,岁久不花。庚子春,忽开两朵,先君子有诗纪之,至今五十六年矣。"

书室前琼花亦盛开。

又《余自杭州移琼花至苏寓,植之书室窗前。今春开花甚盛,喜而有作》:"《琼英小录》昔曾编,今岁缤纷满槛前。海上逢迎尽魑魅,花中聚会有神仙。琼花,实即聚八仙也。详余所著《琼英小录》。移根惜未双株并,杭州移到两株,为人乞去其一。吐萼欣看八朵全。见说奇葩还有子,行教吴下遍流传。"

送花农学使还朝。

又《送花农学使还朝》:"春水胥门两泊船,浃辰聚首亦前缘。今春君两过苏州,相聚十日。迢迢珠海还朝日,草草银河洗甲年。世事岂惟长太息,吾侪聊复暂留连。他时英荡重来日,未必衰翁尚似前。"

书长曾孙女琎宝便面。

又《书长曾孙女琎宝所持便面》:"吾爱重孙女,含饴倍觉甘。聪明浑似母,珍惜不殊男。上口诗篇熟,居家礼数谙。为书双福寿,副此定应堪。一面书福寿二字,一面写此诗。"

七月,孙儿陛云聘定许氏外孙女为继室。

又《七月二十一日为孙儿陛云聘定许氏第六外孙女为继配,以诗纪之》:"真是亲从亲上加,俗语有亲上加亲之信。传来喜气自京华。女婿许子原时官工部。吾孙未可虚中馈,此女由来长外家。自次女亡,即抚养于吾家,时只四岁耳。却为绚华彭氏孙妇所居室名三太息,更因慧福次女楼名一咨嗟。惟期早日成嘉礼,老我崦嵫暮景斜。"

九月,舟泊石门。

又《九月十六日,舟泊石门,薄暮雨雪积寸许,时距霜降甫十日耳。诗以志异》:"才看佳节过重阳,六出飞来太觉狂。青女司霜兼及雪,《淮南子》云:青女乃出,以降霜雪。黄花傲雪甚于霜。观时已悟坚冰至,卜岁还愁晚稻伤。薄暮石门城外泊,御寒赖有酒盈觞。"

于右台仙馆遣嫁张贞竹女士。

又《于右台仙馆遣嫁张贞竹女士口占两绝句》:"记得相逢十载前,爱他真有笔如椽。至今鹤字存留在,写足霞光八尺笺。贞竹曾书一鹤字见赠,其长八尺。其一。洞房酒后集簪缨,一笑来将行辈争。都说曲园女弟子,今朝下嫁小门生。所适钱君英甫,乃花农门下士。其二。"

十一月,许氏外孙女来归。

又《十一月初八日许氏外孙女来归,再纪以诗》:"四龄到此发鬖鬖,女自幼失母,育于吾家,来时止四岁。今日来归亦美谈。择婿可能似温峤,荐贤深喜得曹参。此举乃亡孙妇彭氏遗嘱也,余戏比之萧何荐曹参自代。愿孙早茁兰芽秀,使我稍尝蔗境甘。七十耆翁无久计,郑康成说,年余七十曰鑋。唯存后望是多男。"

即事有感。

又《即事有感》："世事茫茫不可论,一重公案此中存。请开海禁
宋文恪,今日轮车走暮门。宋文恪公墓在娄门外,时开火轮车路,适当其冲。公
讳德宜,字右之,康熙朝贤相也。然请开海禁,实自公始。"

除夕口占。

又《除夕口占》："除夕仍开饯岁筵,又添新妇更欣然。家风只与
常时似,世事惊看逐日迁。冉冉衰龄春有限,茫茫后路海无边。行当
再见唐虞盛,屈指天元九十年。"

孙琴西同年卒。

按今年冬,瑞安孙琴西卒,年八十一。先生挽以联云:"数丁酉、
甲辰、庚戌三度同年,洵推理学名臣,内官禁近,外任屏藩,晚以太仆
归田,老去白头,重游泮水;刻横塘、竹轩、水心诸家遗集,自任永嘉嫡
派,文法桐城,诗宗山谷,更有封章传世,将来青史,岂仅儒林。"

按是岁先生怀念临平,因《寄题临平孙氏谦六堂》,有云余家与孙
氏有连,余自十岁至十五岁,读书其家之谦六堂,有楼曰砚贻,乃余辈
挟册咿唔地也。楼毁于兵乱,后重建,抚今思昔,为赋此诗:"谦六堂
前桂已摧,砚贻楼下首重回。吴三汪六皆黄土,剩有白首俞二来。吴、
汪皆往时同学少年也。又为一小蟹犯死,作诗哀之:十年豢此小波斯,似
有因缘不我离。未晓已来床下伺,已昏犹向足边随。病中灌藭无良
法,死后蕴藏有敝帷。适有敝帷,剪半蕴之。买得荒凉数弓地,青衣黄耳
共题碑。旧有小婢秋香死,买地葬之,今即瘗犬于其旁。"

二十二丙申(一八九六年),先生七十六岁。

是岁重游泮水,追念前丙申入县学,因感怀时事。

《诗编》十五《余于道光丙申年入县学,至今光绪丙申,六十年矣。

道念前尘,抚然有作》:"光绪二十有二年,老夫行年七十六。岁阳在
丙岁阴申,六甲循环如转毂。后丙申溯前丙申,余年十六未冠巾。始
以文字试郡县,有司程式粗能遵。衡堂史公来校士,幸博一衿青其
身。历数名场得意事,此是平生第一巡。是时海内犹全盛,丹徼青冥
都息警。万里提封元版图,百年休养汉文景。逾两年有黄鸿胪,力言
民患犹未除。请塞漏卮培国本,欲以法令惩顽愚。中外会议佥曰善,
煌煌厉禁悬通衢。边帅奉行稍过当,实始挑衅波斯胡。踵其后者变
其议,竟以和戎为上计。和议既成海禁开,从此荡然无限制。中间又
值大乱来,转战廿年殊不易。中原无复有金汤,一任狼瞵来嗅地。去
岁边衅开东洋,蛮烟蜑雨何茫茫。但有鼓钟延海岛,竟无弧矢拒天
狼。结赞要盟马壮武,维州弃地牛奇章。不独黄金掷虚牝,并教里耆
扫文昌。议强议富纷然起,变法行从取士始。莫将八股困英雄,且握
六觚穷物理。喇第诺字译华文,欧罗巴人充教士。光学化学妙无穷,
尼山俎豆将祧矣。旧德先畴不复存,矜奇吊诡伊何底。前丙申至后
丙申,人事变迁竟如此。六十年来老秀才,抚今思昔不胜哀。遂将世
上滔滔事,都向心头历历来。旁人争为衰翁喜,今岁重来游泮水。谁
知一领旧青衫,斑斓渍透忧时涕。"

三月与诂经精舍学生宁海章梫商略郑雅大例。

按章梫《上俞曲园先生》云:"林晋霞大令自苏来江阴,备述起居康
吉,并奉到重游泮水试草,具见精神矍铄,鹿鸣、琼林,拾级而上。我朝
经师多寿,吾师奇龄无极,盖视毛、程诸先生而过之矣。顷有请者,前年
于右台仙馆中,与闻撰述大旨,面奉纂辑郑雅之训。连年奔走,迄无成
就。今客龙侍郎处,其犹子荔仙广文绂祺,深研许、郑两君之学,补辑
《字指》《字林》等书十余种,均已就绪。因论发明郑学之事,辄以师言郑
雅告之。荔仙欣然从事,顾商略大例,率有数难。……函丈今之经神北
海义训,洞然在胸,伏乞垂示大例,俾可遵循,荔仙与梫,同此延跂。"

先生复书云:"兄从前有纂辑郑雅之说,实未尝计及体例。乃承荔仙广文与足下有意为之。方今新学日兴,斯文将废,诸君犹于风雨如晦之余,鸡鸣不已,君子人欤? 君子人也。……兄近来精力衰颓,学问荒落,不足副下问。率复,以答盛意,并质之荔仙广文,以为何如?……"(见《一山文存》卷七)

又与学生黄岩喻长霖通信。

按喻长霖《复俞曲园太年伯师书》云:"辱承钧教,并赐'寒机课读图记',捧诵铭感无已。家慈一生苦志,得大君子表章,巨制鸿篇,流传天壤,吾母为不朽矣。伏念吾师所以勖长霖者益厚,长霖敢不自爱,并欲以自爱而爱吾师,效其毳毳之忱。考据之学,我朝最盛,乾嘉以来,经师林立,吾师儒林泰斗,今之许、郑也。唯学当务其大者远者,居今日而言考据,窃以为宜推广有三。……长霖起而孤寒,劈精十年,泛滥百家,字无寸进,然窃不自量,颇有志于古今中外之大,不欲屑屑章句,而荏苒岁年,徒蹈志亢而才不逮之讥,东枝西触,迄无所就。念此,聊周愁然,唯吾师有以裁益之。"(见《惺諟斋初稿》卷三)

有二蝶飞集曲园。

又《有二蝶飞集曲园,一即飞去,一堕蛛网死。取视之,大如掌,色纯绿,亦异种也。为赋绿蝴蝶诗》:"漫将蝶粉配蜂黄,别样风神别样装。谁料蓬蓬漆园叟,竟成楚楚绿衣郎。飞来窗下疑鹦鹉,挂向枝头即凤凰。想是花神弄颜色,借把翠袖衬红妆。"

七夕戏作。

《七夕戏作》:"七夕拜双星,乞七亦旧俗。迟可至十月,说本《开元占经》。早或用初六。见宋陈靓《岁时广记》及明沈德符《野获编》。要惟七月七,故事闻之熟。今岁天气佳,候已过中伏。一雨喜新晴,庭院净如沐。更有蛾眉月,娟娟悬屋角。儿女援成例,焚香更然烛。老夫亦好事,不辞拜匍匐。自惟愚且鲁,至老犹碌碌。但能如弦直,不能为钩曲。

但知抱古心，不知悦今目。方今大巧开，事不从其朔。人可行于空，海可化为陆。应变圆如环，趋时疾于镞。而我独何为，困守愚公谷。天孙幸怜我，块然若一璞。钝根为我拔，灵泉为我沃。庶几破混沌，不忧困蹯局。天孙闻而笑，所见胡不卓。吾方悯世人，机巧竞驰逐。履蹈辞故常，师资求异族。不就驰驱范，不遵布帛幅。蝉羽较重轻，蚁封计盈缩。精气偷列缺，神功夺阿育。奇想从天开，绝技矜我独。异说遂风行，祸心已阴蓄。如何人不悟，信好日以笃。效颦自谓妍，逐臭翻言馥。岂知胜其巧，惟在守吾朴。吾愿世之人，不雕又不琢。风俗洗浇漓，纪纲守严肃。农夫服先畴，商贾循世鬻。伏腊从乡风，儿童赴家塾。毋喜其新声，毋眩其奇服。毋攘人之瀚，毋失己之鹄。毋芸人之田，毋离我之局。民风比怀葛，世运追轩顼。参鲁而柴愚，工朴而商慤。甘抱汉阴瓮，耻袭邯郸躅。愿遵四达衢，畏走九疑麓。彼即以巧来，一笑非所欲。其事吾弗为，其书吾弗读。人巧我则拙，制胜以此足。再拜谢天孙，斯言幸我告。守我定盘珠，养我不材木。饱我家常饭，闭我环堵屋。耳目杜聪明，身世忘荣辱。问奇谢杨雄，归真师颜歜。吕相糊涂人，郭令痴聋福。其乐陶陶然，期颐不待祝。"

伐去东书房梧桐。

又《东书房傍有梧桐树，高六七丈，为蚁所穴，其中空焉，风雨之夕，殊为可虑，因伐去之，而悼以诗》："枝高百尺力难扶，雨雨风风更可虞。解腕壮夫非得已，当门芳草竟须诛。新荄尚望陈根苗，双植俄惊只影孤。右畔一株尚在。手种梧桐今若此，老人自顾一长吁。"

彭氏孙妇亡已二十七月，命两曾孙女除服。

又《彭氏孙妇之亡二十有七月矣，命两曾孙女释服而移其主附祀先人神机，漫赋一律》："三年岁月过逡巡，往事回思总不真。新妇贤声犹在口，娇儿素服已离身。自怜白发难亲送，是日余以小病不出。且喜红闺有赞人。何日阿侯真入抱，泉台应亦问频频。"

哀尤麓孙之卒。

又《尤麓孙哀词》麓孙名莹,临海人,肄业诂经精舍,笃志好学,壮年殂谢。临殁叹曰:吾功名不成无所恨,恨不得再至西湖一见吾师曲园先生耳。其妇殉夫,同日死。呜呼,是皆可哀也:"尤生古之人,朴茂含美意。所嗜惟学问,不知有余事。每读一书竟,贯串其大义。千绪与万端,条分而件系。为我作年谱,撺拾颇云备。嗟我一腐儒,琐琐何足记。去秋归临海,云就有司试。试既无所得,一病竟长逝。上有父在堂,下无子可嗣。与我独拳拳,至死犹不替。不恨百无成,恨不再把臂。其妇亦贤淑,汤药经年侍。泣问君已矣,将何为妾计。君呼楮墨来,手示以二字。一节又一烈,听其自位置。妇曰吾决矣,潜以烈自誓。君死妇亦死,棺椁竟双具。此夫与此妇,迥与世俗异。嗟我老而衰,久溷人间世。硁硁抱经术,将为世所弃。惟望二三子,起而张我帜。今又弱一个,吾道殆将废。"

按尤麓孙莹,诂经精舍肄业士,欲为先生全书作目录。先生曰:"近来士子喜于博览,而又苦翻阅之难,故如《困学纪闻》及《学海堂经解》诸书,皆为编排目录,虽袭郑康成《三礼目录》之名,实参用温公《通鉴目录》之体者也。余书三百余卷,翻阅不易,能为编目录,固佳。然酱瓿上物,何足比《通鉴》,乃亦费尔许心力乎?"(见曲园壬辰日记)

又按章楶作《临海尤君行略》云:君讳莹,字尧顺,又字麓孙,姓尤氏。盖宋尚书尤延之之裔。世居临海东乡之桃渚,故为临海县学增广生员。君貌清癯,不妄有言语。庚辰之岁,余肄业郡中东湖书院,君偕其里人郎翰臣直刺、郎宇人别驾来住院中,踪迹故不甚密也。嗣是余出游,闻其能治经,著籍曲园先生之门下。先生亟赏之。壬辰所著《式古堂续经解编目》出,乃知君致力之勤,非流俗剿窃经训者所能及。由是益佩君,而惜不获朝夕聚首,以谈汉儒旧义也。癸巳之冬,余寓居杭中褚逊之明经家,君来访,曰新从台中来,愿同居,可乎?余言于逊之,逊之虽寒士,然重客,又凤耳君名,逐下榻焉。时余辑《庆氏礼遗说》，君考订《说文》之重文，逊之聚录汉人之词赋。是岁剧寒，往往煨一炉火，三人坐一室，各言日之所自得，互相诘难，至于争辩，取书以质证，寻复欢笑，漏四下乃散也。君又编曲园先生丛书之《目录》与先生之《年谱》。《目录》成，曹小槎孝廉为取去，曹亦先生门下士，时方有石印先生丛书之举，故取《目录》以冠其首；《年谱》稿初定，会徐花农宫庶视学粤东归，欣然谓侍先生久，因增辑以行世。君治经，通训诂，所著文，《诂经精舍七集》多录之。其尤致力者，在许氏学。《说文》重文考之作，草稿零杂，尚未有成卷。其意就许氏正文、偏旁、形声等字，证重文之真伪，而黜其不合者，为后人之踵附说，均有依据，足补严、段诸家所未及。特时久，未能举其一二事以取证。顾其稿，亦不知存与亡也。甲午，余游于江左，君仍主褚氏，每得有新义，辄走书相告，率月一二至，曲园先生以其精校雠，荐于浙江官书局，未得当。寻言于学使，调入为诂经精舍住院生，月给以膏火。君善病，入不以敷出。每病中，作文应课以自给，精力亦渐耗损矣。是年试于乡，不售。乙未归岁试，航海阻风，逐至失期。君之言曰："区区无得失，特内无以慰老亲，外无以对吾师，可恨耳。"盖君家殊穷，其父欲其授徒以为养。君言儿苦父更苦，学六年有成，稍足以自立，父庶可少安乎？久之，贫益甚，父难之。君有展学三年之说，至是限将满，所以戚戚也。自是余复出，君归于乡里，无复有函问者。

磨灭与流传。[1]

临终预言诗云：历观成败与兴衰，福有根由祸有基。不过六十花甲子，酿成天下尽疮痍。其一。无端横议起平民，从此人间事事新。三纲五常收拾起，大家齐作自由人。其二。才喜平权得自由，谁知从

---

[1]经查看手稿，原文中当有缺页。

此又戈矛。弱者之肉强者食，膏血成河遍地流。其三。发愤英雄喜自强，各自封疆各设坊。道路不通商断绝，纷纷海客整归装。其四。大邦齐晋小邦滕，各自提封各自争。郡县穷时封建起，秦皇已废又重兴。其五。几家玉帛几家戎，又是春秋战国风。太息斯时无管仲，茫茫杀气几时终。其六。触斗相争年复年，天心仁爱亦垂怜。六龙一出乾坤定，八百诸侯拜殿前。其七。人间锦绣似华胥，偃武修文乐有余。璧水桥门修礼教，山岩野壑访遗书。其八。张弛由来道似弓，聊将数语示儿童。悠悠二百余年事，都入衰翁一梦中。其九。

按世传俞曲园太史樾易簀时，目既瞑而复苏，向子索纸笔成绝句九章曰：余死后二百年世界，尽在此矣。载《青鹤》二卷十一期。近有清华大学教授陈寅恪为之考释云。

又按《曲园遗言》云：积钱以与子孙，子孙未必能用。积书以与子孙，子孙未必能读。唯积德以与子孙，子孙或得而食之。《易》曰：食旧德。其一。凡事须从根本上做起，根本茂则枝叶自然茂盛。躬自厚而薄责于人，专以立身行己言也，若施与出纳之际，躬自薄而厚于人，则远怨矣。其二。子孙切忌奢侈，务宜俭省，在场面应酬，四季袍褂自不可少，至于家常衣服，虽布无伤。妇女尤宜戒之。若贪图好看，竞逐时妆，败我儒素之风，我所不喜。饮馔尤宜清淡，若肥酸之物，古人谓之腐肠之药，非徒无益，而反有损。勿信世人食补之说。须知吾辈究是膏粱之体，非区区饮馔所能补也。至于杀生，大所当戒。吾家无故不杀生，宜世世守之。与其买禽鸟以放生，不如终年不杀鸡鸭之为胜也。腊月二日，吾之生日，净灶一日，亦宜世世遵守。一日净灶，即一日戒杀。虽止一日，然使吾子孙能至百家，即百日矣，能至三四百家，即一年矣。吾区区之家，愿衍而广之，以至无穷。其三。子孙自宜各有正业，即或家计从容，闲居无事，则栽植花木，亦足怡情。至于叶子之戏，樗蒲之局，自幼即宜戒之。骰子骨牌之类，勿令儿童入手。吾著有《曲园三耍》，至今悔之，愿子孙勿效之也。若夫流浪烟花，沾染恶疾，则非吾子孙矣。其四。读书人往往不善治生，吾子孙如有钱财，只宜择亲友中忠厚殷实之家，存放其处，取其微息，以为生计，万不可开设店铺。即使善于经营，年年获利三倍，然自我传子，自子传孙，必有闭歇之日，则亏负者不少矣。不亏负，不至闭歇也。经营涉讼，贻累无穷，势必七折八折，甚至三折四折，以还人家，仰面求人辱己甚矣。若存放息，幸而存放之家隆隆日上，则我坐享其利，岂不大妙。即其家不幸倒败，券在我手，犹可执以取偿，无论七折八折，至一二折四折，亦必薄有所得。使其竟一无所有，虽欲一折而不能，则我付之一笑，慨然出券而归之，彼必长揖以谢我，较之开店闭歇，仰面求人，孰得孰失乎？其五。吾家自南庄公以来，世守儒业，然至今日，国家既崇尚西学，则吾子孙读书之外，自宜兼习西人语言文字，若有能通声、光、化、电之学者，亦佳子弟也。然外国奇衺之说，切不可从。如有不肖子孙，口唱平等自由之妄论，身蹈革命流血之乱党，则宜屏而逐之，勿玷我曲园文派。家人无论大小，男有男之事，女有女之事，明而动，晦而休。男女内外，各有其事，此乃兴旺人家气象。若晦而不休，三更半夜，高张灯火，言无益之言，事无益之事，及至平旦，则思甜一枕，正在梦中，宾客到门，谢而不见，或馈赠物，或投送书函，皆无从答复。甚至日高三丈，庭院寂寥，案上则灯火犹存，厨下则炊烟未起，此等人家，吾不知其后如何矣。其六。火烛盗贼，皆居家者所不可不防也。防火烛，则不点洋油为第一要义。防盗贼则严谨门户而已，庭间紧要处，门户皆宜落锁，不可遗忘。然锁后钥匙必须放在手边，且必有一定之处，容易捡寻。若漫不经心，随手安放，设夜间有紧急之事，求匙不得，其患有不可言者。是又不可不知也。凡用一物，用毕仍归原处，此是寿相。读书写字亦然。读书毕，仍归原架。第几帙第几册，均勿错乱。写字毕，则笔加笔帽，砚加砚盖，勿草草一掷而起。如此者，使其必寿。其七。吾生平一无所长，惟所著书垂五百卷，颇有发前人所未发，正前人之错误，于遗经不为无功。敝帚千金，窃自珍惜。子孙有显达者，务必将吾全书重刻一板，以流传于世，并将坚洁之纸印数十部，游宦所至，遇有名山胜境，凿石而纳之其中，题其外曰"曲园全书藏"，庶数百年后有好古者，发而出之，俾吾书不泯于世。从前花农为吾造曲园书藏，惜其书不全，西湖上亦可再凿一书藏也。书宜用铁匣贮之，锢以铁汁，庶不坏败。其八。

又按先生卒年，王壬秋谓在丁未三月，章太炎谓在丁未六月，皆因所处较远，噩耗传至，已逾时矣。故太炎云："今夏见报，知俞先生不禄。"（在日本）其作《俞先生传》，误注"先生卒于丁未，年八十六"。然既是八十六，当在丙午，非丁未也。盖先生卒时，已交立春节，亦属新年，故有此误。

又按先生生前曾作《自挽联》及《生圹联》。

《自寿联》云：叹老夫毕世居稽，藏书万卷，读书千卷，著书百卷；喜小孙连番侥幸，县试第一，会试第二，殿试第三。

《自挽联》云：生无补乎时，死无关乎数，辛辛苦苦，著二百五十余卷书，流播四方，是亦足矣；仰不愧于天，俯不怍于人，浩浩荡荡，数半生三十多年事，放怀一笑，吾其归乎。

《生圹联》云：八十岁老翁，早知死之为归，生之为寄；半日内静坐，不识此是何地，我是何人。

又按叶昌炽《缘督庐日记》丁未二月云：曲园师以临终自喜诗四首七律，留别诗七绝十首，代讣诗外，有哀启，有亲友公启；又以一刺辞行，领帖发引，皆不书日。留别诗：一家人，二诸亲友，三门下诸君子，四曲园，五俞楼，六所读书，七所著书，八文房四友，九此世。最奇者，十为俞樾。此老真能观空矣。

又按王国维作《纪言》，对俞樾之死，见《教育小言》。丙午。

附　录

余杭章炳麟撰《俞先生传》：俞先生讳樾，字荫甫，浙江德清人也。道光三十年，成进士，改庶吉士。既授编修，提督河南学政，革职。既免官，年三十八，始读高邮王氏书，自是说经依王氏律令。五岁，成《群经平议》，以郛《述闻》；又规《杂志》作《诸子平议》；最后作《古书疑义举例》。治群经，不如《述闻》谛，诸子乃与《杂志》抗衡。及为《古书疑义举例》，巡察䚡理，疏紾比昔，牙角才见，紬为科条，五寸之矩，极以巧工，尽天下之方，视《经传释词》益恢郭矣！先是浙江治朴学者，本之金鹗、沈涛，其他多凌杂汉、宋。邵懿辰起，益夸严。先生教于诂经精舍，学者乡方，始屯固不陵节。同县戴望，以丈人事先生，尝受学长洲陈奂，后依宋翔凤，引《公羊》致之《论语》。先生亦次何劭公《论语义》一卷。始先生废，初见翔凤，翔凤言《说文》"始一终亥"，即《归藏经》，先生不省。然治《春秋》颇右公羊氏，盖得之翔凤云。为学无常师，左右采获，深疾守家法违实录者。说经好改字，末年自敕为《经说》十六卷，多与前异。章炳麟读《左氏·昭十七年传》："其居火也久矣，其与不然乎？"证以《论衡·变动篇》云："绀然之气见，宋、卫、陈、郑灾。"说曰："不然者，林然之误，借林为绀。"先生曰："虽竘善，不可以训。"其审谛如此！治小学不摭商、周彝器，曰："欧阳修作《集古录》，金石始萌芽，摧略可采。其后多巫史诳豫为之，韩非所谓番吾之迹，华山之棋，可以辨形体，识通假者，至秦、汉碑铭则止。"雅性不好声色，既丧母、妻，终身不肴食，衣不过大布，进机不过茗菜，遇人岂弟，卧起有节，气深深大董，形无苛妳，老而神志不衰，然不能忘名位。既博览典籍，下至稗官歌谣，以笔札泛爱人，其文词瑕适并见，杂流亦时时至门下，此其所短也。所著书，自《群经平议》《经说》而下，有《易说》《易穷通变化论》《周易互体征》《卦气直日考》《卦气续考》《书说》《生霸死霸考》《九族考》《诗说》《荀子诗说》《诗名物证古》《读韩诗外传》《士昏礼对席图》《礼记郑读考》《礼记异文笺》《郑康成驳正三礼考》《玉佩考》《左传古本分年考》《春秋岁星考》《七十二候考》《论语郑义考》《何邵公论语义》《续论语骈枝》《儿笘录》《读汉碑》。自《诸子平议》而下，有《读书余录》《读山海经》《读吴越春秋》《读越绝书》《孟子高氏学》《读文子》《读公孙龙子》《读鹖冠子》《读盐铁论》《读潜夫论》《读论衡》《读中论》《读抱朴子》《读文中子》《读楚辞》，如别录。其他笔语甚众，然非其至也。年八十六，清光绪三十三年卒。

赞曰：浙江朴学晚至，则四明、金华之术茀之，昌自先生。宾附者，有黄以周、孙诒让。是时先汉师说，已陵夷矣，浙犹觳张，不弛愈缮。不逮一世，新学蠕生，灭我圣文，粲而不蝉，非一隅之忧也。（见《太炎文录》）

曾祖国培。祖廷镳，乾隆甲寅恩科，钦赐副贡生，妣夏氏、戴氏。考鸿渐，嘉庆丙子科举人，妣蔡氏、稽氏、姚氏。本贯浙江湖州府德清县人。年八十有六。先生讳樾，字荫甫，号曲园，旧居德清东门之南埭。姚太夫人生子二，先生居次。先生生三日，太夫人得病甚危，积二十余日始愈。四岁，迁居仁和之临平镇。先生幼有夙慧，太夫人口授四子书，过目不忘。九岁，戏为书，自注其下。著述等身，笃老不倦，实兆于此。年十六，补县学生。道光丁酉科，副榜贡生，甲辰恩科举人，庚戌举礼部试，覆试一等第一名。殿试二甲，赐进士出身，改翰林院庶吉士。覆试诗，题为《淡烟疏雨落花天》，首句云"花落春仍在"，为曾文正公所赏，谓咏落花而无衰飒意，与小宋落花诗意相类，言于同阅卷诸公，置第一。此先生受知文正公之始，后遂以"春在堂"

名其全书，志知遇也。咸丰壬子散馆，授编修，以博物宏览称于辇下。乙卯四月考差，上以"舜在床琴"命题，时海宇多故，宵旰忧勤，先生借题发挥，以见古圣人不戁不竦，遇变如常，并旁引文王之羑里鸣琴，孔子之匡邑被围，弦歌不辍，以明先后圣之同揆。八月，简放河南学政，奏请以公孙侨从祀文庙，及圣兄孟皮配享崇德祠，并邀俞允。甫再岁，以人言罢归，侨居苏州。先生既反初服，乃一意治经，以高邮王氏为宗，其大要在正句读，审字义，通古文假借，由经以及诸子，皆循此法，冀不背王氏之旨。其《群经平议》则继《经义述闻》而作，《诸子平议》则窃附《读书杂志》之后，《古书疑义举例》则小变《经传释词》之例而推衍之。先生之私淑王氏，谨守家法，不苟如此。逮其后，《俞楼杂志》《曲园杂纂》《茶香室经说》诸书出，其析疑振滞，皆与前书相仿，或有精义较胜于昔。学与年进，先生不自讳也。先生旋吴，犹及见宋大令翔凤，得闻武进庄氏之学，故一切谶纬家言，亦偶涉之，要见先生精力过绝于人远甚。

先生业以著书自娱，遂不复出。曾文正之督两江，李文忠之抚吴下，咸爱重之。先生以巾服从游，往来如处士，文正有"闳才不荐，徒窃高位"之语，论者谓文正惩徐侍郎之奏，不敢继进，于先生本志所在，固未喻也。先生历主讲苏州紫阳、上海求志、德清清溪、归安龙湖等书院，而主杭州诂经精舍至三十一年，为历来所未有。其课诸生，一禀阮文达公成法，王侍郎昶、孙观察星衍两先生之绪，至先生复起而振之。两浙知名之士，承闻训迪，蔚为通材者不可胜数。门人为筑俞楼于孤山之麓，以与薛庐相配，游湖上者皆能指其所在，相与乐道其地不绝。先生自少至老，读书著述皆有常程，每竟一岁，皆有写定之书刊布于世。晚年，足迹不出江浙，声名溢于海内，远及日本文士，有来执业门下，其不及者，则从海舶寄书质证，赋诗相祝。而如蒙古贤王、京邸宗藩，或远来求书，或以楹帖寄赠，以致倾慕。先生居林下四十余年,于光绪癸卯正科,溯举道光甲辰乡试,计周一甲子,浙中大吏以重宴鹿鸣请,得旨开复编修原官,有"早入翰林,殚心著述。启迪后进,人望允孚"之论。先是,先生省母于其兄福宁官舍,晤闽浙制府英香岩相国,为道咸丰间以河南巡抚入觐,文宗犹询及姓名,有"人颇聪明,写作俱佳"之论,先生闻之,不觉失声。至今上复有此旨,稽古之荣,一时无两。往者,曾文正谓先生拼命著书,食报之隆,乃偿于后,可谓极儒生之殊遇矣。

先生训诂主汉学,义理主宋学,教弟子以通经致用,蔚然为东南大师。晚岁忧伤时局,常语人曰:"形而上者谓之道,形而下者谓之器。以中学为体者道也,以西学为用者器也。"病中犹以"毋域见闻,毋忘国本"垂为家训。束脩所入,别以卖文字自给,有余则振赡亲族,拯恤灾患,乐以为常。授孙陛云读,不名他师。陛云以戊戌第三人及第,亲见其典试蜀中,举特科,乞假侍左右,赋诗相乐。其祖孙翰林,庶几亦犹高邮王氏文肃之于文简。先生虽得年稍逊怀祖,名山之业,固实继之,世俗耳食,多以曲园比之随园,雷同相和,所谓貌同心异,有道于通人之前,宜不值一哂也。先生以光绪丙午十二月二十三日,卒于苏州寓庐。临终赋《自喜留别诗》,以笺启代讣,夷然委化,至无所苦。朝野人士闻之,相与咨叹,谓顿失儒宗,后生小子于何宗仰。

今江苏巡抚陈公,胪举先生学术及所著书入奏,天语宠被,诏入《国史·儒林传》,以旌其学,耆儒著书之富,受知之厚,信无如先生者。即其仕不中蹶,度至卿相而止耳,以彼易此,殊有不侔,先生可以慰矣。先生著书凡五百余卷,其有功经义诸子,则有《群经平议》五十卷,《诸子平议》五十卷,《第一楼丛书》三十卷,曲园、俞楼《杂纂》共一百卷,《茶香室经说》十六卷,《古书疑义举例》七卷。余则具先生自著《全书录要》中。先生于兵燹后,总办浙江书局,建议江、浙、扬、鄂四局,分刻二十四史,于浙局精刻子书二十四种,海内称为善本。又议钞补浙江文澜阁旧藏《四库全书》，今阁重建，而书亦粗具，沾溉儒林，嘉惠尤非浅鲜。古来小说《燕丹子》传奇体也，《西京杂记》小说体也，至《太平广记》以博采为宗旨，含两体为一帙，后人遂不能分。先生《右台笔记》以晋人之清谈，写宋人之名理，劝善惩恶，使人观感于不自知。前之者《阅微草堂五种》，后之者《寄龛四志》，皆有功世道之文，非私逞才华者所可比也。

荃孙于光绪丁丑，初见先生于曲园，奉手受教。先生因与先君子丁酉同谱，诲之尤切，后每过苏，必侍谈数次。先生成书，首先遗之荃孙，有所撰述，亦必邮呈训诲。去年九月，犹侍谈三时之久，窥见先生精神强固，言语贯串，私心自喜，以为可继伏生之寿，长为后进之导师。别后又两奉手书，而孰意竟不及再见耶？呜呼悲已！谨略举先生为学大概，及闻见所及如右，以备当世为志传者之采择。若其持论之精，先生全书具存，第而撷之，是在史氏。鄙之所述，庶亦以附丽焉。（录自《缪荃孙全集·诗文卷》）

《清史稿·儒林传》：俞樾，字荫甫，德清人。道光三十年进士，改庶吉士。咸丰二年，散馆授编修。五年，简放河南学政，奏请以郑公孙侨从祀文庙，圣兄孟皮配享崇德祠，并邀俞允。七年，以御史曹登庸劾试题割裂，罢职。樾归后，侨居苏州，主讲苏州紫阳、上海求志各书院，而主杭州诂经精舍三十余年，最久。课士一依阮元成法，游其门者，若戴望、黄以周、朱一新、施补华、王诒寿、冯一梅、吴庆坻、吴承志、袁昶等，咸有声于时。东南遭赭寇之乱，典籍荡然，樾总办浙江书局，建议江、浙、扬、鄂四书局分刻二十四史；又于浙局精刻子书二十二种，海内称为善本。

生平专意著述，先后著书，卷帙繁富，而《群经平议》《诸子平议》《古书疑义举例》三书，尤能确守家法，有功经籍。其治经，以高邮王念孙、引之父子为宗。谓治经之道，大要在正句读，审字义，通古今假借，三者之中，通假借为尤要。王氏父子所著《经义述闻》，用汉儒"读为""读曰"之例者居半，发明故训，是正文字，至为精审。因著《群经平议》，以附《述闻》之后。其《诸子平议》，则仿王氏《读书杂志》而作，校误文，明古义，所得视《群经》为多。又取九经诸子举例八十有八，每一条各举数事以见例，使读者习知其例，有所据依，为读古书之一助。

樾于诸经皆有纂述，而《易》学为深，所著《易贯》，专发明圣人观象系辞之义。《玩易》五篇，则自出新意，不拘泥先儒之说。复作《艮宦易说》《卦气值日考》《续考》《邵易补原》《易穷通变化论》《互体方位说》，皆足证一家之学。晚年所著《茶香室经说》，义多精确。古文不拘宗派，渊然有经籍之光。所作诗，温和典雅，近白居易。工篆、隶。同时如大学士曾国藩、李鸿章，尚书彭玉麟、徐树铭、潘祖荫，咸倾心纳交。日本文士有来执业门下者。

樾湛深经学，律己尤严，笃天性，尚廉直，布衣蔬食，海内翕然称曲园先生。光绪二十八年，以乡举重逢，诏复原官，重赴鹿鸣筵宴。三十二年，卒，年八十有六。著有《群经平议》三十五卷，《诸子平议》三十五卷，及《第一楼丛书》《曲园杂纂》《俞楼杂纂》《宾萌集》《春在堂杂文》《诗编》《词录》《随笔》《右台仙馆笔记》《茶香室丛钞》《经说》，其余杂著，称《春在堂全书》。

按《春在堂全书》有三种刻本。一为光绪九年重定本（蔡赓客刻）；二为光绪二十三年重定本；三为光绪二十三年曹树培等石印本。于《群经平议》三十五卷、《诸子平议》三十五卷外，有《易贯》五卷、《玩易篇》一卷、《论语小言》一卷、《春秋名字解诂补义》一卷、《古书疑义举例》七卷、《儿笘录》四卷、《读书余录》二卷、《诂经精舍自课文》二卷、《湖楼笔谈》七卷。（以上属《第一楼丛书》）

《艮宦易说》《达斋书说》《达斋诗说》《达斋春秋论》《达斋丛说》

《荀子诗说》《何邵公论语义》《士昏礼对席图》《乐记异文考》《生霸死霸考》《春秋岁星考》《卦气值日考》《七十二候考》《左传古本分年考》《春秋人地名对》《邵易补原》《读韩诗外传》《读吴越春秋》《读越绝书》《读鹖冠子》《读盐铁论》《读潜夫论》《读论衡》《读中论》《读抱朴子》《读文中子》《改吴》《说项》《正毛》《评袁》《通李》《议郎》《订胡》《日知录小笺》《苓子》《小繁露》《韵雅》《小浮梅闲话》《续九五枝谭》《闽行日记》《吴中唱和歌》《梵珠》《百空曲》《十二月花神议》《银瓶征》《吴绛雪年谱》《五行占》《集千字文诗》《隐书》《老圆》各一卷。（以上属《曲园杂纂》五十卷）

《易穷通变化论》《周易互体征》《八卦方位说》《卦气续考》《诗名物证古》《礼记郑注考》《礼记异文笺》《郑康成驳正三礼考》《九族考》《玉佩考》《丧服私论》《左传连珠》《论语郑义》《续论语骈枝》《论语古注择从》《孟子古注择从》《孟子高氏学》《孟子缵义》《四书辨疑辨》《群书剩义》《读文子》《读公孙龙子》《读山海经》《读楚辞》《读汉碑》《读昌黎先生集》《读王观国学林》《读王氏稗疏》《庄子人名考》《楚辞人名考》《骈隶》《读隶辑词》《广雅释诂疏正拾遗》《著书余料》《日损益斋文钞》《日损益斋诗钞》《铭篇》《玉堂旧课》《广扬园近鉴》《壶东漫录》《百哀篇》《咏物诗廿一首》《五五》《枕上三字诀》《废医论》《九宫衍数》《金刚经订义》《一笑》《说俞》《俞楼经始》《俞楼诗记》各一卷。（以上属《俞楼杂纂》五十卷）

《宾萌集》五卷、《宾萌外集》四卷。《春在堂杂文》二卷，又《续编》五卷、《三编》四卷、《四编》八卷、《五编》八卷、《六编》十卷，凡三十七卷。《春在堂诗编》二十三卷。《春在堂词录》三卷。《春在堂随笔》十卷。《春在堂尺牍》（一名《金鹅山尺牍》）六卷。《楹联录存》五卷。《四书文》一卷。《右台仙馆笔记》十六卷。《茶香室丛钞》廿三卷，《续钞》廿五卷，《三钞》廿九卷，《目录》各一卷，凡八十卷。《茶香室经说》

十六卷。《经课续编》六卷。《金刚般若波罗蜜经注》二卷。《太上感应篇缵义》二卷。《游艺录》六卷。《春在堂全书录要》一卷。《校勘记》一卷。《曲园自述诗》《曲园墨戏》一卷,《琼英小录》一卷,附录《慧福楼幸草》一卷。《东瀛诗选》四十卷,《补遗》四卷。《东梅投桃集》一卷,《九九消夏录》十四卷。《易原图》,《曲园琐记》二十卷,《好学为福斋文钞》四卷(已佚)。《荟丛编》二十卷。日记残稿两卷。此外又与桐城方宗诚(存之)同撰《上海县志》三十二卷、《图说》一卷、《叙录》一卷。其编辑校刊之书,尚有《镇海县志》四十卷,《川沙厅志》十四卷,《逊学斋诗钞》十卷,《诂经精舍四集》《五集》《六集》《七集》《八集》等数种。

王国维著述系年

引　言

　　解放初，余自郡校（今温一中）调教瑞安中学，一日返郡，往籀园图书馆谒梅馆长冷生先生，适新购得《海宁王忠悫遗书》全帙数十本，悉举以假余携去先阅，实感激甚。余既抱书回瑞中，教课余暇，辄取书从首至尾，致细阅毕还之。惟以内容丰富，故仅辑录王氏著述之名目、时间与出处，系年排比成册，稍留爪鸿，备追忆查考耳。一九五六年二月，董朴垞识。①

　　①原稿置后面，现移到正文。正文中又有补识一条："按此时应在丙辰（1916）冬，王氏始自日本归上海，于书肆中得孙书稿本也。朴垞识，一九八一年. 八. 二五。"距离九月董氏过世时间不足一月。此书不见年谱记录，十分奇怪。

王忠悫遗书序

　　王国维,字静安,号观堂,浙江海宁人也。生而岐嶷,读书通敏,年未冠,文名噪于乡里。寻入州学,以不喜帖括之文,再应乡举,不中程。于时值中日战役,我师败绩,海内士大夫争言变法,国维亦思有以自试,乃之上海,与上虞罗振玉叔蕴、吴县蒋黼伯斧办农学社,移译东西各国农学书报。以乏译材,遂于光绪二十四年戊戌夏,复立东文学社,聘日本藤田博士丰八为教授,国维乃往受学,写所为《咏史绝句》于同舍生扇头,振玉见而赏异,遂拔之侪类之中,为赡其家。而国维之知学问涂辙以自发闻名家,皆振玉有以启之也。国维欲以其间治古文词,自以所学根底未深,读江子屏《汉学师承记》,欲于所求□。振玉召之曰:“江氏说多偏驳,本朝学术实导源于顾亭林处士。厥后作者辈出,而造诣最精者,为戴氏震、程氏易畴、钱氏大昕、汪氏中、段氏玉裁及高邮二王。”因以诸家书赠之。国维虽加流览,然方治东西洋学术,未遑致力于此。治日文之余,则从藤田博士受欧文及西洋哲学、文学、美术,尤喜柏拉图、叔本华、尼采诸家之说,发挥其旨趣,为《静安文集》。岁庚子,既毕业东文学社,振玉适主武昌农学校,以教授多日人,乃延国维任译授。明年东渡,留学日本物理学校。寻以脚气病归,止振玉家。病愈,乃荐之南通师范学校,主讲哲学、心理、伦理诸学。甲辰秋,振玉主江苏师范学校,乃移国维于苏州。凡三年,刻所为诗词,骎骎致力于文学。丙午,振玉奉学部奏调,又荐国维于尚书荣庆,命在学部总务司行走。入都以后,始治宋元以来通俗文学,而殚瘁于宋之词、元之曲,著有《人间词话》。自谓境界不隔,足追五代北宋名家。顾所殚心者，尤在剧曲，著有《曲录》六卷、《戏曲考原》一卷、《宋大曲考》一卷、《优语录》二卷、《古剧脚色考》一卷。而国维所自惬意者，莫如《宋元戏曲史》。盖综生平论曲之旨，而集其大成者也。国维治哲学，未尝溺新说而废旧闻；其治通俗文学，亦未尝写俚辞，而薄雅故。迄辛亥国变，振玉挂冠神武门，避地东渡，航海走日本，国维则携家相从。振玉乃劝之专研国学，而先于小学训诂植其基，并与论学术得失。国维闻而矍然，自忿以前所学未醇，乃取行箧《静安文集》百余册，悉摧烧之，欲北面称弟子。自是又尽弃所治宋元文学，专攻经史。日读注疏尽数卷，旁及古文字声韵之学，如是者数年，所造益深且醇。先振玉三年返国。振玉割藏书十之一赠之，送之神户，执国维手曰："以君进德之勇，异日以亭林相期矣！"迄以治"殷墟龟甲文"成名。而国维之学，于是为三变矣。其治殷墟甲骨文也，考之史事制度与文物，以知其时代之情状；本之《诗》《书》，以求其文之义例；考之古音，以通其义之假借；参之彝器，以验其文字之变化。所撰《殷卜辞中所见先公先王考》及《殷周制度论》，义据精深，方法缜密，极考证家之能事；而于周代立制之源，及成王、周公所以治天下之意，言之尤为真切。逊帝宣统钦其学行，赏食五品俸，赐紫禁城骑马，命检昭阳殿书籍，监定内府所藏古彝器。既而逊帝遁荒天津，国维以梁任公荐，受聘为清华研究院教授。初尚推辞，任公乃转托英人庄士敦、溥仪之英文教师，为在溥仪面前疏通，溥仪面谕国维曰："讲学不比做官，大可不必推辞。"国维始允之。迄民国十六年四月（旧历五月初二日），感时丧乱，自沉颐和园之昆明湖，年五十二。于衣带中得遗墨云："五十之年，只欠一死。"海内识与不识，罔不惜其学而悯其愚，使不即死，所造未可量也。既殁，校识之书，丹黄尤新。今合刻之，题曰《王忠悫遗书》。

资料：朴学社，《国学月刊》纪念王国维专号。郭沫若《历史人物》中有《鲁迅与王国维》一文。

清光绪三年丁丑（1877）冬十月，海宁王国维静安生。

四年戊寅（1878），二岁。

五年己卯（1879），三岁。

六年庚辰（1880），四岁。光绪庚辰，生母凌太夫人弃养。

七年辛巳（1881），五岁。

八年壬午（1882），六岁。

九年癸未（1883），七岁。

十年甲申（1884），八岁。

十一年乙酉（1885），九岁。

十二年丙戌（1886），十岁。

十三年丁亥（1887），十一岁。"丁亥（1887），先大父嗣铎公弃养，先君遂里居不出，以课子自娱，发行箧书，口授指画，每深夜不辍，时先兄才十一耳，诗文时艺早朗朗成诵。复令从同邑陈寿田先生读，月必课骈散文、古今体诗若干首，是为先兄治诗文之始。"——国华

十四年戊子（1888），十二岁。

十五年己丑（1889），十三岁。

十六年庚寅（1890），十四岁。

十七年辛卯（1891），十五岁。

十八年壬辰（1892），十六岁。《自序》："体素羸弱，不能锐进于学，进无师友之助，退有生事之累。"

"余家在海宁，故中人产也，一岁所入，略足以给衣食。家有书五六箧，除《十三经注疏》为儿时所不喜外，其余晚自塾归，每泛览焉。十六岁，见友人读《汉书》而悦之，乃以幼时所储蓄之岁朝钱万，购前四史于杭州，是为平生读书之始。时方治举子业，又以其间学骈文散文，用力不专，略能形似而已。未几而有甲午之役，始知世尚有所谓学者。家贫不能以资供游学，居恒怏怏，亦不能专力于是矣。"

"年十六，入州学。好《史》《汉》《三国》。与褚嘉猷、叶宜春、陈守谦三君上下议论，称'海宁四子'."——国华

十九年癸巳(1893)，十七岁。

二十年甲午(1894)，十八岁。"丁中日之战，变政议起，先君以康、梁疏论示先兄。先兄于是弃帖括而不为。"——国华

二十一年乙未(1895)，十九岁。

二十二年丙申(1896)，二十岁。

二十三年丁酉(1897)，二十一岁。

二十四年戊戌(1898)，二十二岁。

"二十二岁正月，始至上海，主时务报馆，任书记校雠之役。二月而上虞罗君振玉等私立之东文学社①成，请于馆主汪君康年，日以午后三小时往学焉。汪君许之，然馆事颇剧，无自习之暇，故半年中之进步，不如同学诸子远甚。

"夏六月，又以病足归里，数月而愈。愈而复至沪，则时务报馆已闭，罗君乃使治社之庶务，而免其学资。是时社中教师为日本文学士藤田丰八、田冈佐代治二君。二君故治哲学，余一日见田冈君之文集中，有引汗德、叔本华之哲学者，心甚喜之。顾文字暌隔，自以为终身无读二氏之书之日矣。

"次年社中兼授数学、物理、化学、英文等，其时担任数学者即藤田君。君以文学者而授数学，亦未尝不自笑也。顾君勤于教授，其时所用藤田博士之算术、代数两教科书，问题殆以万计，同学三四人，无一问题不解，君亦无一不校阅也。"(《自序》)

---

①东文学社：创于戊戌仲夏，及八月政变，校费无出，邱君乃去沪，生徒星散者三之一。而高材生若海宁王忠悫公、山阴樊少泉炳清、桐乡沈昕伯纮两文学，均笃学力行，拔于侪类之中，不忍令其中辍，乃复由予举私债充校费。幸一年后社中所授历史、地理、理化各教科，由王、樊诸君译成国文，复由予措资付印，销行甚畅，社用赖以不匮。(罗振玉《集蓼编》)

"廿二，入时务报馆。兼学东瀛、西欧文字，好叔本华、尼采之书。是为先兄治新学之始。于译述外，凡整理宋元以来剧曲之稿，率成于其时。"——国华

罗《序》："余交君二十有六年，于君学问之变化，知之为最深。光绪戊戌，始与君相见于上海，时余年三十有三，君二十有二。君方治东西文字，继又治泰西哲学。"

戊戌四月□日诗。

二十五年己亥（1899），二十三岁。

己亥，《嘉兴道中》《八月十五夜月》《红豆词》《题梅花画箑》《题友人三十小像》《杂感》。

二十六年庚子（1900），二十四岁。

"又一年，而值庚子之变，学社解散。盖余之学于东文学社也，二年有半，而其学英文，亦一年有半，时方毕第三读本，乃购第四、第五读本，归里自习之。日尽一二课，必以能解为度，不解者且置之。而北乱稍定，罗君乃助以资，使游学于日本。亦从藤田君之劝，拟专修理学。故抵日本后，昼习英文，夜至物理学校习数学。留东京四五月而病作，遂以是夏归国。自是以后，遂为独学之时代矣。体素羸弱，性复忧郁，人生之问题，日往复于吾前。自是始决从事于哲学。而此时为余读书之指导者，亦即藤田君也。"（《自序》）

二十六年十二月，作《欧罗巴通史序》："日本理学士箕作元八及峰岸米造两君所著《西洋史纲》。同学徐君有成等，既译此书，易名《欧罗巴通史》，索国维言，以冠其首。"

二十七年辛丑（1901），二十五岁。赴日本留学，进东京物理学校。（研究物理学只有一年）

"辛丑，次岁春，始读翻尔彭之《社会学》，及（器）文之《名学》、海甫定《心理学》之半，而所购哲学之书亦至，于是暂辍《心理学》而读巴

尔善之《哲学概论》、文特尔彭之《哲学史》。当时之读此等书,固与前日之读英文读本之道无异,幸而已得读日文,则与日文之此类书参照而观之,遂得通其大略。既卒《哲学概论》《哲学史》。"(《自序》)

作《崇正讲舍碑记略》。为邑人张宝华建,已有姚寿祺、张宝荣作记。

二十八年壬寅(1902),二十六岁。

"次年始读汗德之《纯理批评》。至《先天分析论》,几全不可解,更辍不读,而读叔本华之《意志及表象之世界》一书。叔氏之书,思精而笔锐。是岁前后读二过,次及其《充足理由之原则论》《自然中之意志论》及其文集等。尤以其《意志及表象之世界》中《汗德哲学之批评》一篇,为通汗德哲学关键。至二十九岁。"

光绪三十一年秋八月作《自序》:"余之研究哲学,始于辛壬之间。癸卯春始读汗德之《纯理批评》,苦其不可解,读几半而辍。嗣读叔本华之书而大好之。自癸卯之夏以至甲辰之冬,皆与叔本华之书为伴侣之时代也。其所尤惬心者,则在叔本华之《知识论》。汗德之说因之以上窥。然于其人生哲学,观其观察之精锐与议论之犀利,亦未尝不心怡神释也。后渐觉其有矛盾之处。去夏所作《红楼梦评论》,其立论虽全在叔氏之立脚地,然于第四章内已提出绝大之疑问。旋悟叔氏之说,半出于其主观的气质,而无关于客观的知识。此意于《叔本华及尼采》一文中始畅发之。今岁之春,复返而读汗德之书,嗣今以后将以数年之力研究汗德。他日稍有所进,取前说而读之,亦一快也。故并诸杂文,刊而行之,以存二三年间思想上之陈迹云尔。"

光绪二十九年八月作《汗德像赞》。

癸卯,《书古书中故纸》《端居》《嘲杜鹃》《五月十五夜坐雨赋此》《游通州湖心亭》《六月二十七日宿硖石》《秋夜即事》《偶成》《拼飞》《重游狼山寺》《尘劳》《来日二首》《登狼山支云塔》。

甲辰，《病中即事》《暮春》《冯生》《晓步》《蚕》《平生》《秀州》《偶成》《九日游留园》《天寒》《欲觅》《出门》《过石门》。

《张季直年谱》：二十八年二月，乃谋于罗叔蕴振玉及寿潜，通州自立师范。二十九年春二月，师范教员王静安与所延日本人木造高俊、吉泽嘉寿之丞至。

三十一年乙巳（1905），二十九岁。

"（至二）十九岁，更返而读汗德之书，则非复前日之窒碍矣。嗣是于汗德之《纯理批评》外，兼及其伦理学及美学。至今年从事第四次之研究，则窒碍更少，而觉其窒碍之处，大抵其说之不可持处而已。此则当日志学之初所不及料，而在今日亦得以自慰藉者也。此外如洛克休蒙之书，亦时涉猎及之。近数年为学之大略如此。"

《自序》（二），秋八月作《自序》：

"余疲于哲学有日矣。哲学上之说，大都可爱者不可信，可信者不可爱。余知真理，而余又爱其谬误。伟大之形而上学、高严之伦理学，与纯粹之美学，此吾人所酷嗜也。然求其可信者，则宁在知识论上之实证论、伦理学之快乐论，与美学上之经验论。知其可信而不能爱，觉其可爱而不能信，此近二三年中最大之烦闷，而近日之嗜好所以渐由哲学而移于文学，而欲于其中求直接之慰藉者也。要之，余之性质，欲为哲学家则感情苦多，而知力苦寡；欲为诗人，则又苦感情寡而理性多。诗歌乎？哲学乎？他日以何者终吾身，所不敢知，抑在二者之间乎？

"以余之力，加之以学问，以研究哲学史，或可操成功之券。然为哲学家，则不能；为哲学史，则又不喜，此亦疲于哲学之原因也。

"近年嗜好之移于文学，亦有由焉，则填词之成功是也。余之于词，虽所作尚不及百阕，然自南宋以后，除一二人外，尚未有能及余者，则平日之所自信也。虽比之五代、北宋之大词人，余愧有所不如。

然此等词人，亦未始无不及余之处。因词之成功，而有志戏曲，此亦近日之奢愿也。然词之于戏曲，一抒情，一叙事，其性质既异，其难易又殊，又何敢因前者之成功，而遽冀后者乎？但余所以有志于戏曲者，又自有故：吾中国文学之最不振者，莫戏曲若。元之杂剧，明之传奇，存于今日者，尚以百数。其中之文字，虽有佳者，然其理想及结构，虽欲不谓至幼稚、至拙劣，不可得也。国朝之作者，虽略有进步，然比诸西洋之名剧，相去尚不能以道里计。此余所以自忘其不敏，而独有志乎是也。"

乙巳，《留园玉兰花》《坐致》《五月二十三夜出阊门驱车至觅渡桥》《将理归装得马湘兰画幅喜而赋此》，以上文集中诗稿。

光绪丙午，作《书辜氏汤生英译〈中庸〉后》，登载于上海《教育》杂志。"此志当日不行于世，故鲜知之者。越二十年，乙丑夏日，检理旧箧始得之。《学衡》杂志编者请转载，因复览一过。此文对辜君批评颇酷。少年习气，殊堪自哂。案辜君雄文卓识，世间久有定论，此文所指摘者，不过其一二小疵，读者若以此而抹杀辜君，则不独非鄙人今日之意，亦非二十年前作此文之旨也。"

"光绪丙午冬十月，国维以父忧居里门，有乡先生六七人，跫然叩门入，曰：'学部新令，凡府厅州县各置一劝学所，并置学务总董一人以总揽一邑之学务。吾子素明教育，但居乡之日浅，未得奉教，今邑侯命某等举总董，既以吾子应矣！子其毋辞。'作《纪言》。

丙午三月，山阴樊志厚叙王作《人间词》云：王君静安将刊其所为《人间词》，诒书告余曰："知我词者莫如子，叙之亦莫如子宜。"余与君处十年矣，比年以来，君颇以词自娱。余虽不能词，然喜读词。每夜漏始下，一灯荧然，玩古人之作，未尝不与君共。君成一阕，易一字，未尝不以讯余。既而暌离，苟有所作，未尝不邮以示余也。然则余于君之词，又乌可以无言乎？夫自南宋以后，斯道之不振久矣！元、明及国初诸老,非无警句也,然不免乎局促者,气困于雕琢也。嘉、道以后之词,非不谐美也,然无救于浅薄者,意竭于摹拟也。君之于词,于五代喜李后主、冯正中,于北宋喜永叔、子瞻、少游、美成,于南宋除稼轩、白石外,所嗜盖鲜矣。尤痛诋梦窗、玉田,谓梦窗砌字,玉田垒句。一雕琢,一敷衍,其病不同,而同归于浅薄。六百年来,词之不振实自此始。其持论如此。及读君自所为词,则诚往复幽咽,动摇人心。快而沈,直而能曲,不屑屑于言词之末,而名句间出,殆往往度越前人。至其言近而旨远,意决而辞婉,自永叔以后,殆未有工如君者也。君始为词时,亦不自意其至此,而卒至此者,天也,非人之所能为也。若夫观物之微,托兴之深,则又君诗词之特色。求之古代作者,罕有伦比。呜呼!不胜古人,不足以与古人并,君其知之矣。世有疑余言者乎?则何不取古人之词,与君词比类而观之也!

"迨光绪丙午、丁未,先君子暨先继母叶太夫人先后弃养。先兄与国华为生计所迫,南北暌隔,相叙遂希。会上虞罗振玉叔言参事、嘉兴沈子培方伯,以古学期先兄。是为先兄治甲骨金石史地之始。嗣后二十年间,由古文字而古史,而西北民族史地,学问著述,世所共知,行止出处,世所共见,毋庸国华之絮絮。"——国华

三十三年丁未(1907),三十一岁。

三十三年十月,又叙《人间词》云:"去岁夏,王君静安集其所为词,得六十余阕,名曰《人间词甲稿》,余既叙而行之矣。今冬,复汇所作词为《乙稿》,丐余为之叙。""静安之为词,真能以意境胜。夫古今人词之以意胜者,莫若欧阳公;以境胜者,莫若秦少游。至意境两浑,则惟太白、后主、正中数人足以当之。静安之词,大抵意深于欧,而境次于秦。至其今作,如《甲稿·浣溪沙》之'天末同云'、《蝶恋花》之'昨夜梦中'、《乙稿·蝶恋花》之'百尺朱楼'等阕,皆意境两忘,物我一体。高蹈乎八荒之表,而抗心乎千秋之间。骎骎乎两汉之疆域,广

于三代，贞观之政治，隆于武德矣。方之侍卫，岂徒伯仲？此固君所得于天者独深，抑岂非致力于意境之效也。至君词之体裁，亦与五代、北宋为近。然君词之所以为五代、北宋之词者，以其有意境在。若以其体裁故，而至遽指为五代、北宋，此又君之不任受。固当与梦窗、玉田之徒专事摹拟者，同类而笑之也。"

三十四年戊申（1908），三十二岁。作《〈词林万选〉跋》："戊申七月，积暑初退，于厂肆得此本，喜而志之。"

光绪戊申八月，作《〈曲录〉自序》。"余乃参考诸书，并各种曲谱及藏书家目录，共得二千二百二十本，视黄氏之目增逾一倍。又就曲家姓名可考者考之，可补者补之，粗为排比，成书六卷。"

光绪戊申冬月，作《曲品》《新传奇品》跋。"假此本手录一过，并为校补数处。"

光绪戊申冬日，作《〈雍熙乐府〉跋》。得于京师。

戊申，作《〈流沙坠简〉跋》。

"戊申以后，与君同客京师。君又治元明以来通俗文学。时则有《曲录》之刻，而《宋元戏曲史》亦属草于此时。然君治哲学，未尝溺新说而废旧闻；其治通俗文学，亦未尝尊俚辞而薄雅故。"——振玉

"我国自甲午之役后，海内士夫愤于积弱，误信瓜分之说，日以危言鼓吹天下，人心为之沸腾。一二怀抱野心者，乃利用此机，益推波助澜，于是遂有戊戌之变法。及庚子拳祸作，青年学子之留学海外者，复进而倡革命，人心已嚣然不靖。当道欲缓其祸，遂筹议立宪，分年筹备。于是练兵兴学、司法独立、清厘财政，一时并举。资用日繁，海内骚然。及光绪戊申，两宫先后宾天。今上皇帝以冲龄践祚，醇亲王监国摄政，人情益惶惶。"——罗振玉

宣统元年己酉（1909），三十三岁。

宣统纪元正月，《〈罗懋登注拜月亭〉跋》。

宣统改元闰二月,《〈蜕岩词〉跋》。

又夏四月,《〈鸥梦词〉跋》。

宣统改元三月,作《南唐二主词〉跋》。□或写录,另为《补遗》及《校勘记》附后。

又《〈赤城词〉跋》。

又宣统改元夏,"国维雅好声诗,粗谙流别。痛往籍之日丧,惧来者之无征,是用博稽故简,撰为总目。存佚未见,未敢颂言。时代姓名,粗具条理。为书六卷,为目三千有奇"。

二年庚戌(1910),三十四岁。

宣统庚戌仲春,《〈元曲选〉跋》。"将全书评点一过,略以《雍熙乐府》校之。"

庚戌九月,《人间词话》脱稿于京师宣武城南□□。

"敦煌石室古卷轴,西航者归英法,东渐者归日本,我国搜其余,尚得数千卷。予既一一批览之,又影写归法京古经籍数十种。而英伦与日本所得,则不获寓目。"

"予三十以前无境外之交,旅沪时始识东邦诸博士。宣统初,因法国伯希和教授,得与沙畹博士书问相往还。又与英国斯坦因博士通书问。尝以我西陲古卷轴入欧洲者所见仅百分之一二,欲至英、德、法各国阅览。沙畹博士闻之欣然,方联合英、德学者,欲延予至欧洲为审定东方古文物。予将约忠悫偕往,乃未几而巴尔干大战起,乃中止。今沙畹博士及忠悫墓已宿草,予今且戢影海滨,万念都灰,此愿恐不克偿矣。"(罗)

《〈万柏坡元氏略稿本〉跋》:"宣统纪元八月,闻法人伯希和君获敦煌石室秘书。往观并见张介侯先生批校柏坡先生此书。伯君迫欲返,吾友王君静安以二日力,临写于此本上。予校雠一过,而还其原书焉。"(罗)

三年辛亥(1911)，三十五岁。"辛亥之变，君复与余航海居日本，自是始尽弃前学，专治经史，日读注疏尽数卷，又旁治古文字声韵之学。"

辛亥，《定居京都奉答铃木豹轩枉赠之作并柬君山湖南君诸君子》。

日本狩野君山博士："君与内藤、小川诸教授来观学部所藏敦煌古卷轴，相见益欢，交益深。辛亥仲秋，革命军起，君与内藤、富冈诸君移书劝予浮海东渡，且为之卜宅于京师。感君高谊，乃与海宁王忠悫公携家投止，舟至神户，君与东西两京知好咸来迎迓。"(罗作《狩野君山博士六十寿序》)

"宣统己酉岁，法国伯希和教授言其所得敦煌书籍，有《太公家教》一卷。其书已寄巴黎，未之见也。去岁，伯君邮寄敦煌古籍景本数百枚，亦无此书。顷于罗叔言参事唐风楼中见此卷，盖同出敦煌千佛洞，为斯坦因、伯希和二氏所遗。又石室遗书未归京师图书馆时流出人间者也。……"辛亥六月记，《〈唐写本太公家教〉跋》。(《观堂集林》二十一)

"武昌变起，都中人心惶惶，时亡友王忠悫公亦在部中，予与约各备米盐，誓不去。万一不幸，死耳。及袁世凯再起，人心颇安，然予知危益迫矣。一日，日本本愿寺教主大谷伯光瑞遣在京本愿寺僧某君来，言其法主劝予至海东，并以其住吉驿二乐庄假予栖眷属。予与大谷伯不相识，感其厚意，方犹豫未有以答，而旧友京都大学教授内藤虎次郎、狩野直喜、富冈谦藏诸君书来，请往西京。予藏书稍多，允为寄存大学图书馆，且言即为予备寓舍。予乃商之亡友藤田君，藤田君为定计应诸教授之招，而由本愿寺为予担保运书物至京都，运费到京后还之，且愿先返国为予筹备一切，事乃决。遂以十月初出都门往天津待船。时大沽已将结冰，商舶惟末班温州丸，船小仅千吨。予与忠悫及刘氏婿三家,上下约廿人同往。船至,舱已满,乃栖家属于货舱中,船长以其室让予。途中风浪恶,七日乃达神户。藤田诸君,已在彼相迓,即日至京都田中村寓舍。"(罗)

"予初至京都,寓田中村,与忠悫及刘氏婿同居,庐狭人众,乃别赁二宅以居两家。"(罗)

"予寓田中村一岁,书籍置大学,与忠悫往返整理甚劳。乃于净土寺町,购地数百坪,建楼四楹,半以栖眷属,半以祀先人、接宾友。门侧为小榭四间,楼后庖湢奴子室数间。植松十余株,杂卉木数百。本取颜黄门《观我生赋》语,颜曰'永慕园'。寻增书仓一所,因箧中藏北朝初年写本《大云无相心经》,颜之曰'大云书库'。宅中有小池,落成日,都人适有书,为赵尔巽聘予任清史馆纂修,既焚其书,因颜池曰'洗耳池'……未几更语移存大学之书于库中,乃得以著书遣日。"(罗)

"是时,王忠悫公尽屏平日所学,以治国学。所居去予不数武,晨夕过从。忠悫资禀敏异,所学恒兼人。自肄业东文学社后,予拔之畴人中,以所至皆与偕。及予官学部时,言之荣文恪公,奏调部行走,充编译官,每称之于当道,恒屈己下之,而闻誉仍未甚著。及至海东,学益进,识益完。十余年间,遂充然为海内大师矣。"(罗《集蓼编》)

"予往岁家居修学,无师友之助,闻见甚隘,三十以外,闻见渐增,始稍稍购书器。而江海奔走,废学者且十年。及四十后入都,闻见日扩,致书器日多,每以退食之暇欲有所造述,牵于人事,无所成就。逮辛亥间,始创为《国学丛刊》,不数月以国变而止,至是赓续为之。时忠悫迫于生事,乃月馈二百元请主编校。又岁余,上海欧人(哈同、仓圣明智大学)聘忠悫至沪,乃辍刊。予遂以一人之力编次平生所欲刊布之古籍,并著录所见所得古器物、墨本,次第刊行。归国后,复赓续为之。先后得二百五十余种,九百余卷,撮其序跋为《雪堂校刊群书叙录》。"(罗)

"宣统初元,余至海东调查农学,东友林博士泰辅方考甲骨,作一文揭之杂志,以所怀疑不能决者质之予。予归,草《殷商贞卜文字考》答之,于此学乃略得门径。及在海东,乃撰《殷虚书契考释》,日写定千余言,一月而竟,忠悫为手写付印。并将文字之不可识者,为《待问编》。并手拓所藏甲骨文字,编为《殷虚书契》,后又为《续编》,于(是)此学乃粲然可观。予平生著书百余种,总二百数十卷,要以此书最有裨于考古。厥后忠悫继之,为《殷先公先王考》,能补予所不及,于是斯学乃日昌明矣。"(罗)

"西陲古简,英人得之,请法儒沙畹教授为之考证。书成寄予,予乃分为三类,与忠悫分任考证,撰《流沙坠简》三卷。予撰小学、术数、方技书、简牍遗文各一卷,得知古方觚简之分别,及书体之蕃变。忠悫撰屯戍遗文,于古烽候地理考之极详。后忠悫在沪,将所著订正不少,仅于《观堂集林》中记其大略,惜不及为之重刊也。"(罗)

民国元年壬子(1912),三十六岁。

壬子夏日,作《〈双溪诗余〉跋》:"于董氏诵芬室见《双溪文集》残本。"

作《〈王周士词〉跋》。

壬子九月,作《墨妙亭记》,日本久野元吉;《此君轩记》,日本川口国次郎。

十月,《二田画觑记》,日本隅田吉卫。

按"日本备后三原城,有好古之士三,曰川口国次郎,曰久野元吉,曰隅田吉卫。三君者,相得也,余皆得与之游"。

壬子岁暮,作《〈宋元戏曲史〉自序》:"往者读元人杂剧而善之,以为能道人情、状物态,词采俊拔,而出乎自然,盖古所未有,而后人所不能仿佛也。辄思究其渊源,明其变化之迹,以为非求诸唐、宋、辽、金之文学弗能为也。乃成《曲录》六卷、《戏曲考源》一卷、《宋大曲考》

一卷、《优语录》二卷、《古剧脚色考》一卷、《曲调源流表》一卷。从事既久，续有所得，颇觉昔人之说与自己之书罅漏日多，而手所疏记与心所领会者，亦日增益。壬子岁暮，旅居多暇，乃以三月之力，写为此书。凡诸材料，皆余所搜集；其所说明，亦大抵余之所创获也。世之为此学者自余始，其所贡于此学者亦以此书为多，非吾辈才力过于古人，实以古人未尝为此学故也。"

壬子，作《颐和园词》、《读史》绝句、《送日本狩野博士游欧洲》、《蜀道难》、《观红叶》。

二年癸丑(1913)，三十七岁。

癸丑夏日，得西村天囚君所译《琵琶记》而读之。"君之译此书，其力全注于曲。以余之不敏，未解日本文学，故于君文之趣、神、味、韵，余未能道焉。然以君之邃于汉学，又老于本国之文学，信君之所为，必远出欧人译本之上无疑也。"

癸丑八月，《〈杂剧十段锦〉跋》□□进董授经廷尉。

"癸丑冬日，沙畹教授寄其校订未印成之本于罗叔言参事，罗氏与余重加考订，并斯氏在和阗所得者，景印行世，所谓《流沙坠简》是也。"(《新发见之学问》)

癸丑岁秒，考释《流沙坠简》当、悉、静、柘、真、恭、翼、保、霸、维等十州。

敦煌本贾耽《〈贞元十道录〉跋》：

有关地理书引《通典》《元和郡县图志》《新旧唐书·地理志》《太平寰宇记》《舆地广记》。

"(据)《唐书·艺文志》，《十道录》凡四卷。其书本非详博，故乐史进《太平寰宇记表》有编修太简之讥，此卷则又似略出之本。然贾耽为舆地学专家，此书殆与所撰《地图》《皇华四达记》《古今郡国县道四夷述》《九州别录》诸书，当参互考证，其所记必精确。此虽仅存片纸，仍当宝之如球图矣。"癸丑十月。

"唐代图经，久绝于世，亟为考其厓略，俾读者知此为人间鸿宝也。"宣统元年十二月。

"此书乃湨阳端忠敏公方向伯希和君影照，予从忠敏借印十本，分颁同好。乃逾二年，神州沦丧，忠敏遽完大节，此书影片不知尚在京邸否？搜行箧得旧本，亟遣工复影，与《西州图经》同印行之，以推广忠敏传古之雅意。"癸丑八月。

"近日本狩野博士直喜游欧，手录英伦及巴黎所藏《敦煌书目》。"

《我国历史书流传异域（海域）考》，罗、王集中。《北宋本历史书考》，《四库提要》中。

癸丑，《咏史》《昔游》《隆裕皇太后挽歌辞九十韵》《三月三日京都兰亭会诗》。

三年甲寅（1914），三十八岁。

甲寅二月，写定《流沙坠简》。

"甲寅，（君）与余共考释《流沙坠简》。余考殷墟文字，亦颇采君说。"

甲寅五月，作《〈宋代金文著录表〉序》。

八月，又作《〈国朝金文著录表〉序》。

甲寅五月，《宋代金文著录表》："古器之出，盖无代而蔑有。隋唐以前，其出于郡国山川者，虽颇见于史，然以识之者寡，而记之者复不详，故其文之略存于今者，惟美阳、仲山父二鼎与秦权、莽量而已。赵宋以后，古器愈出。秘阁、太常既多藏器，士大夫如刘原父、欧阳永叔辈，亦复搜罗古器、征求墨本，复有杨南仲辈为之考释，古文之学勃焉中兴。伯时、与叔复因而释之。政、宣之间，流风益煽，籀史所载，著录金文之书至三十余家，南渡后诸家之书犹多不与焉，可谓盛矣。今就诸书之存者论之。"

八月，又作《〈国朝金文著录表〉序》："古器物及古文字之学，一盛于宋，而中衰于元明。我朝开国百年之间，海内承平，文化溥洽。乾隆初，始命儒臣录内府藏器，放《宣和博古图》，为《西清古鉴》。海内士夫闻风承流，相与购致古器，搜集拓本。其集诸家器为专书者，则始于阮文达之《积古斋钟鼎彝器款识》，而莫富于吴子苾阁学之《捃古录金文》；其著录一家藏器者，则始于钱献之别驾之《十六长乐堂古器款识》，而讫于端忠敏之《陶斋吉金录》。著录之器，殆四倍于宋人焉。"

"及丁国变，万念都绝，避地海东时，第以著书遣日而已。丁巳冬，曾取所蓄古彝器，编为《梦郼草堂吉金图》。其明年秋，取续得之器，别为《续编》。意谓金石之寿，有时不如楮墨，既为之编印流传，则器之聚散当一任其自然，固不必私之一己也。"

"居辽六年间，颇闻洹水故墟出殷器至夥，而购求者稀，南北知好复远道寄示，且沥陈商况之艰苦。予用是展转思维……以三代及汉石刻各一，与唐封泥、宋木楬附焉。"（罗）

《〈三代吉金文存〉序》："往在海东，亡友王忠悫公从予治古彝器文字之学。予以古金文无目录，劝公编《金文著录表》。既竣事，公请继是当何作。予曰：前人考古彝器文字者，咸就一器为之考释□……"

"甲寅岁暮，国维侨居日本，为上虞罗叔言参事作《殷墟书契考释后序》，略述三百年来小学盛衰。嘉兴沈子培方伯见之，以为可与言古音韵之学也。然国维实未尝从事于此，惟往读昔贤书，颇怪自来讲古音者详于叠韵而忽于双声。夫三十六字母乃唐宋间之字母，不足以律古音，犹二百六部乃隋唐间之韵，不足以律古韵。乃近世言古韵者十数家，而言古字母者，除嘉定钱氏论古无轻唇、舌上二音，及番禺陈氏考定《广韵》四十字母，此外无闻焉。因思由陆氏《释文》上溯诸徐邈、李轨、吕忱、孙炎，以求魏晋间之字母。更溯诸汉人读为、读若之字与经典异文，以求两汉之字母。更溯诸经传之转注、假借与篆文古文之形声。以为如此，则三代之字母虽不可确知，庶可得而拟议也。然后类古字之同声、同义者以为一书，古音之学，至是乃始完具。"

四年乙卯（1915），三十九岁。

乙卯春，作《宋椠〈大唐三藏取经诗话〉跋》。

"乙卯春归国展墓，谒方伯于上海，以此愿质之。方伯莞然曰：'君为学乃善自命题，何不多命数题，为我辈遣日之资乎？'因相与大笑。维又请业曰：'近儒皆言古韵明而后古训明，然古人假借、转注多取双声，段、王诸君自定古韵部目，然其言诂训也，亦往往舍其所谓韵而用双声，其以叠韵说训诂者往往扞格不得通。然则与其谓古韵明而后古训明，毋宁谓双声明而后诂训明欤？'方伯曰：'岂直如君言，古人转注、假借，虽谓之全用双声可也，君不读刘成国《释名》乎？每字必以其双声诂之，其非双声者，大抵讹字也。'……

是夏，仍赴日本，稍就陆氏《释文》，以反切之第一字部分诸字，及五、六卷而中辍。"

乙卯年秋九月，作《元刊杂剧三十种序录》，元杂剧之存于今者，寡矣。国初，藏书家搜罗元剧者，曰虞山钱氏、江阴季氏。钱氏《也是园书目》最录元人杂剧一百四十种，《季沧苇书目》有钞本元曲三百本，一百册，然其后均不知归，亦未有记及此事者，盖存佚已不可问矣。举世所见，独明长兴臧晋叔懋循之《元曲选》百种与《西厢》五剧。

原书本无次第及作者姓氏，曩曾为之厘定时代，考订撰人。

乙卯，《游仙》。

五年丙辰（1916），四十岁。

丙辰春，余撰《魏石经考》，怪汉石经诸经皆用今文本，而魏大字石经全用古文经，因思学官今古文之代谢，实以三国为枢纽。乃考自汉以来诸经立学之沿革，为《汉魏博士考》。见《书绩溪胡氏〈西京博士考〉后》。

丙辰春,余自日本归上海,卜居松江之湄,闭户读书,自病孤陋,所从论学者,除一二老辈外,同辈惟旧友钱唐张君孟劬,又从孟劬交元和孙君益庵。二君所居,距余居半里而近,故时相过从。二君为学,皆得法于会稽章实斋先生,读书综大略,不为章句破碎之学。孟劬有《史微》,益庵有《诸子通考》,既藉甚学者间。丁巳秋,益庵复出所撰《汉书艺文志举例》,索余一言。

丙辰春,复来上海,居距方伯寓所颇近,暇辄诣方伯谈。一日,方伯语维曰:"栖霞郝氏《尔雅义疏》于《诂》《言》《训》三篇皆以声音通之,善矣。然《草》《木》《虫》《鱼》《鸟》《兽》诸篇以声为义者甚多,昔人于此似未能观其会通,君盍为部居条理之乎?"又曰:"文字有字原,有音原。字原之学,由许氏《说文》以上溯诸殷周古文止矣,自是以上,我辈不获见也。音原之学,自汉魏以溯诸群经《尔雅》止矣,自是以上,我辈尤不能知也。明乎此,则知文字之孰为本义,孰为引申、假借之义,盖难言之。……要之,欲得其本义,非综合后起诸义不可。而亦有可得,有不可得,此事之无可如何者也。国维感是言,乃思为《尔雅声类》,以观其义之通。

丙辰春,余自海外归,欲尽览渭渔之所藏,而渭渔则死矣。乃年甫逾四十,殁后遗书遗器及金石拓尚塞破数屋,均未整比,斯不能不为吾邑文献惜也。辛酉春日,渭渔友人仁和姚君虞琴将刊印是书,属余书其首。

丙辰之春,君自日本归上海,为英伦哈同氏编《学术丛编》杂志,君之撰述乃益富。

丙辰春二月,《〈周书·顾命〉考》。《周书·顾命》一篇,记成王没、康王即位之事……古《礼经》既佚,后世得考周室一代之大典者,惟此篇而已。顾年代久远,其礼绝无他经可证……今以彝器册命之制与《礼经》之例诠释之,其中仪文节目,遂犁然可解。

《同瑁说》：君作《顾命考》早怀此解，以其单文孤证，故不欲著其说。继思古今二家经文异同与其师说，必得此而后可通，故姑著之，以俟后人论解。

丙辰春二月，余草《〈周书·顾命〉考》一篇，据《礼经》通例及彝器所载册命制度……以正郑注及孔传之误。自谓得此解，则《顾命》一篇文字与其仪制，怡然理顺矣……凡此数者，无一与礼意相合。郑君礼学大师，岂宜不见及此？嗣读《通典》……引郑君又一说，则与《正义》所引郑注大异。

丙辰二月，作《〈流沙坠简考释补正〉自序》。

甲寅之春，与罗叔言参事共考释敦煌及罗布淖尔北古城尼雅古城所出木简，阅两月而成。

丙辰二月，作《史籀篇》叙。

《史籀篇疏证序》：《史籀》十五篇，古之遗书，战国以前未见称述。爰逮秦世，李、赵、胡母本之以作《苍颉》诸篇。刘向校书，始著于录。建武之世，亡其六篇。章帝时，王育为作解说。许慎纂《说文》，复据所存九篇，存其异文，所谓籀文者是也。其书亦谓之《史篇》，即《史籀篇》之简称。

丙辰春，始于嘉兴沈氏海日楼见之（《江氏音学》），乃咸丰壬子重刻本……亟假归读之。（《江氏音学》跋）

丙辰之夏，复集撰殷虚文字之不可识者，为《殷虚书契待问编》。参事与余续有所释，皆笺识其上。其于考释一书，又大有增删。

夏至后十日，序于京师黄华门北之寓庐。

丙辰四月，作《毛公鼎铭考释》，并序云：三代重器存于今日者，器以盂鼎、克鼎为最巨，文以毛公鼎为最多。此三器者，皆出于道咸之间，而毛公鼎首归潍县陈氏，其打本、摹本亦最先出。一时学者竞相考释，嘉兴徐籀庄明经同柏、海丰吴子宓阁学式芬、瑞安孙仲容比部诒让、吴县吴清卿中丞大澂，先后有作。明经首释是器，有凿空之功。阁学矜慎，比部闳通，中丞于古文字尤有县解。于是此器文字可读者十且八九。顾自周初讫今垂三千年，其讫秦汉亦且千年。此千年中，文字之变化脉络不尽可寻，故古器文字有不可尽识者，势也。古代文字假借至多，自周至汉，音亦多变，假借之字，不能一一求其本字，故古器文义有不可强通者，亦势也。从来释古器者，欲求一字之无不识，一义之无不通，而穿凿附会之说以生。穿凿附会者，非也，谓其字之不可识、义之不可通而遂置之者，亦非也。文无古今，未有不文从字顺者。今日通行文字，人人能读之、能解之。《诗》《书》彝器亦古之通行文字，今日所以难读者，由今人之知古代不如知现代之深故也。苟考之史事与制度、文物，以知其时代之情状。本之《诗》《书》，以求其文之义例，考之古音，以通其义之假借，参之彝器，以验其字之变化。由此以至彼，即甲以推乙，则于字之不可识、义之不可通者，必间有获焉。然后阙其不可知者，以俟后之君子，则庶乎其近之矣。孙、吴诸家之释此器，亦大都本此方法，惟用之有疏密，故得失亦准之。今为此释，于前人之是者证之，可疑者阙之，不备者补之。虽较之诸前辈所得无多，然可知古代文字自有其可识者与可通者，亦有其不可识与不可强通者，而非如世俗之所云云也。

丙辰秋日，先生（朱祖谋）书所绘《彊村校词图》命序。

丙辰九月，作《随志跋》。

丙辰冬，余读《方言》，复取古书，用戴氏《疏证》例校之，即书于戴本上。

丙辰仲冬，作《〈尔雅〉草木虫鱼鸟兽释例》《〈尔雅〉草木虫鱼鸟兽名释例》上、下，叙云：物名有雅俗，有古今《尔雅》一书，为通雅俗古今之名而作也。其通之也谓之释。

一说：民国五年丙辰冬，王国维始得其《契文举例》稿本于沪肆，

因寄罗振玉,刊于《吉石庵丛书》中,其书始显于世。(朱芳圃《孙诒让年谱》)

按此时应在丙辰(1916)冬,王氏始自日本归上海,于书肆中得孙书稿本也。朴垞识,一九八一年.八.二五。

《与友人论〈诗〉〈书〉中成语书》:《诗》《书》为人人诵习之书,然于六艺中最难读。以弟之愚暗,于《书》所不能解者,殆十之五;于《诗》亦十之一二,此非独弟所不能解也。汉魏以来诸大师未尝不强为说。然其说终不可通。以是知先儒亦不能解也。其难解之故有三:讹阙一也(此以《尚书》为甚)。古语与今语不同,二也。古人颇用成语,其成语之意义与其中单语分别之意义又不同,三也。唐宋之成语,吾得由汉魏六朝人书解之。汉魏之成语,吾得由周秦人书解之。至于《诗》《书》,则《书》更无古于是者,其成语之数数见者,得比较之而求其相沿之意义,否则不能赞一词……知字义之有转移,又知古代已有成语,则读古书者,可无以文害辞,以辞害意之失矣。

其二:古之成语,有可由《诗》《书》本文比较知之者。如高邮王氏之释《书》……瑞安孙氏之释……皆是也……此皆可由《诗》《书》比较知之者也。其余《诗》《书》中语,不经见于本书,而旁见彝器者,亦得比较而定其意义。

六年丁巳(1917),四十一岁。

余于丁巳作《魏石经考自序》,据黄县丁氏所藏残石,以定《魏石经》每行字数;又由每行字数,推定每碑行数。复以《御览》引《洛阳记》所载碑数及诸经字数,参互求之,以定《魏石经》经数。又排比《隶释》所存残字,为《经文考》《古文考》,共书二卷,刊行于《广仓学窘学术丛书》中。岁在辛酉,复删《经文考》《古文考》诸篇,而掇取其首五篇,编入《观堂集林》。癸亥春,乃闻洛阳复出《魏石经》残石一,两面分刻《尚书》无逸、君奭二篇……比四月,予在京师,则见残小石拓本至多……乃复为此考，以补前考之未备焉。

丁巳二月，余既作《殷先公先王考》毕。思治此书，乃取今本《纪年》一一条其出处，注于书眉。又孟夏，作《今本竹书纪年疏证·自序》。

余治《竹书纪年》，既成《古本辑校》一卷，复怪今本《纪年》为后人搜辑，其迹甚著。乃近三百年学者，疑之者固多，信之者亦且过半。乃复用惠、孙二家法，一一求其所出。

丁巳，君撰《殷卜辞中所见先公先王考》及《殷周制度论》。

丁巳六月，作《玉溪生诗年谱会笺序》：谱也者，所以论古人之世也；笺也者，所以逆古人之志也。余友张君孟劬《玉溪生年谱》，独旁搜远绍，博采唐人文集、说部及金石文字，以正刘、宋二书之失。宋次道之补亡，吴廷珍之纠谬，君殆兼之而一寄于此。……君尝与余论浙东、西学派，谓浙东自梨洲、季野、谢山以讫实斋，其学多长于史；浙西自亭林、定宇以及分流之皖、鲁诸派，其学多长于经。浙东博通，其失也疏；浙西专精，其失也固。君之学，固自浙西入而渐渍于浙东者，故曩为《史微》，以史法治经、子二学，四通六辟，多发前人所未发。及为此书，则又旁疏曲证，至纤至悉。而孰知其所用者，仍先秦两汉治经之家法也。

自汉以后，学术之盛无过于近三百年。此三百年中，经学史学皆足凌驾前代。然其尤卓绝者，则在小学。小学之中，如高邮王氏、栖霞郝氏之于训诂，歙县程氏之于名物，金坛段氏之于《说文》，皆足以上掩前哲。然其尤卓绝者，则为韵学。古韵之学，自昆山顾氏，而婺源江氏，而休宁戴氏，而金坛段氏，而曲阜孔氏，而高邮王氏，而歙县江氏，作者不过七人，然古音廿二部之目，遂令后世无可增损。故训诂名物文字之学，有待于后人者尚多。至古韵之学，则谓之前无古人后无来者可也。原斯学所以能完密至此者，以其所治者不过《三百篇》，及群经诸子、有韵之文，其治之之法，不外因乎声音之自然，其道甚简，而其事有涯，以其简入有涯，故数传而遂臻其极也。余比年读《三百篇》，窃叹言韵至王、江二氏，殆毫发无遗憾……

音分阴阳二类，当从戴、孔，而阳类有平无去入，当从段氏。前哲所言，固已包举靡遗，因不复有所论述。惟前哲言韵皆以《诗》三百五篇为主，余更搜周世韵语，见于金石文字者，得数十篇。中有杞、鄫、许、邾、徐、楚诸国之文，出商鲁二颂及十五国风之外。其时亦上起宗周，下讫战国，亘五六百年。然其用韵与《三百篇》无乎不合。故即王、江二家《部目谱》而读之，虽金石文字用韵无多，不足以见古韵之全，然足证近世古韵学之精密，自其可征者言之，其符合固已如斯矣。

丁巳八月，《大元马政记跋》。

丁巳季冬，题《徐积余观察随庵勘书图》。

丁巳，《游仙》《海上送日本内藤博士》。

国维云：殷之史事在周世已若存若亡，此孔子所以有文献不足之叹欤？

余曩作《殷卜辞中所见先公先王考》，正疑《尚书》之……然以单文孤证，故不著其说……余所见商周间彝器……果如此，则《商书》之著竹帛，当在宋之初叶矣。

敦煌本《古文尚书》夏书、商书、周书残卷——唐写本《隶古定尚书》残卷二，存《夏书》四篇，《商书》七篇，又《周书·顾命》九行半，乃在书帙之背，前后均断缺。其书迹，三卷各殊，盖初非出自一帙，而均未经天宝改字，犹是魏晋以来相传隶古定之原本也……盖五代之乱，经籍荡尽。今此残卷，乃转以远在边陲，幸存至今，且得由此确证宋以来传本之伪。

近闻英伦所藏，尚有《洛诰》，有《大禹谟》，有《泰誓》，深以不得写影，与此残卷同印行为可惜……

　　敦煌本《尚书·顾命》残卷——敦煌唐写本《顾命》九行半，乃往在京师时，就伯希和君行箧写影者。予得见天宝以前未改字《尚书》，盖自此始。

　　厥后又得敦煌本《夏书》四篇、《商书》七篇影本，又见日本神田氏所藏唐写本《周书·泰誓》至《武成》五篇，又得《周书·洪范》以下五篇于海东故家，复于亡友杨星吾舍人许影写《商书·盘庚上》至《微子》九篇，既先后印行矣，而深以所见未逾半为恨。英伦所藏，尚有《洛诰》《大禹谟》《泰誓》，东邦岩崎氏得唐写本，予曾见《禹贡》及《盘庚》上中下。闻尚有《周书》数篇，则未之见也。又阅杨舍人《日本访书志》，记所藏尚有古写本第一、二及第七至第十三，凡九卷，舍人在往昔，未尝以告予，今舍人亡，所藏不啻与之俱亡，可慨也。然去岁林浩卿博士为予言，东京有内野氏藏古写《尚书》全帙，则唐本之所无者，尚得以东邦古写本足之。异日当谋之浩卿博士，倘得假付影印，则失之于杨舍人者，将偿之博士，并将求岩崎氏所藏而印行之，或幸得完有唐书府之旧乎？（丁巳闰月，罗《跋》）

　　七年戊午（1918），四十二岁。

　　戊午夏六月，罗振玉校刊群书叙录成。曰《殷虚书契前后编》，曰《流沙坠简》《鸣沙石室古佚书》及《鸣沙石室古籍丛残》，振玉独以学术为性命，以此古器、古籍，为性命所寄之躯体……辛亥以后，流寓海外，鬻长物以自给，而殷虚甲骨与敦煌古简佚书，先后印行。（旅食八年）

　　戊午秋九月，作《校松江本〈急就篇〉》序。

　　戊午秋，余作《释由》一篇，论说甹字即由字，由今徂□复得五证焉。

　　《书郭注〈方言〉后》：郭景纯于《尔雅》有注、有音，而注中之音则专为今语而作……其于《方言》，则音即在注中，体例于音义为近。

又二：景纯注《方言》，全以晋时方言为本。晋时方言，较子云时固已有变迁，故注中往往广子云之说，其例有广地，有广言。

又三：《方言》一书，经戴东原、卢抱经、刘端临三先生校订，又段懋堂先生《说文注》、王怀祖先生《广雅疏证》亦时订其讹舛。戊午冬，复检前校，见有足订正本文及注者，得十六事，聊书于后……（《书郭注〈方言〉后三》）

《书〈尔雅〉郭注后》：汉人注经，不独以汉制说古制，亦以今语释古语……郑后司农注三礼，复推而广之。然古语者，有字而无音者也。由古语之字以求其音与义，于是有"读若""读如"之例焉，有"读为"之例焉。今语者，有音无字者也，由其音以求其字，或可得或不可得。

戊午冬日，王国维叙三：南陵徐积余观察博雅有鉴裁，多蓄书籍金石，而所藏古器物尤精。戊午冬日，出所撰《随庵勘书图》索余为序……观察用原文书例，成此一编，以饷后世。

王序——略述私家藏器及著录之源流，以序此书。

戊午，《海日楼歌寿东轩先生七十》《戊午日短至》《东轩老人两和前韵再叠一章》《哭富冈君扱》。

戊午，《姚子梁观察母濮太夫人九十寿诗》《题某君竹刻小像》《题况蕙风太守北齐无量佛造象画卷》。

八年己未（1919），四十三岁。

己未正月，《齐侯壶跋》《秉中丁卤跋》。别四。

己未，作《西域杂考》。西域各城自汉以来无甚变更。

《邸阁考》。

《摩尼教流行中国考》：右古书所记摩尼教事，其概如此。当宣统元年，吴县蒋伯斧郎中《跋巴黎所藏摩尼教残经卷》。附考摩尼教入中国源流，仅及唐会昌而止。后上虞罗叔言参事印行京师图书馆所藏《摩尼教经》一卷，法国伯希和教授译之，后复附《摩尼教考》，并增宋世摩尼教事实，较蒋君所考甚为该博。伯氏书用法文，余曩曾抄撮其所引汉籍，数年以来，流览所及，颇有增益。计增日本僧圆仁《求法记》一则，赞宁《僧史略》一则，方勺《泊宅编》、庄季裕《鸡肋编》各二则，《建炎以来系年要录》《高峰先生文集》《嘉定赤城志》《至正金陵新志》《真西山文集》各一则，与前所抄者汇为一编，庶唐宋二代彼教情形略可观览。

己未二月，作《沈乙庵先生七十寿序》：嘉兴沈先生少年固已尽通国初及乾嘉诸家之说，中年治辽、金、元三史，治四裔地理，又为道咸以降之学。然一秉先正成法，无或逾越。其于人心世道之污隆、政事之利病，必穷其原委，似国初诸老。其视经史为独立之学，而益探其奥窔，拓其区宇，不让乾嘉诸先生。至于综览百家，旁及二氏，一以治经史之法治之，则又为自来学者所未及。

己未孟秋，《虢仲簠跋》。别四。

己未闰七月，作《〈乐庵写书图〉序》：吾友乌程蒋君乐庵富收藏、精赏鉴。其藏书之所，曰密韵楼者，余尝过而览焉，其美富远出严氏芳茮堂上，殆与汲古、述古抗衡矣……乐庵写是书（手影《魏鹤山大全集》一百十卷），率在俶扰靰掌之中，然首尾百余万言，无一笔苟简，绵历二年，卒溃于成……乐庵既属钱唐汪沤客绘《写书图》，又属余序其事。

己未闰七月，作《〈彊村校词图〉序》：归安朱古微先生以文学官侍郎。光绪之季，奉使粤峤，遽乞病归，往来苏沪间，迄于近岁，居上海之日为多。丙辰秋日，先生出所绘《彊村校词图》，授简命序。彊村者，在苕水之滨、浮玉之麓，先生之故里也。先生既以词雄海内，复汇刊宋、元人词集成数百种。铅椠之役，恒在松江、歇浦间，而顾以彊村名是图，图中风物，亦作苕霅间意，盖以志其故乡之思云尔。先生少长于是，垂老而不得归，遭遇世变，惟以填词、刊词自遣，盖不独视古之乡先生矜式游燕于其乡者，如天上人，即求如乐天、永叔诸先生退休之乐亦不可复得，宜其为斯图以见意也。

己未秋，复见日本遣唐僧空海临晋人本，于是所见《急就》遂逾十本。兹以□摹黄本为主，合诸本以较之，并略定其得失。虽不敢视为定本，庶几有所折衷焉。《急就序》，于上海寓舍之永观堂。

《〈苍颉篇〉残简跋》。

《校松江本〈急就篇〉序》：古字书，自《史籀》《苍颉》《凡将》三书既佚，存者以《急就》为最古。自颜注行，而魏晋以来旧本微。王氏《补注》出，而唐宋旧本亦微。颜监所见，有钟繇、皇象、卫夫人、王羲之所书，崔浩、刘芳所注。然宋代存者，仅钟、皇、索靖三本。宋末王深宁所见，则惟皇象碑本而已。（板本）

冬十月，作《重辑〈苍颉篇〉自序》：字书创于《史籀》，而《苍颉篇》继之……夫古字书存于今日者，在汉惟《急就》《说文解字》；在六朝惟《千字文》与《玉篇》耳。此四种中，《说文》与《玉篇》说字形者为一类，《急就》《千文》便讽诵者又为一类。《苍颉》一书，据刘子政、班孟坚、许叔重所说，与近出之敦煌残简，其与《急就》《千文》为类，而不与《说文》《玉篇》为类，审矣。乃元吾邱子行作《学古篇》，谓《苍颉》十五篇即《说文》部目。近世马竹吾用其说，遂尽取《说文》部首，以入所辑《苍颉篇》中。诸家辑本，皆未明言其非……国维有鉴于此，乃以己意重辑此书。以史游所录，扬雄、杜林所训之字为上卷，则《汉志》《苍颉》五十五章之正字也。以见于他书所引者为下卷，则杂有扬雄《训纂》、贾鲂《滂喜》所续之字者也。又以《苍颉》本文为经，而以扬、杜、张、郭之训诂列于其下，则本文与注界画分明，盖有前人之得而无其失者，故刊而行之，世之言小学者或有取于是与？

作《〈唐写本〈唐韵〉残卷校勘记〉自序》：去岁，余作《唐韵别考》……韵书为唐时诗赋所需，当时移写者当不下数万部，故不独书名互异，即各本卷帙详略亦不尽同……此本亦当时传写者之一，故讹夺往往而有。然《唐韵》规摹已具于是。又天壤间仅此孤本，故竭数月之力为之校雠，以《广韵》及他书所引《唐韵》勘其字，以大徐《说文》所用孙愐反切校其音，成《校勘记》二卷，复集他书所引《唐韵》，此本所阙者为佚文一卷。

《题蔵山先生遗象》《题敦煌所出唐人杂书六绝句》《赠太子少保特谥文忠番禺梁公挽歌辞》《冬夜读〈山海经〉感赋》《小除夕东轩老人饷水仙钓钟花赋谢》。

己未，《题刘翰怡小象》。

上虞罗氏辑《农学报》，习日语文于某学校。复少习英文。清代奏调为学部图书局教育股编纂。辛亥国变，去之日本。

九年庚申(1920)，四十四岁。

庚申夏五，作《〈涧上草堂会合诗卷〉跋》。

《徐俟斋先生年谱》：予始以戊午仲冬，捃拾先生事迹之载本集及他家记录者为《年谱》一卷，并辑诸家别集中有记述先生遗事及投赠之作为附录。于是先生学行粗可观览。……夫据传闻以致记载失实……故予为此谱务辨别真伪，以期纪实。（罗）

《魏曹望憘造象跋》。

庚申，《与友人论石鼓书》。

庚申，《杨绍荪跋》《古画砖跋》。

庚申冬十月，作《日本宽永本〈孔子家语〉跋》。

庚申（别），《题族祖母蒋夫人画兰》《高欣木舍人得明季汪然明所刊柳如是尺牍三十一通并己卯湖上草为题三绝句》。

十年辛酉(1921)，四十五岁。

辛酉春，作《汪曰祯〈长术辑要〉跋》《毛公鼎跋》。

辛酉春日,上虞罗叔言参事借陈氏本。

《小盂鼎跋》。

辛酉春,作《〈敬业堂文集〉序》。海宁查他山著(邑人张渭渔藏):
自余童卯以至弱冠,居乡之日,未尝见一旧本书,一金石刻,盖三百年
来,文献尽矣。暨光、宣之间,始得渭渔。渭渔长余三四岁,当就傅
时,书塾相望也。顾余未尝习渭渔,后颇闻渭渔弃举子业,攻金石书
画。光绪乙巳,余归自吴门,渭渔访余于西城老屋,出唐解元芍药、马
湘兰兰石小幅,相与把玩移晷。嗣后遂不相闻,惟闻人言渭渔学益
进……

辛酉,作《〈段懋堂手迹〉跋》:平生于小学最服膺懋堂先生,以为
许洨长后一人也。

辛酉,《明拓〈石鼓文〉跋》:石鼓文,范氏天一阁所藏北宋拓本不
可复见矣。金、元间拓本存字已校今本无多。余见宗室沈乙庵侍郎
所藏一本唯乙鼓……丙鼓……金文中文字与石鼓体势相同者,唯合
肥刘氏所藏之虢季子白盘及新出之秦公敦耳。虢盘出于郿县礼村,
乃西虢之器,《班志》所谓"西虢在雍"者也。秦公敦有"十有二公"语,
亦德公都雍以后所作……

辛酉季冬,《汉南吕编磬跋》:余曾以木仿制,县而眠之……辛酉
季冬展览此拓,漫纪所见如此。别四。

《新莽一斤十二两铜权跋》。如此。

辛酉季冬除夕前五日,《兮甲盘跋》。别四。

《齐国差甔跋》。

辛酉醉司命日装成,呵冻记。《宋韶州木造象刻字跋》。

辛酉,作《唐写本〈摩诃般若波罗蜜经〉残卷跋》。岁暮,作《晋开
运刻毗沙门天王象跋》:古人造佛菩萨象、作功德,于范金刻石图绘
外,兼有雕板。余见敦煌所出唐人写经纸背印有木刻千佛象,是唐刻

也。又见日本久原文库藏彼国僧玄证所摹吴越国印造应现观音象……曩在京师见法国伯希和教授所得一本，亟录其后记，以未及影印为憾。

雕板之事，肇于有唐。杜子美诗"峄山之碑野火焚，枣木传刻肥失真"，然是阴识，非阳刻也。阳文之始，自刻书始，唐中叶亦已有之，元微之作《白氏长庆集序》，自注云"扬越多作书摹勒乐天及余杂诗，卖于市肆之中"，是唐代已有雕板书之证。

十一年壬戌（1922），四十六岁。

壬戌正月，福苌妻汪孺人卒，为作墓碣铭。距君之没未百日也。

壬戌春，余于乌程蒋氏传书堂见《永乐大典》四册，全载《水经注》①"河水"至"丹水"二十卷之文。

壬戌四月，《张母桂太夫人真赞》。

壬戌端午，《明瞿忠宣印跋》。别二。

壬戌，《书某氏所藏金石墨本后》。别四。

嘉道以后，收藏彝器以吾浙为盛。吾浙尤以嘉禾为盛，其时竹里叟外，有文后山（鼎）、张季勤（沅）、郭止亭（承勋）、方莲卿（维祺）、姚六榆（观光）、金兰坡（传声），并有藏器，与钱唐瞿氏、何氏、仁和夏氏，吾邑吴、陈、朱、蒋诸氏，声气相应。诸家每得一器，必拓数百本，故器虽亡佚而拓本流传者尚夥，则传拓之功，不可诬也。（以上见《观堂别集》）

壬戌六月，作《传书堂记》：乌程蒋孟蘋学部落其藏书之室，颜之曰

①盖《水经注》之有善本，非一人之力也；更正错简，则明有朱、王、孙，国朝有孙潜夫、黄子鸿、胡东樵；厘订经注，则明有冯开之，国朝有全谢山、赵东潜；捃补逸文，则有全、赵二氏；考订史事，则有朱、王、孙、何义门、沈绎旃；校定文字，则吴、朱、孙、沈、全、赵诸家，皆有不可没之功。戴东原氏成书最后，遂奄有诸家之胜，而其书又最先出，故谓郦书之有善本自戴氏始，可也。

"传书堂"，盖其先德书箴先生书室之旧额也……孟蘋即先生长子也，幼传家学，能别古书真伪，自官京师，客海上，其足迹率在南北大都会，其声气好乐，又足以奔走天下。故家若四明范氏、钱唐汪氏、泰州刘氏、泾县洪氏、贵阳陈氏之藏，流出者多归之……孟蘋与其同里张石铭观察、刘翰怡京卿，崛起丧乱之际，旁搜远绍，蔚为大家。海内言藏书者推南浔……余既登孟蘋之堂，而览其书，乐其搜讨之勤。而又能道其先人之美也，故书而著之。

壬戌，作《宋刊分类集注杜工部诗跋》。

壬戌岁不尽四日，《弜父丁角跋》。别四。

壬戌七月，作《库书楼记》：宣统元年，大库屋坏……适上虞罗叔言参事以学部属官，赴内阁参与交割事。

《乾隆诸贤送曾南邨守彬州诗卷跋》。

壬戌冬日，作《五代刻宝箧印陀罗经跋》。

壬戌，作《沈乙庵先生绝笔楹联跋》。

壬戌十一月，作《明熊忠节题稿跋》。

壬戌十二月岁除，《父乙卣跋》《敔卣跋》。别四。

壬戌，《梁溪高仲均兄弟以其先德古愚先生事实嘱题为书一绝》《题西泠印社图》。

壬戌小除夕，《刺鼎跋》。别四。

是时，王忠悫公尽屏平日所学，以治国学。所居去予不数武，晨夕过从。忠悫资禀敏异，所学恒兼人，自肄业东文学社后，予拔之畴人中，以所至皆与偕。及予官学部时，言之荣文恪公，奏调部行走，充编译官。每称之于当道，恒屈己下之，而闻誉仍未甚著。及至海东，学益进，识益完，十余年间，遂充然为海内大师矣。

逮辛亥间，始创为《国学丛刊》，不数月以国变而止，至是赓续为之。时忠悫迫于生事，乃月馈二百元，请主编校。又岁余，上海欧人哈同聘忠悫至沪，乃辍刊。予遂以一人之力，编次平生所欲刊布之古籍，并著录所见所得古器物墨本，次第刊行。

厥后忠悫继之，为《殷先公先王考》，能补予所不及，于是斯学（甲骨）乃日昌明矣。

忠悫撰《屯戍遗文》，于古烽候地理考之极详。在沪将所著订正不少，仅于《观堂集林》中记其大略，惜不及为之重刊也。（西陲古简）

予在海东，与忠悫论今日修学宜用分类法（考究故较密于前人），故忠悫撰《释币》《胡服考》《简牍检署考》，皆用此法。予亦用之于考古学。

沙畹博士闻之欣然，方联合英德学者，欲延予至欧洲为审定东方古文物。予将约忠悫偕往，乃未几而巴尔干大战起，乃中止……

王忠悫则同处垂三十年。

壬戌夏，番禺商锡永承祚持罗参事书，访余于上海，出所纂《殷虚文字类编》索余弁其首。作序于京师黄华门北之寓庐。

1923年，受溥仪征召，任清宫南书房行走，食五品俸。

《殷虚卜辞中所见地名考》：殷虚卜辞中所见古地名，多至二百余，其字大抵不可识。其可识者，亦罕见于古籍。其见于古籍者，如……殆可信为殷天子行幸之地矣。

《周时天子行幸征伐考》：殷时天子行幸田猎之地，见于卜辞者多至二百，虽周亦然。以彝器征之，其云……以上皆天子亲自行幸征伐之事见于彝器者，其事凡二十有五，而为地凡十有九，则其余未见纪录者亦可知矣。

十二年癸亥（1923），四十七岁。

癸亥，罗振玉作序于天津寓居之二万石斋：海宁王静安征君衷其前后考证经史之作并诗文若干篇，为《观堂集林》二十四卷，乌程蒋孟蘋学部为之校刊，成书有日矣。征君书来，索余文弁其首……于天津寓居之二万石斋。

《肃霜涤场说》：癸亥五月，余再来京师，离南方之卑湿，乐北土之爽垲，九、十月之交，天高日晶，木叶尽脱，因会得肃霜、涤场二语之妙，因为之说。

癸亥长夏，记于京师履道坊北之寓庐。

癸亥夏中伏，《颂壶跋》。别四。

壬戌秋，皇上大婚礼成，升相国奏陈皇上春秋方富，请选海内士夫学行并茂者入侍左右。皇上俞其请，乃于癸亥夏，诏温肃、杨钟羲、王国维、景方昶入值南书房。首命检景阳宫书籍。

癸亥十月，作《明钞〈北碉集〉跋》：天寒晷短，予以二日之力始校毕。

癸亥，《鱼匕跋》《印子金跋》。别四。

癸亥，《沈司马石阙朱鸟象跋》。别四。

癸亥，先是曹氏书出（宋刊《水经注》残本），嘉兴沈乙庵先生以一昔之力校出卷三十九之半及卷四十，余从之传校。癸亥，余来京师，乃得尽假沅叔所藏，校朱、王、孙刊本一过。（有跋）

癸亥为跋：今雪堂参事特为精拓此本，殆字字清晰，癸亥夏日携至京师，特装此幅与虢季子白盘、兮甲盘、不娶敦合为猃狁四器。古器之纪北狄事者尽于此矣。别四。

癸亥年秋，《古磬跋》：癸亥季秋，薄游津门，摩挲此磬者久之。雪堂先生因出此拓属题。别四。

癸亥，《元次山砚跋》。别四。此砚癸亥季夏雪堂先生得之天津，形制古朴，背有"聱叟"二字，似褚登善书，盖元次山遗砚也。……此砚流传千余年，世无知者，一旦忽入先生之手。先生老于文学，天其将使再草浯溪之铭而举以畀之耶？又何其巧也！

癸亥冬日，东莞容君希白出所著《金文编》相示，其书祖述中丞

（吴清卿大澂）而补正中丞书处甚多，是能用中丞之法而光大之者。

癸亥九月，叔平先生以此属为考证。碑中姓氏不具，又鲜事实，久之，无以报命，因就其书法略记数语。

癸亥，梦得东轩老人书，醒而有作，时老人下世半岁矣。

《杨留垞六十寿诗》《题濩斋少保独立苍茫自咏诗图卷》。

癸亥，《题御笔双鸂鶒》《题绍越千太保先德梦迹图》《题御笔牡丹》《题御笔花卉四幅》《南书房太监朱义方索题所藏陈子砺学使内直时画册》。

辛酉，蒋汝藻序云：海宁王静安征君著书刊于上虞罗氏《云窗》《雪堂》两丛刻及英伦哈氏《广仓学窘丛书》者，不下数十种，世甚重之。岁在辛酉，君复荟萃前所刊书，删繁挹华，益以未刊诸作为《艺林》八卷、《史林》十四卷、《缀林》二卷，名曰《观堂集林》。余亟请于君以活字板印行。越二年，癸亥，校印斯竟。

蒋汝藻云：窃谓君书才厚数寸，在近世诸家中著书不为多，然新得之多，未有如君书者也。君新得之多，固由于近日所出新史料之多，然非君之学识，则亦无以理董之。盖君于乾嘉诸儒之学术方法无不通，于古书无不贯串，其术甚精，其识甚锐，故能以旧史料释新史料，复以新史料释旧史料，辗转相生，所得乃如是之夥也。此书之成，余实任校勘之役。比年以来，牵于人事，百务之谁诿，宾朋之谈宴，辄夜分始得休。休则检理书画，或为君校此书，往往漏尽始就枕，顾以为一日之乐，莫逾于此时者，此非余之私好，凡读君书者，意必与余有同况也。（《观堂集林序》）

十三年甲子（1924），四十八岁。

甲子二月，《古瓦灶跋》。别四。

甲子三月，作《明内阁藏书目录跋》。

甲子，《永乐大典》卷一万一千一百二十七至一万一千一百三十四，凡四册,全录《水经注》河水至丹水二十卷。今藏归安蒋氏传书堂。壬戌二月,余假以校聚珍本一过。甲子春,复移录于校宋本之书眉。

二月,作《明抄本〈水经注〉跋》。

甲子夏五,作《金文编序》,于京师履道坊北之永观堂。

甲子岁朝春后一日,《旂爵跋》:此区区五字,有裨于考古。别四。

君尝谓今之学者于古人之制度、文物、学说无不疑,独不肯自疑其立说之根据。呜呼!味君此言,可以知君二十年中学问变化之故矣。君今年四十有七,百里之途,行尚未半,自兹一往,(固将搚伏生、申公而与之同游,非徒比肩程、吴而已)。

唐写本韦庄《秦妇吟》——此诗前后残阙,无篇题及撰人姓名,亦英伦博物馆所藏,狩野博士所录。

可知伯希和教授巴黎国民图书馆《敦煌书目》亦有《秦妇吟》,下署右补阙韦庄,彼本有前题,殆较此为完善欤?

余曩考日本狩野博士所录伦敦博物馆残本,据《北梦琐言》定为韦庄《秦妇吟》。后阅巴黎国民图书馆《敦煌书目》有《秦妇吟》一卷,署右补阙韦庄撰,因移书伯希和教授,属为写寄。甲子正月,教授手录巴黎所藏……以致复以伦敦别藏……写本校之,二本并首尾完具,凡千三百八十六字。

今(永乐)《大典》已散佚,庚子"拳匪"之乱,翰林院火,《大典》烬余,有以糊油篓及包苴食物者;其幸完者多流入海外。辛亥国变,官寺所储,亦为人盗窃分散,今一册不存。——罗振玉

事实多根据本集,而益以当时诸家记述……又搜葺诸家集中与先生投赠及追吊之作,为《年谱》一卷,《附录》一卷……于是先生事实略备矣。(《万年少年谱序》)

甲子四月,作《散氏盘考释》,有跋云:此盘所纪地理,既得由克鼎出土之地推考之,至作器时代亦有可推究者……古代史事,得由此器

推知者……前人说此盘者,率支离不足信,其说地理尤无根据。庚申冬日,余既据克鼎出土之地,作此盘跋一篇,书于旧藏拓本后。甲子四月,观此盘于懋勤殿,又拜精拓本之赐,紬绎再四,乃复详为《考释》,冀备考古者观览焉。

又有《不娶敦盖铭考释》《盂鼎铭考释》《克鼎铭考释》。

甲子孟秋,作《伪齐所刊禹迹华夷两图跋》《元丰九域志跋》。

甲子,《羌伯敦跋》:此敦未知出土之地,而形制文字与中原礼器无异,知宗周文物所被远矣。

甲子,花朝后一日,《甘陵相碑跋》:前人研精书法,精诚之至,乃与古人不谋而合。如完白山人篆书,一生学汉碑额,所得乃与新出之汉太仆残碑同。吴让之、赵悲庵以北朝楷法入隶,所得乃与此碑同。邓、吴、赵均未见此二碑,而千载吻合如此,所谓鬼神通之者非耶?

甲子八月,作《郭春榆宫保七十寿序》:甲子八月二十二日为宫保七十生辰。寿宫保者,而属国维缀其辞。国维识宫保晚,无以扬榷盛德,第粗述宫保载笔之勤,已足见其心事之纯白,精神之强固……

甲子,《题镇海李太夫人八徽图》。

甲子,《题贡王朵颜卫景卷》。

甲子,已而又亲访忠悫,属劝予不必留京。然予既奉检查内府古器之命,不可遽辞。幸当时即面荐王国维同任检查事,仍预为乞退地,意欲于一二月后陈乞。乃于次日即与忠悫同检查宁寿宫藏器,甫三日,复奉命与袁励准、王国维先检查养心殿陈设。既逾月,私喜……乃至十月而值宫门之变(冯玉祥军鹿钟麟部入宫逼改优待条件……圣驾已出幸醇邸矣)。是时予主忠悫家,所居后门织染胡同,急驱车往。既见忠悫,乃为详言逼宫状,为之发指眦裂,因告予上谕已派贝勒载润及绍英、耆龄、宝熙及予为皇室善后委员,与国民军折冲。(罗)

十四年乙丑(1925),四十九岁。

乙丑夏，作《为马叔平题三体石经墨本》。

乙丑夏，作《蒙古刊李贺歌诗编跋》。

乙丑，荷花生日，□《滕侯戈跋》。别四。

乙丑六月，《𤔲父丁鼎跋》，又《姬鼎跋》。别四。

乙丑长夏，《公违鼎跋》。别四。

乙丑六月，《杞伯鼎跋》。别四。

乙丑六月，《召尊跋》。别四。

乙丑六月，《般作父己甗跋》。别四。

乙丑六月，《公违敦跋》。别四。

乙丑季夏，《史颂敦跋》《王子申簠跋》。别四。

乙丑季夏，《䣄从簠跋》。别四。

乙丑十月□□□□□□

乙丑冬，作《月氏未西徙大夏时故地考》：以前从无留意于《管子》之纪事者，故略缀数语以记之。

乙丑，《罗雪堂参事六十寿诗》。

长短句，己巳至丙子。

以上见《集林》中《缀林》二。

十五年丙寅（1926），五十岁。

丙寅秋日，出其所为新谱，索序于余。余读而叹其精善，如上所举证容履碣痕诸古文并出此谱。楸斋之于古器物、古文字之学，可谓知所先务矣。余近于六国文字及玺印之学颇有所论述，因书以弁其首，世之治文字学者以览观焉。（《同乡徐氏印谱序》）

丙寅仲冬，《书影明内府刊本〈大诰〉后》。

日本神田鬯庵学士校书宫内省图书寮，所见异书甚多，尝亟询此书原本，因钞之于京师图书馆，徐君玉森复为假晏氏所藏《三编》，遂景钞成全帙，以寄鬯庵。此书之东渡，或以此本为始矣。

丙寅仲冬，作《元刊伯生诗续编跋》《顾亭林文集跋》。

丙寅祀灶后一日，《周之琦鹤塔铭手迹跋》。

丙寅，《袁中舟侍讲五十生日寿诗》《题澂山检书图》《题邓顽白梅石居小象》。

以上见《别集》卷四。

十六年丁卯（1927），五十一岁。五月初三日，自沉于颐和园之昆明湖。

夏间，国民革命军在河南打败了张作霖，一部分人正在兴高采烈的时候，而他却在六月二日（农历五月三日）跳进颐和园的湖水里面淹死了……他的一生好像很眷念旧朝，入了民国虽已十六年而始终不曾剪去发辫，俨然以清室遗臣自居。谥忠悫。

余与壬戌春见南林蒋氏所藏《永乐大典》水字韵四册，乃《水经注》卷一至卷二十，即校于聚珍本上，时尚未蓄朱本也。后东轩老人复以所藏黄省曾本，属余录《大典》本异同，因并校之。及余至京师，始得朱王孙本，并见江安傅氏所藏宋刻残本，孙潜夫校本，海盐朱氏所藏明景宋抄本，并校于朱本上……余近年方治他业，又未能用力于此书。为裴云作《〈水经注〉笺跋》。又作《〈水经注〉释跋》。

丁卯四月，重改正《萌古考》。

至丁卯，时局益危，忠悫遂以五月三日自沉于颐和园昆明湖。上闻之，悼甚，所以饬终者至厚。予伤忠悫虽致命仍不能遂志，既醵金恤其孤嫠，复以一岁之力，订其遗著之未刊及属草未竟者，编为《海宁王忠悫公遗书》，由公同学为集资印行。念予与忠悫交垂三十年，其学行卓然为海内大师，一旦完大节，在公为无憾，而予则草间忍死，仍不得解脱世网，至此万念皆灰，乃部署未了各事，以俟命尽。顾匆匆又五年，公平日夙以宏济期予，不知异日将何以慰公于九原也。（罗）

附　录

　　王静安先生既殁，罗雪堂先生刊其遗书四集。后五年，先生之门人赵斐云教授，复采辑编校其前后已刊未刊之作，共为若干卷，刊行于世。

　　陈寅恪《〈遗书〉序》云：

　　先生之学，博矣精矣，几若无涯岸之可望、辙迹之可寻。然详绎遗书，其学术内容及治学方法，殆可举三目以概括之者：

　　一曰取地下之实物与纸上之遗文互相释证。凡属于考古学及上古史之作，如《殷卜辞中所见先公先王考》及《鬼方昆吾猃狁考》等是也。

　　二曰取异族之故书与吾国之旧籍互相补正。凡属于辽金元史事及边疆地理之作，如《萌古考》及《〈元朝秘史〉之主因亦儿坚考》等是也。

　　三曰取外来之观念与固有之材料互相参证。凡属于文艺批评及小说、戏曲之作，如《红楼梦评论》及《宋元戏曲考》等是也。

　　世之人大抵能称道其学，独于其平生之志事颇多不能解，因而有是非之论。

　　学术内容——由古文字而古史而西北民族史地。

　　治学方法——先兄治学之方，虽有类于乾嘉诸老，而实非乾嘉诸老所能范围。其疑古也，不仅抉其理之所难符，而必寻其伪之所自出。其创新也，不仅罗其证之所应有，而必通其类例之所在，此有得于西欧学术精湛绵密之助也。——国华罗振玉云：余谓征君之学，于国朝二百余年中，最近歙县程易畴先生及吴县吴愙斋中丞。程君之书（《通艺录》）以精识胜，而以目验辅之。其时古文字、古器物尚未大出，故斫涂虽启，而运用未宏。吴君之书（《说文古籀补》）全据近出之文字器物以立言，其源出于程君，而精博则逊之。征君具程君之学识，步吴君之轨躅，又当古文字、古器物大出之世，故其规模大于程君，而精博过于吴君，海内新旧学者咸推重君书无异辞。（《观堂集林序》）

郭沫若云：卜辞的研究，要感谢王国维，是他，首先由卜辞中把殷代的先公先王剔发了出来，使《史记·殷本纪》和《帝王世纪》等书所传的殷代王统得到了物证，并且改正了他们的讹传。王国维可称新史学的开山。

又云：在古代研究上，与卜辞有同等价值或甚至超过它的是殷周青铜器的铭文。开端于北宋时，近五十年来研究这门学问的人才辈出，如吴大澂、孙诒让、王国维，都是很有贡献的。——自述

本朝经史考证之学，冠于列代。大抵国初以来，多治全经，博大而精密略逊；乾嘉以来，多分类考究，故较密于前人。予在海东与忠悫论今日修学，宜用分类法，故忠悫撰《释币》《胡服考》《简牍检署考》，皆用此法。予亦用之于考古学，撰《古明器图录》《古镜图录》《隋唐以来古官印集存》《封泥集存》《历代符牌录》《四朝钞币图录》《地券征存》《古器物范图录》《玺印姓氏征》诸书。

《说斝》：比而书之，知小学上之所得，有证之古制而悉合者。

《说觥》：凡传世古礼器之名，皆宋人所定也。曰钟、曰鼎、曰鬲、曰甗、曰敦、曰簠、曰簋、曰尊、曰壶、曰盉、曰盘、曰匜、曰盦，皆古器自载其名，而宋人因以名之者也。曰爵、曰觚、曰觯、曰角、曰斝，古器铭辞中均无明文，宋人但以大小之差定之。然至今日仍无以易其说。知宋代古器之学，其说虽疏，其识则不可及也。若国朝人所命名，则

颇有可议者。

《说珏朋》：殷时，玉与贝皆货币也……古文字之学，足以考证古制度。

王国维的力量后来多用在史学研究方面去了。他的甲骨文字的研究、殷周金文的研究、汉晋竹简和封泥等的研究，是划时代的工作。西北地理和蒙古史料的研究也有些惊人的成绩。

在研究国故上，除运用科学方法外，都同样承继了清代乾嘉学派的遗烈。爱搜罗古物，辑录逸书，校订典集，严格地遵守着实事求是的态度。

他曾介绍过歌德的《浮士德》，根据叔本华的美学思想，写过《红楼梦评论》，尽力赞美元曲，而在词曲的意境中提倡"不隔"的理论（不隔是直观自然，不假修饰）。自己对诗词的写作，尤其词，很有自信，而且曾经有过这样的志愿，想写词曲。据这样看来，三十岁前，王国维分明是一位文学家。

富于理性，养成了科学的头脑，但生活也并不偏枯，是厚于感情，笃于友谊的。

老友殷南所写《我所知道的王静安先生》云：他平生交游很少，而且沉默寡言，见不相识的，是不愿多说话。人都称他孤僻冷酷的人，但是不然，对熟人亦爱谈天，不仅谈学问，尤其爱谈国内外时事。他对质疑问难的人是知无不言言无不尽。遇到辨难时，也不是坚持自己的见解，而有时也采纳别人的主张，真不失学者的态度。（见《国学月报》专号）

陈寅恪《〈王静安先生遗书〉序》：王静安先生既殁，罗雪堂先生刊其遗书四集……自昔大师巨子，其关系于民族盛衰、学术兴废者，不仅在能承续先哲将坠之业，为其托命之人，而尤在能开拓学术之区宇，补前修所未逮。故其著作，可以转移一时之风气，而示来者以轨则也。先生之学,博矣精矣,几若无涯岸之可望、辙迹之可寻。然详绎遗书,其学术内容及治学方法,殆可举三目以概括之者:一曰取地下之实物与纸上之遗文互相释证。凡属于考古学及上古史之作,如《殷卜辞中所见先公先王考》及《鬼方昆吾猃狁考》等是也。二曰取异族之故书与吾国之旧籍互相补正。凡属于辽金元史事及边疆地理之作,如《萌古考》及《〈元朝秘史〉之主因亦儿坚考》等是也。三曰取外来之观念与固有之材料互相参证。凡属于文艺批评及小说、戏曲之作,如《红楼梦评论》及《宋元戏曲考》等是也。此三类之著作,其学术性质固有异同,所用方法亦不尽符会,要皆足以转移一时之风气而示来者以轨则。吾国他日文史考据之学,范围纵广,途径纵多,恐亦无以远出三类之外。此先生之书所以为吾国近代学术界最重要之产物也。(书首)

又弟国华作序:(上略)综先兄一生淡名利,寡言笑,笃志坟典,一本天性,而弱冠内外,其有承于先君子者尤众。先君子幼值洪杨之变,家徒四立,仍不废书史。迨幕游溧阳,更稍稍置金石书画图籍。光绪庚辰先兄生母凌太夫人弃养。丁亥,先大父嗣铎公弃养。先君遂里居不出,以课子自娱。发行箧书,口授指画,每深夜不辍。时先兄才十一耳,诗文时艺,早朗朗成诵。复令从同邑陈寿田先生读,月必课骈散文、古今体诗若干首,是为先兄治诗文之始。年十六,入州学。好《史》《汉》《三国》,与诸嘉猷、叶宜春、陈守谦三君上下议论,称为"海宁四子"。十八丁中日之战,变政议起,先君以康梁疏论示先兄,先兄于是弃帖括而不为。廿二,入《时务报》馆,兼学东瀛、西欧文字,好叔本华、尼采之书。是为先兄治新学之始。于译述外,凡整理宋元以来剧曲之稿,率成于其时。迨光绪丙午、丁未,先君子暨先继母叶太夫人先后弃养,先兄与国华为生计所迫,南北暌隔,相叙遂希。会上虞罗叔言参事、嘉兴沈子培方伯以古学期先兄,是为先兄治甲骨、金石、史地之始。嗣后二十年间，由古文字而古史，而西北民族史地，学问著述世所共知，行止出处世所共见，毋庸国华之絮絮。国华之所痛者，则在先兄殁后，校识之书，丹黄犹新，中道而废。其间若《尚书》《礼记》《逸周书》《尔雅》《方言》《广韵》《切韵》《孔子家语》《穆天子传》《世本》《唐六典》《水经注》《元朝秘史》《蒙古源流》《封氏闻见记》《湛然居士集》《湖山类稿》等，用心尤勤。此外经典史志、唐宋人集，亦不下一百余种。使稍假之年，从容写定，则今兹所刊，安知非九州之一隅乎！先兄治学之方，虽有类于乾嘉诸老，而实非乾嘉诸老所能范围。其疑古也，不仅抉其理之所难符，而必寻其伪之所自出。其创新也，不仅罗其证之所应有，而必通其类例之所在，此有得于西欧学术精湛绵密之助也。并世贤者，今文家轻疑古书，古文家墨守师说，俱不外以经治经；而先兄以史治经，不轻疑古，亦不欲以墨守自封，必求其真。故"六经皆史"之论，虽发于前人，而以之与地下史料相印证，立今后新史学之骨干者，谓之始于先兄可也。

又罗振玉序：(上略)余谓征君之学，于国朝二百余年中，最近歙县程易畴先生及吴县吴窦斋中丞。程君之书以精识胜，而以目验辅之。其时古文字、古器物尚未大出，故启涂虽启，而运用未宏。吴君之书全据近出之文字器物以立言，其源出于程君，而精博则逊之。征君具程君之学识，步吴君之轨躅，又当古文字、古器物大出之世，故其规模大于程君，而精博过于吴君，海内新旧学者咸推重君书无异辞。然则余于君书，其又何言？虽然，余交君二十有六年，于君学问之变化，知之为最深。光绪戊戌，始与君相见于上海，时余年三十有三，君二十有二。君方治东西文字，继又治泰西哲学。逮岁丁未，君有《静庵文集》之刻。戊申以后，与君同客京师，君又治元明以来通俗文学，时则有《曲录》之刻，而《宋元戏曲史》亦属草于此时。然君治哲学，未尝溺新说而废旧闻；其治通俗文学，亦未尝尊俚辞而薄雅故。辛亥之变,君复与余航海居日本,自是始尽弃前学,专治经史,日读注疏尽数卷,又旁治古文字声韵之学。甲寅,君与余共考释《流沙坠简》。余考殷虚文字,亦颇采君说。丙辰之春,君自日本归上海,为英伦哈同氏编《学术丛编》杂志,君之撰述乃益富。丁巳,君撰《殷卜辞中所见先公先王考》及《殷周制度论》,义据精深,方法缜密,极考证家之能事,而于周代立制之源及成王、周公所以治天下之意,言之尤为真切。自来说诸经大义,未有如此之贯串者。盖君之学,实由文字、声韵以考古代之制度文物,并其立制之所以然。其术皆由博以反约,由疑而得信,务在不悖不惑,当于理而止。其于古人之学说亦然。君尝谓今之学者于古人之制度、文物、学说无不疑,独不肯自疑其立说之根据。呜呼,味君此言,可以知君二十年中学问变化之故矣。(书首)

乌程蒋汝藻叙:窃谓君书才厚数寸,在近世诸家中,著书不为多,然新得之多,未有如君书者也。君新得之多,固由于近日所出新史料之多,然非君之学识,则亦无以理董之。盖君于乾嘉诸儒之学术方法无不通,于古书无不贯串,其术甚精,其识甚锐,故能以旧史料释新史料,复以新史料释旧史料,辗转相生,所得乃如是之夥也。(又)

《静安文集自序》:余之研究哲学,始于辛壬之间。癸卯春,始读汗德之《纯理批评》,苦其不可解,读几半而辍。嗣读叔本华之书而大好之。自癸卯之夏以至甲辰之冬,皆与叔本华之书为伴侣之时代也。其所尤惬心者,则在叔本华之知识论,汗德之说得因之以上窥;然于其人生哲学,观其观察之精锐与议论之犀利,亦未尝不心怡神释也。(《观堂别集》卷三)

《宋元戏曲史自序》:(上略)往者读元人杂剧而善之,以为能道人情、状物态,词采俊拔而出乎自然,盖古所未有,而后人所不能仿佛也。辄思究其渊源,明其变化之迹,以为非求诸唐、宋、辽、金之文学弗能得也,乃成《曲录》六卷、《戏曲考原》一卷、《宋大曲考》一卷、《优语录》二卷、《古剧脚色考》一卷、《曲调源流表》一卷。从事既久，续有所得，颇觉昔人之说与自己之书罅漏日多，而手所疏记与心所领会者，亦日有增益。壬子岁暮，旅居多暇，乃以三月之力，写为此书。凡诸材料，皆余所搜集，其所说明，亦大抵余之所创获也。世之为此学者自余始，其所贡于此学者亦以此书为多，非吾辈才力过于古人，实以古人未尝为此学故也。（同上）

国维雅好声诗，粗谙流别，痛往籍之日丧，惧来者之无征，是用博稽故简，撰为总目。存佚未见，未敢颂言。时代姓名，粗具条理，为书六卷，为目三千有奇。非徒为考镜之资，亦欲作搜讨之助。（《曲录》自序）

平生于小学最服膺懋堂先生，以为许泜长后一人也。

《王忠悫公哀挽录序》(代) 罗振玉

天下有正义，而后有是非。是非者，根于正义，公论之不容泯者也。晚近士夫，平日高谈忠义，其文章表襮，则杜陵之许身稷契也，屈子之芳菲恋君也，乃一旦临大节，则委蛇俯仰，巧说以自解，于己所不能，而他人能之，虽内怍于中，而必竭力以肆其挤排，见有向义者，必为之说曰："夫夫也，殆有他故，非徇义也。"甚则为匪语诬蔑之。士夫之行如此，乌在其为士夫也。予与忠悫同乡贯，初不相知，甲子都门之变，始相见于京师，久乃知其平生于罗叔言参事，参事之言曰："公少负才气，有不可一世之概。三十以后，阅世日深，乃益敛才就范。其为学也，专壹而不旁骛；其闻善也，不护前以自恕；其涉世也，未尝专己嫉能；其守义也，不以言语表襮，而操养至切。"于时海内多尊公之学，惟参事独详述其行。参事交公久，其言宜可信，乃纳交焉。及今年五月，公果以舍生徇义闻天下，参事畴昔之言于是乎为有征矣。公既完大节，海内外人士群相悼惜，竞为文字以志哀，虽间有口襃扬而中不尔者,然亦不得废公论而著其私也。昔太史公有言:"要之死日,然后是非乃定。"忠悫死矣,是非定矣。彼口忠义而恕己所不能,而嫉人之能且肆毁者,不知其异日盖棺时视忠悫何如也。(丁卯八月)

《观堂先生别传》费行简

王国维,字静安,号观堂,浙江海宁人也。幼而湛峥,嗜学。既冠,从上虞罗振玉叔蕴游,博涉载籍,好古敏求,遂通群学。当岁己未,予居上海,同教授于英人哈同所立学,靡日不见,见则质证艺文,剧谈为乐。若是者几五年,始别去。予少治《礼》与《公羊》《春秋》,恒以请益于君。君谓"《公羊》推衍义例,盖一家之业,故汉儒称其墨守。专则精,旁通则支。嘉道诸儒务通其说于群经,诚后贤之蔽,不为传损益。若厥微言大义,刘宋以降阐发无遗,更衍则支说旁出矣"。予服其言,故所商榷多在乎礼,论礼又多在乎祭。撮记其大者,得三事焉。……予闻而夙疑冰释……夫礼莫大于祭,是三者祭天神地,亦人鬼之大者也。说者聚讼,群辩锋起,无所折衷矣。

予皆得因君说以申畅疑滞,达厥制作,岂非厚幸。而君议论明确,不几超于戴凭、井丹软? 若其不取辞费,则阮宣子之言寡而旨畅也。且不徒精于礼制,凡声音、训诂、名物、象数莫不研几穷微,尤善论证金石文字。其论近世学人之敝有三:损益前言以申己说,一也;字句偶符者引为确据,而不顾篇章,不计全书之通,二也;务矜创获,坚持孤证,古训晦滞,蔑能剖析,三也。必谞三陋,始可言考证。考证之学精,大则古义古制日以发明,次亦可以董理群书。於戏! 可谓片言中窍者已。其所为文词,从容雅朴,恶夫空言游说者之以古文自炫也,故一篇之成,必有实义名论贯注乎中。诗尤芟浮藻而成隐秀,兼众体以为雅度,遗篇炳然,宜被家诵。唯厥躬行贞洁,践履笃实,更为予生平所未觌。平居讷讷,若不能言,而心所不以为是者,欲求其一领颔许可而不可得。闻人浮言饰说,虽未尝与诤辨,而翻然遂行,不欲自污其听也。其在哈同园,浙督军皖人某欲求一见,始终以巽语谢之,其介如此。尤严于取与。世之名士学者,好以其重名猎人财货,而实不为人治人事,君独深耻之,束脩所入,置书籍外,亦时以资恤故旧之困乏者,然不欲人知也。予与共居处盖逾五载,不闻其作忠愤激烈语,而一旦从容就义,遂与日月争光,由其蕴于学者至深且厚也。君州学附生,尝襄钱唐汪氏辑《时务报》、上虞罗氏辑《农学报》,习日语文于某学校,复少习英文。清代奏调为学部图书局教育股编纂。辛亥国变,去之日本,已归国,居上海,为哈同编《学术丛编》,兼教授其学。癸亥以原任总督升允荐,入直南书房。丁卯五月二日自湛于颐和园之昆明湖,盖未及中寿也。著有《观堂集林》诸书行于世。

《王国维传》,抄《清史稿·忠义传》十

王国维,字静安,浙江海宁州诸生。少以文名。年弱冠,适时论谋变法自强,即习东文兼欧洲英、德各国文,并至日本求学。通农学及哲学、心理、论理等学。调学部,充图书馆、编译名词馆协修。辛亥后,携家东渡,乃专研国学。谓:"尼山之学在信古,今人则信今而疑古,变本加厉,横流不返。"遂专以反经信古为己任。著述甚多,撷其精粹为《观堂集林》二十卷。返国十年,以教授自给。壬戌冬,前陕甘总督升允荐入南书房,食五品俸,屡言事,皆褒许。甲子冬,遇变,国维誓死殉。驾移天津,丁卯春夏间,时局益危,国维悲愤不自制,于五月初三自沉于颐和园之昆明湖。家人于衣带中得遗墨,自明死志,曰"五十之年,只欠一死! 经此世变,义无再辱"云云。谥忠悫。海内外人士,知与不知,莫不重之。

《王静安先生传》徐中舒

先生姓王氏，讳国维，字静安，亦字伯隅，号观堂，亦曰永观。清光绪三年生于浙江之海宁。……生而通敏。家故中人产，一岁所入，足以给衣食；藏书五六箧，足以供浏览。海宁虽僻在海隅，无通德巨儒为之奖掖，而先生弱冠能文之名，自已噪于乡里。父乃誉为清诸生，善画，能仿钱叔美之作。尝参溧阳幕，值洪杨之乱，乃弃幕就贾。后此先生治文学、美学，议论风采，度越前人，固由于西洋学说为之启发，要亦得于其父之遗泽为多。

先生十六岁时，见人读《汉书》而悦之，乃以幼时所储钱万，购前四史于杭州。盖先生幼时既好浏览，而此时更具选择之力。先生尝自谓平生读书自是始。时先生方治举业，为秀才，肄业于杭州崇文书院。于儒家学说，初无信仰，《十三经注疏》至为先生少年不喜之书。然先生亦以不受一家学说之牢宠，故其卒能大底于成也。

甲午之役，和议告成。先生目睹国势陵替，慨然有所感发。时人方争言变法，而先生亦欲自奋于新学。顾以家贫，不能以资供游学，居恒怏怏不乐。其后两应乡试不中程，遂绝举业不为。

先生二十有二岁时，始来上海，为《时务报》司书记校雠之事，所得至微。然先生此行，实为平生事业发端之始。时上虞罗振玉方创农学社于上海，移译东西各国农学书报，以乏译才，乃以私资设东文学社于上海之梅福里；而龟甲兽骨文字，亦以是年出土于河南安阳县之小屯。先生之入东文学社也，请于馆主汪康年氏，日以午后三小时往学，听讲之外，绝少自修之暇，先生深为苦之。时学社仅有学生六人，罗氏初亦未知先生，后于同舍生扇头读先生咏史绝句："千秋壮观君知否，黑海西头望大秦。"乃大异之。是年六月，先生病足归里。及病愈来沪，则《时务报》馆业已封闭。罗氏乃使先生治社中庶务，而免其各费。先生始得专力于学。

先生在东文学社从日人藤田丰八、田冈佐代治学，凡两年有半。田冈君文集中有引康德、叔本华之哲学者，先生见而深喜之。顾以文字暌隔，不能通其读，至引为终身憾事。然次年社中即兼授数学、物理、化学、英文等科。及庚子之乱，学社解散。时先生方毕第三读本，乃购第四、第五读本归里自习之。日尽一二课，必以能解为度。及北乱稍定，罗氏乃助以资，俾留学于日本。先生至则从藤田君劝，拟专修理科。乃以昼习英文，夜至物理学校习数学。留东京四五月，而脚气病作，遂以是夏归国。时盛宣怀氏为南洋公学监督，设分校于虹口之谦吉里，罗氏为校长，先生亦为校之执事，暇即从藤田君习英文，兼为罗氏编译《农学报》、《教育世界》杂志，并为社论者数年。

先生体素羸弱，性复忧郁，人生之问题，日往复于心中，于是始决从事于哲学。初读巴尔善之《哲学概论》，文德尔彭之《哲学史》，皆取日文译本，参较并观，因得通其大略。光绪二十八年，罗氏任湖北农务学堂监督，先生往从之，为译述讲义及农学书。次年春，罗氏有粤东之行，乃荐先生于南通师范学堂，主讲哲学、论理、心理诸学。是年先生始读康德之《纯理批评》，至《先天分析论》，几全不可解。乃改读叔本华之书，而大好之。又次年，罗氏任苏州师范学堂监督，先生亦移其讲席于苏，主讲社会、论理、心理诸学。是年仍治叔氏书，凡寝馈于叔氏者，两年之间，无日或离。所著有《叔本华与尼采》诸文，其《红楼梦批评》亦本叔氏之论，而叔氏书中《康德之批评》一文，又为先生通康德哲学之关键。嗣是更用力于康德之《纯理批评》，而兼及其伦理学、美学。及光绪三十三年，从事第四次之研究，则窒碍更少，且自觉向日窒碍之处，皆其说之不可持者。于是益推论哲学上之说，大都可爱者不可信，可信者不可爱。盖先生此时对于哲学，已渐有厌倦之情矣。同时又因填词之成功，乃渐移其嗜好于文学，而欲于文学中求直接之慰藉。尝自以为欲为哲学家，则感情苦多而知力苦寡；欲为诗人，则又苦感情寡而理性多，以故徘徊于文学、哲学二途，而莫能自决。最后终因填词之成功，而有志于戏曲。先生以为"吾国文学之最不振者莫戏曲若，元之杂剧，明之传奇，存于今日者尚以百数，其中文字虽有佳者，然其理想及结构，虽欲不谓至幼稚、至拙劣，不可得也。国朝之作者虽略有进步，然比诸西洋之名剧，尚不能以道里计。此所以自忘其不敏，而独有志乎是也"。居苏州凡三年，有《静安文集》《人间词甲乙稿》之刻。先生此时治学，大抵浸淫于西洋学说，译述居多。即自创者，亦带西洋色彩，非谦逊仁义，只祺孔孟程朱而不顾。其论文学，亦重自然而薄雕琢，尚意境而羞堆砌。于词则喜五代与北宋诸大家之作，南宋而后，鲜有当意者。尤痛诋梦窗、玉田，至谓梦窗砌字，玉田叠句，一雕琢，一敷衍，其病不同，而同归于浅薄，六百年来，词之不振，实自此始。

光绪三十四年，先生随罗氏入京，任学部总务司行走，历充图书馆编译、名词馆协修、京师大学堂农科教习，迄于辛亥。此四年间仍专治词曲，有《人间词话》《清真先生遗事》《曲录》《戏曲考源》《宋大曲考》《优语录》《古剧脚色考》《曲调源流表》诸作，并为世所推重。而《宋元戏曲史》亦属稿于此时。先生之于元曲，颇盛称其通俗自然。其论元杂剧之文章曰："元曲之佳处何在？一言以蔽之，曰'自然'而已矣。古今之大文学无不以自然胜，而莫著于元曲。盖元剧之作者，其人均非有名位学问也。其作剧也，非有藏之名山、传之其人之意也。彼以意兴之所至为之，以自娱娱人。关白之拙劣所不问也，思想之卑陋所不讳也，人物之矛盾所不顾也。彼但摹写其胸中之感想与时代之情状，而真挚之理与秀杰之气，时流露于其间。故谓元曲为最自然之文学，无不可也。"其推挹如此。先生此种主张，固与论词同受西洋文学之影响；然先生之治元曲实能绝去依傍，自立门户。先生作《宋元戏曲史序》，言之极为真切。其言曰："此书凡诸材料，皆余所搜集。其所说明，亦大抵余所创获也。世之为此学者自余始。其所贡献于此学者，亦以此书为多。非吾辈才力过于古人，实以古人未尝为此学也。"盖先生此时已渐能脱去译述而为自创之时期矣。

辛亥之役，罗氏避地东渡，先生亦携家相从，寓日本之东京。罗氏痛清室之沦亡，于西洋学说尤嫉恨之。至是乃欲以保存旧文化之责自任，且劝先生专治国学。先生乃大为感动，遽取前所印《静安文集》尽焚之。故先生是年作诗送日本狩野博士云："我亦半生苦泛滥，异同坚白随所攻。多更忧患阅陵谷，始知斯道齐衡嵩。"先是先生馆于罗氏，从问小学训诂之事，因自购江氏《汉学师承记》读之，欲于此求修学之方。罗氏谓江氏论学多偏驳，不足师法，乃赠以顾亭林、戴东原、段懋堂、钱竹汀、汪容甫、高邮二王诸家之书，以为欲治国学，当于此求之。时先生方从事哲学、文学，未遑专力于此。至是始尽弃前学，专意经史。先治三《礼》，次及诸经，日读注疏尽数卷。又旁治古文字声韵之学。尽观罗氏大云书库藏书五十万卷，古器物铭识拓本数千通，古彝器及他古器物千余品，与罗氏商订考核无暇日。盖先生毕生唯此时为学最力，进功亦最猛。居东凡五年，先于罗氏归国一年。所著有《齐鲁封泥集存》《宋代金文著录表》《国朝金文著录表》《简牍检署考》。又与罗氏合撰《流沙坠简考释》，其中审释文字由罗氏，而考证史事则多出先生。后此先生治西北地理、元代掌故，皆由此发其端也。

先生归国后居上海，为英人哈同编辑广仓学窘《学术丛编》杂志，凡两年。嗣任仓圣明智大学教授，并遍观乌程蒋氏（瑞藻）藏书，为编书目。先生著述自此乃益富，而《殷卜辞中所见先王先公考》及《续考》皆作于此时。先生既于殷虚甲骨文字发见王亥、王恒之名，复据《山海经》《竹书纪年》《楚词·天问》《吕氏春秋》中之古代传说，于荒唐之神话中求历史之事实，更由甲骨断片中发见上甲以下六代世系与《史记》纪表颇殊。我国古史于此遂得地下材料,为两重之证明。此惟于先生著作中,始得见之。先生又从殷之祀典、世系以证嫡庶之制始于周之初叶。由是对于周之宗法、丧服,及封子弟、尊王室之制,为有系统之说明,成《殷周制度论》。义据精深,方法缜密,极考证家之能事。樊氏(抗父)谓"其书虽寥寥二十叶,实近世经史二学第一篇大文字也"。先生居沪八年,辛酉乃取前所刊论文,删繁挹萃,益以未刊诸作,为《观堂集林》二十卷,凡重要著作,皆入其中。乌程蒋汝藻氏为之精印行世,且为之序曰:"君书才厚数寸,在近世诸家中,著书不为多,然新得之多,未有如君书者也。"盖先生于乾嘉以来纸上之旧学,及近时出土之新材料,皆确能探其根本,观其会通,而数千年来未决之问题,如《周书》洛诰、顾命之典刑,鬼方、獯狁之地理,明堂、寝庙之制度,以及古文字声韵之种种问题,先生均一一予以解释。其大要皆能补前人之所末备,发前人之所未发。至于前人所已言者,先生从不蹈其半语只字。先生《书胡氏西京博士考张氏两汉博士考后》曰:"思二家之书,如可取者,则但以余所研钻者附二书之后,补其未备足矣。"先生治学之态度如此。后此先生又为余等言:"宋濂等所修《元史》,材料容有未备,大体初非不善;柯氏《新元史》,体例未必胜于原著,但取新材料补其未备足矣。若必另修一史以掩原著,则不必也。"先生此意极为平允,真吾人所应取法者也。

民国十二年,先生以蒙古升允氏荐入清宫,任职南书房行走。越岁奉直战起,冯玉祥氏回师入都,废帝被逐,匿日本公使馆。先生大愤,屡欲自杀;为家人严视得免。嗣北京大学研究所国学门聘先生为校外通信导师。又明年秋,北京清华学校研究院聘先生为教授。先生在研究院讲演《古史新证》《尚书》《仪礼》《说文解字》四门,极得学生信仰。先生此时对于古史,已有成熟之见解。其《古史新证》,乃增损《殷卜辞中所见先王先公考》《续考》《殷周制度论》诸篇而成。凡前后之不足恃者，至是皆刊削净尽。先生谓古史中惟《世本》《史记》所载夏殷历史，为既经证明之实录。至今古文《尚书》中之《虞》《夏书》，及《商书》之《汤誓篇》，以古代语言文字论之，皆当断为后人追述缘饰之言。但史料缺乏，今亦不能深考耳。先生在清华学校研究院两年，专治西北地理、元代掌故，研究院为刻《蒙古史料校注四种》。先生又裒辛酉以后所作为《观堂集林补编》。先生殁后，罗氏取其遗稿，将为之印行云。

先生享年五十有一岁……生子三……先生质朴少华，寡言笑，不多交游。其初也，罗氏为刻其著作，力为揄扬。及先生自日本返国，著述既富，创解尤多，又得《学术丛编》为之刊布，于是名乃大著，远播欧西、日本。及先生之殁，凡海内外学者，无不深为痛惜焉。

中国正史编纂法

目　录

自序 …………………………………………………………… 301

第一章　绪论 ………………………………………………… 302

　　第一节　起原与意义 ……………………………………… 302

　　第二节　范围与效用 ……………………………………… 302

　　第三节　种类与素养 ……………………………………… 303

第二章　资料 ………………………………………………… 306

　　第一节　凭借 ……………………………………………… 306

　　第二节　采访 ……………………………………………… 310

第三章　整理 ………………………………………………… 311

　　第一节　限断 ……………………………………………… 311

　　第二节　考订 ……………………………………………… 311

　　第三节　去取 ……………………………………………… 312

　　第四节　纂辑 ……………………………………………… 313

　　第五节　排次 ……………………………………………… 315

　　第六节　标目 ……………………………………………… 317

　　第七节　分卷 ……………………………………………… 318

第四章　体例 ………………………………………………… 319

　　第一节　分目 ……………………………………………… 319

　　第二节　序例 ……………………………………………… 335

第五章　叙述 ………………………………………………… 337

　　第一节　记载 ……………………………………………… 337

第二节　书法 ………………………………………… 342

第三节　修词 ………………………………………… 346

第四节　论赞 ………………………………………… 347

第六章　附录 ………………………………………… 349

第一节　史职 ………………………………………… 349

第二节　署名 ………………………………………… 349

第三节　赏赐 ………………………………………… 350

第四节　镂板 ………………………………………… 350

自　序

余少受性迂拙，不通晓世事，惟喜读古书。尝闻人称邑中前辈孙征君诒让博闻强记，毕生撰述，心窃慕之，因考求其为学之方而立意揣摩。二十余年间，已遍读九经、四史、《资治通鉴》及诸子、名家文集、札记，凡数千卷，稍窥学问途径。庚午入平，研究于燕京大学国学院，复从新会陈垣、钱塘张尔田、吴县顾颉刚诸氏游，闻见乃大广。诸氏皆以治史名天下，虽派别各殊，然法颇缜密，余遂欲继其志而专攻乙部矣。顾每叹我国自汉晋已还，史籍著录，其量固丰，然若求真正史家，自司马迁、班固、荀悦、杜佑、刘知幾、司马光、袁枢、郑樵、章学诚外，无多人也。至于史评之书，亦仅有刘之《史通》、章之《文史通义》而已。近人梁启超始作《中国历史研究法正补篇》，惜所述范围宏阔，且未周详；而于正史之编纂，尤不之及。故余辄搜采先儒之论作史方法者，只字片言，亦不少遗。积之既久，方加整齐，区别类族，熔铸成文，复参己见，为之申说。夫法既尽于此，则后日修史之人得有规矩，便于纂辑，庶免再检他书之劳矣。书成，友人叶君溯中方长南京正中书局编辑所，见而称之，谋灾梨枣。余辞以所学未就，疵谬难免，安可出以问世？不获，唯举以付之，冀与海内学者共商榷焉。

民国二十有五年一月十一日，瑞安董允辉自述于杭州高级中学之西楼。

第一章 绪论

第一节 起原与意义

《易》曰："上古结绳而治,后世圣人易之以书契。"于是言大道有《三坟》,言常道有《五典》,皆古之史也。周末,诸侯国各有史,故孔子求众家史记,得百二十国书,遂因鲁史而作《春秋》。西汉司马迁述父志,厥协六经异传,整齐百家杂言,为《太史公书》百三十篇,后世宗焉。由是每易一姓,必有国史,所以纪其政事之得失,典章之沿革,人才之优劣也。然何故称曰"正史"? 盖缘《隋志》之所定,尊其体义,与经相配,非悬诸令典,莫敢私增,使别彼稗官野史之类耳。明宋濂有言:"国史之法,见乎《书》,备乎《春秋》,以事系日,以日系月,以月系时,以时系年,殆犹山岳之有定形,不可易者。"但必须纪实,以公天下,而为万代之传也。

第二节 范围与效用

我国史家自汉后日移,著述亦益丰,迄乎唐初,颜师古、孔颖达诸人共撰《隋书》,为《经籍志》,乃继经标史,将《史记》升居部元,而以班《书》陈《志》,顺代排次,藉明系统;其余参验之书,另定名目,号曰"编年""别史""杂史"等类。于是史始各有范围矣。今所叙述,专限世俗所称"二十四史"而已。

且夫史者国家之典法也,自君臣善恶功过,与其百事之废置,可以垂劝戒、示后世者,皆得直书而不隐。故有国者莫不以史职为重。《传》亦曰:"国可灭,史不可灭。"然既亡其国矣,而独谓史为不可废者,何也?盖前王治忽之微,兴衰之由,得失之效,皆可为后世之法戒,史其可灭乎! 若史家疏略,不能记其语言行事,则无以考验是非。要之,凡所贵乎史者,实欲使善恶事迹,炳著于天下后世,其为用固宏矣。

第三节　种类与素养

古者左史记言,右史记事,言为《尚书》,事为《春秋》,《春秋》编年史之祖也。自夏阳司马氏易编年为记传,扶风班氏继之,藏书著录,目以正史,或出一人之手,或成一家之学:陈寿、范晔、沈约、萧子显、魏收暨欧阳修《新五代史记》为出于一人之手者也;司马谈子迁,班彪子固女昭,姚察子思廉,李德林子百药,李大师子延寿,为成一家之学者也。二者皆非具渊通之学,擅著作之才,熟于掌故,周知事理,而有剖决是非之识者,不足以语此。然尤重其人之德性,不可有一毫私意,梗避其间,如是则其事可信,而其书可传矣。兹分别详论之。

(一)史学

自唐刘子玄倡言:"作史须具三长,曰才曰学曰识。"所谓学,即对于此种学问必先有训练,然后明白其方法。训练者何? 读书是也。清李慈铭云:"未尝读书,岂知作史。"乃唐人修《晋书》,皆文咏之士,不明当时官制，颠倒增改，于前后事语，多不一致；明修《元史》，皆草泽腐儒任之，不谙掌故，使姓名差谬，则其成书可知矣。故必如班马之徒，该贯群籍，穷极经史，蓄积浩穰，然后可任修史之责也。又如清初万氏季野于前史体例，皆贯穿精熟，其指陈得失，无不洞中肯綮；钱氏大昕，熟于历代官制损益、地理沿革，以暨辽金国语、蒙古世系，故其考证亦极精审也。然尤以得诸家学为善，远如班马无论矣；至若唐时，史家辈出，多继承父业，如李延寿追终父大师之志，而为《南北史》；姚思廉推父察之志，并采诸儒谢吴等所记，以成《梁》《陈》二书，故其书各有条理，删落酿词，过本书远甚。

（二）史才

史者所以明夫治天下之道也。故为之者，亦必天下之才，然后其任可得而称也。刘知幾少闻其父为诸兄讲《春秋左氏传》，每废书而听，自喜性近于史，由是继读《史》《汉》《三国志》，而知古今沿革历数相承之迹。章实斋亦然，尝自言："吾于史学，盖有天授，故能发凡起例，多为后世开山。"否则如李延寿之作史，信乎挦扯，忽删忽存，都无义例，史法乃大乱矣。设负史才者，不得身当史任，以书其能事，亦宜搜罗闻见，核其是非，自著一书，以附传记之专家，藉资练习技术，此种技术，即文章之构造是也。

（三）史识

天生百才士，不能得一史材，十史材不能得一史识，是可知史识之难得也。史识即观察力别裁力之谓，但必须敏锐，必须精确，对于一事一人之研究，先由全部而至局部，或先由局部而至全部，将来源去脉考察清楚，切不可为因袭传统之思想所蔽，亦不可为自己成见所蔽；宜必有是非之心，而为批评之言焉。若事实错误，不妨割舍，以从于人。戴东原云："不以人蔽己，不以己蔽己。"即此之意也。

（四）史德

"夫古人史取成家，退处士而进奸雄，排死节而饰主阙，亦曰一家之道然也。此犹文士之识，非史识也。能具史识者，必知史德。德者何？著书者之心术也。"此章学诚实斋著《文史通义》所补充之言也。实斋鉴于魏收撰《魏书》，为杨愔、高德之家作佳传，并受尔朱子荣金，故灭其罪；他传褒贬亦多肆情，时论不平，号为秽史。又鉴沈约修《宋书》，对于徐爱入之《恩幸传》，有意污贬，曲成其罪；而于其先田子、林子本可入宋《功臣传》，约欲自夸其先世，故不入列传，而载于《自序》内，此皆私见也。虽然，人孰不欲显荣其祖父，既不能一一如志，遂哗然群起而攻之。然若平心而论，人非南董，岂信其一字无私耶？以陈寿之史才，世尚讥其毁诸葛亮而报己怨。其实皆实录非诬，所毁不出于寿，张俨、袁准固早论之矣。总之，作史者，宜就一人立朝行己之初终本末，定其是非，别其白黑，不可先存门户于胸中，而以同异分邪正贤不肖，当如班氏所云"不虚美，不隐恶"，始谓真有史裁也。

以上所言史家之素养，其关切于作史者实大。故如欲作一部好史，必须具此种资格。不然，每致德有夸大附会武断之弊，学有杂博不专精之弊，识有未能正确细密敏妙之弊，才有无组织无文采之弊矣，可不特别留意乎？

第二章 资料

第一节 凭借

夫史以纪实为主，必须一字有其来历。孔子之作《春秋》，因《鲁史》策书成文，与百二十国实书而成；司马氏之作《史记》，因《国语》《世本》《战国策》《楚汉春秋》而成；班氏之作《汉书》，除太初以前全同迁书外，余亦因《新书》《说苑》《七略》之辞而成也。且当迁之时，天下遗闻古事，靡不毕集太史公；而固亦著作东观，得与图籍相亲；后之作史者，莫不皆然。盖如多聚书，使史官有所依据矣。然总括史料，约分二类，曰官书，曰私撰，但皆为未经锤炼组织，不过为照例或一时之记录，备后世作史者之搜采而已。兹仅就最主要者分述其纂辑情形之大概，而附以辅助之资料耳。

（一）国史

昔者国有史官，具列时事。《春秋序》云："《周礼》有史官，掌邦国四方之事，达四方之志。诸侯亦各有国史，大事书之于策，小事简牍而已。"如楚之书、郑之志、鲁之春秋、魏之纪年，此事最著者也。汉兴，明帝始诏班固等就东观，著作《列传》《载记》二十八篇；继又诏史官刘珍、李尤辈作《汉纪》。三国时，魏文帝命尚书卫觊缪袭草创纪传，累载不成，又命韦诞等完成《魏书》。吴大帝命丁孚、项峻撰《吴书》，丁、项俱非史才。至少帝，更敕韦曜、周昭、薛莹诸人，想与记述，续成前史。独蜀国不置史，注记无官。至晋，著作陈寿私集三国史，撰为国志者是。时王隐受诏撰《晋史》，后坐事免官。庾亮给纸笔，使成《晋书》八十九卷。尚有于实之徒，皆除著作郎，领国史。南北朝刘宋初年，下诏由何承天、山谦之、裴松之相继成宋史。大明以后，再由徐爰踵为之，终由沈约补缀所遗，制成新史，即今所传《宋书》是也。齐江淹受诏著述，仅成十志；后由萧子显私自补成，表奏之，诏付秘阁。梁、陈二史，则先有姚察撰辑，未竟而卒。入唐，诏其子思廉成就之。于是追修前代之史之风大起矣。至于元魏史，道武帝始令邓渊撰《国记》，以条例未成，遂废。又诏集诸文士，崔浩、高允等撰之，由浩总监史任。高齐史为齐臣祖珽、阳休之、杜台卿、李德林等相继注记；齐亡，德林入隋，独奉诏续撰。唐贞观初，又敕其子百药卒父业。周史有柳虬领著作，终归唐臣令狐德棻辈所追修，定为《周书》。隋史为当时人王劭先定其篇目，亦唐贞观初，敕颜、孔等追修而成《隋书》也。要之，唐初史臣最盛，如许敬宗以太子少师总统史任；房乔、长孙无忌、敬播、令狐德棻、杨仁卿诸子，各奉监修国史之命，撰成《唐书》。长安中，刘子玄、朱敬则、徐坚、吴兢奉诏更撰《唐书》。宋曾巩、楼鑰等皆与纂修国史之选。国亡后，元人修史，大概只就宋旧本稍为排次，元代国史无完本。明代向无国史。有清国史，乾隆中敕修，嘉庆庚申，阮元、全祖望等奉诏补修列圣本纪，与夫天文地理诸志。同治时，张之洞发议修国史，于是诏命潘祖荫为总裁。民国成立未久，政府即聘王闿运纂修国史。以上皆系当代置馆纂史，命宰相监修，大臣提调，选词臣任编修之职者也。

至于国史取材，以当代名臣良士，或增有名位，或素在丘园，其有嘉言善行，历官行事，军国勤劳，或有贡献封章，或有著撰文字，或本家有碑志行状纪述之文，或他人为作传记之类，令各郡府州县纳于史局,以备论次。

(二)玉牒

古者大事书之于策,玉牒之所由起也。唐时初建官,专掌斯职,奠世系,分宗谱,写之精缣,庋之邃殿,他书莫敢焉。至宋朝更重,志世系之外,再为一史,以纪大事。大事者,降诞、符瑞、即位、大臣除拜、大政事、大诏令也。是所谓大事必书者也。其书一年一进。明之藏书,玉牒、实训贮皇史宬。

(三)起居注

《起居注》为载笔之别曹,立言之二职,所以录柱下见闻之实也。汉武帝有禁中起居注,明德皇后自撰《显宗起居注》,汉有《起居注》久矣。似在宫中,为女史之职。故梁吴均欲撰《齐书》,求借齐起居注及群臣行状,武帝勿许,乃私撰奏之。虽不实,而坐免职,然亦知《起居注》之作,有补于史也。后人作传,每即据是,采其事实。但天子亦不得观《起居注》。唐太宗尝欲观《起居注》,朱子奢曰:"恐开后世史官之祸,史官全身畏死,悠悠千载,尚有闻乎?"至文宗,益重其事,郑朗失职,终以史上帝。帝问魏謩欲观《起居注》,謩曰:"陛下但为善事,勿畏臣不书,若一见之,则执笔者有回避,后世何以示信乎?"乃止。元以后,不置起居注矣。至于起居注之记载,专以甲子起例;修实录时,多本此。

(四)时政记

左右史、起居注之外,有政事及奏封,由宰相撰录者,谓之《时政记》。其制始于唐高宗时,姚璹表请仗下所言政要,宰相一人专知撰录,每月封送史馆也。然此亦可谓宰相记天子之事以授史馆之实录,或可称榻前议论之词也。穆宗以后，制稍变，宰相崔植等奏请："坐日所，有君臣献替事宜，应随日撰录，号为《圣政记》，岁终付史馆。"至文宗又诏："自后宰臣奏事，及临时处分，委中书门下丞一人，随时撰录，每季送馆。"则又不必宰相自撰矣。《时政记》但载示己之词，或忘同列之对，献替之说，史册不详，此其弊也。

（五）实录

实录之作，史之基也。史之所录，非借此无以措笔削矣。欧阳公、宋景文公受诏分撰唐史，一时有谓"唐自武宗后，并无实录，何以考订"。则实录有补于史，亦可知矣。每当一帝崩后，国史馆即修实录，借《日历》以成之，再出前朝之书以对堪之。士大夫可费数千金购置其书于家。如是散布民间，人人皆得知本朝故事，便于行用矣。然其编纂颇非易，如柳批等分修宣、懿、僖宗三朝实录，逾年不能编录一字，是其证也。至于实录之失，在乎是非之不公耳。

（六）日历

日历者，史之根柢也。唐元和中，韦执谊奏，史官撰日历。凡发自宸衷，可书简策者，由宰臣及参知政事，每月轮抄，以备史官撰集。其法亦可以事系日，以日系月，以月系时，以时系年。故有一帝，必有一帝之日历。如唐太宗每诏大臣论事，必命起居郎舍人执笔立于殿阶螭头之下，以纪政事。后唐明宗亦令以诏书处分公事，令端明殿学士录送史馆。其内廷之事，诏书奏对，不到中书者，令枢密院直学士录送史馆。然皆榻前议论之词，史臣特类而次之，以为日历者耳。宋时极重史事，日历之修，必诸司关白。如诏告政令，则三省必录，兵机边事，枢廷必报，百官之拜罢，刑赏之与夺，台谏之论列，给舍之缴驳，经筵之论答，臣僚之转对，侍徒之直前；凡中外囊封匦奏，下至钱谷甲兵狱讼造作，其有关政体者，必随日以录，岁终由监修宰相检点修撰官之所记也。元朝不置日历，独中书置时政科，一交学捄掌之，以事付史馆耳。

除上述举几种主要史料之外，尚有辅助史料：如谕旨、实训、方略、邸报、会要、官署档案、郡县志书，以及野史、外传、集记、志状、小说等，皆须博访广求，备资纂辑也。

第二节　采访

前代亡国之史，皆系一统之后，史官所成，然当未成之先，率命采书之官括图籍于天下，或令四方州县，搜集民间碑志及文集，悉上史馆。如明史馆开，求天下野史，有旨勿论忌讳，举凡有涉于史事，及朝廷制度沿革者，尽入史馆；亦有给笔札传录之者。然莫善乎先开列馆中所未有文集奏议图经传记，以及碑铭志谒之属，编为一目，而后遣使搜访；虽九州四荒，深海空峪，爽臣蛮妻，亦当代为采集也。宋濂曰："凡诏令章疏，拜罢奏请，布在方册者，悉辑为一。有涉于番书，则令译而成文。其不系公牍，如乘舆巡幸，宫中隐讳，时政善恶，民俗歌谣，以至忠孝乱贼灾祥之属，或见之野史，或登之碑碣，或载群儒家集，莫不悉心咨访。"此又为一法。其不见诸载籍，而由口说相传者，则亦当采之。如史公周行国中，询故老，访求遗闻轶事、流风余韵，入之于编是。庶几道法明，而事辞备矣。

第三章　整理

第一节　限断

　　自班氏断代为史,记载遂有断限。其于上下相交之处,若已见他说,则无庸重述,或越次而载矣,如是封畛分明,便称良史。汉后数朝,皆以禅代为革命,其臣多历仕前后两朝,史官于此等人,位置较难。故必先立断限,以为准绳。彼事无关后代,又只止前朝者,不宜载后史。又志在前室,亦非本朝臣,可一概删却。然亦有未可尽拘者,当陈寿作《三国志》时,后汉未有正史,而诸臣事多与曹操相涉,不立传,则记载不明,故仿《史记》项羽、陈涉之例,遂列汉臣于《魏志》。及范蔚宗出,悉收入《后汉书》。而后汉、魏两朝人物,灿若列眉,最可取法。又如《晋书》以僭伪诸国,列为《载记》。前凉张氏,西凉李氏,不失臣节,仍归列传,此史例之善者也。

第二节　考订

　　史臣所采材料,本其限断,以定去取,尤须先加审核,则考订功夫,不可少也。因史料来源,未必皆准确,往往所见异词,所闻异词,所传闻异词。彼善作史者,于书字有疑,或闻见有疑,则皆阙之。子曰："吾犹及史之阙文也。"此即孔子修《春秋》时,对史料阙疑之义。故当如司马温公之修《通鉴》,先作《考异》,核其虚实,参伍众说,归于一是,然后下笔,则所成之史,必较精良也。其方法,在乎正误辨伪。如有明非史实,而举此误,认为史实者,可用怀疑态度,将已成之心理,痛加涤除,俾有新理解出焉。或有同一史迹,而史料矛盾,当何所适从耶?宜断诸立言之人,与所处之地。其人贤,则必不苟毁誉于人;地切近,则见闻真确矣。且关系时间之先后,时间先者,与史迹发生期愈近,其所制成传留之史料愈可信也。又有两书同载一事,绝对矛盾者,则必有一伪,或两俱伪。亦有事迹纯属虚构者,治史之人皆宜以老吏断狱之态临之,必求得确证,以释所疑,然后其史可信也。

第三节　去取

马迁绍法《春秋》,而删润《典谟》,以入纪传。班固承迁有作,而《禹贡》取冠《地理》,《洪范》时志《五行》。详略去取,惟意所命,不必著为一定之例也。自晋、宋、齐、梁以下诸史,繁文浮旨,叠矩重规,饰伪崇诬。《隋书》稍加简择,故有体裁。欧、宋二公,不喜骈俪,故凡遇诏令表拜四六行文者,必书删之,或节数语存之,或代改削存之,仅取其有关于政体治道之作者耳。余谓凡一代有一代文体,六朝以来,诏疏尚骈俪,皆载入纪传,正合史法。今仍以其骈体而尽删,或改为散文,遂使有唐一代馆阁台省之作不见于世矣,其无识孰甚。故杭世骏有云:"为史者,但当录其有系国典者,或节略其意,或撮载其辞,不当论其对耦非对耦也。"又欧、宋二公皆尚韩柳古文,观景文于《唐书》列传,采摭二氏文之可入史者不少遗,俱未免偏见也。欧阳《五代史》亦多取小说,何义门谓:"不如薛史,本之实录为是。"其实实录与小说,互有短长,去取之际,贵考核斟酌,不可偏执。但采切甚有益者著之于篇云尔——即有关系于国计利害、民生休戚者则取,无关系则不取是。至于附会虚谈、词理悖谬、荒唐无谓之言,无赖恶薄之语,可以不载,方得史裁也。

第四节　纂辑

凡勒一朝始末,限断分明,门类自别,再按时代,叙次便清。何如马迁著史,融化事迹,错综成文,是谓互体。虽变化无穷,情态横出,令人读之感慨而有余味;然揆以史法,尚未为合也。是以班固为书,必守成格,单言列传,可以明矣。观《汉书》则人各为篇,略以时代,事类相从,是谓类叙。或带述有关涉之人,是谓带叙。亦有仕非一朝,学兼数长,若何位置,方称稳惬,是其进退,稍费苦心。要之,分合迁移,割截搭配,以不背事实、无失身份为主。其唯一良法,必使善恶别卷,忠奸异编,庶合类族别物之道也。而篇数尤以愈少愈妙云。兹分为专传、合传、附传、附见、杂传五大类述之。

（一）专传

史家立传之例,必其人有名位,有事迹,方可纪也。不然,名位虽崇,而事迹无可纪者,不得立专传。彼为时名卿,或为时名儒,或有忠臣节,或负文学名,或具艺术才,或政绩尤异,或操履粹然,各按其情,分别忠奸,以论次之,始为合体。若父子趋向不同,及各有大事可纪,则仍自作传。但其间宜具深意,以垂勤惩,且须随时代之先后而排次也。至于《宋史》,往往将数人共事者各立一传,而传中又不彼此互见,一若各为一事者,此不独卷帙益繁,亦且翻阅易眩,则非所宜也。

然此传最难位置者，莫如易代之臣，有专仕一朝与历仕数朝之别。史家对于始终在一朝者，及有复国行事者，皆入某传；其历仕数朝者，每以死于某朝，即入于某传内，此如妇人之嫁，终当以最后所适为定。或以在某朝事迹最多者入某传；或并存前后两朝之传中；或别作杂传，以叙其历官之绩，详"杂传"项。亦有胜朝遗老，所处两朝，其事迹虽不能于生前作专传，然可以散见于其他有关系之人传中，但只限前朝为止，不及后朝也。又为名臣立传，其人一生多所建树，而偶有一二节失误，为人所少者，不妨散见于他人传中，而本传不复琐屑叙入，或全没而不书，此亦善善欲长之微意，不欲以小疵累全体也。

（二）合传

合传之体，除二人行事，首尾相随，则有一传兼书，包括令尽外；每施于通史者多，而不以朝代国家为限断。如其人事迹相出入，或族属相亲近，皆可以聚于一篇，以一人提头，而穿连其事同之人或昆弟子姓云。然其弊，每不顾情事之多少，关系之轻重，强为纽合，颠倒迷惑，使前后不能相应也。至如孝义之流，得旌表者动逾数十百人，则不胜传，唯合载其氏名于传序内而已。

（三）附传

作史者对于同一事迹：如皆抗节也，皆殉难也，皆征讨某方也，皆以技术宠幸也，忠奸文武，既各自为篇，又取其名最著、事最大者为主，而下附相关涉之人，一一叙之。其德业不著，而事关一时者，附而不名。或有其名，而无事迹可传，则于某传序内见其姓名。至祖父子孙皆有大事可纪者，则各为之传；若无大事可纪者，始以父附子，以子附父，所以叙功臣之世次及世职也。又附传叙述宜简，可以标目于注。

（四）附见

在某人传中带叙其有关系之人，寥寥数语而已，曰附见，即因类附见之谓也。亦有谏疏当传，而其人不必立传者，当广为搜采，附见他人之传。凡附见者，无需标目于注。又其事已互见于他处，皆不为列传，盖非欲赘出之故，随事以互文也。

（五）杂传

欧阳公以五代条更，诸人历仕数朝，臣节不坚，难于限制，故创此例以处之，实为极得史法也。

综上五种传体，各有善处，只需视其所以配得作传之价值在何几点，然后就彼精神，而极力描写之。如为政治家作传，则全部精神偏在政治；为文学家作传，则全部精神偏在文学，他皆仿此。再分别其情节之轻重，性质之异同，而为叙述多少之标准。若轻重相等，则当平均叙述之。两人同作一事，宜合传者不必强分，宜分传者不须配搭在何人名下为最适宜，各方斟酌，而后定局也。

第五节　排次

太史公既本《春秋》之旨而著史，于编排之次序，殆亦具深意耶？如以孔子列世家，夷吾居传首，是其例也。故后之作者，踵相沿袭，惟稍有移易耳。彼《史记》先本纪，次表，次书，次世家，次列传。《汉书》同。《晋书》列传之后有载记。《五代史》世家附于末尾。《新唐书》改先志后表。《宋》《辽》《金》《元史》皆然。魏收《北魏书》并改志居传后,各有义例也。若推刘氏知幾之意,则纪与传接,翻阅始便,而表志不妨次于后云。以下再分述每一体例先后之次。

(一)本纪之次

史迁作十二本纪,以秦项列于周汉之间,后人于秦始皇无异言,而于《项羽本纪》则怪之,刘知幾谓羽僭盗,不当称王,此未达乎史公之旨者也。秦汉虽非共主,而业为天下主命,不得不记其兴废之迹,况沛公之为汉王,亦项羽所立也。李延寿之列隋于《北史》,其义例正同。但断代之史则不然,当依各帝先后之次,叙其行事耳。

(二)书志之次

书志一门,命名条目,析补日多。其叙次亦每有错杂,使先后颠倒,殊属无理。考诸史之例,大率相似:一律历,二礼乐,三刑法,四食货,五郊祀,六天文,七五行,八地理,九沟洫,十艺文。然王鸣盛谓当改为一天文,二五行,三律历,四地理,五沟洫,六食货,七礼乐,八郊祀,九刑法,十艺文,如此方顺云。

(三)世家之次

列国诸侯,开国承家,体崇势异,史策编列世家,抗于臣民之上,因其道也。然如陈涉起自谪戍,半载而败,可与张耳、陈余并为传。太史公何故升为世家?盖以亡秦之侯王将相,多涉所置。自项梁未起,以天下之命制于一人之手,是以升之也。班固不达其意,仍改为传。《新五代史》复创立世家,以纪吴蜀诸国。元人修《宋史》,亦承其例,盖以华雄割据,非中朝所得而臣,既不可编诸列传,乃借世家以名之。但王鸣盛又谓《宋史》对于南唐等后亡之国,当列于开国功臣之前,为合史法也。

（四）列传之次

史家之例，皇后传初编在世家之间，居列传之末，参帝纪之下。自陈志以后，则冠之于列传之首，或附以公主传。又宗室诸王及帝子传，必居群臣之前。但自汉以来，以时代相次，至《北齐书》始统前后，并为列传，不复分次，后史因之。群臣之后，首次以循吏，次儒林，次酷吏，次文学，次孝义。而以外戚、宦官、奸臣、外国叛逆等传殿焉。但外国人仕中土者，则与中土人并列为传，而无别也。

（五）表谱之次

表多夹置本纪、世家间。无世家，则编于书志之后耳。又按自《史记》以来，表皆在志上；自《唐书》以后，表皆在志下矣。

第六节　标目

夫史为记事之书，事万变而不齐。文史屈曲，而适如其事，则必因事命篇，不为当例所拘。章实斋曰："名姓标题，往往不拘义例，仅取名篇。"或以爵，如淮阴侯之类；或以官，如李将军之类；或以名，皆据事直书，善恶自见，并不示褒贬也。亦有群传以姓，如李白、杜甫合传是。特传以名，如韩愈、李德裕皆具姓名题之。功高以事，如张柬之、桓彦范等传，题曰《五王传》。迹伪以地，如李正己、吴少诚，题曰《淄青李正己传》《淮西吴少诚传》是也。凡传中所列姓名，篇首必标于注。又有文少者，则具书姓名，若司马相如、东方朔是；字烦者，唯书姓氏，若毋将盖、陈卫、诸葛传是。必人多而姓同者，则结定其数，若二袁、四张、二公孙传是。再有全录姓名，历短行于卷中，丛细字于标外。其子孙附出者，注于祖先之下。惟附见者，不标目于注耳。其地位，各书目皆在每卷首。标题宜求醒眼。

第七节　分卷

篇之为名，专主文义起讫，而卷则系乎缀帛短长，此无他义。故异篇可以同卷，而分卷不闻用以标起讫。至班氏《五行》之志，《元后》之传，篇长卷短，则分子卷。是篇不可易，而卷可分合也。隋唐之书，计卷者多，计篇者少，甚至割篇徇卷，大变班书子卷之法。其实班书虽分子卷，而篇目仍合为一。总卷之数，仍与相符，是以篇之起讫为主，不因卷帙繁重而苟分也。宋则以字之多少，牵配均分。其同名异卷者，比比皆是，参错混淆，反难辨别。不如归类，而称为某类一卷；或以一传，独为一卷之为得也。虽多少不匀，然何等直截明白耶？即文臣与武将，亦宜各自为卷，且不可颠倒时代云。

第四章　体例

第一节　分目

司马迁创立本纪、表、书、世家、列传体例，后之作史者，递相祖述，莫能出其范围。本纪以述皇王，世家以记侯国，表以谱年爵，书以铺政体，列传以总侯伯，皆因其人其事，而特著之也。然不可妄相沿袭，必须本乎时宜，以定体例。如班固书无世家，而有《后戚传》，不同于司马氏矣。范蔚宗书无表志，后人因取司马彪《续汉书志》以为志，又不同于班氏矣。朱彝尊云："史当因时而变其例。"此之谓也。且须于开局之始先定之，发其凡，以示秉笔者，俾有所典式。譬诸大匠作室，必先诲以规矩，然后引绳运斤，经营揆度，崇卑修广，始可无失尺寸也。是在乎作史者之审量耳。故王鸣盛曰："史家之例，原无一定，要以载事实，明劝戒足矣。"今分目详说其由来及作法于后。

（甲）本纪

史之有纪，肇于《吕氏春秋》十二月纪，司马迁用以载述帝王行事，冠冕百三十篇，其言含褒讳，事有黜涉，盖《春秋》之旧法也。又仿《世本》之称，加本字于纪上，所以明纪为经，而别书、表、志、列传之为纬也。刘知幾曰："纪之为体，犹《春秋》之经，系日月以成岁时，书君上以显国统。"故其所载除帝王行事外，并录诏告号令，三公拜罢，宰相升黜，薨卒刑杀，外国遣使朝贡，以及灾异之岁。盖缘此等事与政治有关系，故记之，以为志传纲领。

其叙述只略具事由，而其事则详于列传，正刘子玄所谓"本纪所书，资传乃显"是也。亦有详近而略远，但组织当以简要严整胜。若连缀琐事，则殊乖纪体矣。

（乙）世家

古者诸侯，皆即位建元，专制一国，绵绵瓜瓞，卜世长久。马迁著史，欲抑之以异天子，乃定此名。自汉以后，必宗子之称王，或异姓之封侯，或传国止一身，或袭爵有数世者，然后编于世家也。因略记其开国承家，世代相继之绪，并详书其诏策之文，以敦本始，昭攻伐也。然须随时为之，不必各朝皆有。如三国、南北朝，体势相埒，各为一史，理事当然。宋之辽、金，亦犹是也。晋十六国，《载纪》统之。唐之藩镇，是不一姓，皆无置世家之必要；犹唐末五代，十国擅世，庐陵远法龙门，继列兹体，实为稳当。《宋史》袭欧，诸国世家，夹置传内，名类殊觉杂糅云。

（丙）列传

孔子因《鲁史》以修《春秋》，举得失，以表黜涉，征存亡，以标劝戒；然睿旨幽秘，经文婉约，丘明同耻，实得微言，乃原始要终，创为传体。传者转也，转述经旨，以授于后。子长身居史职，始因之为人作传，本其事实，依其时代，而以类从，不致忠奸混杂，使传于悠久，则传别自创为一体矣。然当再按其性质，而命篇焉。

（一）后妃传

宫官之设，见于《周官》与《载记》。汉魏置贵嫔、夫人、淑妃、婕妤等,此仿《周官》之三夫人、九嫔者也。班氏《外戚传》,乃后来《后妃传》之祖也。然因元后系汉室兴亡,故不入《外戚》,而特立此传。凡史家之例,皇后虽无事迹,必有传,妃嫔则必有事者方作传。

(二)宗室诸王传

史公列楚元王及荆燕为二世家,是开后世宗室传之例。班固既改曰传,遂再顺时代,辨别亲疏,以之杂次于诸传间。后世史家讥之,谓宜合叙一处,如《陈书》《唐书》之类,方得其例云。

(三)皇子传

凡诸皇子,各书皆按其年代先后,与诸臣相间厕。惟《南史》提出聚在后妃下、诸臣前。《汉书》于每一帝之子,作合传一篇,而篇首先叙明某帝几男,某后某妃生某,使观者了然。

(四)公主传

《唐书》附公主于后传之下,而附降皆书,惟大功勋者则异传。《南齐书》亦立此传,以帝女体自皇宗,立之以备甥舅之重。

(五)大传

此传所载,皆显官贵臣及勋业殊异者,不拘其为忠为奸,但只考其出处之节,有关于国政之大者必书之。故赵翼曰:"凡事有关于当日之事势,古来之政要,及本人之贤否,不可不载。"然若非朝命所封,无大功绩可纪,则不宜为之立传也。其所叙述,当别事之重轻、大小、繁简,以为详略,不必拘于时日之细。又不可任意更移失实,有徒褒而无贬,或掠美而偏恶之失也。如其人偶有失误,不妨散见于他传中,而本传不再琐屑叙之。至于每人名字当并举,此皆常例也。

（六）循吏传

太史公作《史记》，特立《循吏列传》。循吏非廉之所能尽也，而必以廉为本。至若奉职循理，为民除害，使治反之正者，尤须为众所称贤，确有实迹，方可入之。若全无事实，只得空叙其逸事，或仅写其性情气度，使一片恻怛之心涌现于纸上耳。

（七）酷吏传

太史公叙酷吏，以其人为政任喜怒，多诛灭故也。其实以世俗言之则美，以王道订之则差，不察孔子之言乎？曰："道之以政，齐之以刑，民免而无耻。道之以德，齐之以礼，有耻且格。"推迁之意，以为末胜本之论愈炽，王道何时可回也，于是作此传。

（八）儒林传

昔孔子之门，不许游夏以知道，《春秋》笔削，传者又谓其不能措一词。然后世显重，大抵子夏之徒，公羊为《春秋》，悖谬更甚。分门专业者，竞于枝叶之末流益远益讹。而自周衰，以文字为教者，既已有训诂笺注之渐矣。是先王之道，至于汉儒，非独秦火能晦蚀之，盖亦其势然也。且烧书六年，而秦遽亡，师友流源，耳目睹记，岂不尚在，俗师相授，屋壁独藏，自不同耳。游夏本得道之词华，而汉儒所闻，又词华之分散另落者，迁用此作《儒林传》。此传所载，以"六艺"为纲，师儒传授，绳贯珠联，自成经纬，所以明师法之相承，溯渊源于不替者也。故章氏实斋有曰："《儒林传》以经为纲，以人为纬，非若寻常列传，详一人之生平者也。自《后汉书》以下，失其传矣。"凡入此传之人，皆取其廉直而言经术者书之，并及其撰著目录焉。若夫事业影响于学术至大者，宜自别出为专传，不得兼书，如董仲舒、郑康成等传是。彼儒之为义，多文、特立、以道德民、区别古今、通天地人之谓也。是以儒林一席，未可轻议，必功在圣学，业著群经，确有传书，足能信后者，方可厕经儒之传，附师法之编。然其次要之人，虽有著述，亦只录书名于《艺文志》中，与姓名上，加其官爵时代籍贯耳。其叙述先为传序，申明学术源流，时俗与废；以言群旨简为佳。次取当代师儒，就其所业，多加褒许，用显一朝文治之盛；文体亦宜简。若依阮元之说："《儒林传》语皆采之载籍，接续成文，双注各句之下，以记来历，不敢杜撰一字。"亦一法也。

（九）道学传

自史迁以经师相授受者为《儒林传》，史家因之。自宋洛闽诸大儒讲明性道，自谓直接孔孟之传，嗣后儒分为二：有说经之儒，有讲学之儒。元修《宋史》，乃创《道学传》，即以言经术者入之儒林，言性理者别之为道学。又以同乎洛闽者进之道学，异者置之儒林。其意若以经术为粗，而性理为密，朱子为正学，而杨陆为歧途，默寓轩轾进退予夺之权。比于《春秋》之义，其实非通论也。夫六经者，治世之大法，致君尧舜之术不外是焉，学者从而修明之。传心之要，会极之理，范围曲成之道，未尝不备，故儒林足以包括道学，道学不可以包括统儒林也。其叙述当合此传道之儒为一，于篇中详叙源流所自，即平叙一代之学统，使览者可以意得之也。或再于序中论其学术之异同，稍稍言及流弊，固无妨也。或于论赞中著其接圣贤之宗旨，不必别之曰道学也。钱氏大昕云："周程张朱五子，宜合为一传；五子而外，则入之儒林可矣。"此法最佳。

（十）文苑传

夫迁固之书，不立文苑，非无文也。老、庄、管、晏、孟、荀、相如、扬雄、枚乘、邹阳所为列传,皆于著述之业,未尝不三致意焉。东京以还,文胜篇富,范蔚宗不能概见于纪传,则汇次为《文苑》之篇云。夫《文苑》所载,不特其人之行略与文采之实迹而已,必当明其时之风会变迁、文人流别,所以发明道要也。故须著述成家者人之。若以一二首诗佳便入《文苑》,则《文苑》太滥矣。至于行业无多者,但著官阶贯系,略如《文选》人名之法亦可。或于序内见其姓名,如《唐书》之于韦应物等诗人是。然于文学大有贡献者,则不妨别出为专传,如扬、马、李、杜之徒是。

(十一)忠义传

徒断代为史以来,无以因果死事之臣,入易姓之史者。因别作《忠义传》,而列此抗节不仕者于后,庶几扶宇宙之元气也。《新五代史》于死节死事者,载之颇详,亦曰死节死事传。所谓死节者,即能全其节之士也。若其初无卓然之行,终以死人之事者,则入死事;而战殁者,不得预焉。然全榭山谓:"欧阳公以死节死事立传,则不及生者,若概以忠义言之,则不仕二姓者,皆其人也。"此各史之所以仍用忠义名篇,是实简当之法也。

(十二)隐逸传

晋皇甫谧作《逸士》《高士传》,刘宋范蔚宗著《后汉书》本之,以隐逸登诸传。历代取法,莫之或废。独《陈书》不取,谓逸民于存亡之义无关耳。此传所载,概以不仕易姓之朝而逃者入之,固非仅限于遗世高踏之流已也,亦有言用当世,身立本朝,而不在其位者人之。

(十三)止足传

《止足传》为史家之创例,始于鱼豢《魏略》,踵于谢灵运《晋书》,

而许亨、姚思廉因之。虽其人与山栖谷饮者殊科，然施之于晋宋齐梁之际，固亦可以励末俗，而风浇季矣。此传所载，不过官成身退，稍异乎钟鸣漏尽，行不休者耳。

（十四）党锢传

党锢者，游侠之变。其行有清浊，而以意气相死，则同归也。范氏痛其罹祸，作此并以励末俗云。

（十五）方术传

太史公传扁鹊、仓公、日者、龟策，范氏《后书》亦鉴汉世多异术之士，因作《方术传》。但其事简涉怪异，语皆不经，实有乖于史法。若推立传之意，亦所以讥切时主，崇俗小数，主文谲谏也。后改曰《艺术传》。

（十六）货殖传

马迁以遭李陵之祸，而下于理，家贫无资财以赎身，遂愤慨作《货殖传》。然诸方之风俗、物产、人情之变态悉具。其词偏宕，杂正论诙嘲于一篇之中。班固继之，易以庄语，取市井贾人胪列满纸。惜不明限断，而亦涉及周秦以来诸公，故不免为后人所讥评也。

（十七）外戚传

子长以外戚世录，传舄奕乃作《外戚世家》，其中所载，实皆后妃氏讳及事迹。孟坚以元后事连居摄，故缀诸后于列传之末、王莽之前，以便叙事，而后人踵之。夫外戚之家，恩泽所授，谨厚则无称，佟态则害教，其名附于本传，惟卓然殊尤者立传。

（十八）列女传

昔刘向以谓五政必自内始，故列古女善恶所以致兴亡者，以戒天子。范氏为《后汉书》，始传烈女。后史因之，遂为定则。然后世史家所谓烈女，则节烈之谓，而刘向所叙，乃罗列之谓也。节烈之烈为烈女传，则贞节之与殉烈，已自有殊。若孝女义妇，更不可入。而闺秀才妇，道姑仙女，永无入传之例矣。其实有德如班姬，才如曹昭，书如蔡琰，岂不及方技伶官之论乎？是故此传所载，不但传节烈之女，当兼及才女贤妇为合体。至于节妇之夫，其言行本无所表见，而史家传烈女，帝连得书。以制义之夫子，转赖从一之妇以传，此义理之变者也。一说：若其人事迹有关国家之大者，亦不妨别出作专传，与男子并，如明秦良玉，万斯同《明史稿》特传其事也。

（十九）宦官传

蔚宗痛东京宦官之祸，而作此传。后世每有阉竖弄权之事，不仅流毒于社会而已，具关系国家之存亡，故《明史》亦有《阉党传》，所以戒阉势之炜灼也。"《宦官传》当分别邪正，未可专论时代。"清汤斌云。

（二十）索虏传

沈约为《索虏传》，多表制度，载诏令，或得情与中国利害相关者。至于兵争始末，则具诸臣传中。然按诸史例，确为《载记》。又薛史有《僭伪传》，与《索虏》同，但略载伪主事，其臣多无传。

（二十一）外国传

战国之世，文教衰，而专武事，先王之道尽废，华夷混在一处，种姓不易考矣。迁为《匈奴传》，徒杂取经传所谓夷狄者论次之，而特以匈奴为主。至范氏作书，即以九州之外者，称为敌国，著夷狄之传，记其殊风异俗之可知者。沈约继之，于是有《外国传》，历叙异域诸国信奉佛教之始末。六朝以来，释教盛行，多有关于时事者，没之不见，既非事实，而《魏书》特立《释老志》，亦为非体。惟以类叙之法，立此传，记晋以后佛氏之盛衰、朝制之崇抑，若及宋世名僧道士，最佳。亦曰《四夷传》。

按上列诸传中，固已忠佞并著，愚智兼载矣。而偏美偏恶，抽出别题之。后之作者，或因或革，随事为名，亦无不可。《新唐书》又特变前例，而别为一体：凡方镇之守臣节者，既入之列传矣，其余桀骜自擅，而尤羁縻为臣者，则自名藩镇传，而聚于酷吏之下。盖此辈皆未至于叛，而近于叛也，故其位置如此。至于恶之甚者，如立心杀戮正人，败坏国家事，为奸臣；偶尔弄兵为悖乱，旋即就歼者，曰叛臣；称兵犯上，僭窃位号者，为逆臣，此皆汲前史之所未有。欧公又鉴五代之季，养子渐乱宗法，于是作《义儿传》。其他体裁亦然。故曰列传当随其时与事而立也。

（丁）书志

《周官》太史掌国之六典。汉法，亦天下计书，先上太史。如此，史之所职，兼司掌故矣。班马著史，别裁书志，备录纪传之外，有所不书之只字片文，使政刑礼乐沿革分明。尤注意于郡县之变更，官职之废置，刑罚之轻重，户籍之登耗，以及兵卫修废，河槽通塞，日食星变之类也。其为用，可以经纬当世，网罗遗逸，故史若无志，不得为完史；有志而不淹贯，不得为良史矣。昔江淹有言曰："修史之难，无出乎志，诚以志者，宪章之所系，非老于典故，不能为也。"顾亭林亦曰："作史莫难乎志，纪传一人之始末，表志一代之始末，非宏览博物者不能为。"可知志之难为，实古今人所公认者也。

从来史家作志之体，惟详当代，其前事仅于每志叙首略述之，以为缘起，是曰总叙。但作志宜有裁断，不可从取案牍之文，而无镕范也；又不可徒取他书，记一代之制，尚有阙略，而无所考也。当纲举目张，精粹博大，极有伦类，本末兼明，方合史法。志文以简净胜，志料以不多于史传为合体。又志之有志，多凭旧说，苟事无其录，则阙而不编可也。故其命名条目，或前略而后详，或古无而今有，盖随代更易，递补所阙云尔。兹特分述之于左。

（一）礼乐志

《史记》有《礼》《乐》二书，空论其理，而不实叙。班氏《汉书》，将《礼》《乐》合为一志，然于汉事亦不实叙。盖因汉末当制礼，乐府俱是郑声，本无可志，故只好如是以了之。其全篇共分两大截，前论《礼》，而后论《乐》。于《乐》亦不过详，载郊祀庙歌诗，无预乐事，殊失疏简。此志所载，当以《礼》详《乐》略为合体，若遇有谏礼乐之奏对，已见其人本传者，何必重出于此，唯撮举大意数言已足。王鸣盛评：《宋书》《礼志》，淆乱粗疏，萧子显《礼志》，一篇全不分明，千载而下，为之揣度情形，皆其病也。宜如《新唐书》所录，《礼志》仪物名数，次序曲折，无不备；甚而论议废兴，亦具见焉。《乐志》以声容歌奏为重，故详述八音钟器，鼓吹饶歌诸乐章，以存义训，为例较善。

（二）律历志

律历志者，因历法用黄钟起算，故前半说律，为后半算历之张本。后行四分历，便不与律相干，《史记》分为二，《陈书》并之。至《后汉》《晋书》《北魏书》《隋书》皆沿袭不改。自新旧《唐》以来，律吕自归《乐志》，历自为志矣。《乐志》言律吕相生之次，及音律之度。

《历志》言历数行事,即原其进退之行,察其出入之验,规其往来,度其终始是也。

(三)天文志

司马迁作《史记》,有《天官书》,以辨古今未明之疑。班固纂《汉书》,改曰《天文志》,所记皆四方经星、二十八舍躔离之次。刘知幾论此不预人事,一史记之足矣,何必凡史悉沉,但当取其变者志之耳,如其时彗孛氛祲、薄食晦明之变,亦须简当合法也。

(四)郊祀志

孟坚踵《史记》,载祀天地外神之属,以举一代之制,惜叙述杂而不贯,不如其他史志科条而件系之也。又于《韦元成传》中属入议罢郊国庙语,是为失史裁。蔡邕以谓"宗庙迭毁,议奏国家大体,宜录在《郊祀志》之中"。自晋以来,封禅郊祀诸事,载在《礼志》。沈约有云:"礼之所苞非一,郊祭飨朝,非礼而何。"故不别立此志矣。

(五)河渠志

司马迁悲瓠子之歌,作《河渠书》,历序春秋以后,诸侯变更水道之详。班固因之,为《沟洫志》,杂叙水事,不专于河也。前半篇全取《河渠书》,其下自撰之,所以存古今川渎之大掌故也。

(六)食货志

班固仿《史记·平准书》,约取《洪范》八政,裁为食货之篇,载贾谊、晁错、董仲舒奏议,三人本传,俱不重出。又私门论议,官府文移,有关田赋利病,自当采入。但须事显分明,学归有用也。

（七）刑法志

《刑法志》之次序，以先刑后兵为宜，然兵制，它书多附入《地理志》中。考班氏作此志，先之以考古，继之以议论。其叙汉事，但云"高祖定天下，踵秦而置材官于郡国，京师有南北军之屯。至武帝平百粤，内增七秩，外官有楼船，皆岁时讲肄"。寥寥数语，未免太简。后世诸史无从之，惟《新唐书》再立此志，其首段泛说一朝大意，而终之云，若乃将率营阵，车旗器械，征防守卫，凡兵之事，不可以悉记，记其废置得失，终始治乱，兴灭之迹，以为后世戒。其实征防守卫，事之大者，皆当详记也。

（八）五行志

《汉书·五行志》多用刘向《五行传记》，而兼采董仲舒、刘歆、京房之说，而书事应。故凡一灾一怪，不惮其事烦费。言无准的，必叙之推之也。然后史之志五行，差少穿鉴，如萧沈二氏，相继载笔，虽未尽善，而大较多实云。

（九）地理志

自古史传，人事与地理相为经纬者也。人事月改日易；而终古不易者地理也，班氏始立此名目。夫地理参差，其详难举，实由名号骤易，境土屡分，或一郡一县，割成四五，四五之中，亟有离合。千回百改，巧历不算，寻校推求，未易精悉。凡《地里志》叙首，辄历叙古初，次大书郡名，而下注云属某州，使建置沿革，无有舛错。志地之法，当存旧系雅，削浮没猥可也，切不可无知妄作，亦须知限。若略区域，而反详世系氏族，则昧分合矣。至于户口之数，宜据一朝中极盛之数言之。凡县不先书者，郡所治也。郡太守所治之县，自当先书，此例甚当。

（十）艺文志

艺文之志，始自汉班，硎谷灰烬，藜照蕖残，有幸心焉。陈范以还，斯志中绝。唐初敕撰《隋书》，于志宁、李淳风、颜师古、孔颖达分编史志，复有《经籍》之目。宋崇文秘省诸目，登于国史，而《明史》则只载一朝撰述耳。

自班孟坚志艺文，而书始有录，说经家法明析，且分别其是非美恶，俾后学识取途径。故王氏鸣盛云："艺文志者，学问之眉目，著述之门户也。"又古人于艺文一门，必综汇历代所有，不以重复繁冗为嫌者，盖古今四部之存亡所由见焉。全祖望曰："艺文不当专收本代之书。"殆亦此意欤？且当于别集之下，详其人邑里，纪其人行事，使后世读是书者，得有所据，以补列传之所未备。若再为解题，以系各书之下，则著作之本末，流传之真伪，文理之纯驳，皆得明焉，是尤为完善也。不然，仅一书目而已，无预于一代之事矣。

（十一）百官志

自来官制之迁改不常，升转回互，最易纠纷错杂，范氏乃创此志，以类次之。其名称虽代有更改，或曰职官，或曰官氏，然其叙法则大同而小异也。

志首之叙，先说一朝沿革本末，次胪列品秩。又次则说职事官访选择选授临轩册命出身入仕，区分清浊之法。又次则说文武散官。又次说勋官预选。又次说泛阶之恩。又次说泛阶给禄不给禄之别。又次说勋官节级之滥。又次说行台尚书省。又次说王府官。又次说天策上将府官。末总说行台天策罢废事。洗眉刷目，提纲挈领，甚合史法。亦有不载往代之制，直从当代叙起，如薛史者然，并求简略，只记其离革升降，其与前代同者亦略去，而详于叙首。至如《宋史》则繁体凌乱，或直钞吏牍，或偏据一时，首尾不明，详略失当，不可从也。李慈铭以谓为此志最善之法，莫如一卷叙官司职掌，一卷叙品秩改移，便可了如指掌。唯《魏书》此志，改曰官氏，前列官制，后列氏族，且详于官而略于氏云。

（十二）符瑞志

符瑞本不当有志，即欲志之，亦惟志一代可耳，前事但于叙首中略述，以为引子足矣。沈约欲记宋武帝微时诡诞不经之事，以不宜入纪，因别作《符瑞志》述之。李延寿亦最喜言符瑞者，《南史》书中，疑神见鬼，层见叠出之。

以上诸志所述，皆关于政教典章学术文化一切情况，不啻一文物之专史也。此类作品，如欲使读者满足要求，必须叙述有联络，能活跃，前后相应，庶或可以显明当时社会生活之真现象也。

又书志之体，欧公改称考，曰"司天""职方"。夫灾祥者，人君之庶征，所以自反其极之建不建也，故作《司天考》。职方即将州都之名，横列为表，提纲挈领，洗眉刷目，力求简净，故黄氏梨洲云："司天职方二考，则律历五行地里三志之略也。"信然。

(戊)表谱

(子)表

史之有表，昉于司马子长，至班氏而义例益密。顾《后汉》《三国》以下无之。刘知幾谓："得之不为益，失之不为损。"盖未明作表之意耳。夫表所以通纪传之穷，有其人已入纪传而表之者，有未入纪传而牵连以表之者。表立而后纪传之文可省矣。如《辽史》对于皇子皇族外戚之类，有功罪大者，自当别为列传，其余则传之不胜传。若必一一传之，此史之所以繁也。惟列之于表，既著明其世系官位，而功罪亦附书焉，实足省无限笔墨。故《辽史》体例，称最善云。顾氏炎武曰："史若无表，则列传不得不多，列传既多，则文繁而事反遗漏。"然当随其时之所有而作，不必相沿，其因革离合之间，亦当折衷而用之。且夫史既有表，则立乎百世之下，执遗文坠简，可以观往事；能于原委棼错中，求得要领，历历在目矣。

表以纪治乱兴亡之大畔，其为体，或年经而国纬，或国经而年纬，或主地，或主时，或主世系，事微不见者，录而见之。可以究天人之际，通古今之变也。虽云旁行斜上，然不易作。江淹有言："作史之难，莫难乎志，其次莫如表。"可以知矣。兹举其著名之目，分类述之。

（一）年表

在昔周秦之世，百二十国各有实书，而又别有太古以来年纪，此即后代之年表也。

前汉有《功臣》《外戚》《恩泽》等侯年表，各书其状，于始封之下。其《百官功卿表》，以三公三师将军九卿皆聚于一篇之中，按年而胪列之，而仍于表内各注其人之勋阶资格迁除等目。须知三公宰辅，皆朝廷所命，自当大书于表，至若通政大理，非政本所关，则略之。故《唐书》复有《宰相》《方镇》二表作焉。方镇亦为一代兴亡之所系，其建置分割移徙，最为纠纷，此表宜载地名及军道分合，节镇拜罢承袭等，所以补《地理志》之不备也。

班氏以史迁但考信六艺，犹有疏略，故又著《古今人表》，存其大都，虽百家所言，不遗其人也。法为区别九品，网罗千载，上自庖牺，下穷嬴秦，惟不言汉事。于是唐刘子玄讥其"名与实舛，未知剪裁"。

张晏讥其"差远失谬"。予谓孟坚为汉人,于汉之君臣将相如何而差等之,故仅具褒贬于书中耳。其次古人即以表今人也,亦所以使人因古而知今也。且班氏作斯表,颇有表彰正学之意,如列孔子于上圣,降老墨居中等,俨然以统绪属之,不可谓非具有卓识也。

(二)月表

太史公依"受命谱",作《秦楚之际月表》,以楚居汉上,似承周秦之统。然有深意,可于言外得之,其为此表,即所以抑秦尊汉,而纪其实也。班氏并入《异族诸侯王表》,而月表之旨遂晦。后世不复有月表者,皆班氏之失也。汉魏隋唐之交,不以月计之,何能了然。夫有月表,则国统明,而世得其序矣。

其法:如以诸国件系于义帝元年之下,使上续六国之终,下开炎祚之始,世事变置,端委较如也。

(三)世系表

《史》《汉》有世表,其表世系,始于欧阳。欧阳氏因见当时宰臣杜正伦、李义府之徒皆寡耻,故作此以别其原委。表中所列如官爵谥法,再及世数子姓。然不必尽律以宰相,而一朝右族,声望与国步终始者,亦当纂次为表。此殆与刘氏知幾欲立《氏族志》之意同欤?《新唐书》又有《宗室世系表》,参用《史》《汉》诸侯王表、王子侯表之例,以通叙诸房支叶,但自中世以后,则无可考矣。

史家每缘事起例,不必尽因前人。故《辽史》于诸藩,有《属国表》,记其兴废传袭琐屑之迹。虽有列传可考,而眉目非表不著,又其中有交推而旁见者,尤必于表观之。《辽史》于《属国表》之外,复有《部族表》,按年记其于辽叛服征讨朝贡等事。明末,宗祀之奸,未尝不于土司有累焉,亦具其事之始末于表。再如《金史》,于使事作《交聘表》，但书其人而已。《辽》《元》二史，犹有《公主表》，因彼时专任外戚，公主多见纪传间，不得不表见之。而外戚亦有表。《元史》没有妃后表，因其时后妃位号甚淆，名分甚渎，故即名氏之见简牍者为表。要之，凡有关于一代之故者，皆可表而出之，年代远，用世表，年代近，用年表月表也。

（丑）谱

谱之建名，起于周代。当时天子重神明之姓，使小史奠系《世载》，于是有《世本》焉。史迁尝取以为表，惜不取象魏悬法之掌，而为之图。班固已还，不载谱系，且使天象、地形、舆服、仪器，无图以明之。至李延寿撰《南北史》，稍用谱学，类叙祖孙苗叶于国史中，以存《世本》之意。宋欧阳《新唐书》之修，始将官爵功行，尽载于谱，而于图则仍失之。又谱之为用，刘子玄云："用之于官，可以品藻士庶；施之于国，可以甄别华夷矣。"

（己）载记

《东观》以平林、下江诸人，列为《载记》。后来作者，莫之遵效。逮晋，始以十六国主，特表"载记"名，可谓择善而行，巧于师古者矣！今考《晋书》所叙十六国事，名则沿于《汉记》，例实本自《世家》。厥后欧史、《宋史》，遂径称世家焉。

第二节　序例

太史公作《自序》，不特历述先世与自记生平事业而已，且借此以明述作之本旨，见去取之从来。班固效之，改曰《叙传》。其自述作书之意者，谓之叙；追溯祖父之事迹者，谓之传。至宋沈约，亦有《自序》，即详载祖父之功绩，以显家世勋伐，史法渐坏矣。因此文墨施于家谱，犹或可通，列于国史，多见其失，故至官局分编之后，其例遂废也。清卢绍弓谓："太史公《自序》即《史记》之目录，班固之《叙传》即《汉书》之目录。"其言颇合于理。叙传编次，多置于书末云。

大凡作史，最重义例。今为史，亦宜先定规模，发凡起例，去取笔削，略见大旨。何志当裁，何志当合，先有定式，载笔者奉以从事。故刘子玄谓："史之有例，犹国之有法，国无法则上下靡定，史无例则是非莫准。"昔夫子修经，始发凡例，左氏立传，显其区域，科条一辨，彪炳可观。战国以后，斯文终绝，至南北朝时，史例中兴，若沈《宋》之志序，萧《齐》之序录，虽皆以序为名，其实例也。虽然，序例之别，亦可定矣。夫序皆篇序，非总序，例则兼序中附出之例，及总立发凡之例。序贵简质，例贵严明。又凡例既立，当与纪传相符云。

第五章　叙述

第一节　记载

史家之文，惟恐出之于己，出于己则言必无征，不能信后也，故史体述而不造。司马迁《史记》用《国语》《战国策》及他先秦书之旧文，无窜定。然不著出典，而善恶并载，庶几不失是非之公焉。尤以善叙事理，辨而不华，质而不俚，繁简均匀为佳；且使读者求一家之废兴，则前后相会，讨一人之出入，则始末可寻也。是在作者随时变通，不可泥古。兹分繁简、抵牾、重出、层次、论断、意旨、叙事、载文、官爵九项详述之。

（一）繁简

晋张辅有言：“司马迁叙三千年事，惟五十万言；班固叙二百年事，乃八十万言。”盖以固之载笔，不如迁之简约也。其实不然，凡史裁之高下，不以繁简而定，彼马意主行文，不主载事，故简；班主记事，故详赡。陈寿、李延寿、欧阳修皆学史公之简净，故陈于《国志》，芟薙繁芜，务求检核；李于《南史》，所叙过略，没其实情；欧阳于《新唐书》，本纪删去诸臣事迹，列传则删词赋，其较旧书，约去什之七八，所谓“事增于前，文省于旧”是，但其事多郁而不明也。范晔、魏收皆班氏之详备，但范书虽赡而不秽，而铨次井井，亦不厌其繁；收书婉而有章,繁而不芜,志在实录耳。是故作史只在纪实,使后世得有所考究而已,固不必以文笔驰骋见长也。如能详其所当详,简其所当简,斯称良史矣。虽然,文章岂有繁简耶?昔人之论,谓如风行水上,自然成文,若不出于自然,而有意于繁简,则失之矣。

(二)抵牾

史臣载笔,事久则议论易公,世近则见闻必确。太史公若遇传闻异词,未由得其实,即并书而不废;或一事而两寸之,非相抵牾,欲以传疑也。有大事而纪载不详难叙者缺之,史阙文也。范蔚宗则不然,杂采他书,往往自相乖戾云。

(三)重出

自昔史书,两人一事,必曰语在某人传,无使重出。若不得已而重出,则当斟酌彼此,有详有略,斯之谓简。虽然,一事两书,必有一误,以归并于一处为宜。若夫同为一事,分在数篇,断续相离,前后屡出,斯则载事之短也。

(四)层次

史家纪事当则紧要者叙之,不可突出而无根。但马迁作史,信笔书之,每失次序。《南史》亦然,李延寿删录《宋书》处,常不先叙明,遂觉句突无来历,甚非史体矣。

(五)论断

凡史最宜据事直书,不必下褒贬。原太史公常于序事之中,见其论断之指,如《伯夷》《屈原列传》夹叙夹议,自抒抑塞。孟坚间亦有之,范蔚宗更甚。如孟坚于张禹、孔光直笔诋斥,尽丑描摹,而蔚宗于胡广，则别换一种笔墨，冷讥毒刺，寓于褒贬夸誉中，故全用美词，殆肆而隐、微而彰之意乎？

（六）意旨

史家记载，征信阐幽，各有裁识义法。太史公之叙由光，以不经圣人表章，虽遭冢犹疑；叙夷齐，以其积仁洁行，虽躬饿岩穴，困顿生前，必详载之，使名施后世；又叙贾生，载其二赋，赋不及《新书》，以贾生继屈原，伤其遇，并重其词赋；《东方朔传》，亦详著其事，不欲异端之徒假托方朔。他若陈承祚以蜀两朝不立史官，故于蜀事特详，如君臣称述谶纬及登坛告天之文，皆一一书之于传，隐然寓帝蜀之旨。房乔以何晏等既于《曹爽传》中附见，不能为之平反，特录其奏于纪，使百世下，因其言而知其人，不欲尽没其实于异同之口耳。范蔚宗传胡广，欧阳永叔传冯道，皆如此。是故史家盛夸其人之孝友名德，此史家妙于立言者也。又如《明史》于毛澄等传，既详其援引古义之疏；张璁等传，又详载其传统非继嗣之疏，使阅者各见其是，自有折衷云。

（七）叙事

夫史之美者，以叙事为工，而叙事之工者，以简要得实为主。故不可妆点饰伪，颠倒错杂，宜如班固《汉书》之慎核，整齐其文，各传俱自有了载也。至于《晋书》，每在传中附载杂事，支蔓诞妄，全似小说，《南史》亦然。盖系掇拾稗官，附会传闻，道听途说之言，故词义朴儓，观者嫌之。若求明晰，厥法有五。

（子）总叙

总叙其人一生性行著述之大略，或其制度之沿革，如《晋书八王传》，篇首冠以总叙，先论历代封建之利害，次及晋事也。

（丑）平叙

欧公作《冯道传》，平叙而人品自具，无溢美，亦无溢恶也。

（寅）带叙

带叙法始于子长传晁错，晁错虽刻深，究以文学进，不忍抑之于刀笔史同入《酷吏》，故只带叙于序首，而明之耳。又《宋书》亦有带叙法，其人不必立传，而其事有附见于某人传内者，即于某人传内，叙其履历以毕之，而下文仍叙某人之事，亦即于事有关涉处带及数语而已矣。

（卯）追叙

古人记事之文，有不得不追书者，如《后汉书·马融传》，追叙其先以事忤梁冀事，及《金史》记大元之名，当蒙古灭金之时，未有国号，大元之名，建于世祖之世，金之亡久矣，《金史》纪传皆追称大元。至于明初诸臣之称大明，亦用此例。

（辰）类叙

类叙之法，本起于班固《汉书》，如《魏宣传》后，历叙当时清名之士；范蔚宗《后汉书·董卓传》后，叙李傕等；陈寿《三国志·王粲传》后，叙一时文人徐幹等。《齐》《梁》二书及《明史》，皆用此例。

上述各项叙法，若能运用得当，则文有体统，有条贯，焕炳可观，读者必增兴味矣。

（八）载文

史家每于记事之中，忽闻长篇文笔，使无事相贯，法至善也。而刘知幾则讥之，欲取君上诏诰，臣工奏章，别为一类，编次列传中，略如书志之各为篇目。余敢言此可以不必，夫论事章疏，本同口奏，辨难书牍，不异面论，次于纪传之中，正所以明其人之树立。但取其文皆诣实，理多可信者；而于悠悠饰词，概不采之，以合去邪从正之义为得体,则可矣。唐后各书,仍有存删之法,即于事之有关系者,节录数语存之,藉见当时之情事。其删者盖受刘氏之言影响故也。兹分诏令、奏议、词赋、书启四项述之。

（子）诏令

夫史以纪事,诏疏俱国事之大者,当录于书。故《史》《汉》本纪,多载诏令。古文简质,至多不过数行而已。陈寿《魏志》,虽有载曹公九锡册书,尚不及辞让劝进,则犹有裁量。至于《晋书》,全载司马昭九锡劝进之文,猥冗甚矣。唐代王言,率崇缛丽,骈四俪六,累牍连篇,使尽登本纪,非合体裁,故欧阳氏刊削之。殊不知左史纪言,右史纪动,全削诏令,唯记动而不记言,是谓失之。

（丑）奏议

奏议之文,所以经事综物,敷陈治道,其切于当时国计民生之利弊,至大且巨,史家因取其全文入史,一字不遗,如《尚书》之载训诰也。但有差别,凡关一时之制度者,则入史之书志;一人之树立者,则编诸史传中,使阅者彼此参观,而是非自见焉。

（寅）词赋

词赋之作,足以揄扬国体,而明功烈者,则见之于纪传。即无关于典政,亦可存之以表国华也。一说词赋无关劝奖者,当一律不录,以求简净云。

（卯）书启

书启之有关史裁者,当载之。如陆贽论延龄奸蠹书,《旧书·延龄传》虽删节,所存犹不下二千三百字,此不独系唐代兴衰,实可借千秋鉴戒,载之岂可嫌繁乎?

（九）官爵

官爵升易不常,所居有善,则书,别无异迹,则不书。故凡有一节可称），则具书官，不尔则否。虽然，其人历仕数朝，所记官阶更须分明，使后世可改。如以仕周者，不终于魏，则有《新唐书》传赵光之例在。二人皆唐臣，历仕朱梁、后唐，而《新唐》仍为立传，但叙官至唐授之名为止，唐以后也不复叙也。又史官通例，书官，书其全衔，人谓此非史法所宜，实则正所以考当时之官制，何恨其太详乎？

须知史之载文，所以惩恶劝善，观风察俗者也。故凡繁华失实之词，不可探入。若聚彼虚说，编而次之，连章疏录，一字无废，则非史书，便成文集矣。

第二节　书法

史之大原，本乎《春秋》，《春秋》之义，昭乎笔削，笔削之义，不仅事具始末，文成规矩已也。以夫子义则窃取之旨观之，固将罔纪天人，推明大道，所以通古今之变，而成一家之言者也。后之史家，无圣人之德，妄相仿效，遂意主褒贬，将事实一心删削。其最甚者，莫如宋之欧阳修，所定书法，一字不苟，早为识者所讥，以谓："作史宜直叙其事，不必弄文法，寓予夺，使真情埋没也。"譬如明镜之照物，当妍媸皆露，虚空之传响，清浊俱闻，然后为得其实也。兹就各史通例述之。

（一）正统

正者所以正天下之不正也，统者所以合天下之不一也。自陈寿作《三国志》，帝魏黜蜀，习凿齿为《汉晋春秋》，正其统矣，正统之名由此起。司马《通鉴》，用陈氏之说，朱子《纲目》又起而正之。正统论遂成历代儒者争辩之一大问题也。继寿而以正统入史者为魏收，收修《魏书》，欲以齐继魏为正统，故自孝武后，即以东魏孝靖帝继之。而孝武后诸帝，不复作纪，此收之私见也。魏澹作《魏书》，以西魏为正统，自是正论，惜其书不传。李延寿《南北史》本纪，多尊北而轻南，说者谓延寿先世为北臣，故其言如此。盖以唐承隋，隋承周之由。要之，皆有偏袒之心，作史者未可从也。

（二）名号

史家宜从实录，以善恶不相掩为良。乃历朝载笔者，每仿《春秋》，加以褒贬。如诸帝尊号、朝号、陵名，其书法先后次数，各有差别。以及诸臣国号薨卒，叛逆伏诛，书名与否，亦有成例，所以示劝戒也。并以内辞尊本国，如沈约《宋书》、李延寿《南北史》，皆于北称索虏，南号岛夷。甚至称江南为犬羊，如魏收之著《魏书》，其无稽之根如此。是故司马温公作《通鉴》，于魏、吴、蜀、宋、齐、梁、陈、后魏、秦、夏、凉、燕、北齐、后周，五代诸国，地丑地齐，不能相一，名号钧敌，本非君臣者，皆用列国之法，彼此抗衡，无所抑扬，没皆称殂，王公称卒，庶几不诬事实，稍近至公也。然至欧阳公仍定褒贬义例，仰师《春秋》，较前为甚。其本纪书法：凡除拜，但书宰相至枢密院于纪，其余不书。立后得其正者，曰以某妃，其夫人为皇后；立不以正者，曰某氏为皇后。尚有书用兵之名：（一）两攻曰攻，（二）以大加小曰伐，（三）有罪曰讨，（四）天子自往曰征。攻城得地之名：（一）易得曰取，（二）难得曰克。又以身归曰降，以地归曰附；敌国使来，则书聘，属国则书贡。凡此皆先立一例，而各以事从之，则褒贬自见矣。

（三）姓名

《史记》《汉书》不载帝名，帝名之例，始于范、陈。陈承祚，蜀人也，其书虽帝魏，而未书不尊蜀，于蜀二君，书先主后主，而不名。诸君则曰权曰亮曰休曰皓，皆直斥其名，以示区别。后之史家，于宗室不书姓,于宰相书其名,已成通例。而欧书贼将必书贼首名。于贵妃杨氏,去其姓,称太真,殊属无义。又安禄山忽称姓,忽称名,亦皆非史法云。

(四)邑里

史家书里之法,贵乎原委详明得实,不可取书号施于今。乃自此重高门之后,每以姓望所出,邑里相矜,虚引他邦,冒为己邑。如称袁则饰之陈郡,言杜则系之京邑。姓卯金者,咸曰彭城,氏禾女者,皆云巨鹿。至甚有班秩不著者,始以州壤自标。若楚国龚遂,渔阳赵一是也。亦有名位既隆,则不从此例,若萧何、邓禹、贾谊、董仲舒是也。如此殊觉费词,岂曰省文耶?

(五)谥法

范蔚宗《后汉书》以帝号标后谥,是史家纪事体,妇人非必与夫同也。入朝称后,义系于夫,在朝称太,义系于子。其于大臣,有功德者则书。唐代赐谥,或因驳奏改易,或因崇赠增加,故史官两存之。

(六)纪历

自《春秋》以下,纪载之文,皆以日系月,以月系时,以时系年,此史家之常法也。亦有不月而日,不年而月,此史家之变例也。《尔雅疏》云:"甲至癸为十日,日为阳;寅至丑为十二辰,辰为阴。此二十二名,古人用以纪日,不以纪岁。岁则自有阏逢至昭阳十名为岁阳,摄提格至赤奋若十二名为岁名。"史之文,有正纪,有追纪,古时人主改元,并从下诏之日为始,未尝追改以前之月日也。史官立策须有一统,不可半年从前,半年从后,虽则年初,亦统此岁。故人年即称元年也。唐朝一帝改年号者十余,其见于文,必全书,无割取一字用之者。

史法纪年,以后改者为定。修史者,自应遵本朝之制以纪年。其实天下之主,一日尚存,终当称其年号也。即叙一国之事,而用本国之元,方合良史之法。然亦有作史为取其事之相属,而不论月日者,此又为变例也。

（七）避讳

史氏有事涉君亲,必言多隐晦,虽直道不足,而名教存焉。如《春秋》书天王狩于河阳,不言晋侯所召,而以为天子巡狩,是则开掩护之法,为尊者讳也。自陈寿作《魏本纪》,回护之处更多,凡两朝革易之际,进爵封国,赐剑履,加九锡,以及禅位,有诏有策,竟成一定书法。以后《宋》《齐》《梁》《陈》诸书,悉奉为成式。甚至对隔朝之事,亦为之讳,专以讳败夸胜为宗旨。然史修于易代之后,尽可据事直录,不宜如国史对本朝只好回护,若宋徐爰作《宋书》,凡遇朝廷过举,皆深为之讳。但讳之于本纪,而散见其事于列传。元修《宋史》,于大奸大恶,固不能讳饰,其余则有过必深讳之,即事迹散见于他人传者,而本传亦不载也。然有功,必详著之。要之,为本朝讳,易代修史,于前朝大可不必讳也。又有所谓家讳,太史公父名谈,故《史记》无谈字,《季布传》改赵谈作赵同,取其声相近也。蔚宗《书》,避其父讳,故于郭泰、郑泰皆改作太。姚思廉亦讳父名。

（八）称谓

正名之义,作史者当知之。通例:于人君未即位之前,称谓须随时号,如《史记》汉高帝,未帝称汉王,未王称沛公。大臣非在三公之位,则无有书公者。若一人先后历官,亦当顺其不同之称,而纪载之,如《汉书·沟洫志》,称许商之官爵然。不可苟立诡名,有违故实也。

夫史之为用,记功司过,彰善瘅恶,得失一朝,荣辱千载。苟违斯法,岂曰能官。何如《宋书》佞妄,《魏史》不平,书法从此尽坏,欲求南董之良直难矣!

第三节 修词

史家记事记言,因袭成文,原有点窜涂改之法。司马迁袭《尚书》《左》《国》之文,非好同也。理势不得不然也。班固点窜司马迁之文,非好异也,理势之不得不然也。至于涂改,考史家之例,往往删节原文,以就檃栝,一字一句,亦须有来历,不能向壁虚造,且求古雅,无碍事理之前后也。太史公笔力雄伟,轻灵圆神,班孟坚遣辞质直,实方以智,不如迁之离奇甚远。陈寿辞多劝诫,故不华艳,亦尚简质。范蔚宗兴高采烈,辞深理精,抑扬反复,激昂悲壮,可谓奇文。休文文体清邕,虽未澹赡,亦是斐然。姚思廉行文,自出炉锤,不染六朝骈骊之习,气劲笔锐,曲折明畅。李延寿亦崇简净,至诸传论,皆以散文行之。宋子京作文字,力校樊川,一意求简。欧阳修之作史,每逞其抑扬之致,忘其质直之方。又与著论前后,冠以"呜呼",此皆其大病也。章实斋云:"记传叙述之文,全无法度,要在明白峻洁,切实有用,不致虚文害实事而已。"是故文词以勿至艰深,事迹务令于明白为妙。苟善恶了然,是以劝惩于人足矣。兹再分用字、造句二项约略述之,其详见拙作《史传文之研究》。

(一)用字

古人制作,遣辞合理,而一字之施,有不可易者。景文公修《唐书·韩文公传》,于《进学解》仅易数字,以招诸生为召字,障百川而东之为停字。又好用新字,如师老为师毛,不敢动为不敢摇之类。至如

《史记》书中，复有所谓叠字法者，如运用某字于前后句间，而不嫌其繁复也。

（二）造句

裴松之有言："凡记言之体，当使若出其口，辞胜而违实，君子所不取也。"是故善为史者，不选事而书，言无善恶，尽传于后。即当时俳嫚之词，流俗鄙俚之说，亦所不讳，此之谓信史。何如宋祁之修史，喜掉书袋，动辄改抹《旧书》，而用三代语以叙唐事，亦觉可厌。虽然，言之不文，行之不远，本事之外，时寄抑扬，或轻事尘点，曲加粉饰，使不害意，孰曰不宜？

第四节　论赞

《史记》"太史公曰"云云者，此莫断语也。而班氏改称"赞"，陈寿改称"评"。至范蔚宗又改称"论"矣，而复系以"赞"。论为散文，赞为四言诗。沈约《宋书》，改"论"称"史官曰"。萧子显《南齐书》、姚思廉《梁》《陈》书，魏收《北魏书》、令狐德棻《北周书》，及《晋书》《隋书》《唐书》并同。《五代史》论直起，不加标题，而即以"呜呼"二字引其端，此皆其名目之不同者也。有论无赞者，《宋书》、《梁书》、《陈书》、《北魏书》、《北周书》、《隋书》、《南北史》、《新唐书》、《五代》、《宋》《辽》《金》三史也。论赞并用者，《晋书》《南齐书》《旧唐书》，而《南齐书》"志"亦有赞，《宋》《辽》二史，"本纪"称赞，"列传"称论。惟明修《元史》，全部皆无论赞耳。夫史之有论赞，盖先于其事有未尽梗概者，而总论焉。后人务欲极文采之丽，再附以赞。但欧史纪传，名赞皆有深意，借以发端，警切时事也。如《懿宗纪》末论赞，痛辟佛教，其他本纪，亦详说其政事得失与致亡之由是。班氏每一帝各为一赞,《新唐》纪每数帝共一赞。列传之例,凡为多人作传,赞亦并推,而论但言一人而已。又所论述,宜以其人当时亲见实事,不可浮称泛指,使失公诚之心也。

夫论者所以辨疑惑、释凝滞也。欲事无重出,文省可知。即别加他语,以补书中,是曰事无重出;片言如约,诸义甚备,此谓文省可知。至于赞语之作,多录纪传之言,其有所异,唯加文饰而已。然其流弊,每致予夺乖宜,是非失中。或言伤其实,或拟非其伦。故《元史》纪传之所以不缀论赞,欲据事具文,使善恶自见,此其为简要何如哉!

若夫论赞文墨之美,除马、班外,以范蔚宗为最。蔚宗为论赞,能以悲凉激壮之笔出之,足以感动于人。其次《新唐书》列传之赞,峻洁可观,不似《旧书》之有芜辞,《五代史》之往复抑扬矣。然论赞之记载,如史迁多于传外出意义,或标举轶事,或征引旧闻。《五代史》论,发明书法,推究事端,反复咏叹,意义深长。亦有撮叙其人生平得失,具论断于传中者,此变体也。史家之例,初纂时,不作论赞,待汇齐后,总作之。

第六章　附录

第一节　史职

古者史学文书，以识天地四方、古今事物、名言字训，其地位甚高，其责任至重。汉法：太史位丞相上。故郡国计书，先上太史，副上丞相。唐代以后，皆开书局修书，遂改撰翰詹诸臣中品诣学问最著者，以为纂修官，而命宰相兼修之职也。如修明史时，天子召试文学之士于体仁阁，擢高等五十人，同日官翰林，纂修之是也。亦有由大臣荐举通儒，而以礼征聘之者，及但以布衣征入史馆者。要皆清尚之事，所谓官不坐曹，居多暇日，每自娱与文字笔墨之间，盖指此而言也。至于史职之分派，诸臣纂修，初以阄帖名氏，随所得者为之，后归提调之分排。宜区处各当其身，然后可成良史。

凡史官入馆，先搜构其乡大臣事迹之在群书者，而后拈分其题以成之，如王守仁为毛奇龄之同乡，故毛氏先为撰一传稿纸焉。

第二节　署名

凡父子世传为家学，一人特撰为名家。原自六代以还，名家逐歇，而集中修书之法行矣。家学之书，如班固、姚思廉之推父意而成书,于卷后间题司徒掾班彪、吏部尚书姚察是也。名家之书,则署己名为最易辨别者,如《陈志》《魏书》之类。至于立监置纪,尤当考定篇章,覆审文字,某纪某书,编之谁史,某表某传,撰自何人,庶几泾渭虽淆,淄渑可辨也。然旧例修书,止署官高一人名衔,至宋欧阳修之修《新唐书》成,谓宋祁于传,功深而日久,岂可掩其名,夺其功。于是纪志表,书修名,而列传书祁名,是开前所未有之例也。

第三节　赏赐

自开局修书之法行,凡史馆纂修及誊录,月给餐钱有差。书成,天子召诸史臣慰劳之,且赏以白金束帛,甚者译叙得官职遣散。但皆视其人用功之多少,入局之久暂而定。如《唐书》了毕,凡与修书官,并均睿泽。而欧阳修上疏辞官,以谓到局日月不多,用功最少,不宜一例受赏。即未成之时,亦间有赐御筵,以申需云之宠。元袁桷《清客集》中有《史局谢锡宴表》云:"谓丹青信史,纪二圣之鸿文,念铅椠微劳,属小人而燕赉。"可期为荣职也。何至近世,开馆修史,每卷津贴银若干两,则书估买译稿以结市人之贱法,殊失大体,暇论史成畴劳哉!

第四节　镂板

各正史在有唐一代,并未行世,盖卷帙繁多,而唐时尚无镂板之法,必须抄录,自非有大力者不能备也。宋嘉祐间,《新书》成,始诏校雠镂板,行之天下。入清乾隆初,刻诸史,贮于武英殿,惟《史记》《汉书》出齐召南手，故校勘较精，考证亦最可观。旧新《唐书》全以沈东甫之《唐书》合订为据，广水颇有校正。《后汉》《三国志》，有何义门校本，是正数条。《宋书》全出学士南昌万承苍手，《南齐书》全出知州华亭王祖庚手。同治己巳，江宁、苏州、杭州、武昌四官书局，胡曾刻二十四史之举，任校证者，为张文虎、唐仁寿、戴望辈，皆一时之通人。

总之，二十四史除殿版外，有汲古阁十七史本，明南北监版二十一史本。其单行之佳者，《史记》、两《汉书》、《新五代史》有明汪氏本，有凌氏《评林》本，《后汉书》又有元刻本，《南北史》、新旧《唐书》各有合抄本，《旧唐书》又有明闻人诠本，并此四局本耳。

后 记

一、《俞樾年谱》

董朴垞纂述《俞樾年谱》，据说是由瑞安图书馆的陈哈清抄的，目前藏在温州图书馆。本次由夏诗荷从温州图书馆拍摄而来，然后由曾强、张玉凤、周志丹录入电脑。陈光熙负责校对。

关于俞樾的年谱编纂，生前有《自述诗》（1889）、《补自述诗》（1903），近于自订年谱。生前，得意弟子临海人尤莹（1858—1897）承担《春在堂全书》四百卷的编目工作。1896 年，根据俞师诗文集，编成《俞曲园先生年谱》二卷，未见。目前的公开资料表明，俞樾卒后，周云青首次编纂了《俞曲园先生年谱》，刊于民国十六年（1927）《民铎》杂志第九卷第一号。

董朴垞也是较早编纂《俞樾年谱》者。编纂的背景，董朴垞称："余生才弱冠，慕其学行，即欲为作年谱，大纲粗具，而恨无资料，遂辍。"1925 年，他在浙江图书馆阅读到了《春在堂全书》，十分有兴趣，于是摘录了不少材料。1926 年，动手编纂《俞樾年谱》。至 1927 年 7 月，完成初稿。"《民铎》中记《俞曲园年谱》，与余前年所次略同。"说明也是一个简谱。1942 年，"执教省立温州中学，以余闲坐籀园图书馆楼上，校书自娱。于庋阁偶见俞氏《春在堂全集》，喜无残缺，因动旧念，取而检录有关诗文杂记，依年排比，费时二载，始稍稍葳事"。1946 年，到杭州新群中学工作半年。"教书余暑，即坐寓室内抄拙著《俞曲园年谱》"。1947 年 6 月，完成抄录工作。"以本书材料已饶，毋庸旁稽他籍,然于俞氏一生经历,了然可睹矣。"从 1927 年"大纲粗具"到 1942 年"搜集材料,编次成书",再到 1946 年"草稿成,誊正",从温州到杭州,酝酿 20 余年,董朴垞方才最终完成这部 18 万余字的《俞樾年谱》,个中艰辛,不言而喻。"呜呼!清学盛于乾嘉二朝,至俞氏时,已将衰落,仅有吾乡哲孙仲容征君承其绪。今征君殁又久,士皆争骛外学,弃国故如弃髦。余编此谱竣,不禁感慨系之。"振兴国故,接续学脉,是他的目标所在。

《俞樾年谱》是纲目体年谱,有纲有目,是目前最详细的俞樾年谱,有 18 万余字。尤莹、周云青所作均是简谱。即使 1982 年台湾学人郑振模撰的《清俞曲园先生樾年谱》也才 4 万字,也属简谱。董谱突破了民国时代普遍的简谱模式,走向了纲目体的年谱长编模式,这是一大贡献。

《俞樾年谱》是学术年谱。1981 年,上海古籍出版社的金性尧回信称:"尊著《俞曲园先生年谱》用力至勤,尤以作于抗战时期烽火天涯,弥歆亮节。惟俞氏一代经师,我社意见甚盼能将其时代背景及交游踪迹有所交待,使读者藉此一编,更能明了谱主生平概略及学术动态。至批判与否,尚非重要。"这是用通用的年谱格式来要求了。其实,董氏《俞樾年谱》是学术年谱。这个特点,不会因为后人更长的俞樾年谱长编而过时。

《俞樾年谱》收录了温州学人与俞樾间的文献材料。作为温州与瑞安学人,董朴垞熟悉温州学人与俞樾间的交往,所以收录了不少温州学人的材料。

可惜的是,这部年谱 1947 年没能及时出版,直到 1981 年董朴垞过世前也没能出版。迄今,又过了 40 余年。它无疑是目前较详备的年谱长编,代表了民国时期有关俞樾研究的学术水平。

近年,俞樾作品研究受到了重要关注,继 2018 年浙江古籍出版社出版《俞樾全集》32 册以后，2022 年凤凰出版社又出版了由汪少华、王华宝主编的《俞樾全集》32 册。用杨忠教授的话说，俞樾是晚清学术的一座高峰，凤凰版《俞樾全集》注意做深度整理工作，在校勘方面下了大功夫，做到了后出转精，为研究俞樾以及利用他的学术成果做出了重大贡献。

《俞樾年谱》原稿尚有不少空缺字或难辨识的字，能有机会借助凤凰版《俞樾全集》弥补此间不足，这是十分高兴的事。非常感谢汪少华教授及王华宝教授。

二、《王国维著述系年》

董朴垞纂述《王国维著述系年》，目前藏在温州图书馆。本次由夏诗荷从温州图书馆拍摄而来，由陈鑫负责录入，由陈光熙与我负责复核。

《王国维著述系年》，董朴垞本人及其弟均未提及。《年谱》1975年条，"四月，为《中国史学史长编》写《引言》（原文见修学庐文稿）并开始编写《王懋公年谱》及《史学史长编》中之《附表》"。《王懋公年谱》一直不详，似乎即《王国维著述系年》。2015 年从董新吾处，捐赠给温州图书馆，始知尚有此谱，凡 3.7 万字。原稿是一个十分粗略的草稿，涂涂改改，几不可识。谱末有识语："解放初，余自郡校（今温一中）调教瑞安中学，一日返郡，往籀园图书馆谒梅馆长冷生先生，适新购得《海宁王忠悫遗书》全帙数十本，悉举以假余携去先阅，实感激甚。余既抱书回瑞中，教课余暇，辄取书从首至尾，致细阅毕还之。惟以内容丰富，故仅辑录王氏著述之名目、时间与出处，系年排比成册，稍留爪鸿，备追忆查考耳。一九五六年二月，董朴垞识。"由此可知，此稿成于 1956 年 2 月，董氏当时在瑞安中学教书。直接的动因是，籀园图书馆购入了《海宁王忠悫遗书》，老朋友梅冷生馆长允许他先看,于是将书借回瑞安中学。通读全书后,就形成了这部《王国维著述系年》。可见,董朴垞确实醉心学术,勤于写作,通过阅读,就可形成自己的新作品。

《海宁王忠悫遗书》122 卷,于 1927 年由罗振玉、赵万里等组织观堂遗书刊行会编辑出版,至次年陆续印成。收入王氏遗著四十三种,分为四集,线装本。以之述王氏学术成就,大体咸备。由此可知,籀园图书馆购入的《海宁王忠悫遗书》,当是 1927—1928 年本。

王国维一直是董朴垞崇拜的浙江学人,自然有兴趣阅读,并梳理成《王国维著述系年》一书。正文中又有补识一条:"按此时应在丙辰(1916)冬,王氏始自日本归上海,于书肆中得孙书稿本也。朴垞识,一九八一年. 八. 二五。"距离九月董朴垞过世时间不足一月,可见其一直在修订之中,只是终未能清抄定稿。

考察王国维先生年谱类著述,20 世纪 20 年代已有储皖峰《王静安先生著述表》、姚名达《王静安先生年表》、赵万里《王静安先生年谱》等。这些目录、年谱均刊登于杂志,篇幅普遍不大。由于信息闭塞,董朴垞可能并不知道以上诸成果。于是,他动手编纂了这部《王国维著述系年》。这是一部学术年谱,内容稍详,经常引用相关前言后记材料,有长编的味道,篇幅超过赵万里《王静安先生年谱》。当然,本书偏重学术,不及生活事迹,以著述为主,所以 1—21 岁十分简略,仅 11 岁、16 岁、18 岁稍详,其他就一句话,没有事迹。22 岁以下较详。由于未参考过赵万里《王静安先生年谱》,倒也自成一家,可互补,惟考订较少。

三、《中国正史编纂法》

董朴垞著《中国正史编纂法》,由张玉凤录入,由我负责复核。此书有一个印刷本,所以录入难度较小。

董氏四年私塾教学期,得以让他有机会熟读传统经史,从而奠定了传统史学的基础。接受梁启超《中国史学研究法》以后,逐步往这个方向靠拢。在燕京大学学习以后,他受陈垣诸师的影响,更坚定了这个方向。于是完成了《中国正史编纂法》,1936 年出版。此书的写作背景:"予初治史,深受梁氏启超影响。"此书与梁启超作品有关,补梁氏不足,这是理解董氏学术理路的关键所在。早在 1927 年,他就购买了梁启超的《中国历史研究法》。1933 年,又得读《中国历史研究法补编》,感觉没有谈正史编纂学,于是想补梁氏不足,做了这本小册子。到杭州工作以后,因有浙江图书馆资料可参考,最终写成《中国正史编纂法》。1936 年,《中国正史编纂法》由正中书局出版。帮助他出版的是朋友叶溯中(1902—1964),也是温州人,当时是正中书局副总经理。《中国正史编纂法》是他生前唯一公开出版的一本小书。这是一部新旧结合的专书,是章节体、专题、古文写作的三结合实践成果,是较早完成的正史编纂学专著。从内容来看,新识不多,说明他自身的理论思考深度不足。这种写作风格,更近《文心雕龙·史传篇》。

将以上这三部书合成一部书,完全着眼篇幅。

钱茂伟

2023 年 8 月 29 日

图书在版编目（CIP）数据

俞樾年谱 ； 王国维著述系年 ； 中国正史编纂法 /
董朴垞纂述 ； 钱茂伟等点校 . -- 武汉 ： 崇文书局，
2025. 5. --（董朴垞著作集）. -- ISBN 978-7-5403
-7970-4

Ⅰ . K207-53

中国国家版本馆 CIP 数据核字第 2025K0B525 号

选题策划：郑小华
责任编辑：何　丹
封面设计：杨　艳
责任校对：陈　燕
责任印制：冯立慧

俞樾年谱 王国维著述系年 中国正史编纂法
YUYUE NIANPU WANGGUOWEI ZHUSHU XINIAN ZHONGGUO ZHENGSHI BIANZUANFA

出版发行：　长江出版传媒｜崇文书局

地　　址：武汉市雄楚大街 268 号 C 座 11 层

电　　话：(027)87677133　　邮政编码：430070

印　　刷：湖北新华印务有限公司

开　　本：880mm×1230mm　1/32

印　　张：11.375

字　　数：300 千

版　　次：2025 年 5 月第 1 版

印　　次：2025 年 5 月第 1 次印刷

定　　价：78.00 元

（如发现印装质量问题，影响阅读，由本社负责调换）